"十三五"普通高等教育系列教材

新能源科学与工程系列教材

十三五

U0657870

新能源发电与控制技术

主编　付　蓉　马海啸

编写　王　瑾　汤　奕

主审　李　扬

中国电力出版社

CHINA ELECTRIC POWER PRESS

内 容 提 要

全书共 9 章，介绍了新能源发电及其并网控制的基本知识，将新能源发电技术、电力电子技术和控制技术有机结合在一起，围绕目前国际社会综合利用新能源的研究热点，重点分析了光伏发电与控制技术、风能发电与控制技术、海洋能发电与控制技术、生物质能发电与控制技术、地热能发电技术和储能技术等内容。

本书可作为电气工程及其自动化专业、自动化专业及其相关专业的本科生教材，适用于专业卓越工程师人才培养教学用书，对相关专业的研究生和工程技术人员也是一本较为系统完整的参考书。

图书在版编目（CIP）数据

新能源发电与控制技术/付蓉，马海啸主编 . —北京：中国电力出版社，2015.10（2024.1 重印）

"十三五"普通高等教育规划教材

ISBN 978 - 7 - 5123 - 7931 - 2

Ⅰ.①新… Ⅱ.①付…②马… Ⅲ.①新能源－发电－高等学校－教材 Ⅳ.①TM61

中国版本图书馆 CIP 数据核字（2015）第 141159 号

中国电力出版社出版、发行

（北京市东城区北京站西街 19 号　100005　http：//www.cepp.sgcc.com.cn）

北京天泽润科贸有限公司印刷

各地新华书店经售

*

2015 年 10 月第一版　　2024 年 1 月北京第八次印刷

787 毫米×1092 毫米　16 开本　18.75 印张　455 千字

定价 **38.00** 元

前　言

能源、环境是当今人类生存和发展所要解决的紧迫问题。随着煤炭、石油、天然气等常规能源面临不可再生的消耗和生态环境保护的需要，新能源的开发和电力存储技术的发展迫在眉睫，发展新能源发电技术具有极其重要的社会意义和经济价值。

新能源发电技术是一个涉及电气、动力、材料、控制、电子、信息等多个学科的交叉高新技术，也是当前电气工程重要的研究领域和发展方向。为了推动新能源发电技术的发展，目前亟待将最新的科技知识与教学成果组织到教材内容，体现专业特色，培养跟上时代发展要求的相关人才。

本教材主要介绍了新能源发电及其并网控制技术，特色是将新能源发电技术、电力电子技术和控制技术有机结合，从系统的角度加以分析阐述，主要内容包括光伏发电、风力发电、生物质能发电、海洋能发电等，并讲述了现阶段比较常用的储能技术。

第 1 章是新能源发电与控制技术导论，分析了国内外新能源发展状况的技术和经济数据。第 2、3 章分析了光伏发电与控制技术，主要介绍太阳能的一些基本应用及其实例，并对光伏发电及其并网技术进行了系统的介绍。第 4、5 章关于风力发电与控制技术，重点介绍风力发电机组及其工作原理，风力发电机组的控制策略和并网技术，并对风力发电并网进行了仿真分析。第 6~8 章分析了其他新能源发电与控制技术，主要对生物质能发电技术、海洋能发电技术和地热能发电技术的发展、结构组成和技术特点进行了详细介绍。第 9 章介绍储能技术，主要对飞轮储能、超导磁储能、超级电容器储能、蓄电池储能、冰蓄冷储能的发展、应用及其前景进行了详细介绍。

本书由付蓉和马海啸主编，东南大学李扬主审。第 1、4、5 章由付蓉编写，第 2、3 章由马海啸编写，第 6、7、8 章由王瑾编写，第 9 章由汤奕编写，全书由付蓉统稿。在本书的编写过程中，硕士研究生孙万钱、叶海云、窦友婷和周振凯等帮助完成了书中的部分算例、书稿的录入工作，在此谨对他们表示衷心的感谢。

由于编者的理论水平和实践经验有限，书中难免有不当或错误之处，恳请读者批评指正。

编者

2015 年 3 月

目　　录

第1章 新能源发电与控制技术导论

1.1 能源结构与能源储备

1.1.1 我国能源结构现状

随着经济的快速发展和人民生活水平的不断提高，我国能源消费总量也迅速增加，主要表现在两方面：首先，我国年人均能源消费量逐年增加，导致一次能源消费总量的快速增加；其次，石油、天然气等在所有一次能源消费中所占比重将越来越大。预计到 2040 年，我国一次能源人均消费量约将达到 2.71t 标准煤，人均能源消费量相当于目前世界人均能源消费量的平均值，远低于发达国家目前的平均水平。由于我国人均常规能源资源的相对不足，尤其是石油和天然气等一次能源的对外依赖性过大，以及电力供应的全年性缺乏，已经成为我国经济、社会可持续发展的一个限制性因素。如果无法妥善解决这些问题，我国将面临着相当严峻的能源形势。

煤炭是我国最主要的能源形式，近几年来我国煤炭生产和消费都有了明显的上升，2010 年我国煤炭生产量占全国能源生产总量的 81.3%，煤炭消费量占全国能源消费总量的 71.9%。可见，无论生产与消费，煤炭都是我国最主要的能源形式。与全球其他国家相比，我国煤炭的生产量也占绝对优势，近几年来，我国煤炭生产量约占全球煤炭生产总量的一半左右，产量明显高于其他国家。然而，我国煤炭的储量并非全球第一。如表 1-1 所示，2013 年底，我国煤炭储量为 1145 亿 t，占全球煤炭储量的 12.8%，仅排在全球煤炭储量的第三位；同期美国的煤炭储量为 2372.95 亿 t，占全球煤炭储量的 26.6%，排在全球煤炭储量的第一位；同期，俄罗斯的煤炭储量为 1570.1 亿 t，占全球煤炭储量的 17.6%，排在全球煤炭储量的第二位。与我国煤炭的生产量全球第一及储量全球第三的地位形成鲜明对比的是我国煤炭的储采比，2013 年底我国煤炭的储采比只有 31，这意味着以目前产量计算，我国的已探明煤炭储量只能持续生产 31 年；而同期美国的储采比为 266，俄罗斯的储采比为 452，并且储采比超过我国的国家共有 27 个。综上所述，虽然我国煤炭的产量目前居世界第一，储量居世界第三，但是我国煤炭产业存在严重的过度开采，相对于发达国家，我国煤炭产业不具备可持续发展的能力。因此，我国未来必须寻找适当的能源形式来代替煤炭作为我国第一能源的地位和作用，以保证我国能源经济的可持续发展。

表 1-1　　　　2013 年我国与全球主要煤炭储量国比较

国家	煤炭总储量（百万 t）	占全球煤炭储量的比重（%）	储采比
美国	237 295	26.6	266
俄罗斯	157 010	17.6	452
中国	114 500	12.8	31

　　2010 年，我国石油产量占全国能源生产总量 10.4%，石油消费量占全国能源消费总量的 20.0%。虽然石油产量和消费量都远远低于煤炭，但石油仍然是我国第二大能源形式，对于我国经济发展是至关重要的。由表 1-2 可知，从储量上看，我国石油储量远远低于我国煤炭的储量。2013 年底，我国石油储量为 181 亿桶，仅占全球石油总储量的 1.1%，石油储量非常缺乏。而同期石油储量较大的委内瑞拉、沙特阿拉伯和加拿大石油储量分别为 2983 亿桶、2659 亿桶和 1743 亿桶，远远高于我国的石油储量，2013 年底石油储量高于我国的国家共 13 个。从目前的情况看，全球石油资源主要分布在中东（沙特阿拉伯、伊朗、伊拉克、科威特和阿联酋）和美洲（委内瑞拉和加拿大），亚洲石油储量最为贫乏。从石油生产方面看，2013 年我国石油产量占全球石油总产量的 5%，位于沙特阿拉伯、俄罗斯和美国之后，居全球第四位。另外，2013 年底我国石油储采比为 11.9，居世界第 33 位。可见，在我国石油储量相对贫乏的情况下，我国的石油生产量是很大的，在我国石油过度开发的情况下，我国石油未来的开发潜力极其有限，未来面临石油资源枯竭的可能性。最后，从我国能源已探明储量的发展情况看，1992、2002 年和 2013 年我国石油探明剩余储量分别为 152 亿桶、155 亿桶和 181 亿桶，这说明和其他多数国家一样，随着经济发展和技术进步，我国在不断发现新的石油储量，这可以在一定程度上延长我国石油开采年限。然而，问题在于我国石油的总储量是不变的，除非未来发现新的、更多的石油储备，否则这种过度的石油生产方式，必将在短期内造成我国石油更大的消费缺口。

表 1-2　　　　　　　　　　　2013 年我国与全球主要石油储量国比较

国家	1992 年 （10 亿桶）	2002 年 （10 亿桶）	2013 年 （10 亿桶）	占全球石油 储量的比重（%）	2013 年底储采比
中国	15.2	15.5	18.1	1.1	11.9
委内瑞拉	63.3	77.3	298.3	17.7	—
沙特阿拉伯	261.2	262.8	265.9	15.8	63.2
加拿大	39.6	180.4	174.3	10.3	—

　　天然气是我国第三大化石能源，但是储量同样贫乏。2013 年底，我国天然气储量为 33 000 亿 m^3，占全球天然气总储量的 1.8%，居全球第 13 位。由表 1-3 可知，从全球天然气储备情况来看，伊朗以 338 000 亿 m^3 的储量位居全球第一位，占全球天然气总储量的 18.2%，俄罗斯和卡塔尔紧随其后，分别以 313 000 亿 m^3 和 247 000 亿 m^3 的储量位居全球第二位和第三位，分别占全球天然气总储量的 16.8% 和 13.3%。可见，从储量上看，我国天然气目前的储量并没有任何优势。从天然气生产潜力方面看，2013 年底我国天然气储采比为 28.0，而同期伊朗、俄罗斯、卡塔尔等天然气高储量国家的储采比分别为大于 100、51.7 和大于 100，可见我国天然气长期开采潜力较弱。从天然气探明剩余储量方面来看，2013 年我国天然气已探明剩余储量比 2002 年提高了 20 000 亿 m^3，这说明虽然过去的 10 年间我国天然气开采量有所增长，但新探明的天然气储量明显超过了开发掉的天然气储量。而我国天然气开发还处于早期阶段，这说明如果未来不断探明新的天然气储量，则我国天然气的开采年限还会不断延长。

表 1 - 3		2013 年我国与全球主要天然气储量国比较			万亿 m³
国家	1992 年 （万亿 m³）	2002 年 （万亿 m³）	2013 年 （万亿 m³）	占全球天然气 储量的比重（%）	2013 年底储采比
中国	1.4	1.3	3.3	1.8	28.0
伊朗	20.7	26.7	33.8	18.2	>100
俄罗斯	—	29.8	31.3	16.8	51.7
卡塔尔	6.7	25.8	24.7	13.3	>100

1.1.2　我国的能源资源消费现状

能源是一个国家经济增长和社会发展的基础资源。我国改革开放以来，经济增长迅速，随着经济的快速增长，能源消费量也有了显著的增长。1980～2011 年，我国能源消费增长 5 倍以上，已经由 1980 年的 6.03 亿 t 标准煤增长到 2011 年的 34.80 亿 t 标准煤，特别是 2001 年以来，我国能源消费量增长明显加速。从人均能源消费水平来看，虽然增速略慢于能源消费增长速度，但是 30 多年来人均能源消费也增加了 4 倍。一个国家的能源消费量受到该国能源供给量和环境保护两个方面的约束。

首先，从能源供给方面看，能源消费量取决于能源供给量。我国改革开放之初，经济发展相对缓慢，能源消费相对较少，1980 年，我国能源生产总量为 6.20 亿 t 标准煤，同年能源消费量为 5.86 亿 t 标准煤，能源生产量略大于能源消费量。随着改革开放的逐渐深入和我国经济的快速发展，1992 年，我国能源消费总量首次超能源生产总量，开启了我国能源市场供不应求的局面。之后的 20 年里，随着工业化的进一步发展和城镇化战略的实施，我国能源供求差距进一步拉大，到 2013 年，我国能源生产总量为 34.0 亿 t 标准煤，同年的能源消费总量则达到了 37.50 亿 t 标准煤。我国能源供给量虽然持续增长，但能源供给量的增长已经无法满足经济增长对于能源的需求，能源进口量持续增长，能源对外依存度逐年增长。

随着我国经济的快速增长，我国石油消费量增长十分迅速，虽然近些年来我国石油生产能力有了明显提升，但是仍然无法满足我国石油消费的需求。1980 年，我国石油生产量为 15 139.22 万 t 标准煤，同期我国石油消费量为 12 537.62 万 t 标准煤，我国石油生产量超出消费量 2601.61 万 t 标准煤。1980～1994 年，我国石油生产量一直大于消费量，石油供给充足。1985 年我国石油产消差最大，为 4728.25 万 t 标准煤；1980～1985 年我国石油产消差逐年拉大，1985～1994 年我国石油产消差开始逐年减小，但这一期间我国石油生产量一直大于消费量。1995 年以后，我国石油的产消差开始逆转，直到 2010 年，我国石油消费量一直保持大于生产量的状态，并且产消差距越来越大，石油生产量为 29 002.58 万 t 标准煤，石油消费量为 61 647.54 万 t 标准煤，石油消费量超出生产量 32 644.96 万 t 标准煤，石油消费缺口明显加大，石油消费量为生产量的 2.13 倍，严重超出生产能力。2013 年，我国石油生产量为 2.081 亿 t 标准油，占全球石油生产总量的 5.0%，2013 年我国石油消费量为 5.074 亿 t 标准油，占当年全球石油消费总量的 12.1%。可见，目前我国石油的生产能力已经无法满足我国石油的消费水平，因此，为了满足我国石油的正常消费，我国必须大量地进口石油，目前我国石油进口量已经超过了我国自身生产量，这使得我国石油对外依存度变得越来越高，未来必然制约我国经济的持续发展。另外，2013 年我国石油的储采比为 11.9，远远低于沙特阿拉伯等石油储量丰富的国家（见表 1-2）。因此，我国不但目前石油生产能力不足，未来生产潜力依然较小，为了使能源经济能够可持续发展，我国必须在短时间内找到解决这一问题的有效对策。

相对于石油来说，我国天然气的生产与消费的匹配度要高得多，我国绝大多数年份里，天然气完全可以自给自足。1980 年，我国天然气生产量为 1861.38 万 t 标准煤，当年我国天然气消费量为 1874.784 万 t 标准煤，供需基本平衡；1980～1995 年，我国天然气的生产和消费都基本保持平衡，产消差非常小；1995～2006 年，我国天然气生产能力略超过消费水平，表现出一点点生产过剩的状况；2007～2010 年，我国天然气消费量波动较大，且在 2009 年之后呈现出生产不足的情况。2013 年，我国天然气产量为 1.171 亿 t 标准油，占全球天然气生产总量的 3.5%，同年我国天然气消费量为 1.616 亿 t 标准油，占全球天然气消费总量的 5.8%。可见，虽然一直以来我国天然气的生产量可以满足我国经济发展对天然气的消费需求，但是近两年我国的天然气市场已经开始出现生产能力不足的问题。2013 年底，我国天然气的储采比为 28.0，可以说明我国天然气未来具有一定的开发潜力，但持续时间有限。

其次，能源消费量增加必然对环境造成负面影响。随着我国能源消费量的不断增加，我国的二氧化碳排放量已经于 2003 年超过欧盟并于 2006 年超过美国成为目前全球最大的二氧化碳排放国。1997～2010 年，欧盟的二氧化碳排放量从 42.99 亿 t 减少到 41.43 亿 t，美国的二氧化碳排放量略有增长，从 60.81 亿 t 增长到 61.45 亿 t，增长 1.05%，几乎可以忽略不计。然而，在同一期间，我国的二氧化碳排放量却从 33.84 亿 t 增长到 83.33 亿吨，增长 146.25%，并成为全球最大的二氧化碳排放国，特别是在 2002 年以后，二氧化碳排放量增长速度明显加快，对环境已经造成极大影响。我国目前正处在工业化和城镇化的中期阶段，面临经济增长的压力，而经济增长必然增加我国能源消费量，从而造成能源消费量过大，消费增长速度过快，而这已经在一定程度上超出了我国的资源负载能力和环境承受能力。控制我国能源消费量增长速度，提高我国能源消费效率已经成为我国未来经济发展和解决环境保护问题的当务之急。

1.1.3　我国可持续发展战略

当前，全球气候变暖和能源供应安全已成为世界各国共同关注的重大战略问题，成为国际经济、社会、政治、外交、安全等领域的重要话题。随着我国经济的快速持续增长，能源资源环境也已成为影响未来发展的严重制约因素。在这一新形势下，大力开发利用可再生能源不仅是世界能源发展的必然趋势，也是我国能源战略和可持续发展战略的必然选择。在我国应对全球气候变化的国家行动方案中，以及实施节能减排的工作方案中，都已把加快可再生能源发展列为一项重大举措。前不久，我国公布了《可再生能源中长期发展规划》，确定到 2020 年可再生能源占到能源总消费量 15% 的目标。其中，水电装机容量要达到 3 亿 kW（其中小水电 7500 万 kW），风电总装机容量达到 3000 万 kW，生物质能发电总装机容量达到 3000 万 kW，沼气年利用量达到 440 亿 m^3，生物燃料乙醇和生物柴油年利用量达到 1200 万 t，太阳能发电总容量要达到 180 万 kW，太阳能热水器总集热面积达到 3 亿 m^2，再加上海洋能、地热能等，届时全国可再生能源利用量将相当于 6 亿 t 标准煤。这将有利于我国能源结构的调整和保障能源供应安全，对减少温室气体排放、保护环境将发挥更加重要的作用。未来 30～50 年内，随着我国能源需求的增加和能源结构的调整优化，预计到 2050 年形成 3 亿～5 亿 kW 的风力发电装机容量；预计到 2020～2030 年，小水电资源将基本开发完毕，形成 1 亿 kW 的装机水平；太阳能发电将在 2020 年之后得到大规模的发展，预计 2050 年将有 10% 的发电装机容量来自于太阳能发电，达到 2 亿～3 亿 kW；太阳能热水器散热面积可以达到 15 亿 m^2 保有量；生物质能源在能源供应中，特别是在农村能源和交通运输能源供应中将会占有重要地位。届时，可再生能源在能源消费总量中的比重将会达到 30% 或更高水平，为保障能源供应安全、减排温室气体和保护生态环境做出更大的贡献。

新能源技术及其产业将成为带动我国未来产业结构调整和经济结构调整的非常重要的新兴产业。中央和各级地方财政根据《可再生能源法》的要求，设立可再生能源发展专项资金。国家运用税收政策对可再生能源发展予以支持。增加国家财政对可再生能源领域的研发投入，鼓励科技创新，加强人才培养，支持产学研合作，开展可再生能源的科学研究、技术开发和产业化，完善保护知识产权的法制环境，全面提高可再生能源技术创新能力和服务水平。

1.2　能源的分类与新能源特点

1.2.1　能源的分类

能源也称能量资源或能源资源，是指可产生各种能量（如热量、电能、光能和机械能等）或可做功的物质的统称。

能源可分为不同的类型，按其来源可分为：

（1）来自地球外部天体的能源（主要是太阳能）。它除直接辐射外，并为风能、水能、生物能和矿物能源等的产生提供基础。人类所需能量的绝大部分都直接或间接地来自太阳。正是各种植物通过光合作用把太阳能转变成化学能在植物体内贮存下来。煤炭、石油、天然气等化石燃料也是由古代埋在地下的动植物经过漫长的地质年代形成的。它们实质上是由古代生物固定下来的太阳能。此外，水能、风能、波浪能、海流能等也都是由太阳能转换来的。

（2）地球本身蕴藏的能量。它通常指与地球内部的热能有关的能源和与原子核反应有关的能源，如原子核能、地热能等。温泉和火山爆发喷出的岩浆就是地热能的表现。地球可分为地壳、地幔和地核三层，它是一个大热库。地壳就是地球表面的一层，一般厚度为几千米至 70km 不等。地壳下面是地幔，它大部分是熔融状的岩浆，厚度为 2900km。火山爆发一般是这部分岩浆喷出。地球内部为地核，地核中心温度为 2000℃。可见，地球上的地热资源储量也很大。

（3）地球和其他天体相互作用而产生的能量，如潮汐能。

根据能源的形成条件和利用特点，能源又可分为一次能源和二次能源。前者即天然能源，指在自然界现成存在的能源，如煤炭、石油、天然气、水能等。后者指由一次能源加工转换而成的能源产品，如电力、煤气、蒸汽及各种石油制品等。一次能源又分为可再生能源（水能、风能及生物质能等）和非可再生能源（煤炭、石油、天然气、油页岩等）。其中煤炭、石油和天然气三种能源是一次能源的核心，它们成为全球能源的基础；除此以外，太阳能、风能、地热能、海洋能、生物质能及核能等可再生能源也被包括在一次能源的范围内。二次能源则是指由一次能源直接或间接转换成其他种类和形式的能量资源，如电力、煤气、汽油、柴油、焦炭、洁净煤、激光和沼气等能源都属于二次能源。

1.2.2　新能源特点

新能源的各种形式都是直接或者间接地来自于太阳或地球内部深处所产生的热能，包括了太阳能、风能、生物质能、地热能、水能和海洋能，以及由可再生能源衍生出来的生物燃料和氢所产生的能量。

新能源包括各种可再生能源和核能。相对于传统能源，新能源普遍具有污染少、储量大的特点，对于解决当今世界严重的环境污染问题和资源（特别是化石能源）枯竭问题具有重要意义。同时，由于很多新能源分布均匀，对于解决由能源引发的战争也有着重要意义。

新的生产方式必然要替代落后的生产方式，这是不以人们意志为转移的。新的能源体系和由新技术支撑的能源利用方式，以及新的能源利用理念最终会代替传统的能源利用方式。所以，新能源技术的关键是针对传统能源利用方式的先进性和替代性，主要包含：①高效利用能源；②资源综合利用；③可再生能源；④替代能源；⑤节能。

1.3　新能源发电技术

1.3.1　新能源发电技术的应用

1.　风力发电

地球风能约为 2.74×10^9 MW，可利用风能为 2×10^7 MW，是地球水能的 10 倍。只要利用上地球 1% 的风能就能满足全球能源的需要。我国探明风能理论储量为 32.26 亿 kW，而陆上可开发利用为 2.53 亿 kW，近海可利用风能为 7.5 亿 kW。风力发电是目前新能源开发技术最成熟，最有规模化商业开发前景的发电方式，也是世界上增长最快的新能源，在新能源发电装机容量中位居第一。欧洲风能协会和绿色和平组织预测，2020 年全世界的风力发电装机容量将达到 12.31 亿 kW，年安装量达到 1.5 亿 kW，届时风力发电量将占到全世界发电总量的 12%。1973 年发生石油危机，让美国、西欧等发达国家为寻求替代化石燃料能源，投入了大量经费，用新技术研制现代风力发电机组。20 世纪 80 年代开始建立示范风电场，成为电网新能源。到了 90 年代对环境保护的要求日益严格，特别是要兑现减排 CO_2 等温室效应气体的承诺，风力发电得到迅猛发展，风力发电的装机容量不断提高。

2.　太阳能发电

太阳能发电系统（也称光伏发电系统）由光伏电池组、光伏控制器、蓄电池（组）组成。太阳能发电的基本原理是利用光电效应，在阳光照到太阳能板上时直接产生光生电流。光伏电池是太阳能发电系统中的核心部分，也是太阳能发电系统中价值最高的部分。其作用是将太阳的辐射能转换为电能，或送往蓄电池中存储起来，或推动负载工作。电池的质量和成本将直接决定整个系统的质量和成本。目前，光伏电池主要有单晶硅、多晶硅、非晶态硅 3 种。单晶硅光伏电池变换效率最高，已达到 20% 以上，但价格也最贵。非晶态硅光伏电池变换效率最低，同时价格也最便宜。目前，在世界范围内已建成多个兆瓦级的联网光伏电站。

3. 燃料电池发电

燃料电池是一种将储存在燃料和氧化剂中的化学能，直接转化为电能的装置。当从外部源源不断地向燃料电池供给燃料和氧化剂时，它可以连续发电。燃料电池是一种电化学装置，其组成与一般电池相同。其单体电池是由正负 2 个电极（负极即燃料电极，正极即氧化剂电极）及电解质组成。一般电池的活性物质贮存在电池内部，因此，限制了电池容量，而燃料电池的正、负极本身不包含活性物质，只是催化转换元件。因此，燃料电池是把化学能转化为电能的能量转换机器。电池工作时，燃料和氧化剂由外部供给进行反应。原则上只要反应物不断输入，反应产物不断排除，燃料电池就能连续地发电。

燃料电池具有高效率、无污染、建设周期短、易维护及成本低的特点，它不仅是汽车最有前途的替代清洁能源，还能广泛用于航天飞机、潜艇、水下机器人、通信系统、中小规模电站、家用电源，而且非常适合提供移动、分散电源和接近终端用户的电力供给，同时能解决电网调峰问题。随着燃料电池的商业化推广，市场前景十分广阔。人们预测，燃料电池将成为继火电、水电、核电后的第 4 代发电方式，它将引发 21 世纪新能源与环境保护的绿色革命。

4. 生物质能发电

生物质能是指所有可以作为能源使用的源于植物的物质。植物的成长通过光合作用，绿色植物的叶绿素吸收阳光与植物吸收的 CO_2 和水合成碳水化合物，把太阳能转变成生物质的化学能固定下来。因此，生物质能在本质上是来源于太阳能，即为太阳能的有机储存。生物质能源资源主要是指：①农作物和水生植物可作燃料使用的部分，如甘薯、木薯、玉米、小麦、水稻、高粱、番薯等和产生糖类的甘蔗、甘草、果实等及其秸秆（玉米秸、稻草、棉秆等）。②合理采伐的薪柴、原木采伐和木材加工的剩余物或废弃物。③水生藻类和微生物。④可提炼石油的植物类，如橡胶树、蓝珊瑚、桉树等。⑤能源植物，如麻风树、黄连木等。⑥人畜粪便。⑦农副产品加工后的有机废弃物，有机废水、废渣。

5. 潮汐发电

潮汐发电是利用潮水涨、落产生的水位差具有的势能发电，也就是把海水涨、落潮的能量变为机械能，再把机械能转变为电能发电的过程。具体地说，潮汐发电就是在海湾或有潮汐的河口建一拦水堤坝，将海湾或河口与海洋隔开构成水库，再在坝内或坝房安装水轮发电机组，然后利用潮汐涨、落时海水位的升降，使海水通过轮机转动水轮发电机组发电。

6. 地热发电

地球是一个巨大的热仓库，其内部的热能通过热水、蒸汽、干热等形式，源源不断地涌出地表，为人类提供丰富而廉价的能源。根据科学家的推算，全球潜在地热的资源量约为41 013MW，相当于现在全球能耗的 45 万倍。地热是一种洁净的可再生能源。地热发电是利用超过沸点的中、高温地热（蒸汽）直接进入并推动汽轮机，带动发电机发电，或者通过热交换利用地热来加热某种低沸点的工作流体，使之变成蒸气，然后进入并推动汽轮机，带动发电机发电。最近发展起来的"热干研过程法"地热发电法不受地理限制，可以在任何地方进行地热开采。其原理是首先将水通过压力泵压入地下 4～6km 深处，在此处岩石层的温度大约为 200℃。水在高温岩石层被加热后通过管道加压被提取到地面并输入一个热交换器中。热交换器出水推动汽轮发电机将地热转化成电能。而推动汽轮机工作的热水冷却后再重新输入到地下供循环使用。

7. 核能发电

核能的利用在世界的能源结构中占有重要地位，而铀又有着比可再生能源高得多的利用价值。自从人类发现铀裂变可释放出巨大能量以来，特别是近50年来，其发展和应用在世界经济发展中起到举足轻重的作用。核能主要是用于核能发电、核能海水淡化、核能制氢、核供热、舰船用动力源，以及用于太空探索空间反应堆等。传统的核能在全球范围内已有不少国家在开发和利用，这是在核裂变的原理下形成的能源（通称核能）。它是20世纪人类在能源领域中的巨大成就，影响着世界经济的发展。

1.3.2　储能技术的应用

由于风能、太阳能、海洋能等多种新能源发电受到气候和天气影响很大，发电功率难以保证平稳，而电力系统要求是供需一致，电能消耗和发电量相等，一旦这个平衡遭到破坏，轻则电能质量恶化，造成频率和电压不稳，重则引发大规模停电事故。为了解决这一问题，在风力发电、太阳能光伏发电或者太阳能热发电等新能源发电设备中都配备有储能装置，在电力充足时，除了供给用户之外，多余电力可以储存起来，在晚上、弱风或者超大风发电机组停运或者停运机组过多时，发电量不足以满足负荷需求时释放出来。常用的储能技术，除了蓄电池和抽水储能电站常规储能方式外，新近发展起来的还有超导储能、飞轮储能、超级电容器储能、氢储能等。

1. 蓄电池

蓄电池相对其他储能技术有着漫长的发展岁月。铅酸蓄电池是最古老也是最成熟的蓄电池，可通过蓄电池组来提高容量，优点是成本低，缺点是电池寿命比较短。进入新世纪，各种新型的蓄电池相继开发成功，并逐渐应用于电力系统中。蓄电池储能在配电网中得到广泛应用。风力发电、太阳能光伏发电中，由于发电受季节、气候影响大，发电功率随机性大，蓄电池储能是必备的储能装置。

2. 抽水储能电站

在电力系统中，用来大规模调整系统供电峰谷的主要是抽水储能电站。抽水储能是电力系统中应用最为广泛的一种储能技术。抽水储能电站在技术上成熟可靠，容量仅受到水库容量的限制。抽水储能必须具有上下水库，利用电力系统中多余的电能，把下水库（下池）的水抽到上水库（上池）内，以位能的方式蓄能。现在抽水储能电站的能量转换效率已经提高到75%以上。

3. 超导储能

超导储能系统（SMES）利用由超导线制成的线圈，将电网供电励磁产生的磁场能量储存起来，在需要的时候再将储存的电能释放回电网或作为他用。超导储能主要受运行环境的影响，即使是高温超导体也需要运行在液氮的温度下，目前技术还有待突破。

4. 飞轮储能

飞轮储能是一个被人们普遍看好的大规模储能手段，主要有3个技术点的突破：

（1）高温超导磁悬浮方面的发展，使磁悬浮轴承成为可能，这样可以让摩擦阻力减到很小，能很好地实现储能供能；

（2）高强度材料的出现，使飞轮能以更高的速度旋转，储存更多的能量；

（3）电力电子技术的进步，使能量转换、频率控制能满足电力系统稳定安全运行的要求。

5. 超级电容器储能

超级电容器（super capacitor）通过极化电解质来储能。它是一种电化学元件，但其储能的过程并不发生化学反应，这种储能过程是可逆的，也正因为此超级电容器可以反复充放电数十万次。超级电容器可以被视为悬浮在电解质中的 2 个无反应活性的多孔电极板，在极板上加电，正极板吸引电解质中的负离子，负极板吸引正离子，实际上形成 2 个容性存储层，被分离开的正离子在负极板附近，负离子在正极板附近。超级电容器与常规电容器相比，具有更高的介电常数，不过技术难点在于耐压能力仍然不够高，如果能解决耐压能力这一技术难点，超级电容器的容量将大大提高。目前，超级电容器应用在小电器上比较多，如用于电动玩具等小运动器件的电源。

6. 氢储能

氢储能在电力供过于求的时候采用电解水的方式获得氢，然后低温液态存储起来，在需要的时候通过燃烧释放出来，氢也是燃料电池的主要燃料之一。但目前氢能的生产成本是汽油的 4～6 倍，其运输、存储、转化过程的成本也都比化石能源高。有人提出利用太阳能、风能和水能发电电解水，真正实现新能源产生新能源，并达到储存能量效果，真正实现"清洁的可持续利用"。

1.3.3　我国新能源的发展

我国是全球风电发展速度最快的国家。2007 年，新增风电机组 3155 台，新增装机容量 330 万 kW，占全球总装机容量的 16.8%，仅次于美国和西班牙。风电占全国电力装机新增容量的 3.3%，仅次于火电和水电，超过核电。我国风电仍保持着持续发展的后劲，市场预期良好，到 2013 年底，全国累计核准风电项目容量为 137.65GW，其中 2013 年全国新核准 413 个风电项目，新增核准容量 30.95GW。全国共有 16 个省（区）风电累计并网容量超过 1GW，其中内蒙古并网容量 18.33GW，居全国之首，河北和甘肃分别以并网 7.75GW 和 7.03GW 位居第二、三位。华北、东北、西北地区风电并网容量约占全国风电并网容量的 83.6%。

我国的光伏电池制造水平比较先进，实验室效率已经达到 21%，一般商业电池效率为 10%～14%。已建成数百座 100kW 以上的光伏电站。我国早在 1958 年就开展了燃料电池的研究工作，是世界上较早从事燃料电池研究的国家之一。天津化学电源研究所首先开展了 MCFC（熔融碳酸盐燃料电池）的研究，后来由于电池结构材料的耐腐蚀性等关键技术一时难以解决而终止。到 20 世纪 70 年代末，我国的燃料电池研究取得了一定的进展，技术水平接近当时的国际水平。20 世纪 80 年代许多单位在财力、物力极端困难及技术难度很大的情况下逐步恢复了对燃料电池的研究。中国科学院大连化学物理研究所一直从事再生型 AFC（碱性燃料电池）系统研究，并组装出千瓦级水下用的石棉膜型氯氧燃料电池。1993 年以来，我国又开展了 MCFC 电解质隔膜的工艺技术及阳极气体重整技术的深入探索。结合我国社会经济的发展状况，燃料电池的主要应用背景有四个方面：第一，将燃料电池系统用于民用发电，主要包括生活小区及较偏远地区的供电，其发电容量在数十千瓦至兆瓦级范围内，适合建立 PAFC（磷酸型燃料电池）、MCFC 和 SOFC（固体氧化物燃料电池）的燃料电池电站；第二，利用电动汽车发展的机遇，开展电动汽车用的燃料电池系统研究，这主要是指 PEMFC（质子交换膜燃料电池）系统技术的开发；第三，解决农村能源及城市垃圾场、污水处理场的能源问题，可以有计划地在以上地区开展以沼气类为燃料的燃料电池系统的开发，调整能源供应结构，保护生态环境，促进"绿色能源"计划的逐步实现；第四，在一定的条件下，继续研究航天及军队特殊用途的燃料电池系统，如航天器、舰船、潜艇等的动力源。

生物质能发电在我国尚处于起步阶段，蔗渣/稻壳燃烧发电、稻壳气化发电和沼气发电等技术已得到应用，总装机容量约为 800MW。深圳垃圾发电厂已运行 7 年，为垃圾发电在我国的发展积累了一定的经验，这将解决我国城市垃圾处理问题，带来新的希望和契机。

世界上第一座潮汐电站是法国的朗斯河口电站，其装机容量为 24kW。我国沿海已建成 9 座小型潮汐电站，1980 年建成的江厦潮汐电站是我国第一座双向潮汐电站，也是目前世界上较大的一座双向潮汐电站，其总装机容量为 3200kW，年发电量为 1070 万 kWh。

我国地热发电研究在新中国成立后开始，于 1970 年，中国科学院在广东省丰顺县汤坑镇邓屋村建起了发电量为 60kW 的地热发电站。这是我国第一座地热试验发电站。1976 年，全世界海拔最高的地热发电站在我国羊八井盆地上建成并成功发电，现已兴起了一座全新的地热城，地热开发利用正向综合性方向发展。目前，该电站已有 8 台 3000kW 机组，总装机容量为 2.5 万 kW，年发电量在拉萨电网中占到 45％。羊八井地热发电站目前是我国最大的地热发电站。

1.4 发展新能源的意义

大力发展新能源，不管是从节能减排，还是从发展低碳经济改善我国现有能源结构及保护生态环境，促进经济社会可持续发展等方面，都具有重要的战略意义。

发展新能源可促进国内碳排放交易市场发展，改善碳排放交易市场机制，为节能减排提供良好平台。节能减排是实现人与自然和谐相处的必然要求，是落实科学发展观的重大举措。新能源产业污染排放少，可以起到很好的减少污染物排放的效果。

发展新能源能进一步完善我国清洁能源，能够促进低碳技术发展，为发展低碳经济打下坚实基础。在气候变化和能源危机双重背景下，发展以低能耗、低污染和低排放为标志的低碳经济，不仅成为世界各国的共同选择，也被认为是人类继原始文明、农业文明和工业文明之后走向生态文明的重要途径。

发展新能源能改变我国单一的能源构成形式，对于构建新的能源体系，摆脱传统化石能源的束缚具有重要意义。化石能源如煤、石油、天然气，按目前开采速度，可供开采时间已很有限，在不远的未来将日益枯竭。新能源具有资源丰富、分布广泛、无污染、可再生等一系列优点，是国际社会公认的理想替代能源。全球新能源和可再生能源比例将占世界能源构成的 50％以上，是未来的能源支柱。我国是能源消费大国，大力发展新能源以应对能源危机刻不容缓。

我国具有发展新能源丰富的资源条件和工业基础。近年来，新能源产业处于快速发展状态，一些新能源利用技术已达到商业化水平。从资源、技术和产业的角度来看，我国拥有大规模发展新能源的潜力。

在国家大力支持下，新能源产业呈现良好的发展势头，预计 2020 年，新能源发电装机容量为 2.9 亿 kW，占总装机容量的 17％。在未来能源结构中，新能源将扮演重要角色，对优化能源结构、保护生态环境、保障能源供应、促进经济社会可持续发展、构建和谐低碳社会具有重要意义。但是，由于技术、体制、政策等方面原因，新能源还有很长的路要走，未来新能源的发展将是一条充满机遇和挑战之路。我国新能源产业起步晚，在技术方面和国际先进水平相比还存在很大差距，我国又是能源消费大国，化石能源已不能满足日益增长的经济需要。因此，要在优化能源结构，吸收消化国外先进技术，制定一系列利好新能源发展政策等方面加大力度，促进新能源产业又好又快发展。

思考题与习题

1-1　什么是一次能源和二次能源及其种类？

1-2　我国为什么要大力发展新能源？

1-3　新能源具有什么特征？

第2章 光伏发电及其最大功率点跟踪技术

太阳是万物之源，太阳能是最原始也是最永恒的能量，它不但清洁，而且取之不尽，用之不竭；同时，太阳能还是其他各种形式可再生能源的基础。世界各国正在大力发展太阳能的应用工程与技术，包括太阳能热利用、太阳能光伏发电等相关技术。本章首先介绍太阳能的基本知识，进而阐述光伏发电的原理及光伏电池的相关技术，重点介绍光伏发电系统最大功率点跟踪（MPPT）控制的原理及常用方法；给出几种常用的光伏发电直流变换器与交流变换器的拓扑结构；最后阐述光伏电池并网发电的相关技术问题、制约光伏发电的主要因素、光伏发电的经济技术指标及其发展方向。

2.1 太阳的辐射及太阳能利用

2.1.1 太阳的辐射

1. 太阳的概况

太阳是太阳系的中心天体，是离地球最近的一颗恒星。它是一个炽热的气态球体，直径约为 1.39×10^6 km，质量约为 2.2×10^{27} t，为地球质量的 3.32×10^5 倍，它的质量是整个太阳系质量的 99.865%，体积则比地球大 1.3×10^6 倍，平均密度为地球的 1/4。太阳也是太阳系里唯一自己发光的天体。如果没有太阳的照射，地球的表面温度将很快降低到接近热力学温度 0K，人类及大部分生物将无法生存。

太阳的主要组成气体为氢（约 80%）和氦（约 19%）。太阳内部持续进行着氢聚合成氦的核聚变反应，不断地释放出巨大的能量，并以辐射和对流的方式由核心向表面传递热量，温度也从中心向表面逐渐降低。

太阳的结构从中心到边缘可分为核反应区、辐射区、对流区和太阳大气。

（1）核反应区。在太阳平均半径 23%（0.23R）的区域内是太阳的内核，其温度为 $8 \times 10^6 \sim 4 \times 10^7$ K，密度为水的 $80 \sim 100$ 倍，占太阳全部质量的 40%、总体积的 15%。这部分产生的能量占太阳产生总能量的 90%。氢聚合时放出 γ 射线，当它经过较冷区域时由于消耗能量，波长增长，变成 X 射线或紫外线及可见光。

（2）辐射区。太阳平均半径 $0.23R \sim 0.7R$ 之间的区域称为"辐射输能区"，温度降到 1.3×10^5 K，密度下降为 0.079g/cm^3。太阳内核产生的能量通过这个区域辐射出去。

（3）对流区。太阳平均半径 $0.7R \sim 1.0R$ 之间的区域称为"对流区"，温度下降到 5×10^3 K，密度下降到 10^{-8}g/cm^3。在对流区，太阳的能量通过对流方式传播。

（4）太阳大气。太阳的外部是一个光球层，它就是人们肉眼所看到的太阳表面，其温度为 5762K，厚约 1.5×10^4 km，密度为 10^{-8}g/cm^3，它由强烈电离的气体组成，太阳能绝大部分辐射都是由此向太空发射的。光球层外面分布着不仅能发光，而且几乎是透明的太阳大气，称为"反变层"，它由极稀薄的气体组成，厚约数百千米，能吸收某些可见光的光谱辐射。"反变层"的外面是太阳大气上层，称为"色球层"，厚为 $1 \times 10^4 \sim 1.5 \times 10^4$ km，大部分由氢和氦组成。"色球层"外是伸入太空的银白色日冕,高度有时达几十个太阳半径。

从太阳的构造可见,太阳并不是一个温度恒定的黑体,而是一个多层的有不同波长发射和吸收的辐射体。不过在太阳能利用中通常将它视为一个温度为 6000K、发射波长为 0.3~3μm 的黑体。

2. 太阳的活动及辐射

昼夜是由于地球自转而产生的,季节是由于地球的自转轴与地球围绕太阳公转轨道的转轴成 23°27′的夹角而产生的。地球每天绕着通过南极和北极的"地轴"自西向东逆时针自转一周,每转一周为一昼夜,所以地球每小时自转 15°。地球除自转外,还循着偏心率很小的椭圆轨道每年绕太阳运行一周。地球自转轴与公转轨道面的法线始终成 23°27′。地球公转时自转轴的方向不变,总是指向地球的北极。因此,地球处于公转轨道的不同位置时,太阳光投射到地球上的方向也就不同,于是形成了地球上的四季变化。每天中午时分,太阳的高度总是最高。在热带低纬度地区(赤道与南北纬度 23°27′之间的地区),一年中太阳有两次垂直入射,太阳总是靠近赤道方向。在北极和南极地区及南北纬度 23°27′~90°之间的地区,冬季太阳低于地平线的时间长,而夏季是高于地平线的时间长。

由于地球以椭圆形轨道绕太阳运行,因此太阳与地球之间的距离不是一个常数,而且一年里每天的日地间距离也不一样。某一点的辐射强度与该点和辐射源之间距离的二次方成反比,这意味着地球大气上方的太阳辐射强度会随日地间距离的不同而有差异。然而,由于日地间距离太大(平均距离为 1.5×10^8 km),所以地球大气层外的太阳辐射强度几乎是一个常数。因此人们就采用所谓"太阳常数"来描述地球大气层上方的太阳辐射强度,它是指平均日地间距离时,在地球大气层上界垂直于太阳辐射的单位表面积上所接受的太阳辐射能,通过各种先进手段测得的太阳常数的标准值为 1353W/m²,一年中由于日地间距离的变化所引起太阳辐射强度的变化不超过±3.4%。

太阳辐射是地球表层能量的主要来源。太阳辐射在大气层上界的分布是由地球的天文位置决定的,称为天文辐射。除太阳本身的变化外,天文辐射能量主要取决于日地间距离、太阳高度角和昼长。太阳辐射穿过大气层而到达地面时,由于大气中空气分子、水蒸气和尘埃等对太阳辐射的吸收、反射和散射,不仅使辐射强度减弱,还会改变辐射的方向和光谱分布。因此,实际到达地面的太阳辐射通常由直接辐射和漫射辐射两部分组成。直接辐射是指直接来自太阳,其辐射方向不发生改变的辐射。漫射辐射则是被大气反射和散射后方向发生了改变的太阳辐射,它由三部分组成:太阳周围的散射(太阳表面周围的天空亮光)、地平圈散射(地平圈周围的天空亮光或暗光)及其他的天空散射辐射。另外,非水平面接收来自地面的辐射称为反射辐射。直接辐射、漫射辐射和反射辐射的总和称为总辐射。可以依靠透镜或反射器来聚焦直接辐射,如果聚光率很高(聚式收集器),就可获得高能量密度,同时减弱了漫射辐射;如果聚光率较低(非聚式收集器),则只可以对部分太阳周围的漫射辐射进行聚光。漫射辐射的变化范围很大,当天空晴朗无云时,漫射辐射约为总辐射的 10%。但当天空乌云密布见不到太阳时,此时没有直射辐射,因而漫射辐射等于总辐射,此时聚式收集器采集的能量通常要比非聚式收集器采集的能量少得多。反射辐射一般都很弱,但当地面有冰雪覆盖时,垂直面上的反射辐射可达总辐射的 40%。

太阳光线与地平面的夹角称为太阳高度角,它有日变化和年变化。太阳高度角大,则太阳辐射强。

地面辐射的时空变化特点是：①全年以赤道获得的辐射最多，极地最少，这种热量不均匀分布，必然导致地表各纬度的气温产生差异，在地球表面出现热带、温带和寒带气候；②太阳辐射夏天大冬天小，导致夏季温度高而冬季温度低。

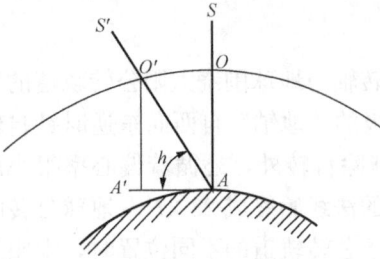

图 2-1 太阳辐射与路径示意图

到达地面的太阳辐射主要受大气层厚度的影响，大气层越厚，地球大气对太阳辐射的吸收、反射和散射就越严重，到达地面的太阳辐射就越少。此外，大气的状况和质量对到达地面的太阳辐射也有影响。太阳辐射穿过大气层的路径长短与太阳辐射的方向有关，如图 2-1 所示。

A 为地球海平面上的一点，当太阳在天顶位置 S 时，太阳辐射穿过大气层到达 A 点的路径为 OA。当太阳位于 S' 点时，其穿过大气层到达 A 点的路径则为 $O'A$。$O'A$ 与 OA 之比就称为"大气质量"。它表示太阳辐射穿过地球大气的路径与太阳在天顶方向垂直入射时的路径之比，通常以符号 m 表示，并设定标准大气压和 0℃时海平面上太阳垂直入射时，大气质量 $m=1$。

由图 2-1 可知，图中 $O'A$ 与 OA 近似相等，由三角函数关系得

$$m = \frac{O'A}{OA} = \frac{1}{\sin h} \tag{2-1}$$

式中：h 为太阳的高度角。

显然，地球上不同地区、不同季节、不同气象条件下，到达地面的太阳辐射强度都是不相同的。

通常根据各地的地理和气象情况，将已到达地面的太阳能辐射强度制成各种可供工程使用的图表，它们不但对太阳能利用有助，而且给建筑物的采暖、空调设计业也提供了至关重要的数据。

大气对太阳辐射具有削弱作用，包括大气对太阳辐射的吸收、散射和反射。太阳辐射经过整层大气时，$0.29\mu m$ 以下的紫外线几乎全部被吸收，在可见光区大气吸收很少，而在红外区吸收很强。大气中吸收太阳辐射的物质主要有氧、臭氧、水蒸气和液态水，其次有二氧化碳、甲烷、一氧化二氮和尘埃等。云层能强烈吸收和散射太阳辐射，同时还强烈吸收地面反射的太阳辐射，云的平均光谱反射因数为 0.50～0.55。

经过大气削弱之后到达地面的太阳直接辐射、漫射辐射及反射辐射之和称为太阳总辐射。就全球平均而言，太阳总辐射只占到地球大气层上界太阳辐射的 45%。总辐射量随纬度升高而减小，随高度升高而增大。一天内中午前后最大，夜间为零；一年内夏天大，冬天小。

太阳辐射能量中可见光线（$0.4 \sim 0.76\mu m$）、红外线（$> 0.76\mu m$）和紫外线（$< 0.4\mu m$）分别占 50%、43% 和 7%，即集中于短波波段，故也将太阳辐射称为短波辐射。

地球轨道上的太阳平均辐射强度为 $1367kW/m^2$，地球赤道的周长为 40 000km，从而可计算出，地球获得的太阳辐射能量达 173 000TW，地球上的生物依赖这些能量维持生存。虽然太阳能资源总量相当于现在人类所利用的能源的 1 万多倍，但在地球上太阳能的能量密度低，而且它因地而异、因时而变，使得开发和利用太阳能面临许多问题，这些特点使太阳能的利用在整个综合能源体系中的作用受到一定的限制。尽管太阳辐射到地球大气层的能量

仅为其总辐射能量（约为 3.75×10^{26} W）的 22 亿分之一，但已高达 173 000TW，也就是说，太阳每秒钟照射到地球上的能量就相当于 500 万 t 煤。图 2-2 所示为地球上的能流，可以看出，地球上的风能、水能、海洋温差能、波浪能和生物质能及部分潮汐能都是来源于太阳，即使是地球上的化石燃料（如煤、石油、天然气等）从根本上说也是远古以来储存下来的太阳能，所以广义的太阳能所包括的范围非常大，狭义的太阳能则限于太阳辐射能的光热、光电和光化学的直接转换。

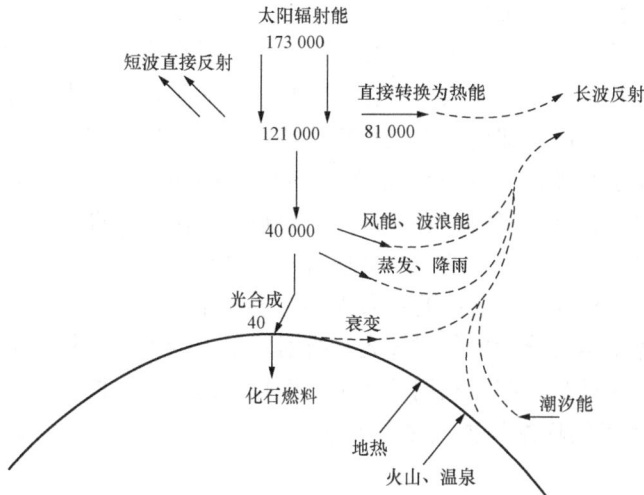

图 2-2　地球上的能流（单位为 $\times 10^6$ MW）

　　太阳能既是一次能源，又是可再生能源。它资源丰富，既可免费使用，又无需运输，对环境无任何污染。但太阳能也有两个主要缺点：①能流密度低；②其强度受各种因素（季节、地点、气候等）的影响不能维持常量。

2.1.2　太阳能的转换与利用

　　太阳能是一种理想的可再生能源。人类对太阳能的利用有着悠久的历史。我国早在两千多年前的战国时期就知道利用钢制四面镜聚焦太阳光来点火，利用太阳能来干燥农副产品。发展到现代，太阳能的利用已日益广泛，包括太阳能的光热利用、光电利用和光化学利用等。目前，太阳能的利用主要有光热和光电两种方式。

　　太阳能的转换与利用包括太阳能的采集、转换、储存、传输与应用等方面。

　　1. 太阳能的采集

　　太阳辐射的能流密度低，在利用太阳能时为了获得足够的能量，或者为了提高温度，必须采用一定的技术和装置（集热器），对太阳能进行采集。集热器按是否聚光，可以划分为聚光集热器和非聚光集热器两大类。非聚光集热器（平板集热器、真空管集热器）能够利用太阳辐射中的直射辐射和散射辐射，集热温度较低；聚光集热器能将阳光汇聚在面积较小的吸热面上，可获得较高温度，但只能利用直射辐射，且需要跟踪太阳。

　　（1）平板集热器。历史上早期出现的太阳能装置，主要为太阳能动力装置，大部分采用聚光集热器，只有少数采用平板集热器。平板集热器是在 17 世纪后期发明的，但直至 1960 年以后才真正进行深入研究和规模化应用。在太阳能低温利用领域，平板集热器的技术经济性能远比聚光集热器好。为了提高效率，降低成本，或者为了满足特定的使用要求，开发研制了许多种平板集热器。平板集热器按工质划分有空气集热器和液体集热器，目前大量使用的是液体集热器；按吸热板芯材料划分有钢板铁管、全铜、全铝、铜铝复合、不锈钢、塑料及其他非金属集热器等；按结构划分有管板式、扁盒式、管翅式、热管翅片式、蛇形管式集热器，还有带平面反射镜集热器和逆平板集热器等；按盖板划分有单层或多层玻璃、玻璃钢或高分子透明材料、透明隔热材料集热器等。目前，国内外使用比较普遍的是全铜集热器和铜铝复合集热器。铜翅和铜管的结合，国外一般采用高频焊，国内以往采用介质焊，1995年我国也开发成功全铜高频焊集热器。

（2）真空管集热器。为了减少平板集热器的热损、提高集热温度，国际上20世纪70年代研制成功真空集热管，其吸热体被封闭在高度真空的玻璃管内，大大提高了热性能。将若干支真空集热管组装在一起，即构成真空管集热器，为了增加太阳光的采集量，有的在真空集热管的背部还加装了反光板。真空集热管大致可分为全玻璃真空集热管、玻璃U形真空集热玻璃管、金属热管真空集热管、直通式真空集热管和储热式真空集热管等。最近，我国还研制成全玻璃热管真空集热管和新型全玻璃直通式真空集热管。

（3）聚光集热器。聚光集热器主要由聚光器、吸收器和跟踪系统三大部分组成。按照聚光原理，聚光集热器基本可分为反射式聚光和折射式聚光两大类，每类中按照聚光器的不同又可分为若干种。为了满足太阳能利用的要求，简化跟踪机构，提高可靠性，降低成本，在20世纪研制开发的聚光集热器品种很多，但推广应用的数量远比平板集热器少，商业化程度也低。

在反射式聚光集热器中应用较多的是旋转抛物面镜聚光集热器（点聚焦）和槽形抛物面镜聚光集热器（线聚焦）。前者可以获得高温，但要进行二维跟踪；后者可以获得中温，只要进行一维跟踪。其他反射式聚光集热器还有圆锥反射镜、球面反射镜、条形反射镜、斗式槽形反射镜、平面反射镜、抛物面反射镜聚光集热器等。此外，还有一种应用在塔式太阳能发电站的聚光镜——定日镜。定日镜由许多平面反射镜或曲面反射镜组成，在计算机控制下，这些反射镜将阳光都反射至同一吸收器上，吸收器可以达到很高的温度，获得很大的能量。利用光的折射原理可以制成折射式聚光器，历史上曾有人在法国巴黎用两块透镜聚集阳光进行熔化金属的表演。有人利用一组透镜并辅以平面镜组装成太阳能高温炉。显然，玻璃透镜比较重、制造工艺复杂、造价高，很难做得很大。

2. 太阳能的转换

太阳能是一种辐射能，具有即时性，必须即时转换成其他形式的能量才能储存和利用。将太阳能转换成不同形式的能量需要不同的能量转换器，集热器通过吸收面可以将太阳能转换成热能，利用光伏效应光伏电池可以将太阳能转换成电能。通过光合作用植物可以将太阳能转换成生物质能等。原则上，太阳能可以直接或间接转换成任何形式的能量，但转换次数越多，最终太阳能转换的效率便越低。

（1）太阳能—热能转换。黑色吸收面吸收太阳辐射，可以将太阳能转换成热能。其吸收性能好，但辐射热损失大，所以黑色吸收面不是理想的太阳能吸收面。选择性吸收面具有高的太阳吸收比和低的发射比，吸收太阳辐射的性能好，且辐射热损失小，是比较理想的太阳能吸收面。这种吸收面由选择性吸收材料制成，简称为选择性涂层。

（2）太阳能—电能转换。电能是一种高品位能量，利用、传输和分配都比较方便。将太阳能转换为电能是大规模利用太阳能的重要技术基础，世界各国都十分重视，其转换途径很多，有光电直接转换、光热电间接转换等。

（3）太阳能—氢能转换。氢能是一种高品位能源。太阳能可以通过分解水或其他途径转换成氢能，即太阳能制氢。其主要方法如下：

1）太阳能电解水制氢。电解水制氢是目前应用较广且比较成熟的方法，效率较高（75%～85%），但耗电量大，使用常规电解水制氢，从能量利用方面得不偿失。所以，只有当太阳能发电的成本大幅度下降后，才能实现大规模电解水制氢。

2）太阳能热分解水制氢。将水或水蒸气加热到 3000K 以上，水中的氢和氧便能分解。这种方法制氢效率高，但需要高倍聚光器才能获得如此高的温度，一般不采用这种方法制氢。

3）太阳能热化学循环制氢。为了降低太阳能直接热分解水制氢要求的高温，开发了一种化学循环制氢的方法，即在水中加入一种或几种中间物，然后加热到较低温度，经历不同的反应阶段，最终将水分解成氢和氧，而中间物不消耗，可循环使用。热化学循环分解的温度大致为 900～1200K，这是普通旋转抛物面镜聚光器比较容易达到的温度，其分解水的效率在 17.5%～75.5%。其存在的主要问题是中间物的还原，即使按 99.9%～99.99% 还原，也还要作 0.1%～0.01% 的补充，这将影响氢的价格，并造成环境污染。

4）太阳能光化学分解水制氢。这一制氢过程与上述热化学循环制氢有相似之处，在水中添加某种光敏物质作催化剂，增加对阳光中长波光能的吸收，利用光化学反应制氢。日本有人利用碘对光的敏感性，设计了一套包括光化学、热电反应的综合制氢流程，每小时可产氢 97L，效率达 10% 左右。

5）太阳能光电化学电池分解水制氢。利用 N 型二氧化钛半导体电极作阳极，以铂黑作阴极，制成太阳能光电化学电池，在太阳光照射下，阴极产生氢气，阳极产生氧气，两电极用导线连接便有电流通过，即光电化学电池在太阳光的照射下同时实现了分解水制氢、制氧和获得电能。但是，光电化学电池制氢效率很低，仅为 0.4%，只能吸收太阳光中的紫外光和近紫外光，且电极极易受腐蚀、性能不稳定，所以很难达到实用要求。

6）太阳光络合催化分解制氢。科学家于 1972 年发现三联吡啶钌络合物的激发态具有电子转移能力，并从络合催化电荷转移反应，提出利用这一过程进行光解水制氢。这种络合物是一种催化剂，它的作用是吸收光能、产生电荷转移和集结，并通过一系列耦联过程，最终使水分解为氢和氧。

7）生物光合作用制氢。绿藻在无氧条件下，经太阳光照射可以放出氢气；蓝绿藻等许多藻类在无氧环境中适应一段时间，在一定条件下都有光合放氢作用。由于对光合作用和藻类放氢机理了解还不够，藻类放氢的效率很低，要实现工程化产氢还有相当大的距离。据估计，如藻类光合作用产氢效率提高到 10%，则每天每平方米藻类可产 9g 氢分子。

（4）太阳能—生物质能转换。通过植物的光合作用，太阳能把二氧化碳和水合成有机物（生物质能）并释放出氧气。光合作用是地球上最大规模转换太阳能的过程，现代人类所用燃料都是远古和当今光合作用太阳能的结果。目前，光合作用机理尚不完全清楚，能量转换效率一般只有百分之几，今后对其机理的研究具有重大的理论意义和实际意义。

（5）太阳能—机械能转换。物理学家试验证明光具有压力，提出利用在宇宙空间中巨大的太阳帆，在阳光的压力作用下可推动宇宙飞船前进，将太阳能直接转换成机械能。通常，太阳能转换为机械能需要通过中间过程进行间接转换。

3. 太阳能的储存

地面上接受到的太阳能，受气候、昼夜、节气的影响，具有间断性和不稳定性。因此，太阳能储存十分必要，尤其对大规模利用太阳能更为必要。太阳能无法直接储存，必须转换成其他形式的能量储存。大容量、长时间、经济地储存太阳能，在技术上比较困难。

（1）热能储存。

1）显热储存。利用材料的显热储能是最简单的太阳能储能方法，在实际应用中，水、沙、石子、土壤等都可作为储能材料，其中水的比热容最大，应用较多。

2）潜热储存。利用材料在相变时放出和吸入的潜热储能，其储能量大，且在温度不变情况下放热。在太阳能低温储存中常用含结晶水的盐类储能，如 10 水硫酸钠、10 水氯化钙、12 水磷酸氢钠等；但在使用中要解决过冷和分层问题，以保证工作温度和使用寿命。太阳能中温储存温度一般在 100℃ 以上、500℃ 以下，通常在 300℃ 左右。适宜于中温储存的材料有高压热水、有机流体、多晶盐等。太阳能高温储存温度一般在 500℃ 以上，目前正在试验的材料有金属钠、熔融盐等。1000℃ 以上极高温储存，可以采用氧化铝和氧化锗耐火球。

3）化学储热。利用化学反应储热，储热量大、体积小、质量轻，化学反应产物可分离储存，需要时才发生放热反应，储存时间长。真正能用于储热的化学反应必须满足的条件有：反应可逆性好、无副反应；反应迅速；反应生成物易分离，且能稳定储存；反应物和生成物无毒、无腐蚀、无可燃性；反应热大、反应物价格低等。目前已筛选出一些化学吸热反应能基本满足上述条件，如 $Ca(OH)_2$ 的热分解反应。利用上述吸热反应储存热能，用热时则通过放热反应释放热能。但是，$Ca(OH)_2$ 在大气压下脱水反应温度高于 500℃，利用太阳能在这一温度下实现脱水十分困难，加入催化剂可降低反应温度，但仍相当高。其他可用于储热的化学反应还有金属氢化物的热分解反应、硫酸氢反应等。

4）塑晶储热。1984 年，美国在市场上推出一种塑晶家庭取暖材料。塑晶学名为新戊二醇（NPG），它和液晶相似，有晶体的三维周期性，但力学性质像塑料。它能在恒定温度下储热和放热，但不是依靠固-液相变储热，而是通过塑晶分子构型发生固-固相变储热。塑晶在恒温 44℃ 时，白天吸收太阳能而储存热能，晚上则放出白天储存的热能。

5）太阳池储热。太阳池是一种具有一定盐浓度梯度的盐水池，可用于采集和储存太阳能。它简单、造价低，宜于大规模使用，因此引起了人们的重视。

（2）电能储存。电能储存比热能储存困难，常用的是蓄电池储存电能，正在研究开发的还有超导储能。铅酸蓄电池利用化学能和电能的可逆转换，实现充电和放电，价格较低，但使用寿命短、体积大、质量大、需要经常维护。目前，与光伏发电系统配套的储能装置，大部分为铅酸蓄电池。现有的蓄电池储能密度较低，难以满足大容量、长时间储存电能的要求。某些金属或合金在极低温度下成为超导体，理论上电能可以在一个超导无电阻的线圈内储存无限长的时间。这种超导储能不经过任何其他能量转换直接储存电能，效率高、启动迅速，可以安装在任何地点，尤其是消费中心附近，不产生任何污染；但目前超导储能在技术上尚不成熟，需要继续研究开发。

（3）氢能储存。氢可以大量、长时间储存。它能以气相、液相、固相（氢化物）或化合物（如氨、甲醇等）形式储存。气相储存：储氢量少时，可以采用常压湿式气柜、高压容器储存；大量储存时，可以储存在地下储仓、不漏水土层覆盖的含水层、盐穴和人工洞穴内。

液相储存：液氢具有较高的单位体积储氢量，但蒸发损失大。将氢气转化为液氢需要进行氢的纯化和压缩、正氢-仲氢转化，最后进行液化。液氢生产过程复杂、成本高，目前主要用作火箭发动机燃料。固相储氢：利用金属氢化物固相储氢，储氢密度高，安全性好。目前，基本能满足固相储氢要求的材料主要是稀土系合金和钛系合金。

（4）机械能储存。太阳能转换为电能，推动电动水泵将低位水抽至高位，便能以位能的形式储存太阳能；太阳能转换为热能，推动热机压缩空气，也能储存太阳能；但在机械能储存中最受人关注的是飞轮储能。近年来，由于高强度碳纤维和玻璃纤维的出现，用其制造的飞轮转速大大提高，增加了单位质量的动能储量；电磁悬浮、超导磁浮技术的发展，结合真空技术，极大地降低了摩擦阻力和风力损耗；电力电子的新进展，使飞轮电动机与系统的能量交换更加灵活。在太阳能光伏发电系统中，飞轮可以代替蓄电池用于蓄电。

4. 太阳能的传输

太阳能不像煤和石油一样用交通工具进行运输，而是应用光学原理，通过光的反射和折射进行直接传输，或者将太阳能转换成其他形式的能量进行间接传输。直接传输适用于较短距离，基本上有三种方法：通过反射镜及其他光学元件组合，改变阳光的传播方向，达到用能地点；通过光导纤维，可以将入射在其一端的阳光传输到另一端，传输时光导纤维可任意弯曲；采用表面镀有高反射涂层的光导管，通过反射可以将阳光导入室内。间接传输适用于各种不同距离，方法有：将太阳能转换为热能，通过热管可将太阳能传到室内；将太阳能转换为氢能或其他载能化学材料，通过车辆或管道等可输送到用能地点；空间电站将太阳能转换为电能，通过微波或激光将电能传输到地面。太阳能传输包含许多复杂的技术问题，需要认真进行研究，才能更好地利用太阳能。

5. 太阳能的利用

（1）太阳辐射的热能利用。我国有 14 亿人口，4.9 亿多个家庭，若每日每户供应 60℃热水 100L，全年需 8000 亿 kWh，约为全国年发电量的一半。由于市场需求大，太阳能热水器是光热利用最成功的领域。我国在太阳能热水器的基础理论研究、工艺材料研究、应用研究、技术标准、制造水平、产品质量等方面，总体处于国际先进水平，多个指标国际领先。目前，我国已成为世界上最大的太阳能集热器制造中心。我国太阳能热水器保有量达 5 亿平方米，平均每 3 人拥有一平方米，位居世界第一。

（2）太阳能光热利用。太阳能光热利用除太阳能热水器外，还有太阳房、太阳灶、太阳能温室（薄膜大棚）、太阳能干燥系统、太阳能土壤消毒杀菌等。

（3）太阳能热发电。太阳能热发电是太阳能热利用的一个重要方面，这项技术利用集热器把太阳辐射的热能集中起来给水加热产生蒸汽，然后通过汽轮机带动发电机而发电。根据集热方式的不同，又分为高温发电和低温发电。

（4）太阳能综合利用。若用太阳能全方位地解决建筑内热水、采暖、空调和照明用能的问题，这是最理想的方案。太阳能与建筑（包括高层）一体化研究与实施，是太阳能开发利用的重要方向。

（5）太阳能光伏发电技术。通过转换装置把太阳辐射能转换成电能利用的属于太阳能光伏发电技术。光电转换装置通常是利用半导体器件的光伏效应原理进行光电转换的，因此又称太阳能光伏技术。

6. 太阳能应用史

近百年间，太阳能综合利用技术得到前所未有的快速发展，大约经历了以下 7 个阶段：

第一阶段（1900~1920 年）：在这一阶段，世界上太阳能研究的重点仍是太阳能动力装置，但采用的聚光方式多样化，且开始采用平板集热器和低沸点工质，装置容量逐渐增大，最大输出功率达 73.64kW，实用目的比较明确，但造价仍然很高。

第二阶段（1920~1945 年）：在这 20 多年中太阳能研究工作处于低潮，参加研究工作的人数和研究项目大为减少。其原因与矿物燃料的大量开发利用和发生第二次世界大战（1935~1945 年）有关，而太阳能又不能解决当时对大量能源的需求，因此使太阳能研究工作逐渐受到冷落。

第三阶段（1945~1965 年）：第二次世界大战结束后的 20 年中，一些有远见的人士已经注意到石油和天然气资源正在迅速减少，开始呼吁人们重视这一问题，从而逐渐推动了太阳能研究工作的恢复和开展，并且成立了太阳能学术组织，举办学术交流和展览会，再次掀起太阳能研究热潮。

第四阶段（1965~1973 年）：这一阶段中，太阳能研究工作停滞不前，主要原因是太阳能利用技术处于成长阶段、尚不成熟，并且投资大、效果不理想、难以与常规能源竞争，因而得不到公众、企业和政府的重视和支持。

第五阶段（1973~1980 年）：自从石油在世界能源结构中担当主角之后，石油就成了左右一个国家经济和决定生死存亡、发展和衰退的关键因素。1973 年 10 月爆发中东战争，石油输出国组织采取石油减产、提价等办法，支持中东人民的斗争，维护本国的利益。其结果是使那些依靠从中东地区大量进口廉价石油的国家，在经济上遭到沉重打击，这便是西方所谓的世界"能源危机"（也称"石油危机"）。这次"能源危机"在客观上使人们认识到：现有的能源结构必须彻底改变，应加速向未来能源结构过渡，从而使许多国家，尤其是工业发达国家，重新加强了对太阳能及其他可再生能源技术发展的支持，在世界范围内再次兴起了开发利用太阳能热潮。这一时期，太阳能开发利用工作处于前所未有的大发展时期，具有以下特点：①各国加强了太阳能研究工作的计划性，不少国家制定了近期和远期阳光计划。开发利用太阳能成为政府行为，支持力度大大加强。国际间的合作十分活跃，一些第二世界国家开始积极参与太阳能的开发利用工作。②研究领域不断扩大，研究工作日益深入，取得一批较大成果，如 CPC、真空集热管、非晶硅光伏电池、光解水制氢、太阳能热发电等。③各国制定的太阳能发展计划，普遍存在要求过高、过急问题，对实施过程中的困难估计不足，希望在较短的时间内取代矿物能源，实现大规模利用太阳能。④太阳能热水器、光伏电池等产品开始实现商业化，太阳能产业初步建立，但规模较小，经济效益尚不理想。

第六阶段（1980~1992 年）：20 世纪 70 年代兴起的开发利用太阳能热潮，在进入 20 世纪 80 年代后不久开始落潮，逐渐进入低谷，世界上许多国家相继大幅度削减太阳能研究经费，其中美国最为突出。导致这种现象的主要原因是：世界石油价格大幅度回落，而太阳能产品价格居高不下，缺乏竞争力；太阳能技术没有重大突破，提高效率和降低成本的目标没有实现，以致动摇了一些人开发利用太阳能的信心；核电发展较快，对太阳能的发展起到了一定的抑制作用。

第七阶段（1992 年至今）：由于大量燃烧矿物能源，造成了全球性的环境污染和生态破坏，对人类的生存和发展构成威胁。在这样的背景下，1992 年联合国在巴西召开"世界环境与发展大会"，会议通过了《里约热内卢环境与发展宣言》《21 世纪议程》和《联合国气候变化框架公约》等一系列重要文件，把环境与发展纳入统一框架，确立了可持续发展的模式。这次会议之后，世界各国加强了清洁能源技术的开发，将利用太阳能与环境保护结合在一起，使太阳能利用工作走出低谷，逐渐得到加强。1996 年，联合国在津巴布韦召开"世界太阳能高峰会议"，会后发表了《哈拉雷太阳能与持续发展宣言》，会上讨论了《世界太阳能 10 年行动计划》（1996～2005 年）、《国际太阳能公约》及《世界太阳能战略规划》等重要文件。这次会议进一步表明了联合国和世界各国对开发太阳能的坚定决心，要求全球共同行动，广泛利用太阳能。1992 年以后，世界太阳能利用又进入一个发展期，其特点是：太阳能利用与世界可持续发展和环境保护紧密结合，全球共同行动，为实现世界太阳能发展战略而努力；太阳能发展目标明确，重点突出，措施得力，保证太阳能事业的长期发展；在加大太阳能研究开发力度的同时，注意科技成果转化为生产力，发展太阳能产业，加速商业化进程，扩大太阳能利用领域和规模，经济效益逐渐提高；国际太阳能领域的合作空前活跃、规模扩大、效果明显。目前，在世界范围内已建成多个兆瓦级的联网光伏电站，总功率为 5MW 的太阳能发电站于 2004 年 9 月在德国莱比锡附近落成，总功率为 80.7MW 的世界最大的太阳能发电站于 2009 年 8 月在德国利伯罗瑟落成。欧洲是全球光伏终端市场的重心所在，德国长期占据主导地位，而在西班牙市场大幅度萎缩之后，意大利、捷克、法国新兴市场的迅速崛起，及时填补了这一空白。2010 年，我国光伏电池产量达到 8000MW，约占全球总产量的 50%，产能稳居世界首位，但受能源补贴政策、投资成本和回收周期的影响，光伏计划的实施并不理想，推广应用相对滞后。

综上所述，在 20 世纪 100 年间太阳能发展道路并不平坦，一般每次高潮期后都会出现低潮期，处于低潮的时间大约有 45 年。太阳能利用的发展历程与煤、石油、核能完全不同，人们对其认识差别大，反复多，发展时间长。这一方面说明太阳能开发难度大，短时间内很难实现大规模利用；另一方面也说明太阳能利用还受矿物能源供应、政治和战争等因素的影响，发展道路比较曲折。尽管如此，从总体来看，20 世纪取得的太阳能科技进步仍比以往任何一个世纪都大。

2.2　光伏电池基础知识

2.2.1　半导体基础知识

1. 导体、绝缘体和半导体

物质由原子组成，原子由原子核和核外电子组成，电子受原子核的作用，按一定的轨道绕核高速运动。有的电子受原子核的作用力较小，可以在物质内部的原子间自由运动，这种电子称为"自由电子"，它是物质导电的基本电荷粒子。单位体积中自由电子的数量，称为自由电子浓度，用 n 表示，它是决定物体导电能力的主要因素之一。

由于晶体内原子的振动，自由电子在晶体中做杂乱无章的运动。导体中的自由电子在电场力作用下的定向运动形成电流。在单位电场强度（1V/cm）作用下，定向运动的自由电子的"直线速度"，称为自由电子的迁移率，用 μ 表示，这也是决定物体导电能力的主要因素之一。表征物体导电能力的物理量称为电导率，用 σ 表示，即

$$\sigma = en\mu \tag{2-2}$$

式中：e 为电子的电量。

导体中的自由电子定向运动形成电流所受到的"阻力"称为电阻，它也表征物体导电能力。导体的电阻特性用电阻率 ρ 表示，即

$$\rho = 1/\sigma \tag{2-3}$$

物质按材料的导电能力划分，可分为三类：

（1）善于传导电流的物质称为导体，如铜、铝、铁等金属，它们的电阻率为 $10^{-9} \sim 10^{-6} \Omega \cdot cm$。

（2）不能导电或者导电能力微弱到可以忽略不计的物质称为绝缘体，如橡胶、玻璃、塑料和干木材等，它们的电阻率为 $10^8 \sim 10^{20} \Omega \cdot cm$。

（3）导电能力介于导体和绝缘体之间的物质称为半导体，其电阻率为 $10^{-5} \sim 10^7 \Omega \cdot cm$，如硅、锗、砷化镓、硫化镉等材料都是半导体。

金属导体和半导体都能导电，但它们的导电机理是不完全相同的。金属导体导电是自由电子（n 恒定）在电场力作用下的定向运动，其导电性能基本是恒定的。半导体导电是电子和空穴在电场力作用下的定向运动。电子和空穴的浓度随温度、杂质含量、光照等变化较大，影响其导电能力，导电性能不恒定，这是半导体材料的重要特性。

2. 硅的晶体结构

硅是最常见和应用最广的半导体材料，硅的原子序数为 14，它的原子核外有 14 个电子，这些电子围绕着原子核做层状的轨道分布运动，如图 2-3 所示，第一层 2 个电子，第二层 8 个电子，还剩 4 个电子排在最外层，称为价电子，硅的物理化学性质主要由它们决定。

硅晶体和所有的晶体都一样是由原子（或离子、分子）在空间按一定规则排列而成的。这种对称的、有规则的排列叫做晶体的晶格。一块晶体如果从头到尾都按一个方向重复排列，即长程有序，就称其为单晶体。如图 2-4 所示，在硅的晶体中，每个硅原子近邻有四个硅原子，每两个相邻原子之间有一对电子，它们与两个相邻原子核都有相互作用，称为共价键。正是靠共价键的作用，使硅原子紧紧结合在一起，构成了晶体。由许多小颗粒单晶体杂乱地排列在一起的固体称为多晶体。非晶体没有上述特征，但仍保留了相互间的结合形式，如一个硅原子仍有四个共价键，短程看是有序的，长程无序，这样的材料称为非晶体，也叫做无定型材料。

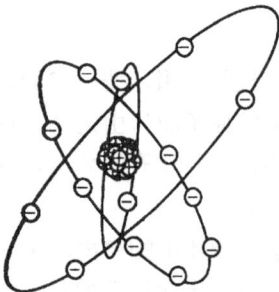

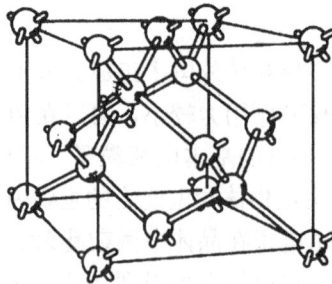

图 2-3　硅原子结构　　　　　　　　　　　图 2-4　硅的晶胞结构

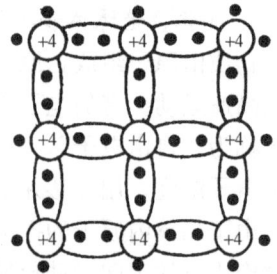

3. 能级和能带

电子在原子核周围运动时，每一层轨道上的电子都有确定的能量。最里层的轨道，电子距原子核距离最近，受原子核的束缚最强，相应的能量最低。第二层轨道具有较大的能量，越外层的电子受原子核的束缚越弱，能量越大。以人造卫星绕地球的环行运动作一个比喻，越外层的电子轨道相当于越高的人造卫星轨道，要把人造卫星送到更高的轨道上去，必须给它更大的能量，这就是说，轨道越高，能量也越大。为了形象地表示电子在原子中的运动状态，用一系列高低不同的水平横线来表示电子运动所能取的能量值，这些横线就是标志电子能量高低的电子能级。图 2-5 所示为单原子的电子能级及其对应的固体能带，字母 E 表示能量，脚标 1、2……表示电子轨道层数，括号中的数字表示该轨道上的电子数。图 2-5 表明，每层电子轨道都有一个对应的能级。

在晶体中，原子之间的距离很近，相邻原子的电子轨道相互交叠，互相作用。这样，与轨道相对应的能级就不是单一的电子能级，而是分裂成能量非常接近但又大小不同的许多电子能级，这些由很多条能量相差很小的电子能级形成一个"能带"。每个单原子的电子能级对应的固体能带，如图 2-5 所示。外层的电子由于受相邻原子的影响较大，它所对应的能带较窄。电子在每个能带中的分布通常是先填满能量较低的能级，然后逐步填充较高的能级，而且每个能级只允许填充两个具有相同能量的电子。

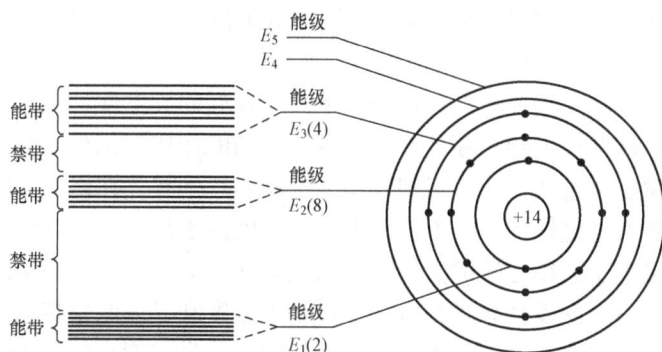

图 2-5　单原子的电子能级及其对应的固体能带

内层电子能级所对应的能带都是电子填满的，最外层价电子能级所对应的能带，能否被填满，主要取决于晶体的种类。例如，铜、银、金等金属晶体，它们的价电子能带有一半的能级是空的，而硅、锗等的价电子能带全被电子填满。

4. 禁带、价带和导带

根据量子理论，晶体中的电子不存在两个能带中间的能量状态，即电子只能在各能带内运动，在能带之间的区域没有电子态，这个区域叫做"禁带"。电子的定向运动就形成电流。这种运动是因为它受到外电场的作用，使电子获得了附加的能量，电子能量增大，就有可能使电子从能带中较低的能带跃迁到较高的能带。这一重要现象，是理解半导体导电特性的出发点。

完全被电子填满的能带称为"满带"，最高的满带容纳价电子，称为"价带"，价带上面完全没有电子的能带称为"空带"。有的能带只有部分能级上有电子，一部分能级是空的。这种部分填充的能带，在外电场的作用下，可以产生电流。而没有被电子填满、处于最高满带上的一个能带称为"导带"。金属、半导体、绝缘体的能带如图 2-6 所示。

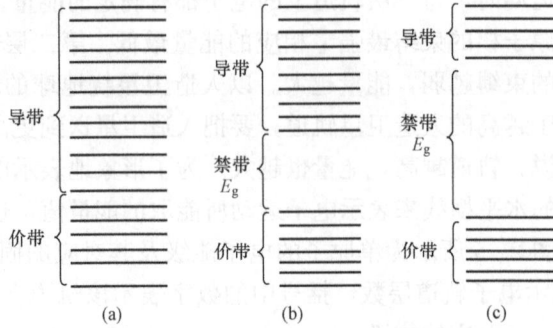

图 2-6　金属、半导体、绝缘体的能带

(a) 金属；(b) 半导体；(c) 绝缘体

由图 2-6 (b) 可知，价电子要从价带越过禁带跳跃到导带里去参与导电运动，必须从外界获得大于或等于 E_g 的附加能量，E_g 的大小就是导带底部与价带顶部之间的能量差，称为"禁带宽度"或"带隙"。能量的常用单位是 eV（电子伏，是电学中的能量单位，1eV 是指在强度为 1V/cm 的电场中，使电子顺着电场方向移动 1cm 所需的能量）。例如，硅的禁带宽度在室温下为 1.12eV，这就是说，由外界给予价带里的电子 1.12eV 的能量，电子就有可能越过禁带跳跃到导带里。

金属与半导体的区别在于金属在一切条件下具有良好的导电性，它的导带和价带重叠在一起，不存在禁带，即使接近绝对零度，电子在外电场的作用下仍可以参与导电。

半导体的禁带宽度比金属的大，但却远小于绝缘体。半导体在绝对零度时，电子填满价带，导带是空的，此时与绝缘体一样不能导电。当温度高于热力学零度时，晶体内部产生热运动，使价带中少量电子获得足够的能量，跳跃到导带（这个过程叫做激发），此时半导体就具有一定的导电能力。激发到导带的电子数目是由温度和晶体的禁带宽度决定的。温度越高，激发到导带的电子越多，导电性越好；温度相同，禁带宽度小的晶体激发到导带的电子就多，导电性就好。

半导体与绝缘体的区别在于禁带宽度不同。绝缘体的禁带宽度比较大，它在室温时激发到导带上的电子非常少，其电导率很低；半导体的禁带宽度比绝缘体小，室温时有相当数量的电子跃迁到导带上去。如每立方厘米的硅晶体，导带上约有 10^{10} 个电子，而每立方厘米的导体晶体的导带中约有 10^{22} 个电子。因此，导体的电导率远远高于半导体。

5. 电子和空穴

晶格完整且不含杂质的半导体称为本征半导体。

半导体在热力学零度时，电子填满价带，导带是空的。此时的半导体和绝缘体的情况相同，不能导电。当温度高于热力学零度时，价电子在热激发下有可能克服共价键束缚从价带跃迁到导带，使其共价键断裂。电子从价带跃迁到导带后，在价带中留下一个空位，称为空穴。具有一个断键的硅晶体如图 2-7 所示。

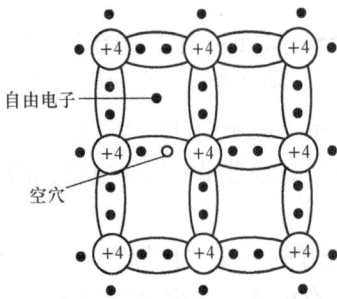

图 2-7　具有一个断键的硅晶体

空穴可以被相邻满键上的电子填充而出现新的空穴，

也可以是价带中的空穴被相邻的价电子填充而产生新的空穴，这样的重复过程，其结果可以比较简单地描述成空穴在晶体内的移动相当于电子在价带中的运动。空穴可以看成是带正电的物质粒子，所带电荷与电子相等，但符号相反。自由电子和空穴在晶体内的运动都是无规则的，并不能产生电流。如果存在电场，自由电子将沿着电场相反方向运动，空穴则与电场同方向运动，半导体就是靠导带的电子和价带的空穴的定向移动来形成电流的。电子和空穴都被称为载流子。半导体的本征导电能力很小，它是由电子和空穴两种载流子传导电流，而在金属中仅有自由电子一种载流子传导电流。

6. 掺杂半导体

实际使用的半导体都掺有少量的某种杂质，这里所指的"杂质"是有选择的。例如，在纯净的硅中掺入少量的五价元素磷，这些磷原子在晶格中取代硅原子，并用它的四个价电子与相邻的硅原子进行共价结合。磷有五个价电子，用去四个还剩一个。这个多余的价电子虽然没有被束缚在价键里面，但仍受到磷原子核的正电荷的吸引。不过这种吸引力很弱，只要很少的能量（约 $0.04eV$）就可以使它脱离磷原子到晶体内成为自由电子，从而产生电子导电运动；同时，磷原子由于缺少一个电子而变成带正电的磷离子，如图 2 - 8（a）所示。由于磷原子在晶体中起着施放电子的作用，所以把磷等五价元素叫做施主型杂质（或叫 n 型杂质），其浓度用符号 N_D 表示。在掺有五价元素（即施主型杂质）的半导体中，电子的数目远远大于空穴的数目，半导体的导电主要是由电子来决定，导电方向与电场方向相反，这样的半导体叫做电子型或 n 型半导体。

如果在纯净的硅中掺入少量的三价元素硼，它的原子只有三个价电子，当硼和相邻的四个硅原子作共价结合时，还缺少一个电子，要从其中一个硅原子的价键中获取一个电子填补。这样就在硅中产生了一个空穴，而硼原子由于接受了一个电子而成为带负电的硼离子，如图 2 - 8（b）所示。硼原子在晶体中起着接受电子而产生空穴的作用，所以叫做受主型杂质（或叫 p 型杂质），其浓度用符号 N_A 表示。在含有三价元素（即受主型杂质）的半导体中，空穴的数目远远超过电子的数目，半导体的导电主要是由空穴决定的，导电方向与电场方向相同，这样的半导体叫做空穴型或 p 型半导体。

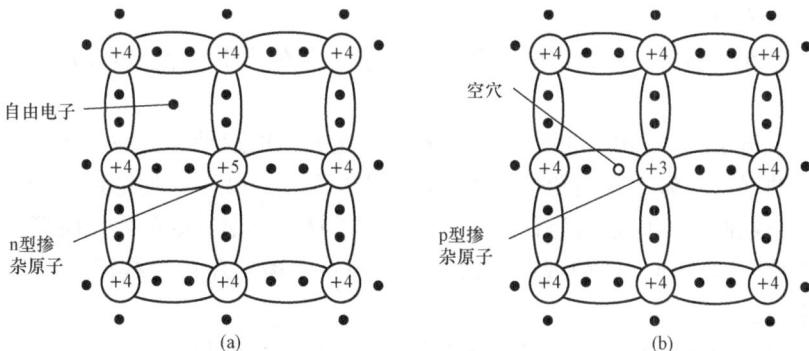

图 2 - 8　n 型和 p 型硅晶体结构
(a) n 型；(b) p 型

单位体积（$1cm^3$）中电子或空穴的数目叫做"载流子浓度"，它决定着半导体电导率的大小。

没有掺杂的半导体称为本征半导体，其中电子和空穴的浓度是相等的。在含有杂质和晶格缺陷的半导体中，电子和空穴的浓度不相等。把数目较多的载流子叫做"多数载流子"，简称"多子"；把数目较少的载流子叫做"少数载流子"，简称"少子"。例如，n 型半导体中，电子是"多子"，空穴是"少子"；p 型半导体中则相反，空穴是"多子"，电子是"少子"。

在掺杂半导体中，杂质原子的能级处于禁带之中，形成杂质能级。五价杂质原子形成施主能级，位于导带的下面；三价杂质原子形成受主能级，位于价带的上面。施主（或受主）能级上的电子（或空穴）跳跃到导带（或价带）中去的过程称为电离。电离过程所需的能量就是电离能（必须注意，所谓空穴从受主能级激发到价带的过程，实际上就是电子从价带激发到受主能级中去的过程）。由于它们的电离能很小，施主能级距离导带底和受主能级距离价带顶都十分接近。在一般的使用温度下，n 型半导体中的施主杂质或 p 型半导体中的受主杂质几乎全部电离。

7. 载流子的产生与复合

由于晶格的热振动，电子不断从价带被"激发"到导带，形成一对电子和空穴（即电子-空穴对），这就是载流子产生的过程。不存在电场时，由于电子和空穴在晶格中的运动是无规则的，在运动中，电子和空穴常常碰在一起，即电子跳到空穴的位置上，把空穴填补掉，这时电子-空穴对就随之消失。这种现象叫做电子和空穴的复合，即载流子复合。按能带论的观点，复合就是导带中的电子落进价带的空能级，使一对电子和空穴消失。

在一定的温度下，晶体内不断产生电子和空穴，电子和空穴不断复合，如果没有外来的光、电、热的影响，那么单位时间内，产生和复合的电子-空穴对数目达到相对平衡，晶体的总载流子浓度保持不变，这叫做热平衡状态。

在外界因素的作用下，例如 n 型硅受到光照，价带中的电子吸收光子能量跳入导带（这种电子称为光生电子），在价带中留下等量空穴，这种现象称为光激发，电子和空穴的产生率就大于复合率。这些多于平衡浓度的光生电子和空穴称为非平衡载流子。由光照而产生的非平衡载流子称为光生载流子。

8. 载流子的输运

半导体中存在能够导电的自由电子和空穴，这些载流子有两种输运方式：漂移运动和扩散运动。

半导体中载流子在外加电场的作用下，按照一定方向的运动称为漂移运动。

载流子在热平衡时做不规则的热运动，运动方向不断改变，平均位移等于零，不会形成电流。载流子不断改变方向是因为在运动中不断与晶格、杂质、缺陷发生碰撞的结果。经过一次碰撞，改变一次方向，这种现象叫做散射。外界电场的存在使载流子做定向的漂移运动，并形成电流。

扩散运动是半导体在因外加因素使载流子浓度不均匀而引起的载流子从浓度高处向浓度低处的迁移运动。如在一杯清水中滴一滴红墨水，过一段时间整杯水都变红了，这就是扩散运动的结果。扩散运动和漂移运动不同，它不是由于电场力的作用产生的，而是存在载流子浓度差的结果。p-n 结主要就是因载流子的扩散运动形成的。

2.2.2　光伏电池的制备

硅光伏电池是目前使用最广泛的光伏电池，按硅材料的晶体结构区分，有单晶、多晶和非晶硅光伏电池三种。单晶和多晶硅光伏电池也称为晶体硅光伏电池，目前占光伏电池的大部分市场，其产量占到当前世界光伏电池总产量的 90% 左右。晶体硅光伏电池制造工艺技术成熟，性能稳定可靠，光电转换效率高，使用寿命长，已进入工业化大规模生产阶段。

1. 硅材料的优异性能

（1）硅（Si）材料丰富，易于提纯，纯度可达 12 个 9（12N）（电子级硅 9N，光伏电池硅 7N 即可）。

（2）Si 原子占晶格空间小（34%），这有利于电子运动和掺杂。

（3）Si 原子核外有 4 个电子，掺杂后，容易形成电子-空穴对。

（4）容易生成大尺寸的单晶硅（$\phi 400 \times 1100$mm，重 438kg）。

（5）易于通过沉积工艺制作单晶 Si、多晶 Si 和非晶 Si 薄层材料。

（6）易于腐蚀加工，切片损伤小，便于可控钝化。

（7）带隙适中（在室温下硅的禁带宽度 $E_g = 1.12$eV），受本征激发影响小。

（8）Si 材料力学性能好，便于机加工，理化性能稳定。

（9）Si 材料便于金属掺杂，制作低阻值欧姆接触。

（10）Si 材料表面 SiO_2 薄层制作简单，SiO_2 薄层有利于减小反射率，提高光伏电池发电效率；SiO_2 薄层绝缘好，便于电气绝缘的表面钝化；SiO_2 薄层是良好的掩膜层和阻挡层。

2. 硅材料的制备

制造光伏电池的硅材料以石英砂（SiO_2）为原料，先把石英砂放入电炉中用碳还原得到冶金硅，较好的纯度为 98%～99%。冶金硅与氯气（或氯化氢）反应得到四氯化硅（或三氯氢硅），经过精馏使其纯度提高，然后通过氢气还原成多晶硅。多晶硅经过坩埚直拉法（Cz 法）或区熔法（Fz 法）制成单晶硅棒，硅材料的纯度可进一步提高，要求单晶硅缺陷和有害杂质少。在制备单晶硅的过程中可根据需要对其掺杂，地面用晶体硅光伏电池材料的电阻率为 0.5～3Ω·cm，空间用硅光伏电池材料的电阻率约为 10Ω·cm。

从硅材料到制成光伏电池组件，需要经过一系列复杂的工艺过程，以多晶硅光伏电池组件为例，其生产过程大致是：硅砂→硅锭→切割→硅片→电池→组件。

3. 光伏电池组件的制备

（1）光伏电池单体。前面叙述的光伏电池，在光伏电池的结构术语中，称为光伏电池单体或光伏电池片，是将光能转换成电能的最小单元，尺寸一般为 2cm×2cm 到 15cm×15cm 不等。光伏电池单体的工作电压为 0.45～0.5V（开路电压约为 0.6V），典型值为 0.48V，工作电流为 20～25mA/cm²，一般不直接作为电源使用。其原因如下。

1）单体电池是由单晶硅或多晶硅材料制成，薄（厚度约为 0.2mm）而脆，不能经受较大的撞击。

2）光伏电池的电极，尽管在材料和制造工艺上不断改进，使它能耐湿、耐腐蚀，但还不能长期裸露使用。大气中的水分和腐蚀性气体会缓慢地腐蚀电极（尤其是上电极和硅扩散层表面的接触面），逐渐使电极脱落，导致光伏电池寿命终止。因此，在使用中必须将光伏电池与大气隔绝。

3）单体硅光伏电池片无论面积大小（整片或切割成小片），其开路电压都是 0.5～0.6V，工作电压为 0.45～0.5V（典型值或峰值电压 0.48V），远不能满足一般用电设备的电压要求，这是由硅材料本身性质所决定的。电池片的输出电流和发电功率与其面积大小成正比，面积越大，输出电流和发电功率越大。单体光伏电池的面积受硅材料尺寸的限制（电池片的尺寸一般为 2cm×2cm 到 15cm×15cm 不等），工作电流为 20～25mA/cm^2，所以输出功率很小。目前，较大的单体光伏电池尺寸为 15cm×15cm，峰值功率约为 3W，常见的光伏电池是直径为 10cm 的圆片和 10cm×10cm 的正方片，峰值功率约分别为 1W 和 1.4W。而常用电器需要 6V 以上工作电压和十几瓦以上的电功率，因此，单体光伏电池是不能满足的。

（2）光伏电池组件。光伏电池实际使用时要按负载要求，将若干单体电池按电性能分类进行串并联，经封装后组合成可以独立作为电源使用的最小单元，这个独立的最小单元称为光伏电池组件。若干光伏电池组件串并联构成光伏电池，以满足各种不同的用电需求。

光伏电池的单体、组件和方阵，如图 2-9 所示。

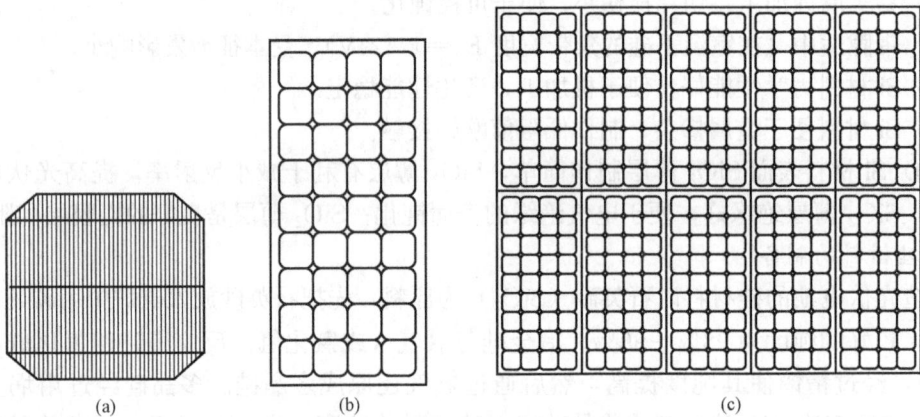

图 2-9　光伏电池的单体、组件和方阵
(a) 单体；(b) 组件；(c) 方阵

1）光伏电池组件单体电池的连接方式。将单体电池连接起来构成电池组件，主要有串联连接、并联连接和串、并联混合连接方式，如图 2-10 所示。如果每个单体电池的性能是一致的，多个单体电池的串联连接，可在不改变输出电流的情况下，使输出电压成比例地增加；并联连接方式，则可在不改变输出电压的情况下，使输出电流成比例地增加；串、并联混合连接方式，则既可增加组件的输出电压，又可增加组件的输出电流。光伏电池标准组件，一般用 9 串 4 列或 12 串 3 列共 36 片的单体电池串联而成，由于一片光伏电池单体工作

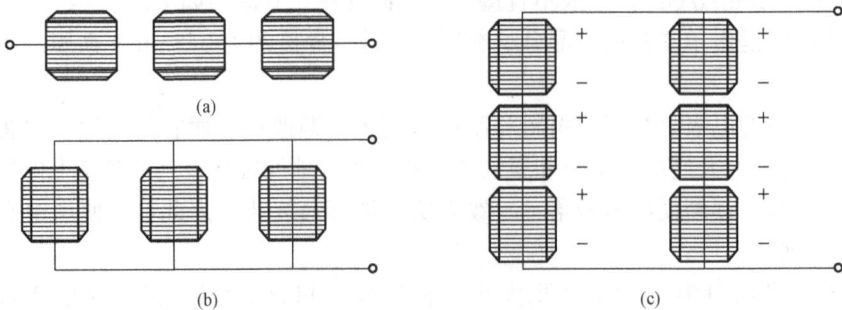

图 2-10　光伏电池的连接方式
(a) 串联方式；(b) 并联方式；(c) 串、并联混合

电压典型值为 0.48V，则光伏电池标准组件额定输出电压约为 17V，正好可以对 12V 的蓄电池进行有效充电。

制作光伏电池组件时，根据标称的工作电压确定单片光伏电池的串联数，根据标称的输出功率（或工作电流）来确定光伏电池片的并联数。

2）光伏电池组件的板型设计。考虑尽量节约封装材料，要尽量合理地排列光伏电池，使其总面积尽量减小。在生产电池组件之前，就要对电池组件的外形尺寸、输出功率及电池片的排列布局等进行设计，这种设计在业内就叫光伏电池组件的板型设计。电池组件板型设计的过程是一个对电池组件的外形尺寸、输出功率、电池片排列布局等因素综合考虑的过程。设计者既要了解电池片的性能参数，还要了解电池组件的生产工艺过程和用户的使用需求，做到电池组件尺寸合理、电池片排布紧凑美观。

组件的板型设计一般从两个方向入手：①根据现有电池片的功率和尺寸确定组件的功率和尺寸；②根据组件尺寸和功率要求选择电池片的尺寸和功率。

电池组件不论功率大小，一般都是由 36、72、54 片和 60 片等几种串联形式组成。常见的排布方法有 4 片×9 片、6 片×6 片、6 片×12 片、6 片×9 片和 6 片×10 片等。下面就以 36 片串联形式的电池组件为例介绍电池组件的板型设计方法。

例如，要生产一块 20W 的光伏电池组件，现在有单片功率为 2.2～2.3W 的 125mm×125mm 单晶硅电池片，需要确定组件板型和尺寸。根据电池片情况，首先确定选用 2.3W 的电池片 9 片（组件功率为 2.3W×9＝20.7W，符合设计要求，设计时组件功率误差在±5％以内可视为合格），并将其 4 等分切割成 36 小片，电池片排列可采用 4 片×9 片或 6 片×6 片的形式，如图 2-11 所示。电池片与电池片之间间隙根据板型大小取 2～3mm；根据板型大小上边距一般取 35～50mm，下边距一般取 20～35mm，左右边距一般取 10～20mm。这些

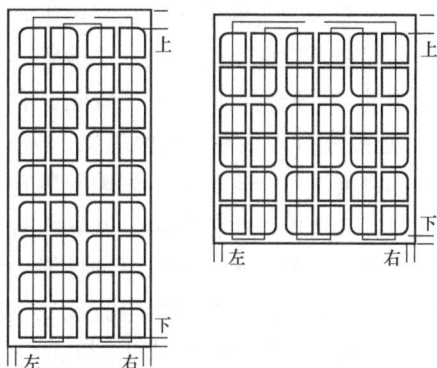

图 2-11 20W 组件板型设计排布图

尺寸都确定以后，就确定了玻璃的长、宽尺寸。假如上述板型都按最小间隙和边距尺寸选取，则 4 片×9 片板型的玻璃尺寸长为 633.5mm，取整为 634mm，宽为 276mm；6 片×6 片板型的玻璃尺寸长为 440mm，上宽为 405mm。组件安装边框后，长宽尺寸一般要比玻璃尺寸大 4～5mm，因此一般所说的组件外形尺寸都是指加上边框后的尺寸。

板型设计时要尽量选取较小的边距尺寸，使玻璃、EVA、TPT 及铝型材等原材料得到节约，同时组件质量减轻。另外，当用户没有特殊要求时，组件外形应该尽量设计成准正方形，这是因为在同样面积的情况下，正方形的周长最短，相同功率的电池组件，可少用边框铝型材。

当组件尺寸已经确定时，不同转换效率的电池片其电池组件的功率不同。例如，外形尺寸为 1200mm×550mm，用 36 片 125mm×125mm 电池片的常规板型，当用不同转换效率（功率）的电池片时，就可以分别作出 70、75、80W 或 85W 等不同功率的组件。除特殊要求外，生产厂家基本都是按照常规板型进行生产。常见光伏电池组件输出峰值功率有 8、10、20、36、40、50、75W 和 160W 等。

4. 光伏电池组件封装工艺

晶体硅光伏电池组件制造的内容主要是将单片光伏电池片进行串、并联互后严密封装，以保护电池片表面、电极和互连线等不受到腐蚀。另外，封装也避免了电池片的碎裂。因此光伏电池组件的生产过程，其实就是光伏电池片的封装过程，光伏电池组件的生产线又叫组件封装线。封装是光伏电池组件生产中的关键步骤，封装质量的好坏决定了光伏电池组件的使用寿命。没有良好的封装工艺，再好的电池也生产不出好的电池组件。

光伏电池组件封装工艺流程为：电池片测试分选→激光划片（整片使用时无此步骤）→电池片单焊（正面焊接）并自检验→电池片串焊（背面串接）并自检验→中检测试→叠层敷设（玻璃清洗、材料下料切割、敷设）→层压（层压前灯检、层压后削边、清洗）→终检测试→装边框（涂胶、装镶嵌角铝、装边框、撞角或螺栓固定、边框打孔或冲孔、擦洗余胶）→装接线盒、焊接引线→高压测试→清洗、贴标签→组件抽检测试→组件外观检验→包装入库。

2.2.3　光伏电池的设计

1. 光伏电池的组成

光伏电池是为了满足高电压、大功率的发电要求，由若干个光伏电池组件通过串、并联连接，并通过一定的机械方式固定组合在一起的。除光伏电池组件的串、并联组合外，光伏电池还需要防反充（防逆流）二极管、旁路二极管、电缆等对电池组件进行电气连接，并配备专用的、带避雷器的直流接线箱。有时为了防止鸟粪等玷污光伏电池表面而产生"热斑效应"，还要在方阵顶端安装驱鸟器。另外，电池组件方阵要固定在支架上，支架要有足够的强度和刚度，整个支架要牢固地安装在支架基础上。

（1）光伏电池组件的串、并联组合。光伏电池的连接有串联、并联和串、并联混合连接几种方式。当每个单体电池组件性能一致时，多个电池组件的并联连接，可在不改变输出电压的情况下，使方阵的输出电流成比例地增加；组件串联连接时，则可在不改变输出电流的情况下，使方阵输出电压成比例地增加；组件串、并联混合连接时，既可增加方阵的输出电压，又可增加方阵的输出电流。但是，组成方阵的所有电池组件性能参数不可能完全一致，所有的连接电缆、插头插座接触电阻也不相同，于是会造成各串联电池组件的工作电流受限于其中电流最小的组件，而各并联电池组件的输出电压又会被其中电压最低的电池组件钳制。因此，方阵组合会产生组合连接损失，使方阵的总效率总是低于所有单个组件的效率之和。组合连接损失的大小取决于电池组件性能参数的离散性，因此除了在电池组件的生产工艺过程中，尽量提高电池组件性能参数的一致性外，还可以对电池组件进行测试、筛选、组合，即把特性相近的电池组件组合在一起。例如，串联组合的各组件工作电流要尽量相近，并联组合每串与每串的总工作电压也要考虑搭配得尽量相近，最大限度地减少组合连接损失。因此，方阵组合连接要遵循下列几条原则：

1）串联时需要工作电流相同的组件，并为每个组件并接旁路二极管。

2）并联时需要工作电压相同的组件，并在每一条并联支路中串联防反充（防逆流）二极管。

3）尽量考虑组件连接线路最短，并用较粗的导线。

4）严格防止个别性能变坏的电池组件混入电池方阵。

（2）光伏电池组件的热斑效应。在光伏电池方阵中，如发生有阴影（如树叶、鸟类、鸟粪等）落在某单体电池或一组电池上，或当组件中的某单体电池被损坏时，但组件（或方阵）的其余部分仍处于阳光暴晒之下正常工作，这样未被遮挡的那部分光伏电池（或组件）就要对局部被遮挡或已损坏的光伏电池（或组件）提供负载所需的功率，使该部分光伏电池如同一个工作于反向偏置下的二极管，其电阻和压降很大，从而消耗功率而导致发热。这就是"热斑效应"，如图 2-12 所示。

图 2-13 所示多组并联的光伏电池组件，假定其中一块被部分遮挡，也有可能形成热斑。

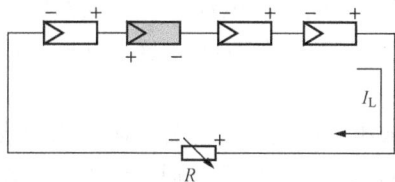

图 2-12　串联光伏电池
组件热斑形成示意图

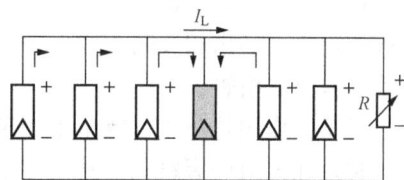

图 2-13　并联光伏电池组
件热斑形成示意图

热斑效应会严重地破坏太阳能电池组件，甚至可能会使焊点熔化、封装材料破坏，乃至使整个组件失效。产生热斑效应的原因除了以上情况外，还有个别质量不好的电池片混入电池组件、电极焊片虚焊、电池片隐裂或破损、电池片性能变坏等，需要引起注意。

热斑效应的防护：串联回路，需要在光伏电池组件的正负极间并联一个旁路二极管 VDb 以避免串联回路中光照组件所产生的能量被遮挡的组件所消耗，如图 2-14 所示。

并联支路，需要串联一只二极管 VDs，以避免并联回路中光照组件所产生的能量被遮挡的组件所吸收，串联二极管在独立光伏发电系统中可同时起到防止蓄电池在夜间反充电的功能如图 2-14（b）所示。

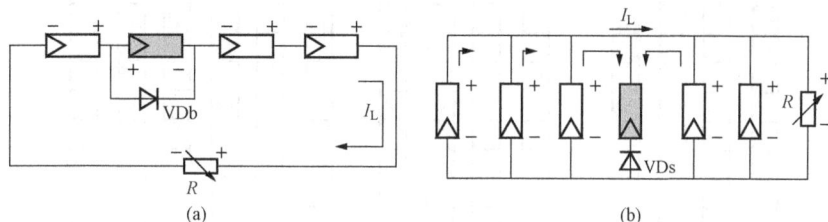

(a)　　　　　　　　　　　　　　　(b)

图 2-14　光伏电池组件热斑效应防护电路

（3）防反充（防逆流）和旁路二极管。在光伏电池中，二极管是很重要的器件，常用的二极管基本都是硅整流二极管，在选用时要注意规格参数留有余量，防止击穿损坏，一般反向峰值击穿电压和最大工作电流都要取最大运行工作电压和工作电流的 2 倍以上。二极管在光伏发电系统中主要分为两类。

1）防反充（防逆流）二极管。防反充二极管的作用：①防止光伏电池组件在不发电时，蓄电池的电流反过来向组件或方阵倒送，不仅消耗能量，而且会使组件发热甚至损坏；②在电池中，防止组件各支路之间的电流倒送。这是因为串联各支路的输出电压不可能绝对相等，各支路电压总有高低之差，或者某一支路因为故障、阴影遮挡等使该支路的输出电压降低，高电压支路的电流就会流向低电压支路，甚至会使方阵总体输出电压降低。在各支路中串联接入防反充二极管 VDs 就可避免这一现象的发生。

在独立光伏发电系统中，有些光伏控制器的电路中已经接入了防反充二极管，即控制器带有防反充功能时，组件输出就不需要再接二极管了。

防反充二极管存在有正向导通压降，串联在电路中会有一定的功率消耗，一般使用的硅整流二极管管压降为 0.7V 左右，大功率管可达 1～2V。肖特基二极管虽然管压降较低，为 0.2～0.3V，但其耐压和功率都较小，适合小功率场合应用。

2）旁路二极管。当有较多的光伏电池组件串联组成电池或电池的一个支路时，需要在每块电池板的正负极输出端反向并联 1 个（或 2～3 个）二极管 VDb，这个并联在组件两端的二极管就叫旁路二极管。

旁路二极管的作用是防止方阵串中的某个组件或组件中的某一部分被阴影遮挡或出现故障停止发电时，在该组件旁路二极管两端会形成正向偏压使二极管导通，组件串工作电流绕过故障组件，经二极管旁路流过，不影响其他正常组件的发电，同时也保护被旁路组件受到较高的正向偏压或由于"热斑效应"发热而损坏。

旁路二极管一般都直接安装在组件接线盒内，根据组件功率大小和电池片串的多少，安装 1～3 个二极管，如图 2-15 所示。图 2-15（a）采用一个旁路二极管，当该组件被遮挡或有故障时，组件将被全部旁路；图 2-15（b）和图 2-15（c）分别采用 2 个和 3 个二极管将电池组件分段旁路，则当该组件的某一部分有故障时，可以做到只旁路组件的一半或 1/3，其余部分仍然可以继续正常工作。

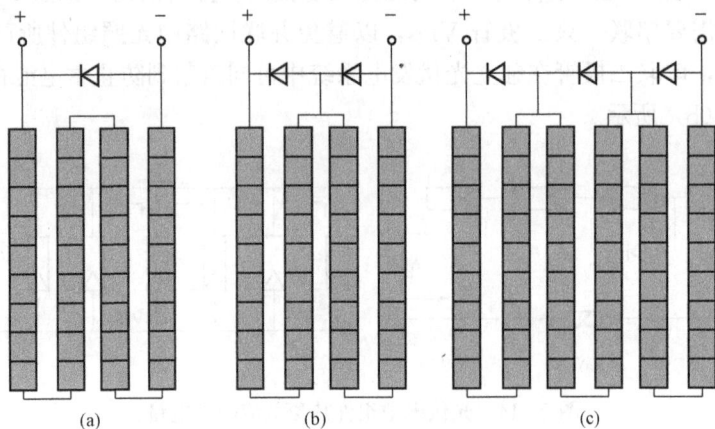

图 2-15　旁路二极管接法示意图

旁路二极管也不是任何场合都需要，当组件单独使用或并联使用时，是不需要接二极管的。对于组件串联数量不多且工作环境较好的场合，也可以考虑不装旁路二极管。

（4）光伏电池的电路。光伏电池的基本电路由光伏电池组件串、旁路二极管、防反充二极管和带避雷器的直流接线箱等构成，常见电路形式有并联方阵电路、串联方阵电路和串、并联混合方阵电路，如图 2-16 所示。

2. 光伏电池的计算

光伏电池是根据负载需要将若干个组件通过串联和并联进行组合连接，得到规定的输出

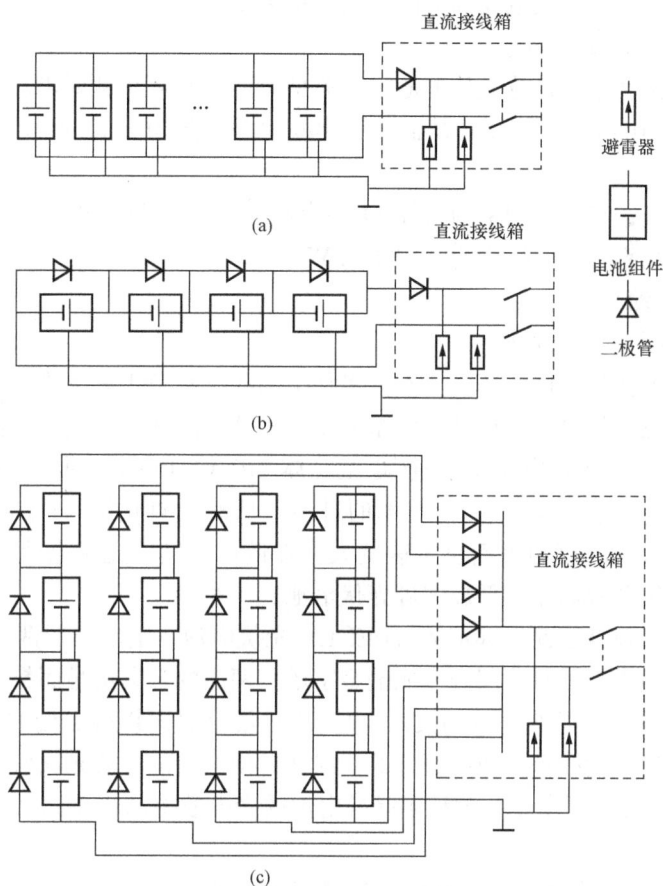

图 2-16　光伏电池基本电路示意图

（a）并联电路；（b）串联电路；（c）串、并联混合电路

电流和电压，为负载提供电力。电池的输出功率与组件串并联的数量有关，串联是为了获得所需要的工作电压，并联是为了获得所需要的工作电流。

　　一般独立光伏发电系统电压往往被设计成与蓄电池的标称电压相对应或者是它的整数倍，而且与用电器的电压等级一致，如 220、110、48、36、24、12V 等。交流光伏发电系统和并网光伏发电系统，电池的电压等级为 110V 或 220V。对电压等级更高的光伏发电系统，则采用多个电池进行串并联，组合成与电网等级相同的电压等级，如组合成 600V、10kV 等，再通过逆变器与电网连接。

　　电池所需要串联的组件数量主要由系统工作电压或逆变器的额定电压来确定，同时要考虑蓄电池的浮充电压、线路损耗及温度变化等因素。一般带蓄电池的光伏发电系统电池的输出电压为蓄电池组标称电压的 1.43 倍。对于不带蓄电池的光伏发电系统，在计算电池的输出电压时一般将其额定电压提高 10%，再选定组件的串联数。例如，一个组件的最大输出功率为 108W，最大工作电压为 36.2V，设选用逆变器为交流三相，额定电压为 380V，逆变器采取三相桥式接法，则需直流输入电压（即光伏电池的输出电压）为

$$U_P = U_{ab}/0.817 = 380/0.817 \approx 465V$$

再考虑电压富余量，光伏电池的输出电压应增大到 $465 \times 1.1 = 512V$，则计算出组件的串联数为 $512V/36.2V \approx 14$ 块。

然后从系统输出功率来计算光伏电池组件的总数。现假设负载要求功率是 30kW，则组件总数为 $30\ 000W/108W = 277$ 块，从而计算出模块并联数为 $277/14 \approx 19.8$，可选取并联数为 20 块。

结论：该系统应选择上述功率的组件 14 块串联，20 块并联，组件总数为 $14 \times 20 = 280$ 块，系统输出最大功率为 $108W \times 280 \approx 30.2kW$。

2.2.4　光伏电池分类

1. 新型高效单晶硅光伏电池

为了提高光伏电池的转换效率，探索了多种结构和技术来改进电池的性能：采用背电场减小了背表面接触点处的复合，提高了开路电压；浅结电池减小了正表面复合，提高了短路电流；金属-绝缘体-半导体（MIS）和金属-绝缘体-NP（MINP）光伏电池则进一步降低了电池的正表面复合。近几年表面钝化技术的进步，从薄的氧化层（<10nm）到厚氧化层（约 110nm），使表面态密度和表面复合速度大大降低，单晶硅光伏电池的转换效率得到了迅速提高。下面介绍几种高效、低成本硅光伏电池。

（1）发射极钝化及背表面局部扩散（PERL）光伏电池。电池正反两面都进行钝化，并采用光刻技术将电池表面的氧化层制作成倒金字塔。两面的金属接触面都进行缩小，其接触点进行硼与磷的重掺杂，局部背电场技术（LBSF）使背表面接触点处的复合得到了减少，且背表面由于铝在二氧化硅上形成了很好的反射面，使入射的长波光反射回电池体内，增加了对光的吸收，如图 2-17 所示。这种单晶硅电池的光电效率已达 24.7%，多晶硅电池的光电效率已达 19.9%。

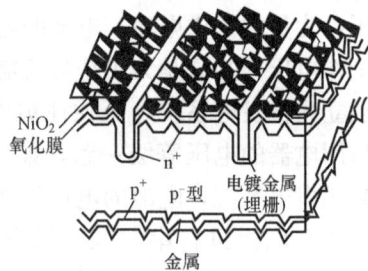

（2）埋栅（BCSC）光伏电池。电池采用激光刻槽或机械刻槽。激光在硅片表面刻槽，然后化学镀铜，制作电极，如图 2-18 所示。这种电池的光电效率已达 17%，我国实验室光电效率为 19.55%。

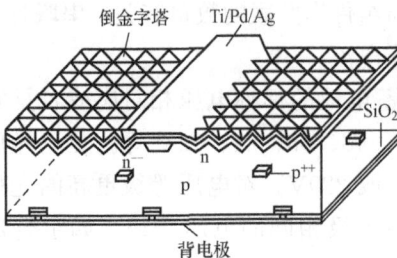

図 2-17　PERL 光伏电池　　　　図 2-18　BCSC 光伏电池

（3）高效背表面反射器（BSR）光伏电池。这种电池的背面和背面接触之间用真空蒸镀的方法沉积一层高反射率的金属表面（一般为铝）。背反射器就是将电池背面做成反射面，它能发射透过电池基体到达背表面的光，从而增加光的利用率，使光伏电池的短路电流增加。

（4）高效背表面场和背表面反射器（BSFR）光伏电池。BSFR 光伏电池也称为漂移场光伏电池，它是在 BSR 光伏电池结构的基础上再做一层 p^+ 层。这种场有助于光生电子-空穴对的分离和少数载流子的收集。目前 BSFR 太阳能电池的效率为 14.8%。

2. 多晶硅薄膜光伏电池

多晶硅薄膜是由许多大小不等和具有不同晶面取向的小晶粒构成,其特点是在长波段具有高光敏性,对可见光能有效吸收,又具有与晶体硅一样的光照稳定性,因此被认为是高效、低耗的理想光伏器件材料。

目前多晶硅薄膜光伏电池光电效率达 16.9%,但仍处于实验室阶段。如果能找到一种好的方法在廉价的衬底上制备性能良好的多晶硅薄膜光伏电池,该电池就可以进入商业化生产,这也是目前研究的重点。多晶硅薄膜光伏电池具有良好的稳定性和丰富的材料来源,是一种很有前途的地面用廉价光伏电池。

3. 非晶硅光伏电池

晶体硅光伏电池通常的厚度为 $300\mu m$ 左右,这是因为晶体硅是间接吸收半导体材料,光的吸收系数低,需要较厚的厚度才能充分吸收阳光。非晶硅也称无定形硅或 a-Si,是直接吸收半导体材料,光的吸收系数很高,仅几微米厚就能完全吸收阳光,因此用它制成的光伏电池可以做得很薄,材料和制作成本较低。

无定形硅从微观原子排列来看是一种"长程无序"而"短程有序"的连续无规则网络结构,其中包含有大量的悬挂键、空位等缺陷。在技术上有实用价值的是 a-Si∶H 合金。在这种合金膜中,氢补偿了 a-Si 中的悬挂键,使缺陷态密度大大降低,掺杂成为可能。

(1) 非晶硅的优点。

1) 有较高的光学吸收系数,在 $0.315\sim0.75\mu m$ 的可见光波长范围内,其吸收系数比单晶硅高一个数量级,因此,很薄($1\mu m$ 左右)的非晶硅就能吸收大部分的可见光,制备材料成本也低。

2) 禁带宽度为 $1.5\sim2.0eV$,比晶体硅的($1.12eV$)大,与太阳光谱有更好的匹配。

3) 制备工艺和所需设备简单,沉积温度低($300\sim400℃$),耗能少。

4) 可沉积在廉价的衬底上,如玻璃、不锈钢甚至耐温塑料等,可做成能弯曲的柔性电池。

由于非晶硅有上述优点,许多国家都很重视非晶硅光伏电池的研究开发。

(2) 非晶硅光伏电池结构及性能。

1) 非晶硅光伏电池结构。性能较好的非晶硅光伏电池结构有 p-i-n 结构,如图 2 - 19 所示。

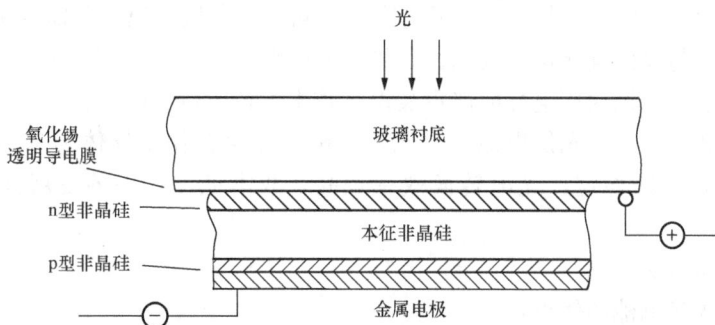

图 2 - 19　非晶硅光伏电池结构

2) 非晶硅光伏电池的性能。

a. 目前非晶硅光伏电池的实验室光电转换效率达 15%，稳定效率为 13%。商品化非晶硅光伏电池的光电效率一般为 6%～7.5%。非晶硅光伏电池的温度变化情况与晶体硅光伏电池不同，温度升高，对其效率的影响比晶体硅光伏电池要小。

b. 光致衰减效应。非晶硅光伏电池经光照后，会产生 10%～30% 的电性能衰减，这种现象称为非晶硅光伏电池的光致衰减效应，此效应限制了非晶硅光伏电池作为功率发电器件的大规模应用。为减小这种光致衰减效应又开发了双结和三结的非晶硅叠层光伏电池，目前实验室中其光致衰减效应已减小至 10%。

非晶硅光伏电池，由于价格比单晶硅光伏电池便宜，在市场上已占有较大的份额。但性能不够稳定，尚没有广泛作为大功率电源，主要用于计算器、电子表、收音机等弱光和微功率器件。

4. 化合物薄膜光伏电池

目前，光伏电池（单晶硅、多晶硅光伏电池）价格偏高，原因之一是电池材料贵且消耗大。因而，开发研制薄膜光伏电池就成为降低光伏电池价格的重要途径。

薄膜光伏电池由沉积在玻璃、不锈钢、塑料、陶瓷衬底或薄膜上的几微米或几十微米厚的半导体膜构成。由于其半导体层很薄，可以大大节省光伏电池材料，降低生产成本，是最有前景的新型光伏电池。

晶体硅光伏电池的基片厚度通常为 $300\mu m$ 以上。薄膜光伏电池在适当的衬底上只需生长几微米至几十微米厚度的光伏材料即能满足对光的大部分吸收，实现光电转换的需要。这样，就可以减少价格昂贵的半导体材料，从而可以大大降低成本。薄膜化的活性层必须用基板来加强其机械性能，在基板上形成的半导体薄膜可以是多晶的，也可以是非晶的，不一定用单晶材料。因此，研究开发出不同材料的薄膜光伏电池是降低价格的有效途径。

除上面介绍过的 a-Si 光伏电池和多晶 Si 薄膜光伏电池外，目前已开发出化合物多晶薄膜光伏电池，主要有硫化镉/碲化镉（CdS/CdTe）、硫化镉/铜镓铟硒（CdS/CuGaInSe$_2$）、硫化镉/硫化亚铜（CdS/Cu$_2$S）薄膜光伏电池等，其中相对较好的有 CdS/CdTe 薄膜光伏电池和 CdS/CuGaInSe$_2$ 薄膜光伏电池。

研究各种化合物半导体薄膜光伏电池的目的是找出一种廉价、高成品率的工艺方法，这是走向工业化生产的关键。由于所采用材料性能的差异，成功的工艺方法也各异。下面仅介绍两种薄膜光伏电池。

(1) CdS/CdTe 薄膜光伏电池制造工艺完全不同于硅光伏电池，不需要形成单晶，可以连续大面积生产，与晶体硅光伏电池相比，虽然效率低，但价格比较便宜。这类电池目前存在性能不稳定问题，长期使用电性能严重衰退，技术上还有待于改进。

(2) CdS/CuInSe$_2$ 薄膜光伏电池，是以铜铟硒三元化合物半导体为基本材料制成的多晶薄膜光伏电池，性能稳定，光电转换效率较高，成本低，是一种发展前景良好的光伏电池。

5. 砷化镓光伏电池

(1) 砷化镓光伏电池的优点：

1) 砷化镓的禁带宽度（1.424eV）与太阳光谱匹配好，效率较高。

2) 砷化镓的禁带宽度大，其光伏电池可以在高温下工作。

3）砷化镓的吸收系数大，只要 $5\mu m$ 厚度就能吸收 90% 以上太阳光，光伏电池可做得很薄。

4）砷化镓光伏电池耐辐射性能好。由于砷化镓是直接跃迁型半导体，少数载流子的寿命短，所以，由高能射线引起的衰减较小。

5）在砷化镓多晶薄膜光伏电池中，晶粒直径只需几微米。

6）在获得同样转换效率的情况下，砷化镓光伏电池开路电压大，短路电流小，不容易受串联电阻影响，这种特征在大倍数聚光、流过大电流的情况下尤为优越。

（2）砷化镓光伏电池的缺点：

1）砷化镓单晶晶片价格比较昂贵。

2）砷化镓密度为 $5.318g/cm^3$（298K），而硅的密度为 $2.329g/cm^3$（298K），这在空间应用中不利。

3）砷化镓比较脆，易损坏。

由于砷化镓的光吸收系数很大，入射光的绝大多数在光伏电池的表面层被吸收，因此，砷化镓光伏电池性能对表面的状态非常敏感。早期制作的砷化镓光伏电池，常常由于表面的高复合速率严重影响电池对短波长光的响应，使电池效率低下。后期采用液相外延技术，在砷化镓表面生长一层光学透明的宽禁带镓铝砷（$Ga_{1-x}Al_xAs$）异质面窗口层，阻碍少数载流子流向表面发生复合，使电池效率明显提高。

6. 聚光光伏电池

聚光光伏电池是能在高倍太阳光下工作的光伏电池。大面积聚光器上接受的太阳光汇聚在一个较小的范围内，形成"焦斑"或"焦带"，位于焦斑或焦带处的光伏电池得到较高的光能，使单体电池输出更多的电能，其潜力得到了发挥。只要有高倍聚光器，一只聚光光伏电池输出的功率可相当于几十只甚至更多常规光伏电池的输出功率之和。这样，用廉价的光学材料节省昂贵的半导体材料，可使发电成本降低。为了保证焦斑汇聚在聚光电池上，聚光器和聚光光伏电池通常安装在太阳跟踪装置上。

聚光光伏电池的种类很多，而且器件理论、制造和应用都与常规电池有很大不同。下面仅简单介绍平面结聚光硅光伏电池。

一般来说，硅光伏电池的输出功率基本上与光强成比例增加。一个直径为 3cm 的圆形常规电池，在一个太阳光照强度（指光强为 $1000W/m^2$ 的阳光）下输出功率约为 70mW。同样面积的聚光光伏电池，如在 100 个太阳光照强度（指光强为 $100kW/m^2$ 的阳光）下工作，则可输出约 7W。聚光光伏电池的短路电流基本上与光强成比例增加。处于高光强下工作的光伏电池，开路电压也有提高。填充因子同样取决于电池的串联电阻，聚光光伏电池的串联电阻与光强的大小及光的均匀性密切相关。聚光光伏电池对其串联电阻的要求很高，一般要求特殊的密栅线设计和制造工艺。高光强可以提高填充因子，但电池上各处光强不均匀也会降低填充因子。

在高光强下工作时，电池的温度会上升很多，此时电池的电极必须使光伏电池强制降温，并且由于需要对太阳进行跟踪，需要额外的动力、控制装置和严格的抗风措施。

随着聚光比的提高，聚光光伏发电系统所接收到光线的角度范围就会变小，为了更加充分地利用太阳光，使太阳总是能够精确地垂直入射在聚光光伏电池上，尤其是对于高倍聚光系统，必须配备跟踪装置。

　　太阳每天从东向西运动,高度角和方位角在不断改变,同时在一年中,太阳赤纬角还在 $-23.45°\sim+23.45°$ 之间来回变化。当然,太阳位置在东西方向的变化是主要的,在地平坐标系中,太阳的方位角每天差不多都要改变 $180°$,而太阳赤纬角在一年中的变化也只有 $46.90°$。所以跟踪方法又有单轴跟踪和双轴跟踪之分,单轴跟踪只在东西方向跟踪太阳,双轴跟踪则除东西方向外,同时还在南北方向跟踪。显然,双轴跟踪的效果要比单轴跟踪好,当然双轴跟踪的结构比较复杂,价格也较高。太阳能自动跟踪聚焦式光伏系统的关键技术是精确跟踪太阳,其聚光比越大,跟踪精度要求就越高,聚光比为 400 时跟踪精度要求小于 $0.2°$。在一般情况下,跟踪精度越高,跟踪装置的结构就越复杂,控制要求也越高,造价也就越贵,有的甚至要高于光伏发电系统中光伏电池的造价。

　　点聚焦型聚光器一般要求双轴跟踪,线聚焦型聚光器仅需单轴跟踪,有些简单的低倍聚光系统也可不用跟踪装置。

　　跟踪装置主要包括机械结构和控制部分,有多种形式。例如,有的采取用以石英晶体为振荡源,驱动步进机构,每隔 4min 驱动一次,每次立轴旋转 $1°$,每昼夜旋转 $360°$ 的时钟运动方式,进行单轴、间歇式主动跟踪。比较普遍的是采用光敏差动控制方式,主要由传感器、方位角跟踪机构、高度角跟踪机构和自动控制装置等组成。当太阳光照强度达到工作照度时自动开机,在太阳光线发生倾斜时,高灵敏探头将检测到的“光差变化”信号转换成电信号,并传给自动跟踪太阳控制器,自动跟踪控制器驱使电动机开始工作,通过机械减速及传动机构,使光伏电池旋转,直到正对太阳的位置时,光差变化为零,高灵敏探头给自动跟踪控制器发出停止信号,自动跟踪控制器停止输出高电平,使其主光轴始终与太阳光线相平行。当太阳西下且亮度低于工作照度时,自动跟踪系统停止工作。第二天早晨,太阳从东方升起,跟踪系统转向东方,再自东向西转动,实现自动跟踪太阳的目的。

　　7. 光电化学电池

　　(1) 光电化学电池的特点。早在 1839 年就开始发现电化学体系的光效应,即将铂、金、铜、银卤化物作电极,浸入稀酸溶液中,当以光照射电极一侧时就产生电流。从 20 世纪 70年代初开始,对这个领域的研究日渐增多。利用半导体-液体结制成的电池称为光电化学电池,有下列一些优点:

　　1) 形成半导体-电解质界面很方便,制造方法简单,没有固体器件形成 p-n 结和栅线时的复杂工艺;从理论上讲,其转换效率可与 p-n 结或金属栅线接触相比较。

　　2) 可以直接由光能转换成化学能,这就解决了能源储存问题。

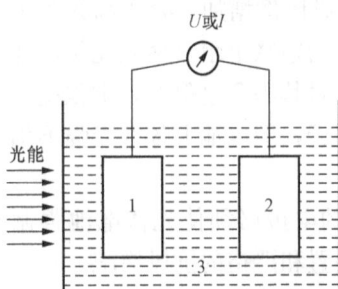

图 2-20　光电化学电池的结构
1、2—电极;3—电解质溶液

　　3) 几种不同能级的半导体电极可结合在一个电池内使光可以透过溶液直达势垒区。

　　4) 可以不用单晶材料而用半导体多晶薄膜,或用粉末烧结法制成电极材料。

　　用简单方法能制成大面积光电化学电池,为降低光伏电池生产成本提供了新的途径,因而光电化学电池被认为是太阳能利用的一个崭新方法。

　　(2) 光电化学电池的结构与分类。

　　1) 光生化学电池。光生化学电池的结构如图 2-20 所示。电池由阳极、阴极和电解质溶液组成,两个电极(电子导体）浸在电解质溶液（离子导体）中，当受到外部光照时，光被溶液中的溶质分子所吸收，引起电荷分离，在光照电极附近发生氧化还原反应，由于金属电极和溶液分子之间的电子迁移速度差别很大而产生电流。这类电池称为光生化学电池，也称光伽伐尼电池，目前所能达到的光电转换效率还很低。

2）半导体电解质光电化学电池。半导体电解质光电化学电池是将照射光被半导体电极所吸收，在半导体电极-电解质界面进行电荷分离，若电极为 n 型半导体，则在界面发生氧化反应。由于在光电转换形式上它与一般光伏电池有些类似，都是光子激发产生电子和空穴，也称为半导体电解质光伏电池或温式光伏电池。但它与 p-n 结光伏电池不同，是利用半导体电解质液体界面进行电荷分离而实现光电转换的，所以也称为半导体液体结光伏电池。

2.3　光伏电池发电原理

光伏电池是将光能转换为电能的器件，它的输出功率是光照强度、器件结温的非线性函数。能否充分发挥光伏电池的光电转换效率是整个光伏发电系统的关键技术之一，又称为光伏电池最大功率点跟踪问题。要研究这一问题，必须先研究光伏电池工作原理，了解它是如何进行光电转换的，它的光电转换效率受什么影响，它的等效电路模型、数学模型和仿真模型如何建立，进而得出如何提高其效率的措施。为此，首先要对光伏电池的特性有一个明确的认识，并了解外界条件对它的影响和作用。

2.3.1　p-n 结工作原理

p-n 结是光伏电池的核心，是光伏电池赖以工作的基础。如图 2-21（a）所示，把一块 n 型半导体和一块 p 型半导体紧密地接触，在交界处 n 区中电子浓度高，要向 p 区扩散（净扩散），在 n 区一侧就形成一个正电荷的区域；同样，p 区中空穴浓度高，要向 n 区扩散，p 区一侧就形成一个负电荷的区域。这个 n 区和 p 区交界面两侧的正、负电荷薄层区域称为"空间电荷区"，即通常所说的 p-n 结，如图 2-21（b）所示。

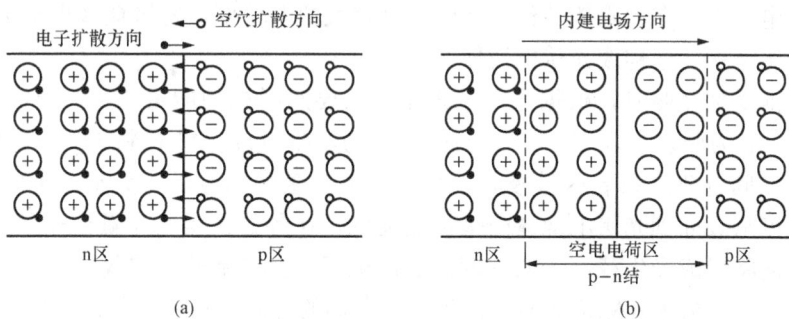

图 2-21　p-n 结
（a）形成 p-n 结前载流子的扩散过程；（b）p-n 结空间电荷区和内建电场

在 p-n 结内，有一个从 n 区指向 p 区的电场，是由 p-n 结内部电荷产生的，叫做"内建电场"或"自建电场"。由于存在内建电场，在空间电荷区内将产生载流子的漂移运动，使电子由 p 区拉回 n 区，空穴由 n 区拉回 p 区，其运动方向正好和扩散运动的方向相反。这样，开始时扩散运动占优势，空间电荷区内两侧的正负电荷逐渐增加，空间电荷区增宽，内建电场增强。随着内建电场的增强，漂移运动也随之增强，阻止扩散运动的进行，使其逐步减弱。最后，扩散运动和漂移运动趋向平衡，扩散和漂移的载流子数目相等而运动方向相反，达到动态平衡。此时，内建电场两边的电动势，n 区的一边高，p 区的一边低，存在的内建电场这个电动势差称作 p-n 结垒，也叫内建电动势差或接触电动势差，用符号 U_D 表示。由电子从 n 区流向 p 区可知，p 区相对于 n 区的电动势差为一负值。由于 p 区相对于 n 区具有电动势 $-U_D$（取 n 区电动势为零），所以 p 区中所有电子都具有一个附加电动势能，其值为

$$电动势能 = 电荷 \times 电动势 = (-q) \times (-U_D) = qU_D \qquad (2-4)$$

式中：q 为电子电荷；qU_D 为势垒高度。

当 p-n 结加上正向偏压（即 p 区接电源的正极，n 区接负极），此时外加电场的方向与内建电场的方向相反，使空间电荷区中的电场减弱。这样就打破了扩散运动和漂移运动的相对平衡，源源不断地有电子从 n 区扩散到 p 区，有空穴从 p 区扩散到 n 区，使载流子的扩散运动超过漂移运动，由于 n 区电子和 p 区空穴均是多子，通过 p-n 结的电流（称为正向电流）很大。当 p-n 结加上反向偏压（即 n 区接电源的正极，p 区接负极），此时外加电场的方向与内建电场的方向相同，增强了空间电荷区中的电场，载流子的漂移运动超过扩散运动。这时 n 区中的空穴一旦到达空间电荷区边界，就要被电场拉向 p 区，p 区的电子一旦到达空间电荷区边界，也要被电场拉向 n 区。它们构成 p-n 结的反向电流，方向是由 n 区流向 p 区。由于 n 区中的空穴和 p 的电子均为少子，故通过 p-n 结的反向电流很快饱和，而且很小。由此可见，电流容易从 p 区流向 n 区，不容易从相反的方向通过 p-n 结，这就是 p-n 结的单向导电性。

2.3.2 光伏效应

光伏电池是一种直接将光能转换成电能的能量转换器，它的工作原理以半导体 p-n 结上接收太阳光照产生光生伏特效应为基础。每片光伏电池自身的输出电压只为 0.5V 左右。光伏电池的输出电流与太阳光照强度、温度高低、光伏电池面积和光伏电池的并联形式有关。工程中的光伏电池为了在太阳能的作用下输出足够大的电功率，要将众多小光伏电池单元通过并联的方式组合在一起构成光伏电池使用。

当光伏电池受到光照时，根据光量子理论，只要照射光的能量 $E = h\upsilon = hc/\lambda \geqslant E_g$（$h$ 为普朗克常数；υ 为照射光频率；c 为光速；E_g 为禁带宽度，Si 材料 $E_g = 1.12\text{eV}$），则照射光在 n 区、空间电荷区和 p 区被吸收，将价带电子激发到导带，分别产生电子-空穴对。由于入射光强度从表面到光伏电池体内呈指数衰减，在各处产生光生载流子的数量有差别，沿光强衰减方向将形成光生载流子的浓度梯度，从而产生载流子的扩散运动。n 区中产生的光生载流子到达 p-n 结区 n 侧边界时，由于内建电场的方向是从 n 区指向 p 区，静电力立即将光生空穴拉到 p 区，光生电子阻留在 n 区。同理，在 p 区中到达结区 p 侧边界的光生电子立即被内建电场拉向 n 区，空穴被阻留在 p 区。同样，空间电荷区中产生的光生电子-空穴对则自然被内建电场分别拉向 n 区和 p 区。p-n 结及两边产生的光生载流子就被内建电场所分离，在 p 区聚集光生空穴，在 n 区聚集光生电子，使 p 区带正电，n 区带负电，在 p-n 结两边产生光生电动势。上述过程通常称作光生伏特效应或光伏效应。光生电动势的电场方向和平衡 p-n 结内建电场的方向相反。光伏效应原理如图 2-22 所示。

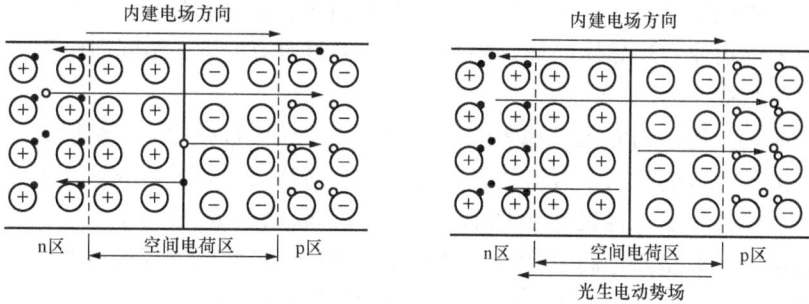

图 2-22　光伏效应原理示意图

当光伏电池的两端接上负载，这些被分离的电荷就形成电流。图 2-23 形象地表示了光伏电池的发电原理。光伏电池是把太阳辐射能转变为电能的器件。

2.3.3　光伏电池的模型和特性

1. 光伏电池等效电路

光伏电池模型主要分为物理模型和外特性模型两大类。物理模型主要通过分析光电转换具体过程实现，其模型较为复杂。外特性模型则是根据其运行输出特性分析，得出等效电路模型。由上所述，利用光生伏特效应原理而制成

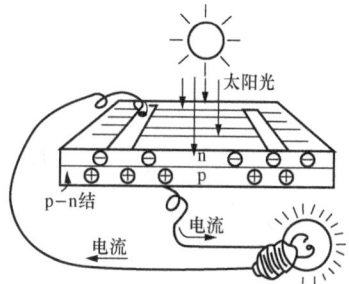

图 2-23　光伏电池的发电原理

的光伏电池，p-n 结是其工作原理的核心，每个光伏电池单元的外特性模型主要部分可看成是一个恒电流源与一只正向二极管的并联回路。光伏电池等效电路模型的典型形式是单二极管形式，如图 2-24（a）所示。

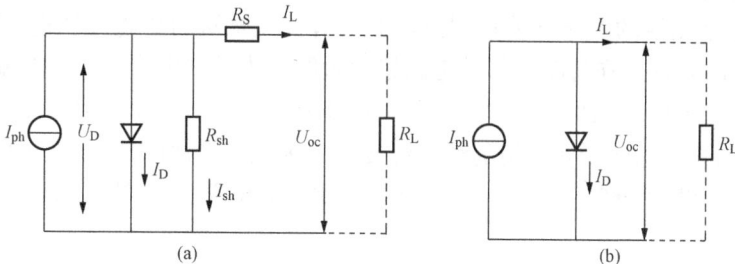

图 2-24　光伏电池单元的等效电路模型

（a）单二极管形式；（b）简化形式

图 2-24 中，I_{ph} 为光伏电池内部光生电流，正比于光伏电池受光面积和太阳入射光的辐照度；I_D 为光伏电池内部暗电流，反映出在当前环境温度下，光伏电池自身 p-n 结所能产生的总扩散电流的变化情况，它特指光伏电池在无光照时，在外电压作用下 p-n 结流过的单向电流；I_L 为光伏电池的输出负载电流；U_D 为等效二极管的端电压；U_{oc} 为光伏电池的开路电压，与入射光照强度的对数成正比，与环境温度成反比，而与光伏电池受光面积的大小无关；R_L 为光伏电池的外接负载电阻；R_s 为光伏电池内部的等效串联电阻，一般小于 1Ω，主要由光伏电池的体电阻、p-n 结扩散层横向电阻、电极导体电阻和电极与硅表面间接

触电阻及线路导体电阻等组成；R_{sh} 为光伏电池内部的等效旁路电阻，一般为几千欧姆，主要由光伏电池表面污浊和半导体晶体缺陷引起的漏电流对应的 p-n 结漏泄电阻和光伏电池边缘的漏泄电阻等组成。

在图 2-24（a）所示的光伏电池等效电路模型中，还应包括由 p-n 结形成的结电容和其他分布电容。由于光伏电池属于直流装置，通常没有高频交流分量，故这些电容效应的参数可以忽略不计。作为光伏电池的本身固有内阻，因串联电阻 R_s 很小，并联电阻 R_{sh} 很大，为了进一步简化等效电路，它们也都可忽略不计。由此，光伏电池等效电路模型可简化为仅由一个电流为 I_{ph} 的恒流源与一个二极管并联组成的简化模型，如图 2-24（b）所示。

根据图 2-24（a）所示光伏电池单元的等效电路模型和定义，考虑二极管 p-n 结的特性方程，可列出光伏电池等效电路的电流、电压特性数学模型

$$I_L = I_{ph} - I_D - I_{sh} \tag{2-5}$$

$$I_D = I_0 \left[\exp\left(\frac{qU_D}{AkT} \right) - 1 \right] \tag{2-6}$$

$$I_L = I_{ph} - I_0 \left[\exp\left(\frac{qU_D}{AkT} \right) - 1 \right] - \frac{U_D}{R_{sh}} \tag{2-7}$$

$$U_D = U_{oc} + I_L R_s \tag{2-8}$$

$$I_{sc} = I_0 \left[\exp\left(\frac{qU_{oc}}{AkT} \right) - 1 \right] \tag{2-9}$$

$$U_{oc} = \frac{AkT}{q} \ln\left(\frac{I_{sc}}{I_0} + 1 \right) \tag{2-10}$$

其中，I_0 为光伏电池内部等效二极管的 p-n 结反向饱和电流，近似为常数，不受光照强度的影响，只与该光伏电池材料自身性能有关，反映出光伏电池对光生载流子最大的复合能力；I_{sc} 为光伏电池内部的短路电流，是指置于标准光源的照射下，光伏电池在输出短路（$R_L = 0$）时流过输出端的电流（值得注意的是，有些文献资料中将光伏电池等效电路模型中的 I_{ph} 等同于 I_{sc}，这是在忽略了等效电路输出短路时流过二极管反向漏电流的近似结果）；q 为电子电荷，$q = 1.6 \times 10^{-19}$ C；k 为玻耳兹曼常数，$k = 1.38 \times 10^{-18}$ erg/K 或 0.86×10^{-4} eV/K；T 为光伏电池所处环境的绝对温度；A 为光伏电池内部 p-n 结的曲线常数。

理想形式下，设 $R_s \to 0$，$R_{sh} \to \infty$，得到的简化等效电路［如图 2-24（b）所示］的数学模型为

$$I_L = I_{ph} - I_D - \frac{U_D}{R_{sh}} \approx I_{ph} - I_D \tag{2-11}$$

$$P = U_L I_L = U_L I_{ph} - U_L I_0 \left[\exp\left(\frac{qU_L}{AkT} \right) - 1 \right] \tag{2-12}$$

式中：U_L 为光伏电池输出端电压；P 为光伏电池输出功率。

2. 光伏电池伏安特性

根据式（2-5）～式（2-10）即可得到图 2-25 所示的光伏电池电压-电流关系曲线，简称为伏安特性曲线。

由光伏电池伏安特性曲线可知，光伏电池的短路电流 I_{sc} 即为伏安特性曲线与电流轴的交点；开路电压 U_{oc} 即为伏安特性曲线与电压轴的交点。根据光伏电池的功率定义式 $P = UI$，可在光伏电池输出伏安特性曲线上作出一系列 P 设为不同常数的等功率曲线。其中必

有一条功率曲线与光伏电池输出伏安特性曲线相
切，其相切点就称为最大功率工作点 M，这条功
率曲线就代表着该光伏电池的最大输出功率曲
线。M 点对应的电流值为最佳输出电流 I_m，对
应的电压值为最佳输出电压 U_m；由 I_m 和 U_m 构
成的矩形几何面积即为该特性曲线所能包揽的最
大面积，称为光伏电池的最佳输出功率或最大输
出功率 P_m；从原点引出交于 M 点的直线被称为
最佳负载线，$R_L = R_m$。

图 2-25　光伏电池伏安特性曲线

F_F 称为光伏电池的填充因数或曲线因数，
计算公式为

$$F_F = \frac{I_m U_m}{I_{sc} U_{oc}} < 1 \qquad (2\text{-}13)$$

它是表征光伏电池性能优劣的一个重要参数。该值越大，说明光伏电池的最大输出功率
越接近最大输出值，性能越好。影响填充因数的因素很多，不但与光伏电池材料的 p-n 结曲
线因子常数 A，内阻 R_s、R_{sh} 等内部参数有关，还与光伏电池工作温度和光照强度等外部条
件有关。

光伏电池的最大输出功率为

$$P_m = I_m U_m = F_F I_{sc} U_{sc} \qquad (2\text{-}14)$$

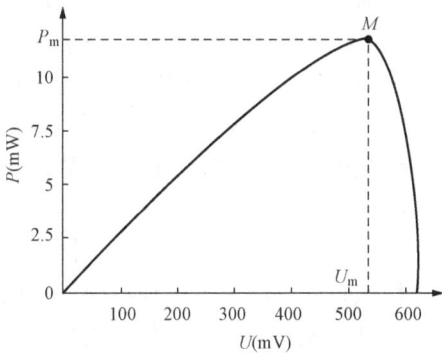

图 2-26　光伏电池的功率-电压输出特性

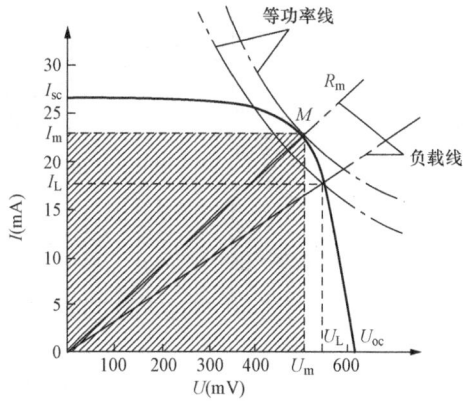

由式（2-14）和图 2-25 可得到光伏电池的
功率-电压输出特性曲线，如图 2-26 所示。由图
2-26 可知，特性曲线右侧电压较高区域内，光
伏电池可近似视为电压源，具有明显的低内阻特
性；而在左侧电压较低区域内，光伏电池又近似
视为电流源，具有明显的高电阻特性。换言之，
对于同样功率输出的光伏电池，既可以用作电压
源外接电压型负载，同时也可以用作电流源外接
电流型负载。在电压源与电流源的交点处为功率
输出最大值。在最大功率点的两侧，光伏电池的
功率输出会急剧下降至零值。

3. 光伏电池串并联输出特性

当光伏电池串联使用时，要确定光伏电池的输出电压，主要考虑负载电压的要求，同时
要考虑蓄电池的浮充电压、温度及控制电路等影响。一般光伏电池的输出电压随温度的升高
呈负特性，即输出电压随温度升高而降低，因而在计算电池组件串联级数时，要留有一定的
裕量。为提高光伏电池的利用率，最佳选择是使其工作于光伏电池总伏安特性曲线的最大功
率点位置，光伏电池串联后的伏安特性如图 2-27 所示。

同样，在确定光伏电池的并联数量时，要考虑负载的总耗电量、当地年平均日照情况，
同时考虑蓄电池组的充电效率、电池表面不清洁和老化等带来的不良因素，光伏电池并联后
的伏安特性如图 2-28 所示。

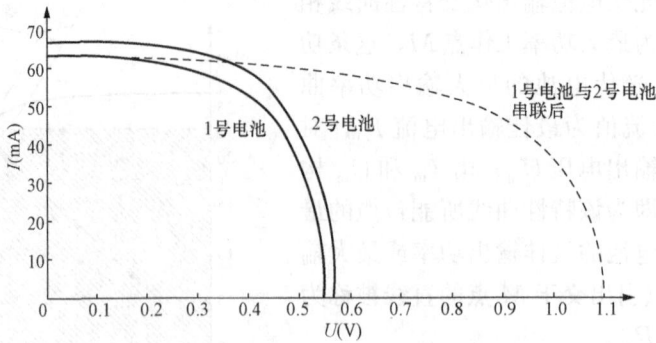

图 2-27　光伏电池串联后的伏安特性

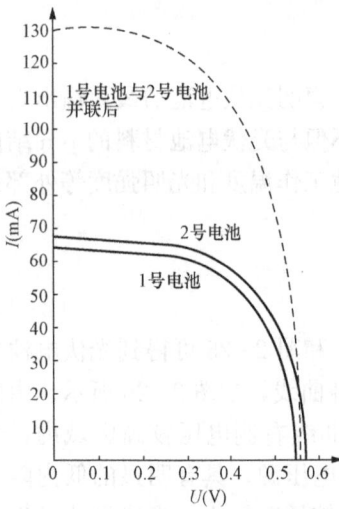

图 2-28　光伏电池并联后的
伏安特性

2.3.4　光伏电池的仿真建模

对于光伏发电系统来说，进行光伏发电系统的仿真建模有利于对整个系统的性能优化设计，便于提前发现潜在的问题，缩短研发周期，提高系统的可靠性和总体效率。在光伏发电系统仿真建模中，准确反映光伏电池的性能，并且能快速得到仿真结果，是对仿真建模最基本的要求。

光伏电池的电流与电压、功率与电压等物理特性都受到太阳光照强度、工作环境温度及光伏电池 p-n 结参数影响而呈现非线性关系。对于仿真模型的评估主要有精确性、求解的快速性、参数输入的易操作性等。一个好的模型不仅能够精确地反映实际系统的各方面特性，还要具有较快的仿真速度。另外，还希望实际系统中的各个变化参数能够在仿真模型上体现出来，便于输入这些参数，观察它们对系统控制的影响。

如前所述，光伏电池的模型分为两种，基于物理特性的模型和基于外特性的模型。基于物理模型建模的主要优点是能够较为准确地反映光伏电池的物理特性，仿真精度高；缺点是模型较为复杂，并且模型与光伏组件产品的常规参数对应关系不明确，参数求解较困难。而基于外特性建模的主要优点是模型较简单，参数与光伏组件产品的实际参数对应，求解容易；缺点是不能准确反映物理特性，对光照、温度等外围参数的设定较困难。在仿真中，常选用基于物理特性建立的模型，虽然这一模型较为复杂，但其仿真精度更高，并能够反映外界光照和温度的变化，模拟出太阳辐射强度、环境温度实时变化的情况。

参照光伏电池的物理模型，可建立用于实现其仿真的 MATLAB/Simulink 仿真模型，如图 2-29 所示。

图 2-29 中的 1 和 2 分别用于输入光照强度和环境温度参数，根据模型函数输入受控源，最终结合电路得到光伏电池的输出。图 2-30 所示是在温度 25℃、光照强度 1000W/m² 的仿真条件下仿真出的单个光伏电池输出的特性曲线。

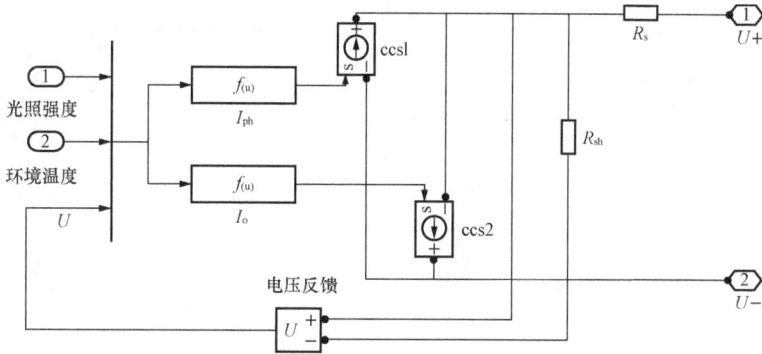

图 2-29　光伏电池的 MATLAB/Simulink 仿真模型

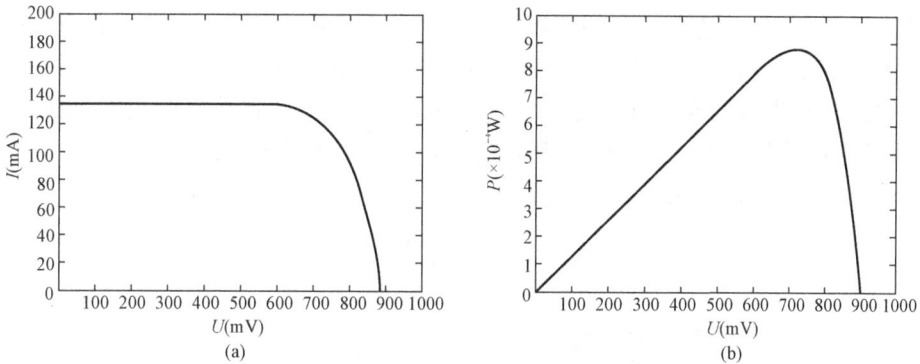

图 2-30　光伏电池 MATLAB/Simulink 仿真模型仿真出的特性曲线
（a）电压-电流特性曲线；（b）功率-电压特性曲线

2.4　最大功率点跟踪技术

2.4.1　最大功率点受外界影响因素

　　光伏电池的输出特性会受多方面因素影响，如光照强度、温度、负载状态等都会使它的输出发生变化。当然，在不同条件下的光伏电池最大功率点的位置也会变化。为了更好地使光伏发电系统在各种条件下都能发出最大的功率，首先应研究外界温度和光照强度变化对光伏电池输出特性的影响。下面分别以单个光伏电池模型仿真出的电压-电流特性和功率-电压特性为例，分析在不同的温度和光照强度下其输出特性的变化情况。

　　图 2-31（a）表示设定环境温度为 25℃不变，不同光照强度对光伏电池电压-电流特性的影响；图 2-31（b）表示保持光照强度为 1000W/m² 不变，不同温度对光伏电池电压-电流特性的影响。

　　由图 2-31（a）可知，在同一温度下，电压-电流特性曲线会随着光照强度增加，特性曲线近似整体向上平移，说明短路电流 I_{sc} 随光照强度的升高明显增大，而开路电压 U_{oc} 将随光照的升高略有增大。由图 2-31（b）可以看出，在同一光照强度下随着温度的升高，光

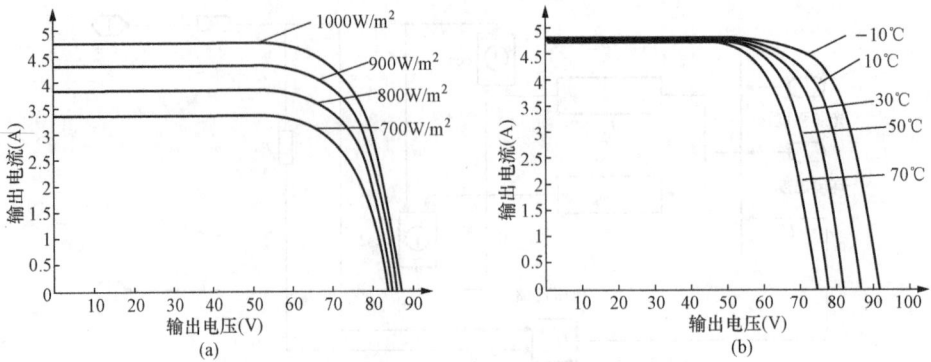

图 2-31　不同条件对伏安特性曲线的影响

(a) 不同光照强度（25℃）；(b) 不同温度（1000W/m²）

伏电池的开路电压 U_{oc} 向左偏移，说明温度对开路电压有明显影响，而特性曲线在恒流源线性区受温度影响变化不大，随温度升高短路电流 I_{sc} 只是略有增加。

图 2-32 (a) 表示设定环境温度为 25℃ 不变的情况下，不同光照强度对光伏电池功率-电压特性的影响；图 2-32 (b) 表示保持光照强度为 1000W/m² 不变的情况下，不同温度对光伏电池功率-电压特性的影响。

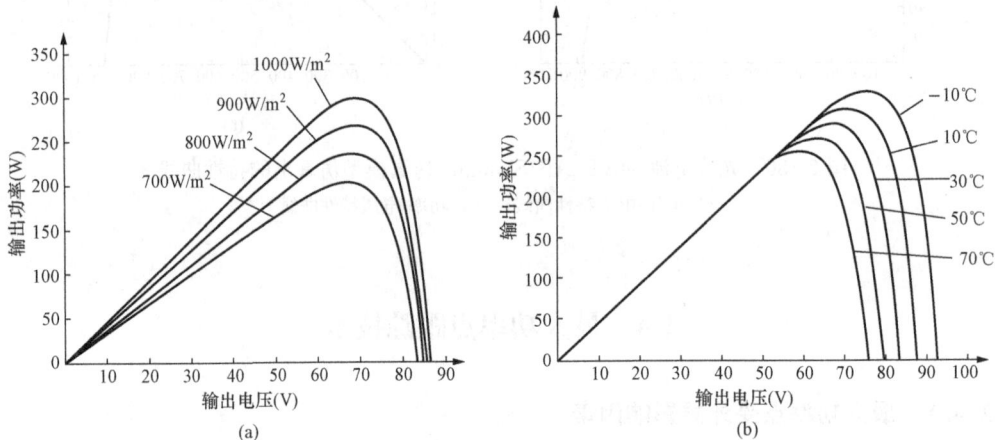

图 2-32　不同条件对功率-电压特性曲线的影响

(a) 不同光照强度 25℃；(b) 不同温度（1000W/m²）

由图 2-32 (a) 可看出，在同一光照强度下功率-电压特性曲线存在一个最大功率输出点，在该点的左边区域，输出功率随着输出端电压的升高而升高，在该点的右边输出功率随端电压的升高而降低；在不同光照强度下，随着光照强度增加，输出功率-电压特性曲线近似整体向上平移。由图 2-32 (b) 可以看出，在同一光照强度下，随着温度的升高，系统开路电压向左偏移，说明温度对特性曲线有明显影响，但特性曲线在最大功率点左边的线性区受温度影响变化不大。

而且，图 2-32 (a)、(b) 的变化趋势很类似，都是在右侧电压较高区域内，光伏电池可视为一系列不同等级的电压源，具有明显的低内阻特性；而在左侧电压较低区域内，光伏电池又视为一系列不同等级的电流源，具有明显的高电阻特性。在温度不变的条件下，最大功率点与光照强度成正比；在光照强度不变的条件下，最大功率点与温度成反比。

另外，由图 2-31 和图 2-32 所示的四组特性曲线还可以看到，除了输出功率受光照强度和温度影响之外，光伏电池的开路电压、短路电流也会受到光照强度和温度变化的影响。其中，开路电压 U_{oc} 随温度升高而明显降低，短路电流 I_{sc} 随光照强度的增加而明显增加。

2.4.2　最大功率点跟踪（MPPT）原理

通过上述分析可知，光伏电池输出特性为非线性特征，而且受光照强度、环境温度影响明显；但在任意光照强度和环境温度下，单体光伏电池都存在一个特定的最大功率输出点。此外，即使在光照强度和环境温度稳定的情况下，光伏器件的输出功率也会随着外接负载的变化而变化。从理论上讲，只要将光伏电池与负载完全匹配、直接耦合（如负载为被充电的蓄电池），负载的伏安特性曲线与最大功率点轨迹曲线即可重合或渐进重合，使光伏电池处于高效输出状态。但在日常应用中，很难满足负载与光伏电池的直接耦合条件。因此，要提高光伏发电系统的整体效率，一个重要的途径就是实时变更系统负载特性，即调整光伏电池的工作点，使之能在不同的光照强度和温度下始终工作在最大功率点附近，这一跟踪过程就称为最大功率点跟踪（Maximum Power Point Trackers，MPPT）。

为了在限定的条件下有效利用光伏电池，使它发出更多的电量、输出最大的功率，常常要在光伏发电系统中施加一个 MPPT 控制策略或算法，来实现负载与光伏电池间达到最佳匹配。图 2-33 所示为带有 MPPT 功能的光伏发电系统结构原理框图。

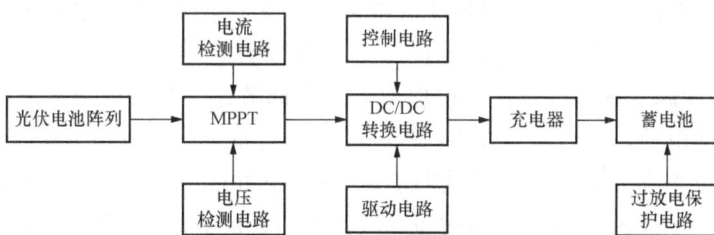

图 2-33　带有 MPPT 功能的光伏发电系统结构原理框图

现以在可变光照强度下工作的光伏电池输出特性为例（如图 2-34 所示），简单介绍 MPPT 控制过程及原理。图 2-34 中有两条在不同的光照强度下光伏电池工作的输出特性曲线（曲线 1 和曲线 2）。在初始光照条件下，光伏电池的输出特性为曲线 1，负载 1，系统的工作点运行在最大功率点 A_1，满足在最大工作点工作的要求。随着光照强度减弱，使得光伏电池的输出特性降为曲线 2。如维持原有负载 1 不变，系统的工作点会移动，运行在 A_2 点，偏移该光照强度下应有的最大功率点 B_1。若想追踪最大功率点，使得光伏发电系统能运行在新条件下的最大功率点，就应将系统的负载特性由负载 1 改为负载 2。同理，如果系统稳定工作在最大功率点 B_1 后，光照强度再次加强，使得光伏电池的输出特性由曲线 2 又回升至曲线 1，则系统的工作点相应地会自动由 B_1 变化到 B_2。这时就要把负载 2 改回至负载 1，以使系统在光照强度增强的情况下再次更改工作点，保证运行于新条件下的最大功率点 A_1。这个从 A_1 工作点到 B_1 工作点之间的往返跟踪过程，就称为 MPPT 控制。

由此可见，光伏发电系统中的 MPPT 控制策略，就是先根据实时检测光伏电池的输出功率，再经过一定的控制算法预测当前工况下光伏电池可能的最大功率输出点，最后通过改

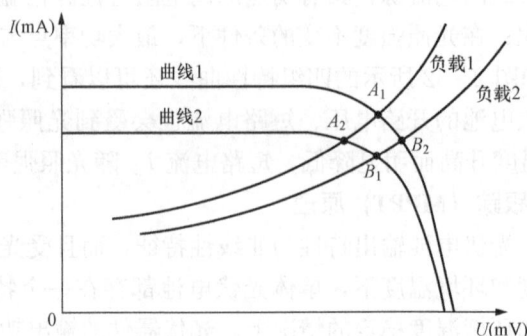

图 2-34 MPPT 控制过程示意图

变当前的阻抗或电压、电流等电量的方式来满足最大功率输出的要求。这样，不论是因外部光照强度变化，还是因内部光伏电池的结温变化使得光伏电池的输出功率减少，系统始终可以自动运行于当前工况下的最佳工作状态，达到最大功率输出，从而可提高整个光伏发电系统转换效率。

在光伏发电系统中，为达到最大功率点跟踪的目的，最早出现的控制方法是恒电压（CVT）控制法。它的控制手段非常简单，在简单的外界条件变化时能使系统的工作点稳定于最大工作点附近。但在环境温度和自身温度变化时，它不会自动跟踪最大功率输出点，甚至在光伏电池结温升高明显的特定情况下，会使光伏发电系统的伏安特性曲线和预先设定的工作电压失去交点，产生严重的振荡现象。为了克服 CVT 控制法的缺点，出现了改进的CVT 算法，如手动调节参考电压法、根据温度查表调节法、参考电流法等，或采用另外一个特性相当的光伏电池，通过检测开路电压，按照固定系统计算得到当前最大功率点电压。

经典的 MPPT 控制方法主要有干扰观测法（Perturb and Observe Algorithms）、电导增量法（Incremental Conductance）、模糊逻辑控制法（Fuzzy Logic Control）、神经元网络控制法（Neural Network Control）等，以及在这些分类的基础上，根据实际情况和各种方法的优缺点进行相应改进的方法，如改进型的干扰观测法、变步长的电导增量法等。

由于光伏电池在外界光照强度、环境温度等条件不断变化中表现出很强的非线性，其物理和数学模型相对复杂，各种 MPPT 控制方法也都有各自的优缺点。随着控制理论的不断发展和人工智能控制技术的不断发展，出现了很多新的思路和方法。

无论 MPPT 的算法是什么，实现的机理是什么，最终的目的都是在外界条件发生变化的情况下，使得光伏发电系统能有效地、快速地跟踪到最大功率点继续运行。如何测试各种MPPT 控制的实际运行效果，如何比较几种 MPPT 控制的性能好坏，如何分析所选定MPPT 控制方法的动态、静态性能及可行性，都是确定一个光伏发电系统设计方案前必须要考虑的。

MPPT 控制的性能检测方法一般可根据实际应用经验及理论分析，对各种控制方法进行仿真和实验；再根据仿真和实验，结合控制算法自身特性，最终对其控制性能进行相应的分析和比较。通常可从下列几个方面来检验测定或分析比较 MPPT 控制方法的性能优劣。

1. 控制方法复杂度

MPPT 控制方法多种多样，各自控制思想和要求不尽相同。控制方法的复杂度在工程具体实现中具有很大影响，一个过于复杂的算法和控制模型，势必需要高性能控制器和高精度传感器及相关外围硬件的投入，提高系统实现成本，有时还会降低控制系统的容错能力。因此，控制算法是否精准，实现是否困难，对具体调试环节不确定因素是否敏感，以及调试参数的经验成分等，都将成为其衡量指标。

2. 系统稳态运行效率

系统稳态运行效率主要表现为稳态运行时 MPPT 控制精度问题。MPPT 控制的主要目标是提高系统运行效率。因此，采用何种 MPPT 控制方法，其最终控制效率是否满足要求至关重要。若效率低下，则无法实现预期的控制效果。相反，可靠稳定的控制方法能尽可能提高系统运行效率，提高系统发电量，降低系统运行成本。

3. 系统抗干扰能力

一般系统在正常运行中，若出现误判断或外界不确定因素所带来的干扰，系统要有能力进行及时纠正。光伏发电系统 MPPT 控制若在突发外界干扰的情况下，无法有效地进行矫正措施的判定，甚至做出错误判断，使得工作点进一步偏离最大功率点，则会使系统电压、电流大范围波动，导致系统振荡甚至发生运行事故。因此，一般较为成熟的方法需要具有较强的抗扰动能力。

4. 动态响应能力

外界条件变化，如光照强度和环境温度的变化会导致光伏电池特性曲线发生改变。动态响应能力主要表现为控制系统通过搜寻判断自动把工作点纠正到新的最大功率点上的反应速度和效果。

为了比较几种不同 MPPT 控制方法的动态响应能力，可以对同一光伏发电系统的主回路实验平台上施加相同的外界变化条件，采用不同的 MPPT 控制方法下得到的实验结果进行比较。稳态电压波动范围和稳态电流波动范围体现出系统控制的稳定性和系统稳态运行时的稳定可靠性。若这两个波动范围过大，则说明系统稳定性相对较差，在受外界干扰后易出现误判断，甚至出现系统振荡现象。动态响应时间为当外界条件变化后，系统动态调整过程中的响应时间，它体现了控制方法的动态性能。一般来说，动态响应时间越短越好，但太短会导致系统出现振荡。若动态响应时间过长，则说明系统动态响应过慢，当外界条件变化后，需要较长时间才能稳定运行。

2.4.3　各种 MPPT 控制方法的分类介绍

MPPT 控制方法可根据控制算法进行分类，也可根据具体实现环节的控制参数分类。若根据 MPPT 控制算法的特征和具体实现机理的过程，可将 MPPT 控制方法分为三大类：①基于参数选择方式的间接控制法；②基于采样数据的直接控制法；③基于现代控制理论的人工智能控制法。

1. 基于参数选择方式的间接控制法

这类方法主要包括恒定电压跟踪法、开路电压比例系数法、短路电流比例系数法、曲线拟合法、查表法等，它们主要根据预存数据库和具体光伏电池参数，通过数学函数和经验公式得到近似的 MPPT。在这类方法中，需要通过实际硬件参数和经验数据确定相应的初始值，作为控制的基础。因此，从严格意义上来说，这类方法都是近似 MPPT 控制方法，没有真正实现在线实时跟踪与控制，误差相对较大，尤其受外界环境和自身工作状态影响而导致明显误差。

（1）恒电压跟踪法（CVT）。恒电压跟踪法是一种利用稳定电压控制近似达到最大功率点跟踪的简单方法。图 2-35 所示为一组硅型光伏电池在忽略温度效应条件下的输出特性与负载匹配曲线。由图 2-35 可知，在光伏电池温度不变的条件下，光伏电池的最大功率点与光照强度成正比，在不同光照强度下的最大功率输出点 a'、b'、c'、d' 和 e' 总是近似接近于某一个恒定的电压值 U_m。所以采用恒定电压的控制策略，只要根据光伏电池出厂的 U_m 标称参数及实际的光伏电池串联的光伏电池单元数目，计算得出光伏电池工作在最大功率点附近的一个特定电压值，并使得系统变成一个稳压器，即在光伏电池和负载之间加入一定的阻抗变换，就可将光伏电池原有的工作负载特性曲线上的实际工作点 a、b、c、d 和 e 转移，并稳定于某一特定的电压值，从而保证输出功率始终维持在最大功率输出点附近。

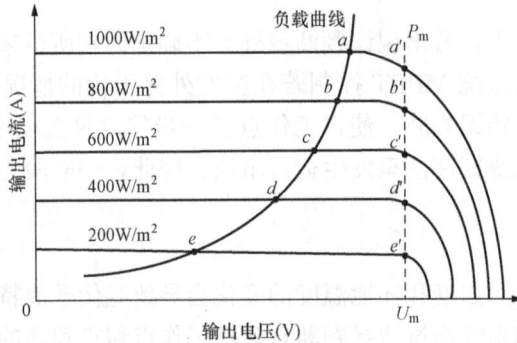

图 2-35　光伏电池输出特性与负载匹配曲线（忽略温度影响）

这种方法的优点是实施手段简单，性能稳定，但有效使用的前提是保证光伏电池工作环境温度和自身结温变化不大。它的缺点是因环境温度和光伏电池自身温度的变化会致使最大功率点的电压值发生偏移，在一年四季或者昼夜温差较大的场合下，使用这一控制法会造成一定的功率损失。所以从严格意义上说，这种方法只是一种近似的 MPPT 控制方法。

（2）开路电压比例系数法。开路电压比例系数法是为了克服环境和自身结温变化对系统的影响，由恒定电压法改进而成的。通过光伏电池的外特性可知，光伏电池的最大功率点电压 U_m 在不同的光照强度和温度下都随着光伏电池的开路电压 U_{oc} 变化而变化，且两者之间存在着近似的线性关系

$$k_u = \frac{U_m}{U_{oc}} < 1 \tag{2-15}$$

式中：k_u 为开路电压比例常数，对于不同的光伏电池，k_u 有不同的取值，一般为 0.7 左右；U_{oc} 可以通过周期性地将光伏电池和负载断开测得（如 I_s 每断开 10ms），由此即可计算出最大功率点电压 U_m。

这种方法的优点是原理简单，控制系统可以用简单的模拟电路实现，控制结果具有很强的抗扰动能力，即使因采样错误或外界强烈干扰出现系数偏差，也能在下一控制周期得以修正。它的缺点是由于最大功率点电压和开路电压之间采用的只是一个近似的比例系数，所以光伏电池并不是工作在真正意义上的最大功率点上。另外，因 U_{oc} 值要将负载侧断开测量，由此会带来一定的瞬时功率损失。

（3）短路电流比例系数法。短路电流比例系数法与开路电压比例系数法类似。由光伏电

池的外特性可知，光伏电池的最大功率点电流 I_m 在不同的光照强度和温度下也会随着光伏电池的短路电流 I_{sc} 变化而变化，且两者之间同样存在着近似的线性关系

$$k_i = \frac{I_m}{I_{sc}} < 1 \qquad\qquad (2-16)$$

式中：k_i 为短路电流比例常数，对于不同的光伏电池，k_i 有不同的取值，一般取 0.85 ± 0.07。

　　这种方法的优缺点和开路电压比例系数法类似。另外，I_{sc} 通常需要在逆变器中添加开关来周期性地短路光伏电池测取，所以测量 I_{sc} 要比测量 U_{oc} 更加复杂。

　　（4）曲线拟合法。曲线拟合法是根据光伏电池的 P-U 特性曲线，通过对光伏电池端输出电压 U_L 和输出电流 I_L 的不断采样，建立一个与其功能相似的电路原理性模型，再与已得到的最大功率点直接建立拟合曲线方程。

　　这种方法的优点是通过不断的采样和修正，即可确定其合理的参数。它的缺点是建立模型的时候，要事先对光伏电池的物理模型有所了解，还需要进行运算量较大的拟合过程，不易发挥数学模型的快速性。即使这样，这种方法在实际应用中还是很难直接实现复杂模型的拟合。

　　（5）查表法。查表法是根据实际需要，预先设定好各种参数模型并存储在数据表中，当系统运行时，再根据实际工况选择不同的参数，通过查表调取相关数据来进行 MPPT 控制。这种方法的优点是可以有效解决曲线拟合法的快速性问题。它的缺点是需要建立庞大的数据表格并预先存储起来。

2. 基于采样数据的直接控制法

　　这类方法主要包括定步长或变步长的扰动观测法、电导增量法、实际测量法、寄生电容法等。此类方法的主要特征是根据电压、电流的检测值经 MPPT 控制方法直接实现控制。由于采用了电压、电流的实时采样信号，因此其精度比近似控制法高，能够根据系统运行情况进行实时 MPPT 控制，满足一般的应用场合要求，因而在实际中应用最为广泛。

　　（1）扰动观测法（定步长）。扰动观测法又称为登山法或爬山法，是目前最为常用，也是研究最多的一种 MPPT 控制方法。其基本工作原理是先让光伏电池工作在一个给定的工作点上，随后周期性地、微小定量地增加或减少光伏电池的输出电压 ΔU 或电流 ΔI，这一过程称为扰动，扰动电量的增值大小称为步长。在增加扰动的同时实时检测光伏电池的输出功率变化趋势。再根据扰动前后的比较结果，修正下一周期的调节对象。若扰动电量增加后，光伏电池输出功率增加，则继续增加扰动电量，反之则改变扰动方向；若扰动电量减少后，光伏电池输出功率增加，则继续减少扰动电量，反之则改变扰动方向。以此不断寻找逼近光伏电池的最大功率点，最终在其附近较小的范围内往复振荡运行达到动态平衡。

　　这种方法的优点是被测参数少，控制系统结构简单，控制算法较易实现，对传感器精度要求不高，而且是一种真正意义上的 MPPT 控制。它的缺点是控制目标较盲目，由于不断地进行扰动，光伏电池的工作点总是在最大功率点附近不断变化，不能稳定工作在最大功率点上，导致一定功率损失；对于单级式系统易影响并网电流的质量。另外，在光照强度快速变化的情况下甚至会出现方向判断错误的情况。而且扰动跟踪步长对跟踪精度和响应速度无法兼顾，扰动步长越大，速度越快，但精度越差；扰动步长越小，精度越高，但速度越慢。

　　（2）变步长式扰动观察法。变步长式扰动观察法是为弥补常规扰动观察法定步长会引起

响应与精度矛盾的缺陷而改良衍生出来的。该方法的原理是：在系统启动初期或检测到施加扰动前后光伏电池输出功率在同向变化，变化量也较大时，可施加较大的扰动电量（大步长）；当跟踪已到最大功率点附近则减小扰动电量（小步长）。

这种方法的优点是初期增加步长可以加快跟踪速度，以提高动态响应性能；后期减小步长则可减小最大功率点附近的振荡幅度，提高稳态性能和控制精度。它的缺点是与常规扰动观察法一样，在温度或光照强度变化较剧烈时可能会出现跟踪失效的故障。

（3）电导增量法。电导增量法是通过比较光伏电池的瞬时电导和电导的变化量来实现最大功率跟踪的一种控制方法。由光伏电池的 P-U 输出特性可以看出，光伏电池的 P-U 曲线是一个单峰值的曲线，最大功率点处于曲线顶点。由此可得

$$\frac{\mathrm{d}P}{\mathrm{d}U} = \frac{\mathrm{d}(UI)}{\mathrm{d}U} = I + U\frac{\mathrm{d}I}{\mathrm{d}U} = 0 \qquad (2-17)$$

$$\frac{I}{U} + \frac{\mathrm{d}I}{\mathrm{d}U} = G + \mathrm{d}G = 0 \qquad (2-18)$$

并有以下关系

$$\begin{cases} \dfrac{\mathrm{d}P}{\mathrm{d}U} = 0, & \text{在最大功率点处} \\[2mm] \dfrac{\mathrm{d}P}{\mathrm{d}U} > 0, & \text{在最大功率点左侧} \\[2mm] \dfrac{\mathrm{d}P}{\mathrm{d}U} < 0, & \text{在最大功率点右侧} \end{cases} \qquad (2-19)$$

电导增量法正是利用光伏电池工作在最大功率点时输出电导的变化量等于零的原理，通过比较光伏电池的电导增量 $\mathrm{d}I/\mathrm{d}U$ 和瞬间电导值 I/U 来改变控制信号。在实际使用电导增量法时，需要给出一个合适的阈值 E，并设定 $\mathrm{d}P/\mathrm{d}U = \pm E$ 时系统工作于最大功率点，当电导增量变化小于这个阈值时，无需改变工作点；当电导增量变化大于这个阈值时，则要相应变化工作点。所以选择合适的步长和阈值非常关键。调节步长的大小，可决定跟踪速度和在最大功率点附近来回波动的幅度。对于阈值的大小，理论上越小越好，越小则越能接近最大功率点。但实际中，阈值若设置得太小，系统很可能会永远达不到稳定，导致始终在一定的范围内振荡。

这种方法的优点是：控制精度较高，响应速度较快，光伏电池输出电压能够以较平稳的方式跟踪变化，而且稳态的振荡也比扰动观测法小；适用于大气条件变化较快的场合，还避免了如扰动观察法等方法的盲目调节过程。它的缺点是对控制系统的硬件要求比较高，特别是对传感器的精度和系统各个部分响应速度要求较高，所以造价也相对高一些。

（4）实际测量法。实际测量法又称为扫描法，它是利用与实际大型光伏电池中光伏电池性能完全相同的另外一小片光伏电池，在相同光照强度及温度条件下建立起一个光伏电池参考模型，并周期性地对小片光伏电池模块特性进行扫描，记录每一点的工作电压和电流，以得到输出功率；然后将输出功率中最大值记为最大功率点输出，从而得到指导大型光伏电池跟踪最大功率点的最佳控制参数。实际测量法也可直接对实际运行的光伏电池中某一块光伏电池的特性进行扫描，以获取数据。

这种方法的优点是可以避免因光伏电池的老化而失去准确度，也可以准确地把握外界条件的变化得到最大功率点的参数。它的缺点是：会带来额外的成本消耗，在温度或光照强度

变化剧烈时，不能及时准确地测得最大功率点；同时，对于由多种性能指标光伏电池组成的大型光伏发电系统，获取的数据参考价值有限。

（5）寄生电容法。寄生电容法是根据光伏电池单元存在的结电容所提出的方法。该方法的实现是在电导增量法的基础上，引入结电容变量，根据开关纹波干扰光伏电池，测量光伏电池输出功率和输出电压的平均谐波波动，计算得出等值寄生导纳，并进行自寻优，从而实现最大功率点跟踪。

这种方法的优点是较好地反映出大型并联光伏电池所表现出的寄生电容对最大功率点的影响。它的缺点是算法自身比较复杂，实现起来有一定的困难，需要进行大量的运算，因此实际应用很少。

3. 基于现代控制理论的智能控制法

这类 MPPT 控制方法主要以模糊逻辑控制法和人工神经元网络控制法为代表，主要特征是引入模糊控制和神经元网络控制等现代控制理论，可以不依赖于复杂的系统数学模型，由现代控制理论模型为依据采样数据，再通过较复杂的控制算法运算得出控制信号来实现系统控制。该类方法实现过程较为复杂困难，但控制精度较高，对被控对象的数学模型准确性要求较低，适合难以建立准确数学模型的大型光伏发电系统，以及受外界条件和杂散参数影响严重的控制系统。此外，针对光伏电池的非线性，在 MPPT 控制方法中还引入了一些诸如滑模控制等非线性的控制策略。

（1）模糊逻辑控制法。模糊逻辑控制法（简称模糊控制）是一种基于模糊逻辑算法的 MPPT 控制方法。模糊逻辑属于人工智能，是以模糊集合论、模糊语言变量和模糊逻辑推理为基础的一种计算机数字控制技术。在实现过程中，计算机先把采集到的控制信息经语言控制规则进行模糊推理和模糊决策，求得控制量的模糊集，再经模糊判决得出输出控制的精确量，作用于被控对象，使被控过程达到预期的控制效果。模糊逻辑控制器的输入通常为误差量 E 和误差变化量 ΔE，它们可确定为

$$\begin{cases} E(n) = \dfrac{P(n) - P(n-1)}{U(n) - U(n-1)} \\ \Delta E(n) = E(n) - E(n-1) \end{cases} \qquad (2-20)$$

式中：$P(n)$、$U(n)$ 分别为光伏电池的输出功率和输出电压。

因最大功率点处的 $dP/dU = 0$，故光伏电池工作在最大功率点时，误差量 $E(n) = 0$。由于 MPPT 控制算法最终得到的是一个精确的控制量，则需要通过隶属函数将模糊输出变换为精确输出的一个求解模糊的过程。图 2-36 所示为一个常用的包含 5 个模糊子集的三角形隶属函数，模糊集合定义为：NB 为负大，NS 为负小，ZE 为 0，PS 为正小，PB 为正大，ΔD 为输出模糊控制变量，它是升压斩波电路的占空比变化量。表 2-1 为直

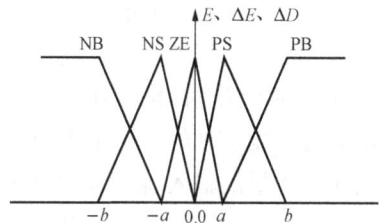

图 2-36　E、ΔE 和 ΔD 的隶属函数

接用于设置模糊控制变量 ΔD 的规则表，其中包括了误差量 E、误差变化量 ΔE 和各个隶属函数。建立该规则的依据是使光伏电池的输出功率能快速达到给定的范围。

表 2 - 1　　　　　　　　　模糊控制变量（ΔD）的规则表

E ＼ ΔE	NB	NS	ZE	PS	PB
NB	PB	PB	PS	PS	PS
NS	PS	PS	PS	ZE	ZE
ZE	PS	ZE	NS	ZE	NS
PS	ZE	NS	NS	NS	NB
PB	NS	NS	NB	NB	NB

　　这种方法的优点是：将由原有的经验和控制理论绘制成控制规则表，然后直接采用这些规则去控制系统，跟踪速度迅速，达到最大功率点后基本没有波动，即具有较好的动态和稳态性能。它的缺点是：事先需要经过精确设定模糊集、隶属函数形状及控制规则表等设计环节，设计难度大、实验周期长；为提高自身复杂算法的运算速度，需要高性能的控制器，硬件成本较高。

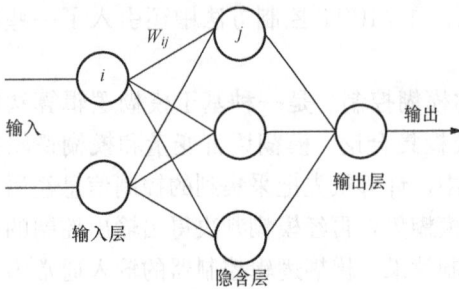

图 2 - 37　多层神经网络结构

　　（2）神经网络控制法。神经网络本是一种新型的信息处理技术。神经网络控制法是将神经网络应用于 MPPT 的一种控制方法。常用的多层神经网络结构图如图 2 - 37 所示。网络中包括输入层、隐含层和输出层 3 层神经元。待解决的问题越复杂，其中包含的层数和每层神经元的数量就越多。神经网络控制法应用于光伏电池时，输入信号可以是光伏电池的参数，如开路电压 U_{oc}、短路电流 I_{sc}，或者外界环境的光照强度及温度等参数，也可以是上述参数的合成量；输出信号是经过优化后的输出电压、光伏变流器的占空比等信号。在神经网络中各个节点之间都有一个权重增益 W_{ij}，权重的确定必须经过神经网络的训练来得到。选择恰当的权重可以将输入函数转换为任意的期望函数输出，从而使光伏电池能够精确地工作于最大功率点。

　　这种方法的优点是：经过神经网络训练的 MPPT 控制系统，不仅可以使输入、输出信号与训练样本完全匹配，而且内插和外插输入/输出模式也能达到高度匹配，这是简单的查表功能所不能实现的，也是神经网络法的优势所在。它的缺点是：神经网络建立的训练过程必须使用大量的输入/输出样本数据，而光伏电池种类很多，大多数参数不同，对于不同的光伏发电系统都需要进行各自有针对性的训练。这个训练过程非常长，有的长达数月甚至数年之久。

　　（3）滑模控制法。滑模控制法的原理在于控制的不连续性，通过不断变化的开关特性迫使系统在一定条件下沿规定状态轨迹附近做小幅度、高频率地上下"滑模运动"，以到达并保持在所设计的滑动面上。滑模控制法具有快速响应，对内部参数及外部扰动变化不灵敏等特点，物理实现过程也比较简单。采用滑模控制法来实现光伏发电系统的最大功率输出，系统的控制规则可概括描述如下：

可取控制器的控制量为

$$u = \begin{cases} 0, & s \geqslant 0 \\ 1, & s < 0 \end{cases} \qquad (2-21)$$

切换函数为

$$s = \frac{dP}{dU} = I + U\frac{dI}{dU} \qquad (2-22)$$

式中：$s = 0$ 为运动控制将要达到的终止点区域，称为滑动模态区，或简称为滑模区；u 为控制光伏电池输出的功率器件的开关函数，当 $u = 0$ 时，表示开关器件断开，当 $u = 1$ 时，表示开关器件导通。

　　这种方法的优点是：可以使光伏发电系统的跟踪速度得到明显的改善。只要正确建立系统及切换函数，即可使系统从任何初始状态出发最终稳定于切换函数 $s = 0$ 处。它的缺点是：由于开关器件调节变化步长 Δu 会直接影响系统跟踪的动态和稳态特性，Δu 越大，跟踪速度越快，由此也会使得光伏电池输出功率和电压的波动增大。

　　上述各种光伏发电系统的 MPPT 控制方法都有各自的优缺点，现实中具有各自的适用场所。MPPT 控制方法正朝着数学与控制模型进一步优化、各种控制思想进一步有机融合、智能控制算法的进一步实用化、控制算法与硬件回路进一步相结合等方面发展。

2.5　基于采样数据的直接 MPPT 控制法

　　直接控制法由于具体实现目标明确，控制算法相对简单，理论分析较成熟，实际应用也最为广泛。本章将对各种直接 MPPT 控制法的原理、分类和控制性能等进行详细介绍。

2.5.1　恒电压控制法

1. 恒电压控制的原理

　　外界环境条件一定时，光伏电池有且仅有一个最大功率点输出，对该输出特性进一步分析可以发现，当温度基本保持不变，而光照强度变化时，典型的输出功率-电压曲线如图 2-38 所示。

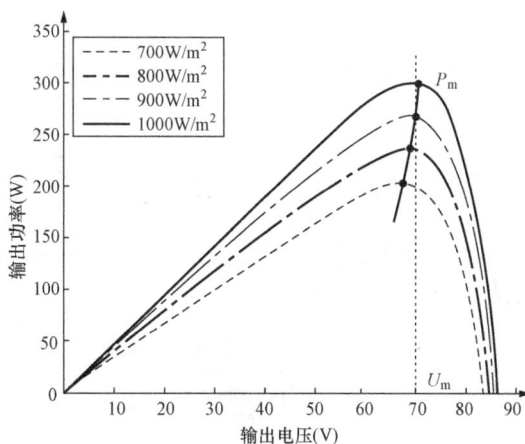

图 2-38　不同光照强度下的功率-电压曲线

从图 2-38 中可以看出，在一定温度情况下，最大功率点近似分布在同一直线上，若采用一垂直线代替，即为保持恒定电压不变，说明光伏电池的最大功率输出点大致对应某一恒定电压，可对其进行等效代替。通过实验测试，可以得到光伏电池在某一光照强度及温度下的最大功率点的电压值，该电压即可看做最大功率点处的工作电压 U_m，因此恒电压控制法的控制思想就是将系统输出电压稳定控制在特定值 U_m 处。

在光伏电池初期应用中，所采取的控制策略大多数是固定输出电压的方法。以卫星上的光伏电池为例，因为外太空温度变化小，并且光照强度恒定，所以保持输出电压为 U_m 就可以维持输出功率在最大功率点处。

但对于大多数实际应用的光伏发电系统，外界环境都在时刻变化，如果输出电压始终保持不变则会造成一定的功率损失。因此，在原始的恒定电压法基础上，有了进一步的发展，如适时对输出电压进行调整。据实验分析验证，在变化不太大的外界温度和光照强度条件下，U_m 和光伏电池开路电压 U_{oc} 存在近似的线性关系

$$U_m = kU_{oc} \tag{2-23}$$

式中：k 的值介于 $0.7 \sim 0.8$ 之间。

可见，只要知道光伏电池开路电压 U_{oc} 的值，再根据实验所得 k 的值，控制输出电压为 U_m，就能够实现光伏电池输出功率保持在最大功率点附近。具体实现方式是对光伏电池的开路电压 U_{oc} 进行采样，利用式（2-23）计算得到输出电压 U_m 的值，利用控制电路对输出电压进行控制，达到输出较大功率的目的。

恒电压控制法虽然设计思想和结构简单，但是应用具有很大的局限性。在前面的分析中已经知道，采用恒电压控制法的前提是忽略外界温度的变化，但是在实际情况中，外界温度不可能一直保持恒定。所以严格地说，保持输出电压值始终不变并不能真正实现 MPPT。对于光照强度和温度变化缓慢而且幅度较小的应用场合，最大功率点处对应的电压值也就相对恒定，采用这种方法即可近似达到 MPPT 的效果，并且控制器成本较低。

综上所述，恒电压控制法通常适用于功率较小，光照强度情况稳定，外界温度变化小的独立光伏发电系统，如小功率 LED 照明系统等，其控制效果只与 MPPT 控制近似，并没有在真正意义上实现 MPPT。

2. 恒电压控制的仿真

光伏发电系统可由光伏电池、变换器、负载、采样和控制电路四部分组成，如图 2-39 所示。

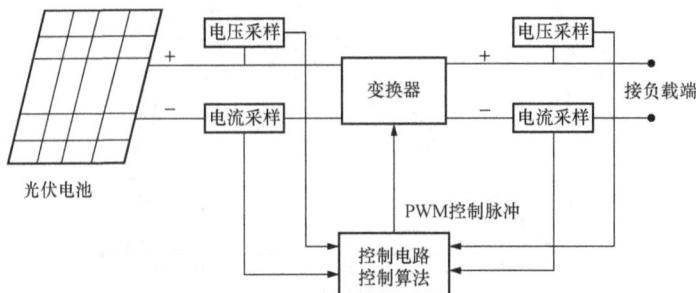

图 2-39　一般光伏发电系统结构拓扑

根据图 2-39 所示的系统结构，若负载为独立于电网运行，即可组成独立光伏发电系统；若负载通过另一变换器接入电网，则构成并网系统。

在具体恒电压控制法实现过程中，首先是对光伏电池侧传感器输出信号进行采样得到运行参数，然后在控制电路中将系统参数通过控制算法和控制程序转换成 PWM 控制脉冲，最终作用于变换器，以实现对系统的控制。

恒电压控制法在实际工程应用中，一般要提前测试好系统参数，得出最佳 PWM 脉宽，再采用固定 PWM 脉宽方式去实现控制。该方法实现简单，系统硬件投入小，不需要复杂的控制电路，运行可靠，但它只是 MPPT 控制的等效代替。而各种改进的恒电压控制法的控制系统实现，传感器或采样电路不可或缺。在 MATLAB 仿真平台上搭建恒电压控制模型如图 2-40 所示。

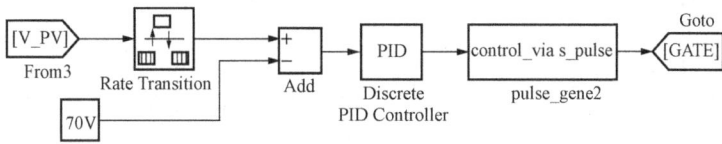

图 2-40　MATLAB/Simulink 恒电压控制模型

图 2-40 中，V_PV 为采样所得到的电压信号，设定参考电压，通过 PID 控制调节输出 PWM 控制脉宽。该模型对 300W 光伏发电系统仿真控制的输出电压和功率曲线如图 2-41 所示。

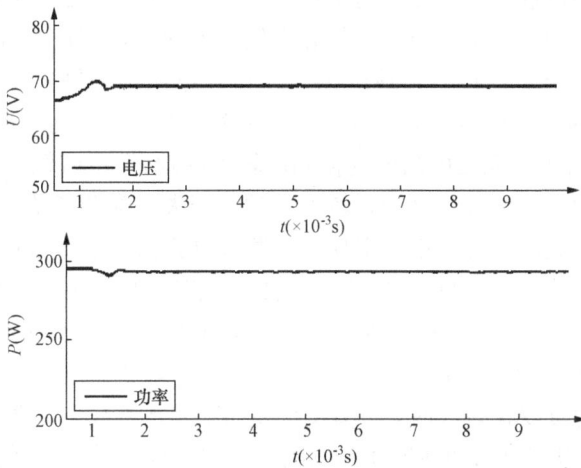

图 2-41　恒电压控制仿真曲线

仿真中，设定参考电压为 70V，从电压曲线中可以得出，系统在经过一定调整以后，可以使系统输出电压稳定在设定电压，稳态误差很小。由于设定的参考电压并不完全等于当前系统最大功率点电压，因此输出功率略微低于理想值，但功率输出曲线平滑稳定。

可通过改变光伏电池光照强度参数，来检测系统的动态响应能力。在 0、0.005、0.01、0.015s 时刻，分别设定光照强度为 1000、700、800W/m^2 和 1000W/m^2，仿真曲线如图 2-42 所示。

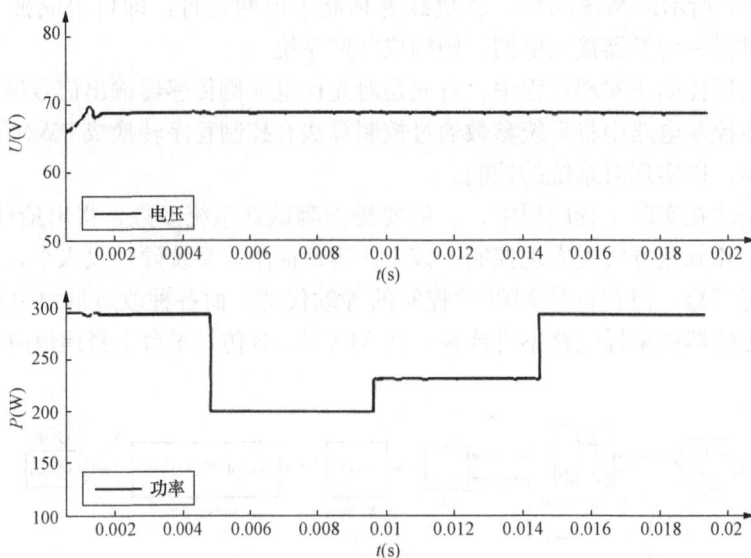

图 2-42　不同光照强度下的仿真曲线

从图 2-42 所示的动态响应曲线可以看出，在光照强度剧烈变化时，上述模型能够快速准确地调节，使系统工作在参考电压附近，系统动态响应快，稳态误差小，运行较为稳定。

3. 恒电压控制法的改进和发展

基于恒电压控制法设计的跟踪器结构比较简单，且控制策略也很容易实现，缺陷是忽略了温度对开路电压的影响。对于常规的单晶硅光伏电池而言，当环境温度每升高 1℃，其开路电压下降 0.35%～0.45%。以新疆地区某一光伏发电系统为例，经计算和实测，光伏电池在环境温度为 25℃时开路电压为 363.6V，当环境温度在 60℃时下降至 299V，下降幅度达到 17.5%。可见，对于一天之内温度变化幅度较大的地带（沙漠、戈壁等），以及一年四季温度变化幅度大的地区，该方法会带来较大的功率损失，降低了整个系统的效率。

因此，在恒电压控制法的应用中，出现了一些改进方法，如最常见的开路电压最大功率点电压比例法，即采用式（2-23）所描述的方法实现对电压的调整。但它们依然存在着一些缺陷，如式（2-23）中反映的最大功率点处的电压 U_m 和开路电压 U_{oc} 之间的线性关系中，k 值并不始终固定，会随着外界环境的变化而变化，特别是光照强度发生突变（如太阳光被云层遮挡）或者温度变化较大时，k 值将会发生显著的变化。另外，由于要采样光伏电池的开路电压 U_{oc}，所以需要周期性地断开电路，使之不能连续地给负载供电，由此会造成一定的能量损失，也会给系统带来不稳定因素。

为了克服外界环境变化的缺点，在恒电压控制法的基础上还可以采取以下几种方案进行改进，具体见表 2-2。

表 2-2　　　　　　　　　　　　　各种恒电压控制法的改进方案

改进方案	具　体　过　程
手工调节	通过手动调节电位器按照季节给定不同的 U_m。其缺点是需要较大的人工维护工作量，效率较低

改进方案	具 体 过 程
根据温度查表调节	事先用相同光伏电池测得不同温度下的最大功率点电压U_m，构成温度-电压对照表储存在控制器中。在实际运行中，控制器可以根据实测光伏电池的温度来相应地修正输出电压，使其与外界温度相匹配
参考光伏电池法	在光伏发电系统中增加一块与光伏电池相同特性的光伏电池模块，检测小光伏电池的开路电压，按照固定系数计算得到当前最大功率点电压U_m，以此作为调整系统工作电压的依据，使之不增加成本即可得到接近MPPT的控制效果

2.5.2　干扰观测法

1. 干扰观测法的工作原理

干扰观测法是目前MPPT控制方法中应用较为广泛的一种方法。通过前面章节的介绍已知，光伏电池的输出功率和电压曲线具有非线性特性。

干扰观测法的工作原理：首先在光伏电池工作的某一参考电压下检测出其输出功率，然后在该电压基础之上加一个正向电压扰动量，再次检测光伏电池的输出功率。若所测输出功率增加，说明最大功率点在当前工作点的右边，可以继续增加正向扰动电压；若所测输出功率降低，则说明最大功率点在当前工作点的左边，应该反向增加扰动电压，使得工作点朝左移。如此循环，直到输出功率稳定在设定的一个很小范围内，即可认为达到了最大功率点。

2. 干扰观测法的分类

干扰观测法在实现过程中具体控制参数多种多样，方法不尽相同。根据干扰步长和控制效果的不同，可分为常规干扰观测法和改进型干扰观测法。在常规干扰观测法中，根据控制参数的不同，又分为电压干扰法、占空比干扰法等。

电压干扰法可以通过比较功率和电压的变化方向来判断系统的工作区域，再对参考电压进行相应的调整使光伏发电系统工作在最大功率点附近。其具体实现过程为，在每一段采样周期中，按照事先设定好的步长改变参考电压，对输出的电压值和电流值进行采样，得到此时的输出功率，与前一个采样周期的输出功率进行比较，检测输出功率的变化。如果功率增加，则说明电压的改变方向正确，继续在该方向上按照此步长变化电压；如果功率减少，则说明电压的改变方向错误，在下一控制周期反向调整参考电压。由此系统不断进行对参考电压的调整，最后系统稳态运行在最大功率点附近很小的范围内。电压干扰法的控制流程图如图2-43所示。

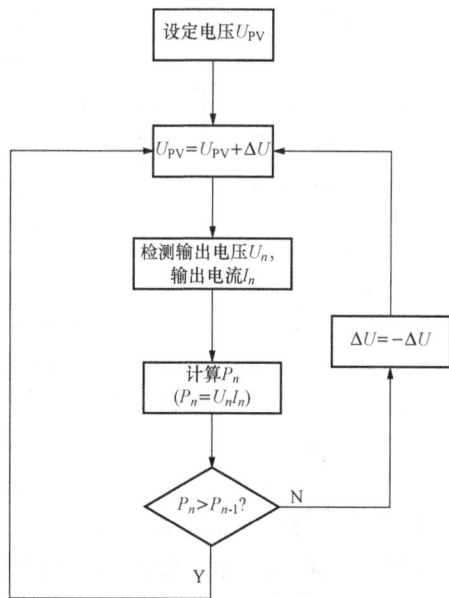

图2-43　电压干扰法的控制流程图

以典型的独立光伏发电系统为例说明占空比干扰法。光伏电池通常通过DC/DC变换器对蓄电池进行充电，在光伏电池输出端和蓄电池端分别并联适当大小的电容器，如图2-44

所示。

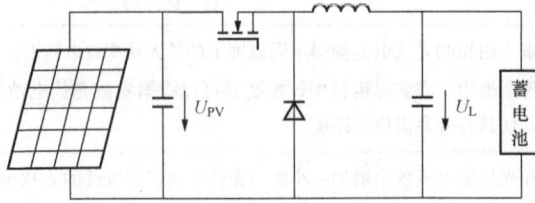

图 2-44　独立光伏发电系统结构拓扑

在图 2-44 所示 Buck 电路中，稳态时负载端电压 U_L 和光伏电池 PV 端输出电压 U_{PV} 具有如下关系

$$U_L = U_{PV}D \tag{2-24}$$

式中：D 为占空比。

因此，DC/DC 变换器开关的占空比 D 将决定光伏电池的输出电压。这样只要控制 DC/DC 变换器开关的占空比 D 就可调节光伏电池的输出电压，从而实现 MPPT 控制。该方法称为占空比干扰法。

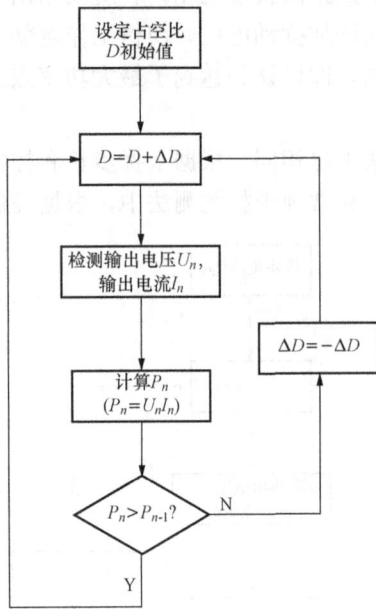

图 2-45　占空比干扰法的控制
程序流程图

与电压干扰法类似，占空比干扰法的控制程序流程图如图 2-45 所示。

3. 干扰观测法的控制参数选取

（1）扰动步长的选取原则。作为干扰观测法的重要参数，扰动步长的选取对于此法的控制性能有着决定性的影响。但步长不是一成不变的，且和实际系统存在着紧密联系，需要针对系统参数和动态响应特性进行合理选取。因此研究如何合理选择扰动步长具有重要意义。

干扰观测法需要通过检测输出功率的变化 ΔP 来跟踪最大功率点，但在特定情况下会出现误判断现象，如不能区分输出功率的变化究竟是由外界光照强度变化所引起的，还是由控制参考值变化引起的。

以占空比干扰法为例，假设系统在第 k 次采样时工作在最大功率点 M 处，如图 2-46 所示，光照强度为 5，占空比的扰动方向为负，即 $D(n)=D(n-1)-\Delta D$，经调整后工作点移至 A 点，见图 2-46（a）中曲线 Ⅰ。如果在第 n 次采样到第 $n+1$ 次采样之间，光照强度发生变化增大到曲线 Ⅱ，实际在第 $n+1$ 次采样时，系统运行工作点变为 B 点，而不再是 A 点。

在图 2-46（a）中，设 ΔP_d 是由占空比改变引起的输出功率变化，ΔP_s 是由光照强度改变引起的输出功率变化。$\Delta P_d > \Delta P_s$，即使工作点由 A 点转移到 B 点，由于总的输出功率 $\Delta P < 0$，因此在下一控制周期将进行正向调节，即 $D(n+1)=D(n)+\Delta D$，使功率输出朝着最大功率点移动。而在图 2-46（b）中，$\Delta P_d < \Delta P_s$，总的输出功率变化为 $\Delta P > 0$，因此在下个周期将继续保持负向调节，即 $D(n+1)=D(n)-\Delta D$，这会使得下一运行点背离

最大功率点 M 移动至 C 点，使系统出现控制电压反向变化，朝着最大功率点的相反方向变化，从而使 MPPT 失效。

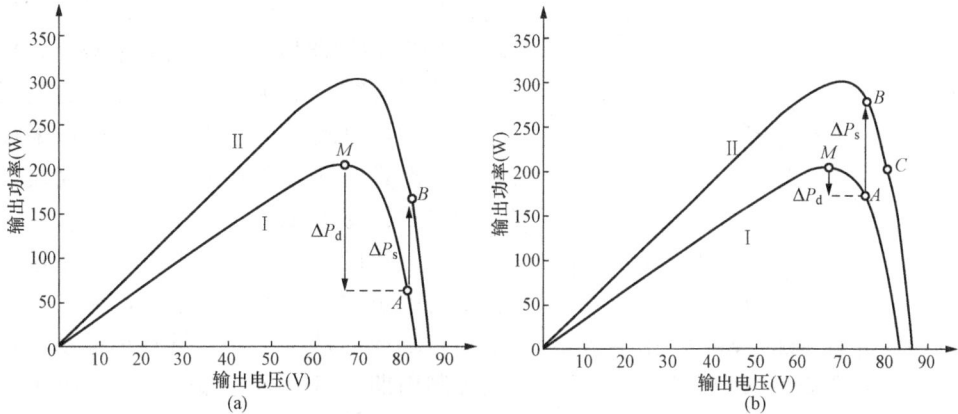

图 2-46　干扰观测法 MPPT 扰动步长选择分析图

由上面分析可知，若选取干扰观测法扰动步长，在每次采样间隔内使系统运行点都满足条件 $|\Delta P_d| > |\Delta P_s|$，才可以保证在光照强度变化时不会出现误判断的现象。

由于控制系统存在动态响应和稳态精度的问题，因此在具体选择扰动步长时，还需要与选择的控制周期进行合理匹配。

（2）控制周期的选取。控制周期 T_a 是干扰观测法的另一重要参数，它对算法能否有效跟踪最大功率点有着决定性作用。考虑外界环境缓慢变化的情况，控制周期 T_a 的选取不能太小，如果对光伏电池输出电压、电流采样太快，势必会在上一扰动控制还未达到稳态时就进行了下一次判断和控制，其动态过渡过程会影响控制精度，甚至产生误判断，如图 2-46（b）所示。而每一次采样和控制周期所引起的功率变化 ΔP_d 和 ΔP_s 将受扰动步长和控制周期共同作用。因此，这两个参数需要合理匹配，才能满足控制要求。

4. 干扰观测法的适用对象

干扰观测法具有控制策略简单，容易实现，对参数检测的精度要求也不是很高，在光照强度变化不是很剧烈的情况下有较好的控制效果等优点。但该方法有一较明显的缺点，即需要始终判断对电压加以干扰的系统是否工作在最大功率点处。因此即使是在稳态时，系统工作电压也不能稳定在一个特定值上，由此不可避免地会造成一定功率损失，并且系统在选择扰动步长和控制周期时，不能单独追求动态响应速度和稳态精度，只能选择一个折中结果。若扰动步长较大，则系统能较快搜寻到最大功率点处，动态响应较快，但会在最大功率点附近有较大波动，功率损失也较大；而若扰动步长较小，相应的在最大功率点附近的波动较小，但系统搜寻最大功率点却需要较长时间，动态响应较慢。

干扰观测法还有另一缺陷，即当外界环境参数变化太快时，如光照强度发生突变，则干扰观测法可能会发生电压崩溃。

如图 2-47 所示，当光照强度发生突变（如太阳光突然被云层挡住）时，光伏电池的 P-U 曲线将由Ⅰ变为Ⅱ。如果系统原来工作在最大功率点的左侧区域，设工作在 A 点，此时工作电压为 U_A，输出功率为 P_A。由干扰观测法得到的控制策略是增大工作电压使系统的输出功率趋于最大值，工作点由 A 点变为 A' 点，工作电压为 $U_{A'}$，输出功率为 $P_{A'}$。此时

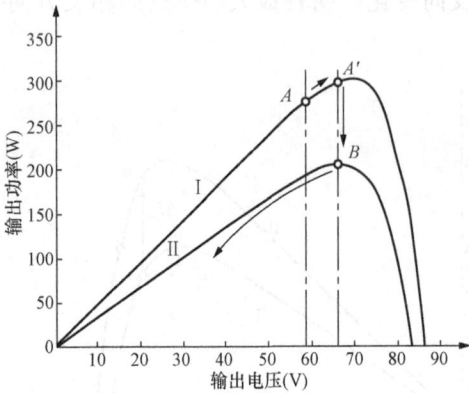

图 2-47　干扰观测法 MPPT 控制在光照
强度突变时运行分析

由于光照强度发生突变，P-U 曲线由曲线 I 变为 II，系统运行点由 A' 变为 B 点，但工作电压仍为 $U_{A'}$，输出功率变为 P_B。此时，干扰观测法 MPPT 控制器检测到输出功率减小，根据控制策略将会减小电压值，这与理想的控制方向是相反的，因此将会导致最大功率点跟踪方向错误，严重时还会导致电压、功率崩溃，系统出现严重振荡现象。

综上所述，干扰观测法适用于外界环境较稳定的中小功率光伏发电系统，并在满足一定的动态响应的基础上，尽量减小扰动步长，增大控制周期，即以牺牲部分动态响应速度来提升系统稳态精度和抗扰动能力。由于光伏发电系统为长期运行系统，因此系统稳态特性更为重要，干扰观测法在中小功率光伏发电系统还是比较适用的。

5. 干扰观测法的仿真

根据 MPPT 控制方法的干扰观测法，建立一个光伏发电系统通过 Buck 电路对蓄电池进行最大功率充电的电气主电路模型，如图 2-48 所示。该模型包括光伏电池模块、主电路模块和控制模块。

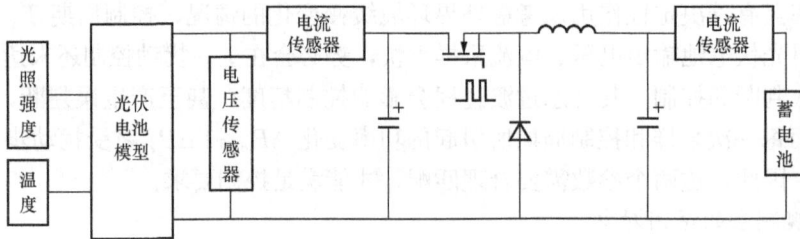

图 2-48　独立光伏发电系统电气主电路模型

在 MATLAB/Simulink 中建立一个采用传统定步长干扰观测法进行 MPPT 控制的仿真模型，如图 2-49 所示。基于该模型，仿真计算出光伏电池 PV 端输出电压、电流及功率曲线，如图 2-50 所示。

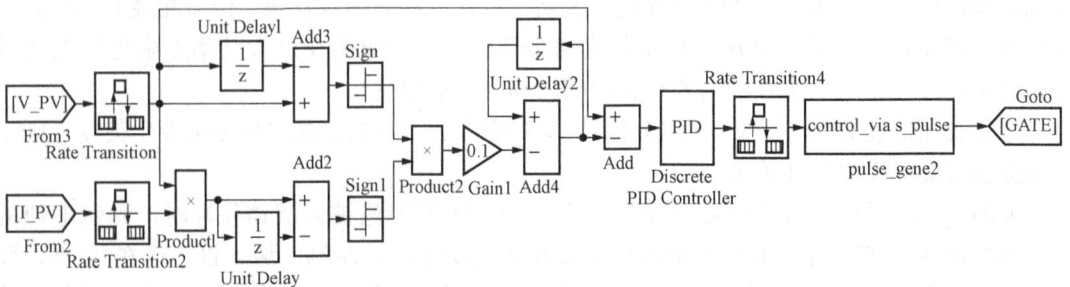

图 2-49　MATLAB/Simulink 干扰观测法 MPPT 控制仿真模型

该仿真中设定系统光伏电池的额定功率为 300W，在 20、25、30ms 和 35ms 时刻光照强度分别设置为 700、800、900W/m² 和 1000W/m²。由图 2-50（a）可以看到，光伏发电系统能快速准确地进行 MPPT 控制，但在稳态时波动较大，说明传统干扰观测法存在频繁扰动问题。由图 2-50（b）可见，系统从起始点开始运行，最终能稳定在某一范围内进行 MPPT 控制，当光照强度变化后，也能快速改善工作点。

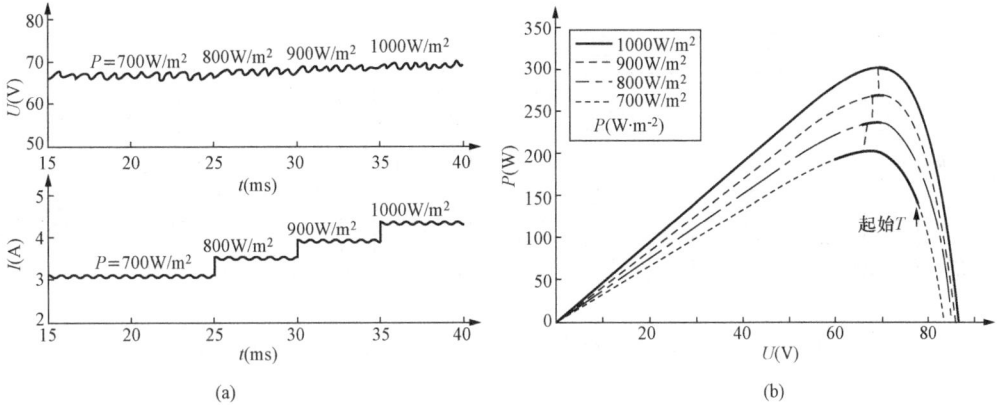

图 2-50　干扰观测法 MPPT 控制仿真曲线

（a）电压、电流曲线；（b）MPPT 过程曲线

6. 干扰观测法的改进和发展

由于传统干扰观测法具有诸多缺陷，如稳态精度不够、光照强度剧烈变化出现误判断、步长和控制周期选取有冲突等，因此就出现了对其改进的一些控制方法。

（1）变步长干扰观测法。在前面的章节中已经讨论，干扰观测法的步长选取非常重要，影响到整个系统的动态性能和稳态性能，而定步长的干扰观测法很难兼顾两者，于是在此基础之上提出了变步长干扰观测法。

变步长干扰观测法的控制思想是加入步长变化环节，在工作点远离最大功率点区间时，设定扰动步长相对较大，在工作点接近最大功率点区间时，设定步长相对较小。这样既能在稳态时减小功率损失，又能在外界条件剧烈变化时提高动态响应和系统稳定性，从而达到预定控制效果。

如图 2-51 所示，光伏电池的 P-U 曲线可以分为三段，在 I 段，$U < (U_{MPP} - \Delta U)$，曲线近似为一斜率为正值的直线；在 II 段，$(U_{MPP} - \Delta U) < U < (U_{MPP} + \Delta U)$，曲线近似为以最大功率点为中心对称的正弦波；在 III 段，$(U_{MPP} + \Delta U) < U < U_{oc}$，曲线近似为一斜率为负的直线。根据变步长干扰观测法的控制思想，在 I 段和 III 段选用大步长，而在 II 段采用小步长，就可以在跟踪速度和减小稳态时功率损失之间取得一个较好的折中。

由变步长干扰观测法的控制思路，可设定其 MATLAB/Simulink 控制模型，如图 2-52 所示。

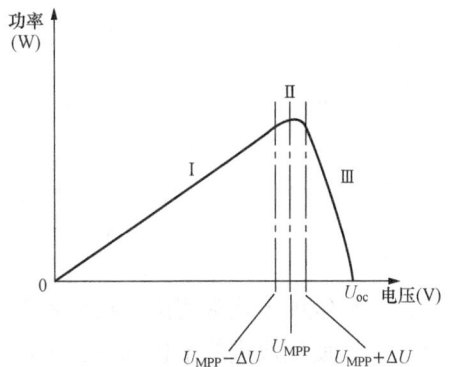

图 2-51　光伏电池的三段式 P-U 曲线

模型中，系统控制器根据电压、电流的采样数据，换算出当前系统的电压、电流和功率参数，判断当前系统运行于Ⅰ、Ⅱ段，还是Ⅲ段，据此来设定合适的扰动步长，控制系统占空比数据，从而实现系统的 MPPT 控制。基于以上控制模型，设置光伏电池 PV 端输出额定功率为 300W，环境温度为 25℃，改变光照强度分别为 900、800、700W/m² 和 1000W/m² 作为在不同时刻的动态光照强度扰动，仿真波形如图 2-53 所示。

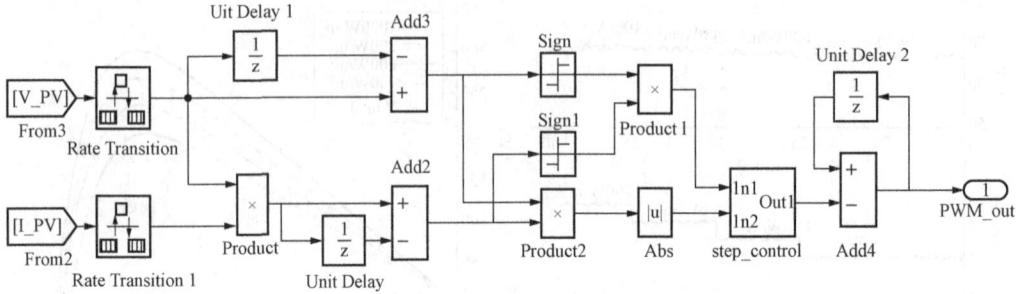

图 2-52　MATLAB/Simulink 变步长干扰观测法 MPPT 控制模型

在图 2-53（a）中，在光照强度快速变化时，光伏电池输出电压只有微弱波动，而输出电流变化明显，与理想 MPPT 跟踪效果非常吻合，且电流波形动态响应时间短、稳态波动小，体现出很好的控制性能。图 2-53（b）中，系统从开始运行经过一段时间即稳定运行在最大功率点附近，当每次光照强度剧烈变化时，都能快速准确地运行在新的最大功率点处；波形中同一光照强度下的运行点变化范围较小，在一定程度上解决了干扰观测法在最大功率点附近反复振荡扰动和光照强度剧烈变化出现误判断的问题。

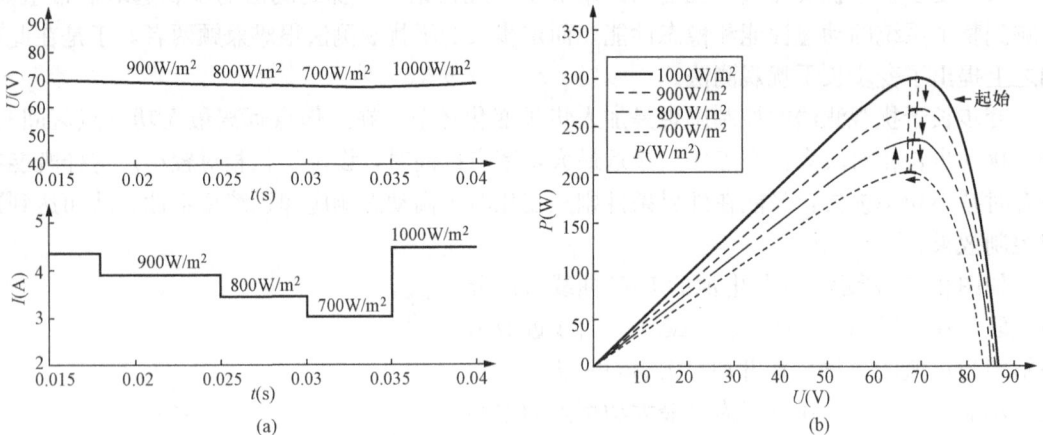

图 2-53　变步长干扰观测法 MPPT 控制仿真曲线
（a）电压、电流波形；（b）MPPT 过程曲线

应用传统的干扰观测法，在控制周期内会因外界条件剧烈变化，出现误判断甚至电压崩溃现象。而使用改进的干扰观测法时，步长控制器可以根据系统的采样数据，在特定情况下采用不同的控制策略。如系统出现暂时大范围波动，可视为外界条件的剧烈变化，此时将锁定步长变化范围，或是保持此次周期内扰动步长为 0，以有效地减小误判断。这样在外界条

件变化复杂时，如光照强度剧烈变化，也能保证 MPPT 控制系统的稳定性，达到较为理想的控制效果。

（2）与遗传算法相结合的干扰观测法。遗传算法是一类以遗传变异理论为基础的求解全局优化问题的仿生型算法。把遗传算法应用于 MPPT 中，可以使变换器克服外界条件剧烈变化造成的干扰，迅速搜索到最大功率点。下面以 Boost 电路为例，说明这种算法。

遗传算法的实现可以分为以下几步：

1）选取优化变量。在 Boost 电路中，光伏电池输出的功率通过占空比 D 来控制，因此，遗传算法优化的变量为 Boost 变换器的占空比。

2）选择适应函数。适应函数值的大小表征了每个个体的优劣。在此采用适应函数

$$\text{Fit}[f(x)] = \begin{cases} C_{\max} - f(x), & f(x) < C_{\max} \\ 0, & \text{其他} \end{cases} \tag{2-25}$$

其中，$C_{\max} = 2500$。

3）选择操作。选择操作的目的是把优化的个体直接遗传到下一代，或通过配对交叉产生新的个体，再遗传到下一代。选择操作是建立在群体中个体的适应度评估基础上的。将一个种群中的 N 个个体按适应度函数值从小到大排序，并取分布概率为

$$P_i = \frac{2i}{N(N+1)}, \quad i \in [1, x] \tag{2-26}$$

再根据式（2-26）计算出的个体概率，采用均匀分布的随机函数进行抽样选择。该方法具有零偏差和最小个体扩展等优点。

4）交叉操作。所谓交叉操作是指把两个父代个体的部分结构加以替换重组而生成新个体的操作。交叉概率用 P_c 表示。

5）变异操作。变异操作即是对群体中个体串的某些基因座上的基因值作变动。群体 $P(t)$ 经过选择、交叉、变异操作之后得到下一代群体 $P(t+1)$。种群中的不同个体对整体进化的作用是不同的，优良个体之间的基因重组是群体进化的决定性力量，较差个体在种群中是不断被淘汰的。因此，对种群中的不同个体采用不同的变异率，一方面使种群中的优良个体具有较小的变异率，从而能够得到较好的保持，并通过交叉重组进行优良模式的累积；另一方面，种群中较差的个体能够通过较大的变异率增强种群的探索能力。基于这个思想，采用如下变异率

$$P_{\text{m}i} = \begin{cases} P_{\text{mean}} + \dfrac{P_{\max}[\text{Fit}(i) - \text{mean}(\text{Fit})]}{\max(\text{Fit}) - \text{mean}(\text{Fit})}, & P_{\text{m}i} > 0 \\ 0.005, & P_{\text{m}i} \leqslant 0 \end{cases} \tag{2-27}$$

式中：$P_{\text{m}i}$ 为第 i 个个体的变异率；P_{mean} 为具有群体的平均适应度的个体所具有的变异率；$P_{\max}$ 为具有群体的最大适应度的个体所应增加的变异率；$\text{Fit}(i)$ 为第 i 个个体的适应度。

6）终止条件判断 gen＝MAXGEN。满足终止条件后，终止计算，以进化过程中所得到的具有最大适应度个体作为最优解输出。

遗传算法使用概率搜索技术，因此在恶劣环境中，仍能准确搜索到最大功率点，但这也决定了它不可能使系统稳定工作于最大功率点。为了解决这个问题可采用遗传算法与扰动观察法相结合的算法。当追踪到最大功率点附近时，采用小步长扰动观察法追踪最大功率点。其整个算法流程图如图 2-54 所示。

设定 MAXGEN＝15，$C_{\max}$＝2500，$\Delta P_{\max}$＝40，ΔD＝0.0001，P_c＝0.9，种群个体数 N＝20，染色体长度为 16，P_{mean}＝0.1，$P_{\max}$＝0.2，T＝25℃。考查算法对光照强度从 200～800W/m^2 的阶跃响应，仿真结果如图 2-55 所示。

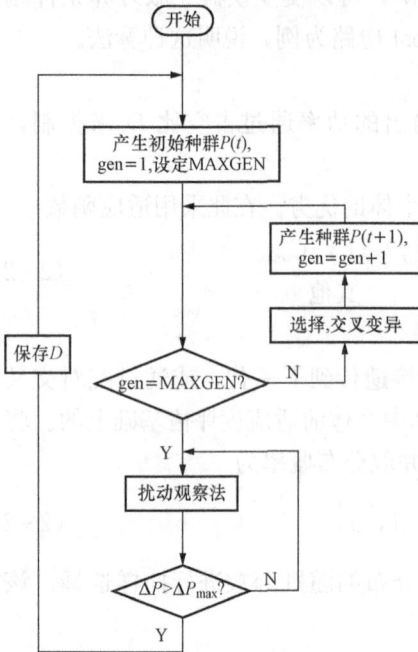

图 2-54　遗传算法流程图

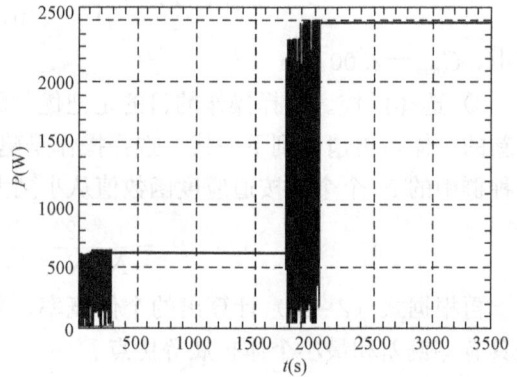

图 2-55　算法的阶跃响应

2.5.3　电导增量法

1. 电导增量法的原理

电导增量法也是 MPPT 控制方法中较为常用的一种方法。电导增量法通过比较光伏电池的电导增量和瞬间电导来改变系统的控制信号。这种方法控制精确，响应速度快，适用于光照强度不断变换的情况，但对硬件，特别是对传感器的精度要求比较高，因而整个系统的硬件造价也较高。

电导增量法的控制思想与干扰观测法类似，通过不断比较光伏电池工作时的电导增量和瞬间电导来改变控制信号。由光伏电池工作特性曲线可知，最大功率点处的光伏电池输出功率 P_{PV} 与输出电压 U_{PV} 满足条件

$$\frac{\mathrm{d}P_{\text{PV}}}{\mathrm{d}U_{\text{PV}}}=\frac{\mathrm{d}(U_{\text{PV}}I_{\text{PV}})}{\mathrm{d}U_{\text{PV}}}=I_{\text{PV}}+U_{\text{PV}}\frac{\mathrm{d}I_{\text{PV}}}{\mathrm{d}U_{\text{PV}}}=0 \qquad (2-28)$$

由此可得

$$\frac{I_{\text{PV}}}{U_{\text{PV}}}+\frac{\mathrm{d}I_{\text{PV}}}{\mathrm{d}U_{\text{PV}}}=G+\mathrm{d}G=0 \qquad (2-29)$$

式中：G 为输出特性曲线的电导；$\mathrm{d}G$ 为电导 G 的增量。

由于增量 $\mathrm{d}U_{\text{PV}}$ 和 $\mathrm{d}I_{\text{PV}}$ 可以分别用 ΔU_{PV} 和 ΔI_{PV} 来近似代替，可得

$$\mathrm{d}U_{\text{PV}}(t_2)\approx\Delta U_{\text{PV}}(t_2)=U_{\text{PV}}(t_2)-U_{\text{PV}}(t_1) \qquad (2-30)$$

$$\mathrm{d}I_{\text{PV}}(t_2)\approx\Delta I_{\text{PV}}(t_2)=I_{\text{PV}}(t_2)-I_{\text{PV}}(t_1) \qquad (2-31)$$

由上述公式推导，可得系统运行点与最大功率点的判据如下：

(1) $G + dG \approx \dfrac{I_{PV}}{U_{PV}} + \dfrac{\Delta I_{PV}(t_2) - \Delta I_{PV}(t_1)}{\Delta U_{PV}(t_2) - \Delta U_{PV}(t_1)} > 0$，则 $U_{PV} < U_{MPP}$，需要适当增大参考电压来达到最大功率点。

(2) $G + dG \approx \dfrac{I_{PV}}{U_{PV}} + \dfrac{\Delta I_{PV}(t_2) - \Delta I_{PV}(t_1)}{\Delta U_{PV}(t_2) - \Delta U_{PV}(t_1)} < 0$，则 $U_{PV} > U_{MPP}$，需要适当减小参考电压来达到最大功率点。

(3) $G + dG \approx \dfrac{I_{PV}}{U_{PV}} + \dfrac{\Delta I_{PV}(t_2) - \Delta I_{PV}(t_1)}{\Delta U_{PV}(t_2) - \Delta U_{PV}(t_1)} = 0$，则 $U_{PV} = U_{MPP}$，此时系统正工作在最大功率点处。

图 2-56 为典型的光伏系统 $P\text{-}U$ 曲线，通过判定 dP_{ph}/dU_{ph} 的符号，即可得知当前系统工作点位置。

由以上分析可知，类似于传统的干扰观测法，电导增量法的控制流程也相对简单，其控制流程如图 2-57 所示。

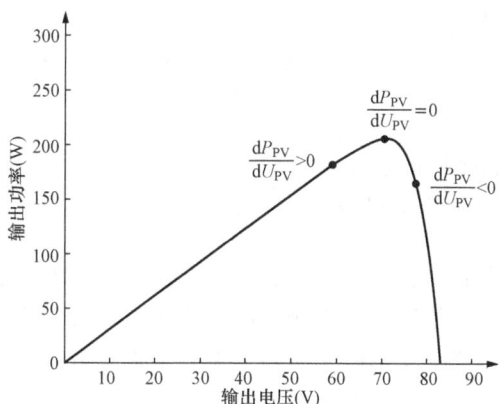

图 2-56　电导增量法算法原理图

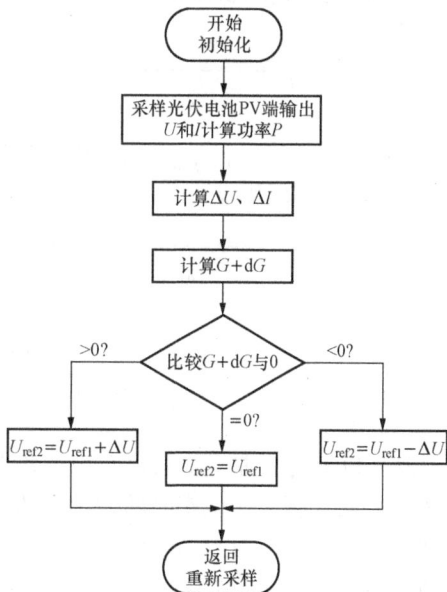

图 2-57　电导增量法 MPPT 控制流程图

在图 2-57 中，ΔU 和 ΔI 分别为当前采样和上一次采样所得电压和电流变化量，计算判据中的 G 和 dG 为电导和电导增量；U_{ref1} 和 U_{ref2} 分别为当前控制周期和下一控制周期的电压参考值。

由上述分析可知，与干扰观测法类似，传统的电导增量法也用了电压参考值设定变化的原理来进行 MPPT 控制，只是其在实现工作点判定中，采用了不同于传统干扰观测法的实现过程。由于最大功率点处电导判据会趋于 0，因此采用电导和电导增量的方法，可以有效地避免在最大功率点附近反复进行左右摆动，改善了系统稳态性能。

2. 电导增量法的仿真分析

在 MATLAB/Simulink 平台建立电导增量法的控制模型，如图 2-58 所示。

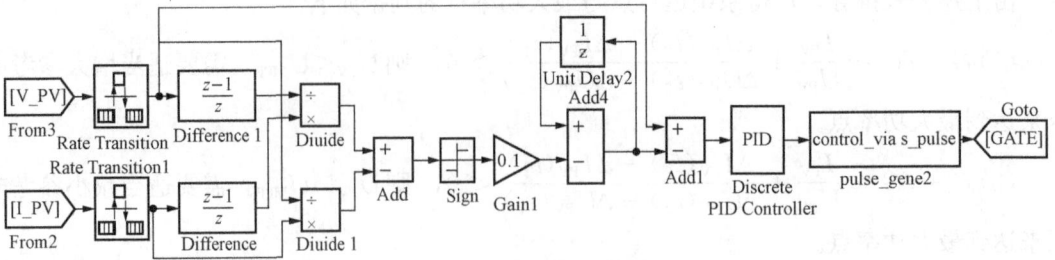

图 2-58 MATLAB/Simulink 电导增量法 MPPT 控制仿真模型

根据控制仿真模型，设定系统光伏电池额定功率值为 300W，在 20、25、30ms 和 35ms 时刻的光照强度分别设置为 700、800、900W/m² 和 1000W/m²，其仿真曲线如图 2-59 所示。

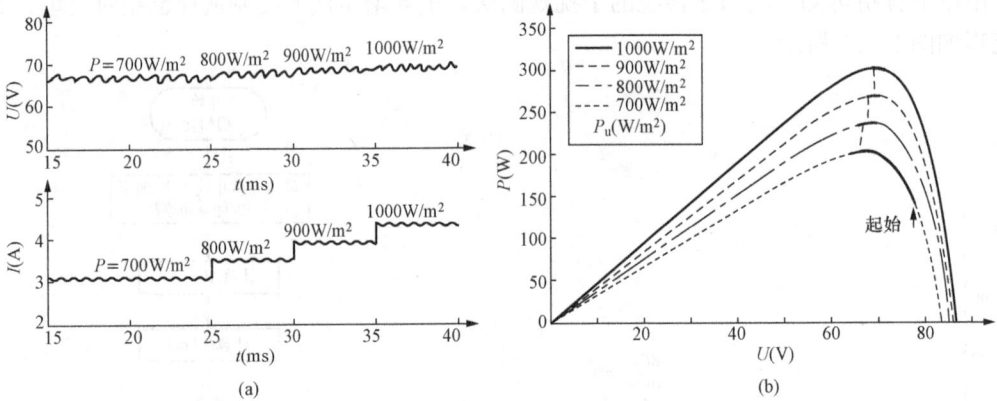

图 2-59 电导增量法 MPPT 控制仿真曲线
(a) 电压、电流曲线；(b) MPPT 过程曲线

基于以上仿真曲线，可以对电导增量法控制下的 MPPT 控制性能和特点进行分析。如图 2-59 (a) 所示，稳态时的输出电压、电流波动较传统干扰观测法好，说明电导增量法的控制性能较优异。图 2-59 (b) 也明显地显示出，系统在不同光照强度下的工作点运行轨迹波动较小，且在光照强度剧烈变化时，能快速准确地进行最大功率点跟踪。

3. 电导增量法的改进

由前面的章节的分析可知，电导增量法在控制性能方面具有一定优势，如动态响应速度较快、稳态精度较高等，仿真效果较为理想。但在实际系统实现中，由于需要进行反复微分计算，对处理器的运算能力要求高于传统干扰观测法，并且对电压、电流数据准确性要求较高，也就对传感器精度要求较高，硬件成本相应增加。当控制器性能或者传感器性能无法满足电导增量法控制算法时，就会严重影响其控制精度，出现误判断和扰动现象。因此，如何根据现有算法进行相应改进，尽可能提高其控制精度，并且相应减少误判断现象，成为改进的重点。与干扰观测法类似，采用变步长的方法也能很好地提高采用电导增量法的控制系统性能，达到较为满意的效果。

(1) 具有功率前馈控制的变步长电导增量法。电导增量法最大功率点跟踪是通过改变 Buck 电路输出有功功率进行调节的，即在每个控制周期检测、计算光伏电池的输出电压、电流和功率，并根据电导增量的变化来实时判断最大功率点的跟踪方向。跟踪方向确定后，再以固定步长值 ΔU 进行调节，改变输出电压的设定值，最终通过脉宽调整方法生成 PWM 驱动开关器件，以实现 MPPT。与定步长的干扰观测法类似，这种固定步长的电导增量法在稳定情况下具有较好的跟踪性能，但当外界环境出现大的变化，如光照强度发生大幅度瞬间变化时，系统就会出现误判断，动态响应效果不理想，造成相应的功率损失，有时甚至会出现电压崩溃的现象。为此派生出一种改进的电导增量法，又称具有功率前馈控制的变步长电导增量法。这种方法引入了功率控制环，使控制方法更加高效稳定。

以图 2-60 所示的单相光伏发电并网系统为例，说明这种控制算法的特性。单相光伏发电并网系统一般由光伏电池、直流母线电容 C、逆变桥以及滤波电感 L 组成。与传统的电导增量法相比，这种改进的电导增量控制法，功率参考值 P_{ref} 在每个控制周期里的设定调整流程图如图 2-61 所示。其中设定：ΔP 为光伏电池输出功率跌落阈值，K 为控制变步长系数，P_1 为需要修改的输出功率值。

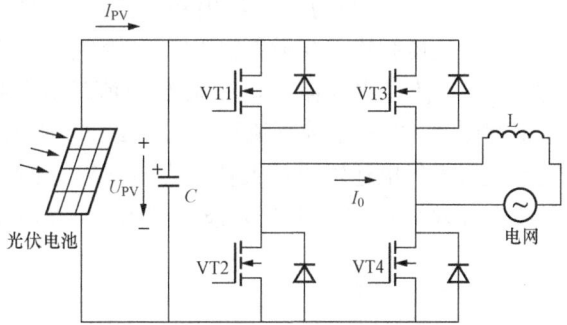

图 2-60　单相光伏发电并网系统示意图

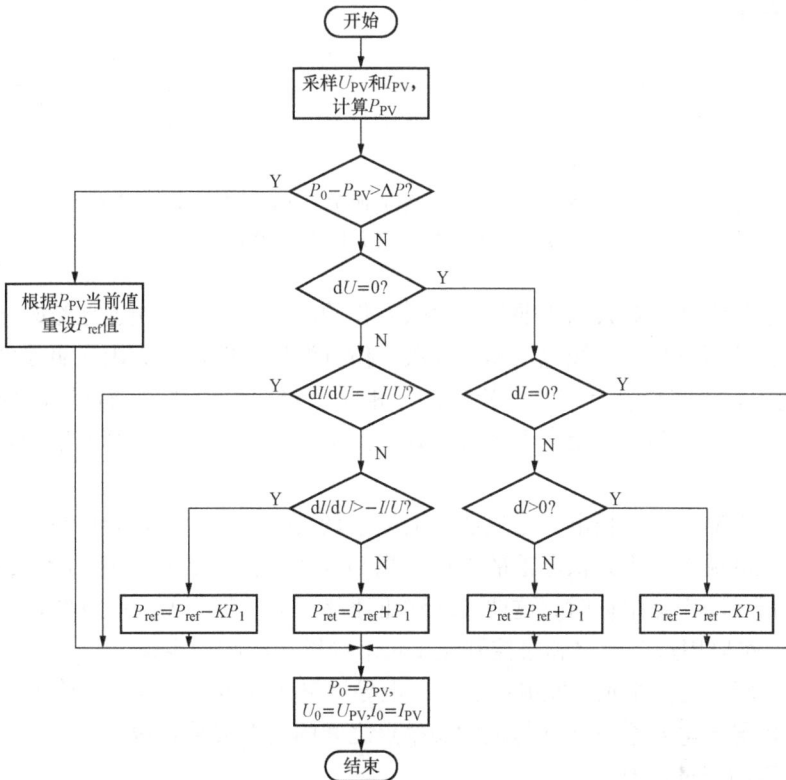

图 2-61　改进的电导增量法控制流程图

当太阳光照强度比较稳定或只有较小扰动的条件下，变步长的电导增量 MPPT 法与定步长法相似，都是通过增加或减少输出有功功率来达到跟踪光伏电池最大工作点的目的。所不同的是，前者增加或减少功率参考值 P_{ref} 采用的是不同步长的修正值；而后者采用的是同一步长的修正值，并且增加情况时的步长小，减小情况时的步长大。由此，当 P_{ref} 超出当前光伏电池最大功率时，系统可迅速使光伏电池工作点恢复到最大功率点附近，保证光伏电池输出电压不至于跌落太多，达到系统稳定工作的目的。

但在太阳光照强度发生较大扰动或者阶跃变化的条件下，该方法若用较大的步长来减小 P_{ref} 仍不能保证系统的稳定。为此补救的方法为，系统在前端实时检测光伏电池输出电压 U_{PV} 和电流 I_{PV}，计算得到其输出功率 P_{PV}。当检测到光伏电池输出功率突然变小的情况，则认为太阳光照强度发生阶跃变化，系统跳出跟踪过程，参照此时的 P_{PV} 值来重新设定输出功率 P_{ref}，使母线电容上输入/输出电流基本平衡，这样就避免了母线电压崩溃现象。

根据图 2-61 所示控制流程，对图 2-60 所示的单相光伏发电并网系统进行仿真。具体仿真参数为光伏电池输出最大功率为 300W，开路电压为 92V，最大功率点电压为 68V，直流母线电容取 2200μF。其仿真波形如图 2-62 所示。

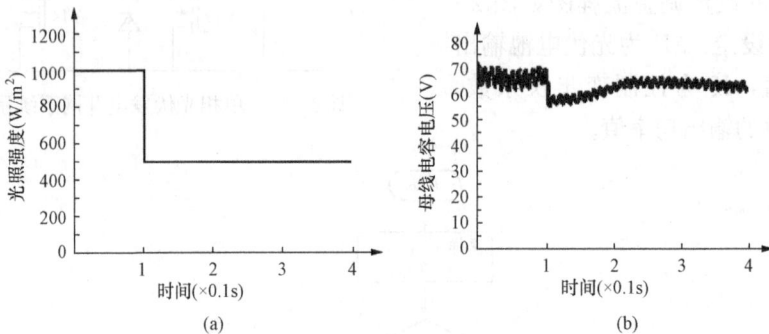

图 2-62　变步长电导增量法在太阳光照强度下降阶跃情况的仿真波形
(a) 光照强度变化；(b) 母线电容电压

由于控制系统实现了对太阳光照强度阶跃变化的准确检测，并快速地修改减小了逆变输出功率参考值，从而避免了母线电压崩溃现象。仿真波形表明，在太阳光照强度下降阶跃达到 50% 的情况下，系统仍具有较好的稳定性。相比于定步长的电导增量法，变步长的电导增量法可以在动态响应和稳态精度上实现较好的折中，而步长变化规则的选择，无疑是实现跟踪算法的关键。

（2）最大功率输出变步长电导增量法。电导增量法中，电导与电导增量之和与最大功率点之间具有潜在的关系。当光伏电池的工作点离最大功率点较远时，这两者之和保持不变；而当工作点在最大功率点附近时，这两者之和迅速趋于 0；在最大功率点处，这两者之和则等于 0。因此，可以用这两者之和来控制变步长电导增量法中的步长。

在图 2-63 所示的独立光伏发电系统中，电导增量法的步长即为开关管的占空比的变化量 ΔD。根据电导与电导增量之和与最大功率点之间的潜在关系，设 ΔD 是一个与电导增量之和成比例关系的变量，即

$$\Delta D(k) = \pm \left| \frac{\Delta I_{\text{PV}}}{\Delta U_{\text{PV}}} + \frac{I(k)}{U(k)} \right| = \pm Cf(k) \tag{2-32}$$

式中：k 为步长标号。

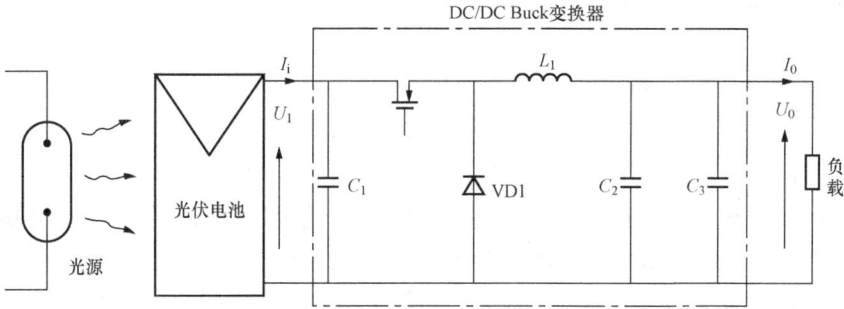

图 2-63　独立光伏发电系统

这样，在最大功率点附近，步长变化很小，工作点移动也非常小，因此除了一点小误差外，实际工作点趋向于和最大功率点重合。式（2-32）中的 C 是一个常数，它的值可以按下述方式确定。

考虑采用定步长电导增量法时，ΔD 的值可以通过不同的标准来设定。在此，根据光伏电池在稳态时平均输出功率与最大可用输出功率之间的误差最小来确定。例如，假设 100W 的光伏电池在标准光照强度条件下（$S=1000\text{W}/\text{m}^2$，$T=25\text{℃}$），要保证功率损失不超过光伏电池可用的最大输出功率的 2%，则设定 ΔD 的值要使光伏电池在最大功率点的功率至少为 98W，这也是 ΔD 的最大值，即

$$\max(\Delta D)=\Delta D(2\%)=\Delta D_{\max} \tag{2-33}$$

与 $\Delta D_{\max}$ 对应，存在一个 ΔD 的最小值 $\Delta D_{\min}$，才能避免算法失效。当步长比这个值小时，由于步长变化引起光伏电池电压或电流的变化太小，会被测量误差所淹没，此时算法将无法判断电压和电流的变化是由 ΔD 的变化所引起，还是由于测量误差所引起，从而失效。

相应地，式（2-32）中的 C 属于如下的范围

$$C_{\min}=\frac{\Delta D_{\min}}{f_{\max}(k)}\leqslant C\leqslant\frac{\Delta D_{\max}}{f_{\max}(k)}=C_{\max} \tag{2-34}$$

其中，$f_{\max}(k)$ 的值在第一步时可由下式得到

$$f_{\max}(k)=\left|\frac{\Delta I_{\text{PV}}}{\Delta U_{\text{PV}}}+\frac{I(1)}{U(1)}\right| \tag{2-35}$$

因为该方法的目标是使光伏电池在最大功率点的振荡最小，同时保证具有较快的跟踪速度，因此可以选择 $C=C_{\max}$。

在图 2-63 所示的光伏发电系统中验证该方法。其中，光伏电池功率为 175W，Buck 变换器输入电压为 100V，输出电压为 48~24V，输出电流为 5~7A，$C_1=C_2=C_3=220\mu\text{F}$，$L_1=100\mu\text{H}$。

在实验开始前，将 175W 的光伏电池置于标准光照强度（$1000\text{W}/\text{m}^2$）下，达到最大功率输出时，占空比为 $D_{\text{MPP}@1000}=80\%$。在此基础上通过手动调节，得到输出功率为最大功率的 98% 时所对应的占空比为 $D_1=75\%$ 和 $D_2=82\%$，因此，设定占空比的最大变化量 $\Delta D_{\max}=5\%$。根据实验设备中电压和电流的采样精度，设定最小占空比 $D_{\min}=2\%$。

设定 $\Delta D_{\max}=5\%$ 后，必须通过式（2-35）求解出式（2-32）中的 $C_{\max}$ 值。先将占空比复位为 0，然后增加到 $D=\Delta D_{\max}$，再增加到 $D=2\Delta D_{\max}$，分别测量 $D=\Delta D_{\max}$ 和 $D=$

$2\Delta D_{\max}$ 时的电压和电流值，由式（2-35）得到

$$f_{\max}(k)=2 \qquad\qquad (2-36)$$

最后通过式（2-34），可得到

$$C=C_{\max}=0.025 \qquad\qquad (2-37)$$

确定 $C_{\max}$ 值后即可进行实验，其结果如图 2-64 所示。图 2-64 中，1 和 2 分别是定步长电导增量法步长为 $\Delta D_{\min}$ 和 $\Delta D_{\max}$ 时的实验结果。稳态时测得的平均输出功率分别为 19.98W 和 17.63W。因为最大可用功率为 22W，因此采用 $\Delta D=\Delta D_{\min}$ 和 $\Delta D=\Delta D_{\max}$ 时的功率损失分别为 9.18% 和 19.86%。Line3 为变步长的电导增量法，$\Delta D_{\min}\leqslant\Delta D\leqslant\Delta D_{\max}$。这种方法可以使工作点迅速向最大功率点移动，达到最大功率点仅需要 7 个周期。如果步长被限制为 $\Delta D=\Delta D_{\min}$，则跟踪到最大功率点过程需要 14 个周期。

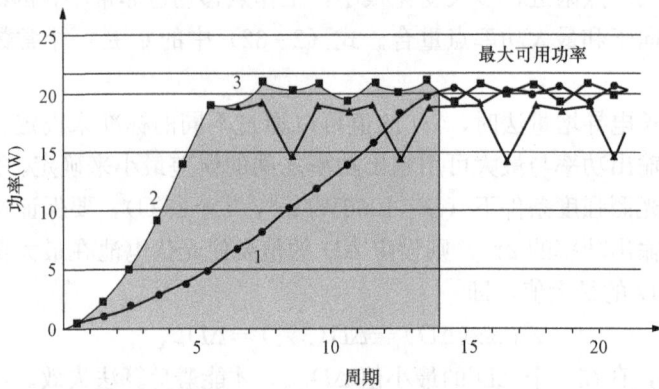

图 2-64　采用不同 MPPT 算法时光伏电池输出的功率

此外，这种变步长电导增量法保证了在稳态时平均输出功率与最大可用输出功率之间的误差最小。

（3）修正变步长电导增量法。通常，定步长的电导增量法只能在动态响应和减小稳态振荡之间取一个折中，能同时实现两者的最优化。对此，介绍一种修正变步长的电导增量法，可以解决这个问题，能简单有效地提高 MPPT 的精度和速度。

一般情况下，一个光伏模块由多个光伏单元串联或并联组成，其数学表达式为

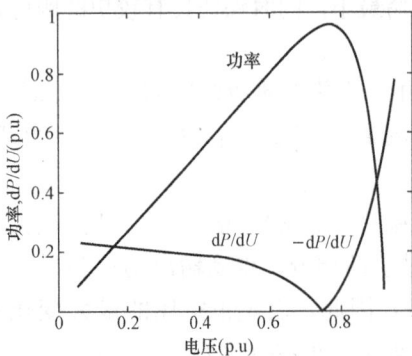

图 2-65　光伏电池输出功率及其斜率相对于电压的变化曲线

$$I_{\mathrm{L}}=n_{\mathrm{p}}I_{\mathrm{ph}}-n_{\mathrm{p}}I_{\mathrm{o}}\exp\left(K_{\mathrm{o}}\frac{U_{\mathrm{oc}}}{n_{\mathrm{s}}}-1\right) \quad (2-38)$$

式中：I_{ph} 为光伏电池内部光生电流；I_{o} 为光伏电池内部等效二极管的 p-n 结反向饱和电流；I_{L} 为光伏电池的输出负载电流；U_{oc} 为光伏电池的开路电压；K_{o} 是一个常数；n_{p} 和 n_{s} 分别为光伏电池中光伏单元串联和并联的串数。

光伏电池输出功率及其斜率相对于电压的变化曲线如图 2-65 所示。

在大多数场合，可用光伏电池和负载之间的 DC/DC 变换器来实现 MPPT。为了降低系统的复杂

性，光伏电池输出的功率直接被用来控制变换器的占空比。修正变步长电导增量法的流程图如图 2-66 所示。其中变换器的占空比的迭代步长可自动改变。注意，$U(k)$ 和 $I(k)$ 是在 k 时刻光伏电池输出的电压和电流，$D(k)$ 和 step 分别是占空比和占空比的变化量（步长）。设步长的变化量为

$$D(k) = D(k-1) \pm N \left| \frac{\mathrm{d}P}{\mathrm{d}U} \right| \tag{2-39}$$

式中：N 为调整步长的比例因子。

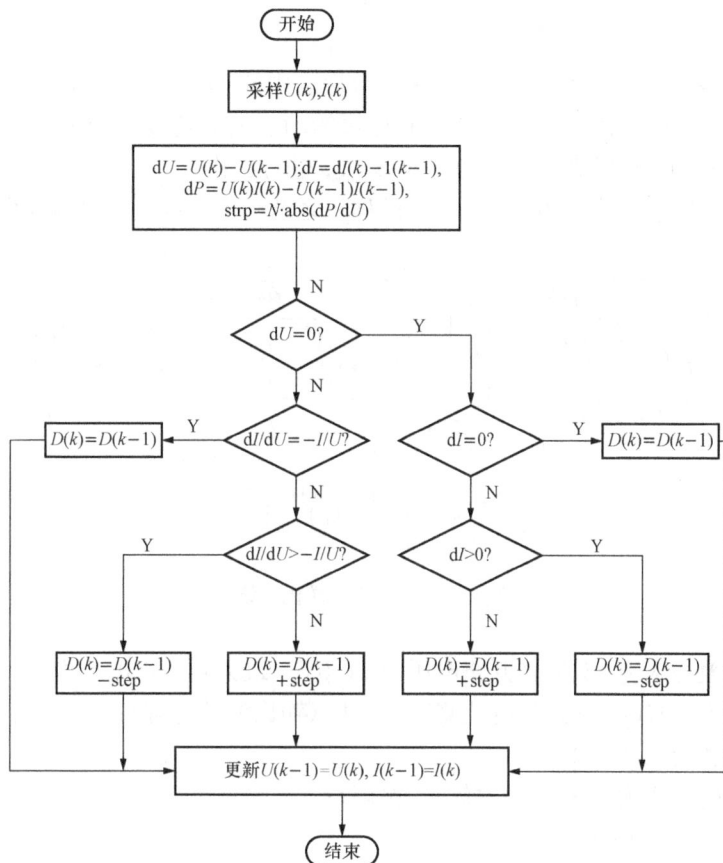

图 2-66　修正变步长电导增量法的控制流程图

从图 2-65 可以看出，输出功率相对于电压的微分（$\mathrm{d}P/\mathrm{d}U$）非常平滑，适用于确定电导增量法中步长的变化量。因此，可得出占空比的更新规则

$$D(k) = D(k-1) \pm N \left| \frac{P(k) - P(k-1)}{U(k) - U(k-1)} \right| \tag{2-40}$$

其中：比例因子 N 实质上决定了电导增量法的性能。手动调节 N 非常麻烦，且得到的最优值仅对给定的系统和工作条件有效。为此，给出一个简单确定比例因子的方法。在定步长电导增量法中，最大步长 $\Delta D_{\max}$ 在初始时刻就被选定了。在步长为 $\Delta D_{\max}$ 的定步长条件下，可估算得到一个稳态值，用来代替启动过程中光伏电池输出功率相对于电压微分的动态值。而在修正变步长电导增量法中，取 $\Delta D_{\max}$ 为可变步长的上限值。在最大功率点处，

$|\mathrm{d}P|/|\mathrm{d}U|$ 取它的最小值。为了保证最大功率点跟踪算法能按照更新规则收敛，变步长规则必须满足

$$N\left.\left|\frac{\mathrm{d}P}{\mathrm{d}U}\right|\right|_{\text{fixed, step}=\Delta D_{\max}} < \Delta D_{\max} \tag{2-41}$$

式中：$\left.\left|\dfrac{\mathrm{d}P}{\mathrm{d}U}\right|\right|_{\text{fixed, step}=\Delta D_{\max}}$ 为系统以步长 $\Delta D_{\max}$，定步长工作时的 $|\mathrm{d}P|/|\mathrm{d}U|$。

因此，可得到满足比例因子的关系式

$$N < \Delta D_{\max}/\left.\left|\frac{\mathrm{d}P}{\mathrm{d}U}\right|\right|_{\text{fixed, step}=\Delta D_{\max}} \tag{2-42}$$

式（2-42）提供了确定修正变步长电导增量法中比例因子 N 的简单方法。如满足式（2-42），相比于小的 N 值，大的 N 值具有更快的动态响应速度；如不能满足式（2-42），修正变步长电导增量法将以先前设定的上限 $\Delta D_{\max}$ 进行工作。

修正变步长电导增量法在图 2-67 所示的样机系统中进行验证。具体参数如下：

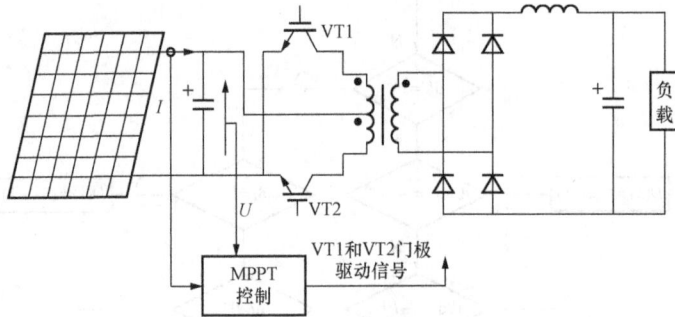

图 2-67　MPPT 样机系统

（1）光伏电池功率为 120W，开路电压为 21.6V，最大功率点电压为 17.3V；

（2）直流电容：470μF（光伏电池侧），47μF（输出滤波电容）；

（3）滤波电感为 0.35μH；

（4）变压器电压比为 8/38（一次侧/二次侧）；

（5）开关频率为 20kHz。

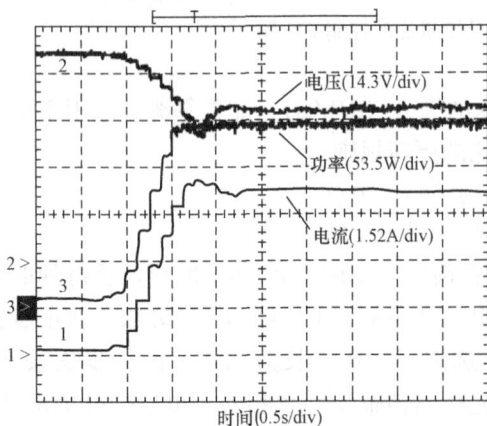

图 2-68　修正变步长电导增量法的启动实验波形

修正变步长电导增量法的启动实验波形如图 2-68 所示。当系统接近最大功率点时，步长变得很小，使得输出功率曲线非常平滑。但由于在开始时刻步长较大，导致光伏电池的电流和功率出现阶梯变化。这个问题可以在开始时增加一个恒电压控制（CVT）启动算法来加以解决，其计算流程如图 2-69 所示。一般来说，光伏电池最大功率点电压为开路电压的 78% 左右。假设电压 $U_{\text{set}}=0.8U_{\text{oc}}$，使变换器的占空比线性增加到接近最大功率

点。一旦光伏电池输出电压比 U_{set} 低，控制单元就切换到修正变步长电导增量法。这样，光伏发电系统可以很平滑地到达最大功率点，如图 2-70 所示。

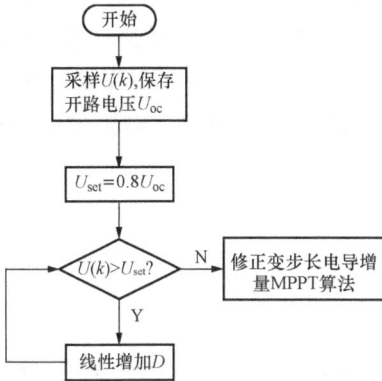

图 2-69　恒电压控制启动算法计算流程

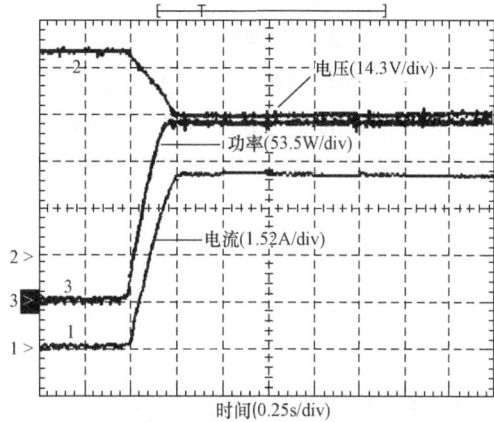

图 2-70　修正变步长电导增量法结合恒电压
控制启动算法的起动实验波形

相对于传统的固定步长电导增量法，这种方法能同时有效提高 MPPT 的速度和准确性；此外，算法简单，可以很容易地在数字信号处理器中实现。

除了上述介绍的改进方法，还有些其他的改进方法，在此不再赘述，但其主要的思想都是一致的，即采用适当的控制方式，如通过判据来动态调整步长和控制逻辑，使系统的动态响应速度、稳定精度提高，同时增强系统的抗扰动能力。

2.5.4　模糊逻辑控制法

1. 模糊逻辑控制法的工作原理

模糊逻辑控制（fuzzy logic control）简称模糊控制（fuzzy control），是一种计算机数字控制技术，它以模糊集合论、模糊语言变量和模糊逻辑推理为基础，以被控对象的输出变量偏差 e_c 和偏差变化率 Δe_c 为输入变量，被控量为输出变量，通过模糊逻辑推理控制得出反映输入/输出变量与控制规则的模糊定量关系及其算法结构。其实现应用的过程是，逻辑控制器先将采集到的控制信息经语言控制规则进行模糊推理和模糊决策，由此求得控制量的模糊集，然后经过模糊判决得出输出控制的精确量，再作用于被控对象，最终使被控对象达到预期的控制效果。

对于任意给定的输入数据 $e_c(n)$、$\Delta e_c(n)$，输出占空比的变量 $\Delta D(n)$ 由模糊控制器进行计算得出。通过模糊推理得到的结果是一个模糊集合或隶属函数，不能直接用于控制被控对象，需要先转化成一个执行机构可以接受的精确量。此过程一般称为解模糊化过程，也称为模糊判决，它可以看做是从模糊空间到清晰空间的一种映射。

目前，解模糊化过程尚无系统而统一的方法，较常用的方法有以下几种：

（1）重心法解模糊。重心法解模糊所确定的清晰点 y^* 是模糊集 B' 的隶属度函数所涵盖区域的重心，即

$$y^* = \frac{\int_V y\mu_{B'}(y)\mathrm{d}y}{\int_V \mu_{B'}(y)\mathrm{d}y} \tag{2-43}$$

式中：$\int_V$ 为常规积分，$V \subset \boldsymbol{R}$；$\mu_{B'}(y)$ 为隶属函数。

重心法解模糊的优点在于其直观合理，言之有据；缺点在于其计算要求高。实际上，隶属函数 $\mu_{B'}(y)$ 通常是不规则的，因而式（2-43）中的积分很难计算。

（2）中心平均解模糊。由于模糊集 B' 是 M 个模糊集的模糊并合成或模糊交合，所以式（2-43）的一个好的逼近就是 M 个模糊集中心的加权平均，其权重等于相应模糊集的高度。具体地讲，令 y 为第 1 个模糊集的中心，ω_l 为其高度，则中心平均解模糊确定的清晰点 y^* 为

$$y^* = \frac{\sum\limits_{l=1}^{M} \bar{y}^l \omega_l}{\sum\limits_{l=1}^{M} \omega_l} \tag{2-44}$$

中心平均解模糊是在模糊系统与模糊控制中最常用的解模糊方法。它计算简便，直观合理，可以克服重心法解模糊积分计算困难的缺陷。

（3）最大值解模糊。最大值解模糊把 y^* 确定为 V 上，$\mu_{B'}(y)$ 取得其最大值的点。定义集合

$$\mathrm{hgt}(B') = \{y \in V \mid \mu_{B'}(y) = \sup \mu_{B'}(y)\} \tag{2-45}$$

即 $\mathrm{hgt}(B')$ 是 V 上所有 $\mu_{B'}(y)$ 取得其最大值的点的集合。最大值解模糊定义 y^* 为 $\mathrm{hgt}(B')$ 中的任意元素，即 $y^* = \mathrm{hgt}(B')$ 中的任意一点。

如果 $\mathrm{hgt}(B')$ 仅包含一个点，则 y^* 唯一确定；如果 $\mathrm{hgt}(B')$ 包含一个以上的点，则仍可采用式（2-45），或者大中取小，或者大中取大，或者大中取均值。具体地说，大中取小的解模糊为

$$y^* = \inf\{y \in \mathrm{hgt}(B')\} \tag{2-46}$$

大中取大的解模糊为

$$y^* = \sup\{y \in \mathrm{hgt}(B')\} \tag{2-47}$$

大中取均值的解模糊为

$$y* = \frac{\int_{\mathrm{hgt}(B')} y \mathrm{d}y}{\int_{\mathrm{hgt}(B')} \mathrm{d}y} \tag{2-48}$$

其中，$\int_{\mathrm{hgt}(B')}$ 可以是 $\mathrm{hgt}(B')$ 连续部分的常规积分，也可以是 $\mathrm{hgt}(B')$ 离散部分的求和。

由重心法解模糊可知，Z 变换的精确输出 Z_o 位于模糊输出 $\mu_{\mathrm{out}}(Z)$ 区域的几何中心。$\mu_{\mathrm{out}}(Z)$ 是由所有开火度（degree of fulfillment）大于 0 的规则作用后所得结果的并集。开火度表征了某一条规则的有效程度，如果某一条规则的开火度为 0，则表明该条规则在模糊逻辑运算中不起作用。Z_o 一般的表达式为

$$Z_o = \frac{\int Z \mu_{\mathrm{out}}(Z) \mathrm{d}Z}{\int \mu_{\mathrm{out}}(Z) \mathrm{d}Z} \tag{2-49}$$

离散形式的表达式为

$$Z_{\mathrm{o}} = \frac{\sum\limits_{i=1}^{n} Z_i \mu_{\mathrm{out}}(Z_i)}{\sum\limits_{i=1}^{n} \mu_{\mathrm{out}}(Z_i)} \qquad (2-50)$$

即在光伏发电系统中，表达式可以表示为

$$\Delta D(n) = \frac{\sum\limits_{i=1}^{M} \Delta D_i w_i}{\sum\limits_{i=1}^{M} w_i} \qquad (2-51)$$

式中：$w_i = \min\{\mu[e(n)], \ \mu_{\Delta e_{\mathrm{c}}}[\Delta e_{\mathrm{c}}(n)]\}$ 为权重系数，取值为输入参数 $e_{\mathrm{c}}(n)$ 和 $\Delta e_{\mathrm{c}}(n)$ 隶属度的较小值。

由此就可以实现对输出脉宽的控制，从而达到对系统进行 MPPT 控制的目的。由于模糊控制实现的是对系统的定性描述，其本质是非线性的，所以模糊控制技术不依赖于被控对象的精确数学模型，故算法设计简单，便于应用，而且具有抗干扰能力强，响应速度快，对系统参数的变化有较强的鲁棒性等特点。虽然模糊控制理论可以对无法建立数学模型或干扰十分严重的系统进行控制，但也存在着精度不高、适应能力有限和容易产生振荡现象等问题。

2. 模糊逻辑控制法的具体实现

在光伏发电系统 MPPT 控制中，模糊控制一般定义输出偏差 E 及其变化率 ΔE 作为模糊控制器的输入，将控制系统所需要的控制变化量以微分 dD 的形式从模糊控制器输出。最大功率点的表征主要是在 $P\text{-}U$ 曲线中，当 $dP/dU = 0$ 时，系统工作在最大功率点处。实时检测光伏电池的输出电压和功率数据，当前采样值和上次采样数值分别用 n 和 $n-1$ 来表示，则模糊控制器输入变量 $e_{\mathrm{c}}(n)$ 及其变化率 $\Delta e_{\mathrm{c}}(n)$ 的函数表达可分别定义为

$$e_{\mathrm{c}}(n) = \frac{P(n) - P(n-1)}{U(n) - U(n-1)} \approx \frac{\mathrm{d}P}{\mathrm{d}U} \qquad (2-52)$$

$$\Delta e_{\mathrm{c}}(n) = e_{\mathrm{c}}(n) - e_{\mathrm{c}}(n-1) \qquad (2-53)$$

根据模糊逻辑控制算法的控制规则，若检测到当前正向调节控制 PWM 占空比使输出功率增加，则继续向正方向调节控制；若检测到输出功率减小，则改为向反方向调节控制。调节幅度由具体的模糊规则表和隶属度函数通过模糊控制器输出来决定。

定义模糊集合：ZO＝零，PS＝正小，PB＝正大，NB＝负大，NS＝负小。

定义隶属度函数 E、ΔE、dD，如图 2-71 所示。

通过对模糊控制器输出 dD 进行积分运算，即可得到控制所需的占空比 D，将其作用于主电路开关器件即可实现对系统的 MPPT 控制。

根据以上控制方法，可采用 MATLAB/Toolboxes 中的模糊逻辑控制工具箱进行模糊控制设计。具体操作步骤为：根据图 2-71 给出隶属度函数的定义，在 MALAB 命令窗口输入"fuzzy"命令，可调出模糊设计工具箱，如图 2-72 所示。

选择 File→NewFIS…→Mamdani 菜单新建模型，根据需要选择 Edit→AddVariable 菜单加入第二个输出通道，根据上述设定值，分别在 E、ΔE、dD 栏中输入定义参数，如图 2-73 所示。（注：在该软件中变量"ΔE"用"CE"表示。）

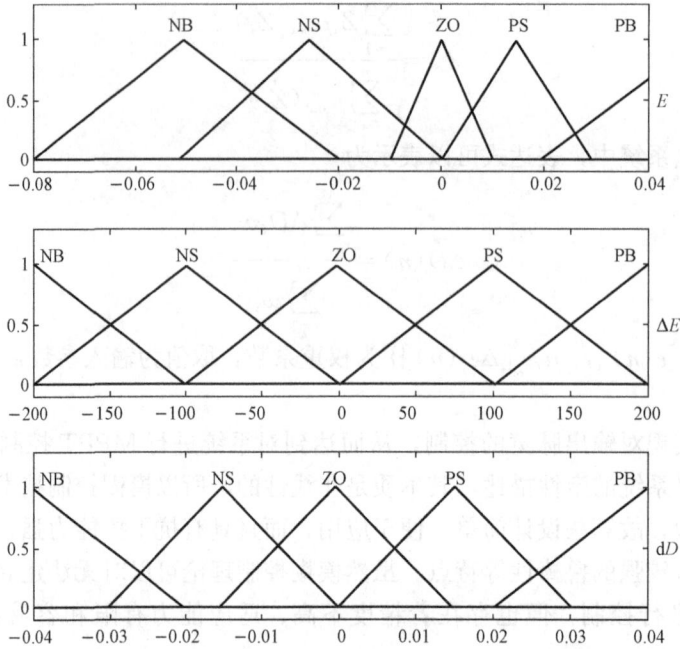

图 2-71 模糊控制隶属度函数 E、ΔE、dD 的定义

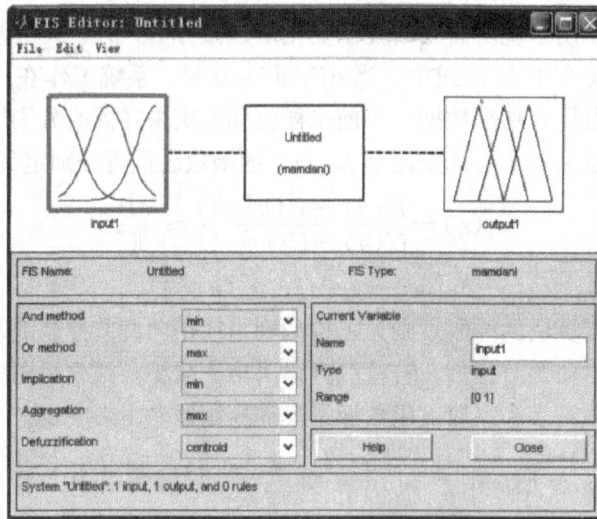

图 2-72 MALAB模糊设计工具箱

然后在 FIS Editor 窗口中，单击中间的 "Mamdani" 按钮，打开规则编辑器 Rule Editor 进行模糊规则定义，如图 2-74 所示。

最后，选择 File→Export→Tofile…菜单导出设置到某个文件，如 FC7. fis，用于模糊控制器调用。

如此定义完规则后，即完成了模糊控制器的设计，得到模糊控制面三维显示图，如图 2-75 所示。

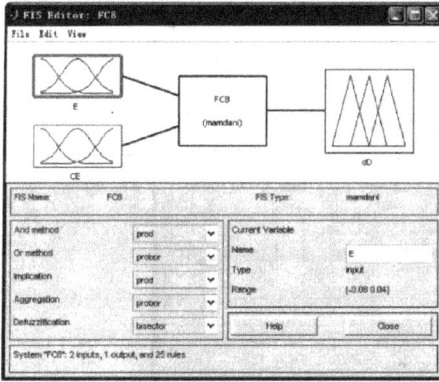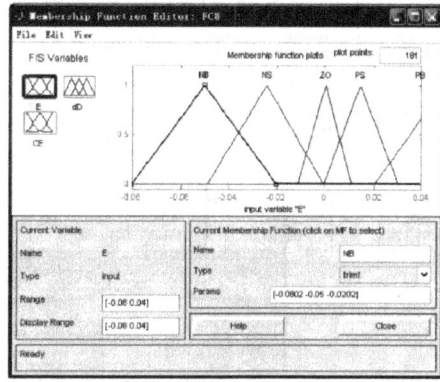

(a)   (b)

图 2 - 73　使用 MALAB 模糊设计工具箱进行参数定义

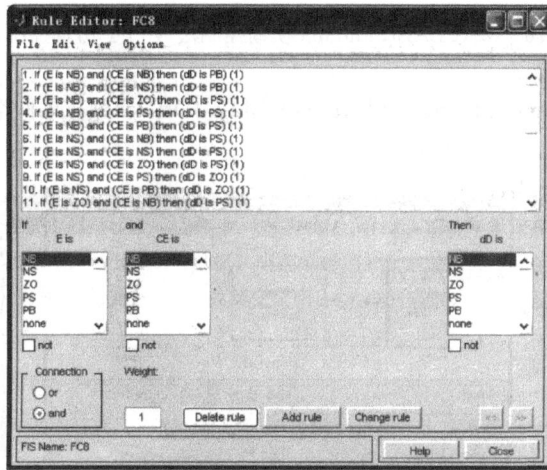

图 2 - 74　模糊规则定义

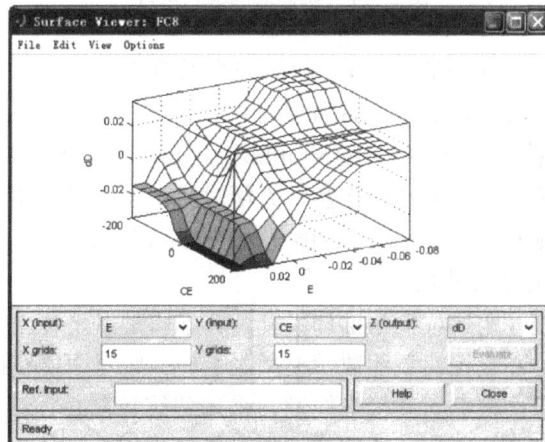

图 2 - 75　模糊控制面三维显示图

　　由此，基于模糊控制方法和模糊控制器，可在 MATLAB/Simulink 中建立模糊控制法 MPPT 仿真控制模型，如图 2 - 76 所示。

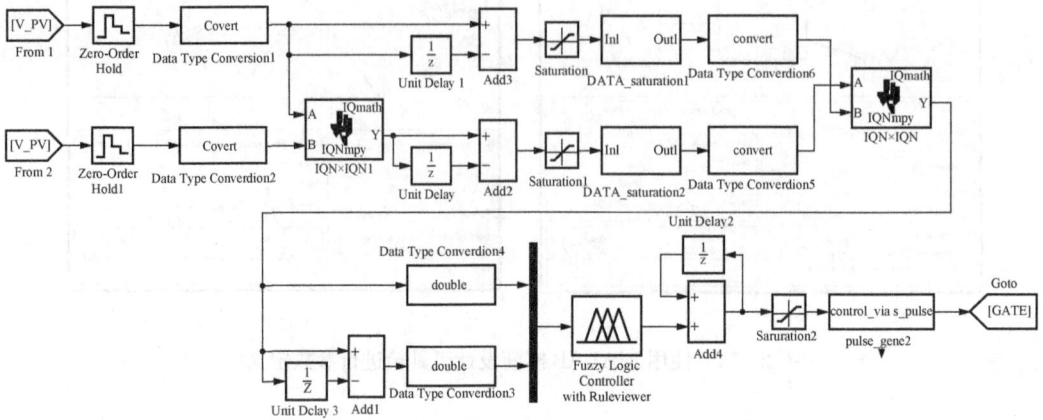

图 2 - 76　MATLAB/Simulink 模糊控制法 MPPT 仿真控制模型

　　在 Fuzzy Logic Controller with ruleviewer 窗口中填入相应文件名和参数，如图 2 - 77 所示。

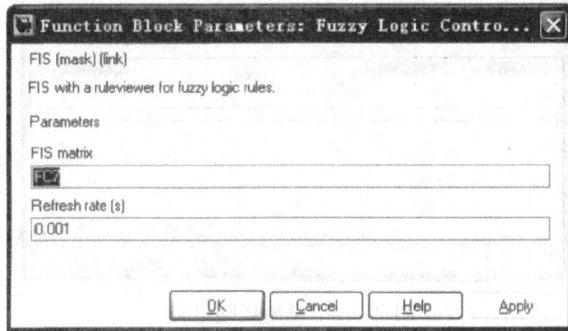

图 2 - 77　模糊规则输入窗口

　　设定系统光伏电池额定功率为 300W，设置光照强度在 20、25、30、35ms 时刻分别为 700、800、900、1000W/m^2，其仿真曲线如图 2 - 78 所示。

　　在系统仿真时可以看到，MATLAB/Simulink 会自动弹出模糊规则观测器。规则观测器实时列出模糊控制器输入输出参数的变换，方便对模糊控制器内部参数和规则作用进行实时观察，便于对模糊规则和隶属度函数的调整，如图 2 - 79 所示。

　　3. 模糊逻辑控制法的应用情况

　　模糊逻辑控制基于模糊逻辑或模糊推理系统，其本质是以设备操作者的经验和直觉为基础，传统控制则通常建立在被控对象的数学模型之上。一些复杂模型很难确定其具体数学模型，或者很难用一个简单的模型对其精确控制，采用传统控制往往很难达到控制系统要求。并网光伏发电系统由于其参数变化、杂散参数难以确定及其他非线性特性，所以难以建立准确的数学模型进行控制。因此，模糊逻辑控制在并网光伏发电系统中的应用就受到关注。

　　模糊逻辑控制对于参数变化和非线性对象具有较强的鲁棒性，控制性能比传统 PID 控

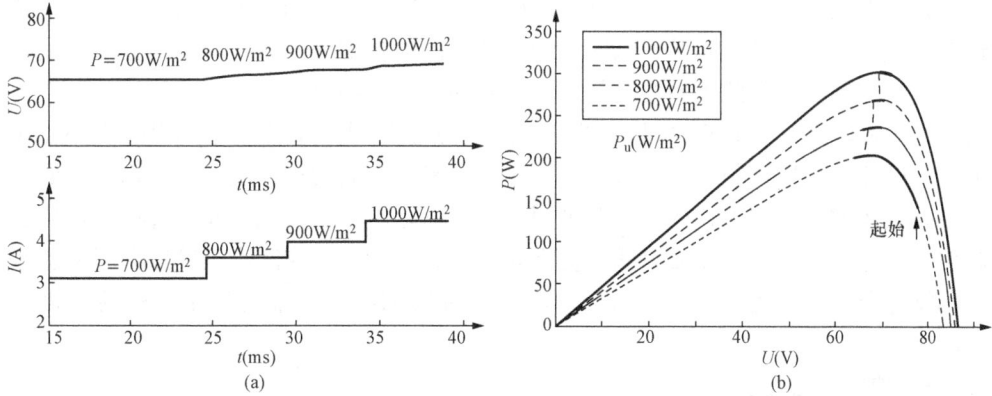

图 2-78　模糊控制法 MPPT 控制的仿真曲线

（a）电压、电流曲线；（b）MPPT 过程曲线

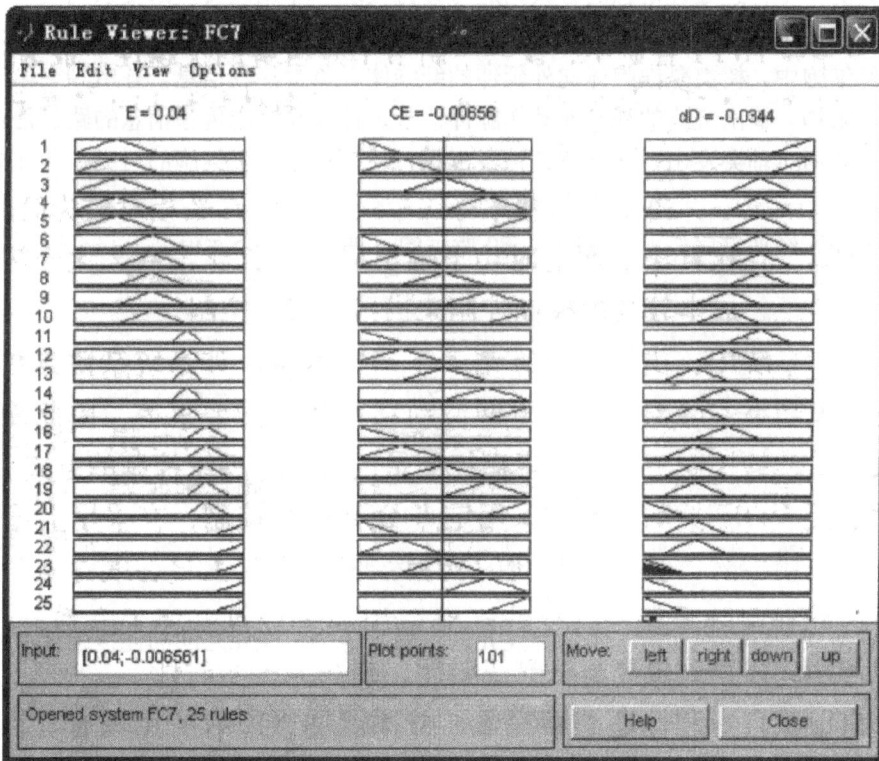

图 2-79　MATLAB/Simulink 模糊规则观测器

制更好。在光伏发电系统的 MPPT 控制中，模糊控制由于其自身的优越性，成为研究的热点。而且应用模糊控制算法无需具体研究被控光伏发电系统的具体特性和系统参数，并具有控制系统设计灵活、控制效果鲁棒性强、稳态精度较高等优点。

　　在中小型光伏发电系统中，由于自身功率等级较低，系统参数相对较为简单，对 MPPT 控制要求并不苛刻，且在算法层面上对功率输出提高和优化没有太大经济价值，故没有必要采用难以实现、成本较高的模糊控制来进行 MPPT 控制。

但在大型光伏发电系统中，由于其存在诸多不确定因素，如系统杂散参数、天气局部变化导致出现最大功率多峰值问题、电网波动和系统保护要求等，由此需要具有功能完善、控制效果更佳的控制器，因此模糊控制是一种较好的系统控制方法。

由于光伏发电系统 MPPT 控制大部分采用定点 DSP 进行控制，在采用上述 MATLAB 模糊工具箱设计的模糊控制器直接进行代码转换，需要完成大量在线浮点运算，很难保证其实时性，因此在实际应用中，往往需要采用预先计算好的相关参数，并进行存储，必要时再加以调用，以达到提高算法完成时间，提高系统实时性。模糊控制由于其自身理论还不够完善，并不能适合所有应用场合。目前在光伏发电系统 MPPT 控制应用中，模糊控制仍处于研究阶段。

2.5.5 神经网络控制法

1. 神经网络控制法的原理

人工神经网络（Artificial Neutral Networks，ANN）是由大量简单处理单元连接组成，通过模拟人的大脑神经处理信息的方式，进行并行处理和非线性转换的复杂网络。人工神经元是受到生物神经元的启发而得来的。在生物学中，细胞主要由细胞核、细胞质、细胞膜组成。在神经细胞中，树突是细胞体向外延伸的纤维体，负责接收信息，并由轴突输出。轴突末端为神经末梢，输出最终的神经元动作脉冲信号。神经元之间传递信息的路径是：由树突接收信息，并通过轴突发出，最终达到神经末梢，传递给另一个细胞的树突，此连接处称为突触。

生物神经元经抽象后，可得到图 2-80 所示的一种人工神经元模型。它有以下三个基本要素：

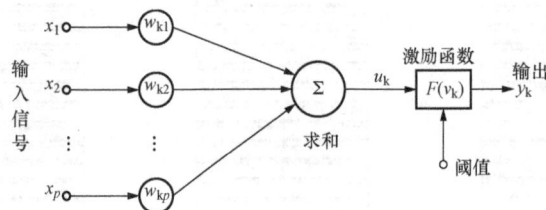

图 2-80 人工神经元模型

（1）连接权。连接权对应于生物神经元的突触，各个神经元之间的连接强度由连接权的权值表示，权值为正表示激活，为负表示抑制。

（2）求和函数。它用于求取各输入信号的加权和（线性组合）。

（3）激励函数。激励函数起着非线性映射的作用，并将神经元输出幅度限制在一定范围内，一般限制在（0, 1）或（-1, 1）之间。

此外，还有一个阈值 θ_k（或偏置 $b_k = -\theta_k$）。

以上的基本要素可分别以数学式表达出来，即

$$u_k = \sum_{j=1}^{p} w_{kj} x_j, \ v_k = u_k - \theta_k, \ y_k = F(v_k) \tag{2-54}$$

式中：x_1，x_2，$\cdots$，x_p 为输入信号，它相当于生物神经元的树突，为人工神经元的输入信息；w_1，w_2，$\cdots$，w_p 为神经元 k 的权值；u_k 为线性合成结果；θ_k 为阈值；$F(v_k)$ 为激励函数；y_k 为神经元 k 的输出，它相当于生物神经元的突触，为人工神经元的输出信息。

若把输入的维数增加一维，则可把阈值 θ_k 包括进去，即

$$u_k = \sum_{j=0}^{p} w_{kj} x_j, \quad y_k = F(v_k) \tag{2-55}$$

此处，增加了一个新的链接，其输入 $x_0 = \pm 1$，权值 $w_{k0} = \theta_k$（或 b_k），如图 2-81 所示。

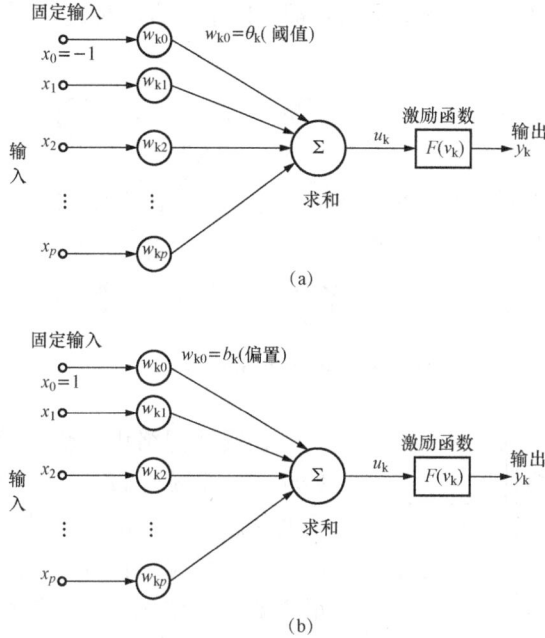

图 2-81　输入维数扩展后的神经元模型
(a) 包括阈值；(b) 包括偏置

激励函数 $F(v_k)$，一般有以下几种形式。

1）阶跃函数。函数表达式为

$$y = F(x) = \begin{cases} 1, & x \geqslant 0 \\ -1, & x < 0 \end{cases} \tag{2-56}$$

2）分段线性函数。函数表达式为

$$y = F(x) = \begin{cases} 1, & x \geqslant 1 \\ \dfrac{1}{2}(1+x), & -1 < x < 1 \\ -1, & x \leqslant -1 \end{cases} \tag{2-57}$$

3）Sigmoid 型函数。最常用的 Sigmoid 型函数为

$$F(x) = \frac{1}{1 + e^{-ax}} \tag{2-58}$$

其中，参数 a 可控制其斜率。Sigmoid 型函数也称为 S 型函数，式（2-58）表示的是一种非对称型 S 型函数。另一种常用的 Sigmoid 型函数为双曲正切对称型 S 型函数，即

$$F(x) = \tanh\left(\frac{x}{2}\right) = \frac{1 - e^{-x}}{1 + e^{-x}} \tag{2-59}$$

这类函数具有平滑和渐进线，并保持单调性。

2. 神经网络控制法的分类

神经网络的连接方式多种多样，可大致分为两大类：前馈网络和递归网络（也称为反馈网络或回归网络）。

前馈网络的特点是神经元分层排列，包括输入层、中间层和输出层三个部分。前馈网络的主要特征为没有反馈信号，即各个层信号都是向单一方向传递，顺序传播。其结构形式如图 2-82 所示。

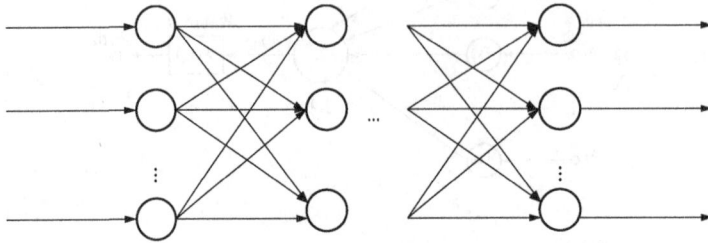

图 2-82　前馈网络的结构形式

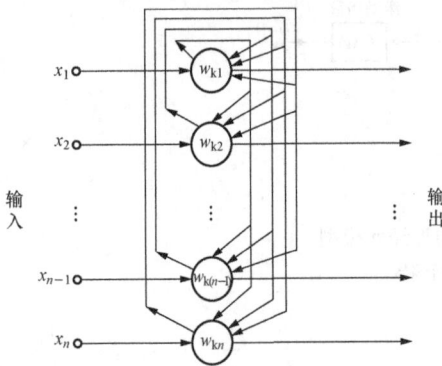

图 2-83　反馈网络的结构形式

在反馈网络中，输入信号决定反馈系统的初始状态。系统经过一系列状态转后，逐渐收敛于平衡状态，这样的平衡状态就是反馈网络经计算后输出的结果。由此可见，稳定性是反馈网络中最重要的问题之一。反馈网络中的所有节点都是计算单元，同时也可接受输入，并向外界输出，如图 2-83 所示。若总单元数为 n，则每个节点有 $n-1$ 个输入和一个输出。

前馈网络中，一个信号一旦经过某一节点，其信号处理和作用就已结束并输出。但在反馈网络中，由于各个节点间连接复杂，一个信号进入系统后，会经过反馈系统反复作用与存在，最后达到稳定状态。

3. 神经网络控制法的实现

神经网络需要学习的过程，即利用外部条件作用于神经网络，使其能重新对外界做出反应。本节介绍一种基于前馈网络的 MPPT 控制方法。由于前馈网络是单一传输方向，因此在神经网络的学习和实现过程中都有较大的优势，其神经网络结构如图 2-84 所示。神经网络有三层，分别是输入层、隐含层和输出层。输入层有三个神经元，分别是光伏电池电压、电流和温度。输出层只有一个神经元，用来控制变换器使光伏电池工作在最大功率点。整个网络为全连接网络，即每个输出神经元都通过一个权重后与隐含层中的所有神经元相连接（图 2-84 中未画）。同时，偏置信号也通过一个权重后与

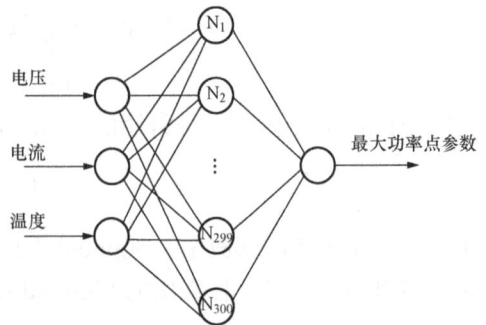

图 2-84　神经网络控制法 MPPT
控制实现过程示意图

所有的神经元相耦合（图 2 - 84 中未画）。

建立前馈网络后，用反向传播法对算法进行训练。反向传播法仅需要输入参数和期望输出就可以对神经网络中连接权的权重进行训练。反向传播训练也称为监督训练，即先根据已有的输入数据和期望输出进行学习。学习一定时间后，即可比较实际输出和期望输出的误差，如果误差不满足要求，则继续学习，直至误差满足要求。用于 MPPT 控制的神经网络，其训练可通过 MATLAB 软件来实现。整个训练过程使用了 4279 组不同光照强度和温度的数据，最终使误差函数小于 0.065。经过学习确定参数后的神经网络就可用于 MPPT 控制，从而最终实现系统的 MPPT 控制。

2.5.6　MPPT 控制方法的实验平台

为实现不同 MPPT 控制方法的实验，构建如下所述的实验平台。

实验平台由光伏电池、蓄电池组及电压、电流传感器等组成。系统将传感器采样的电信号经调理电路转换后，由 DSP 根据采样数据和控制算法再换算成 PWM 控制脉冲，最终控制开关器件，从而实现整个系统的控制。实验平台的主电路拓扑和实物如图 2 - 85 所示。

在图 2 - 85（a）所示电路中，光伏电池输出经电压、电流传感器后，接母线电容，由 Buck 电路控制最后向负载供电。

母线电容可根据经验公式进行选取，并结合系统仿真进行修正，从而得出最合理的参数。电容值若选择过大，会对控制系统产生较大延迟，控制系统响应速度将受影响；若选择过小，则缓冲功能不完善，致使电压波形波动较大，系统不易控制，且稳定性较差。

图 2 - 85（b）所示主电路板由开关电源，电流、电压传感器，开关器件等组成，实现主电路功能并对各开关器件和控制板提供电源。

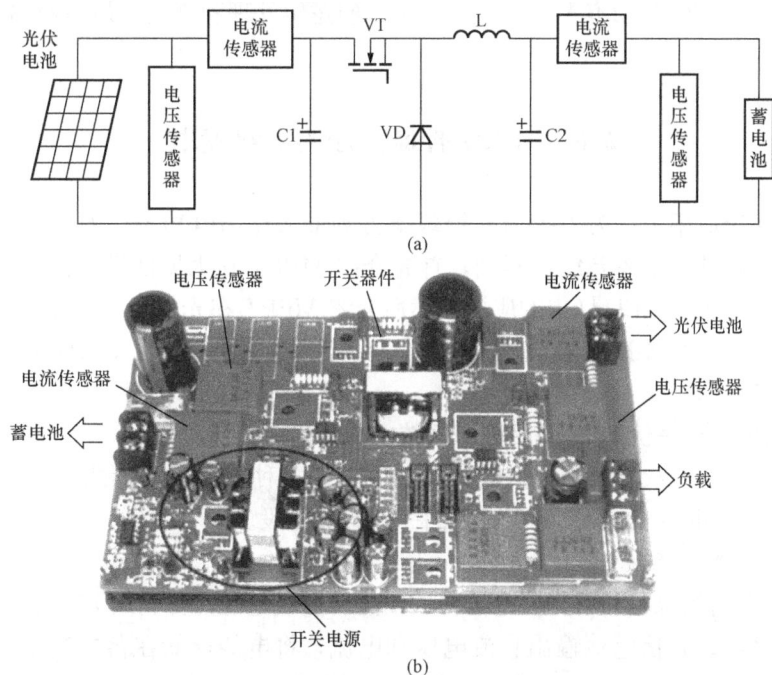

(a)

(b)

图 2 - 85　MPPT 控制实验平台的主回路

(a) 主电路拓扑；(b) 主电路板实物图

实验所需的 DSP 控制板如图 2-86 所示，主要由 DSP 控制器、CPLD、调理电路、硬件保护电路、电源转换电路、基准电压电路、信号输入接口、信号输出接口、串行通信接口、JTAG 接口等部分组成。

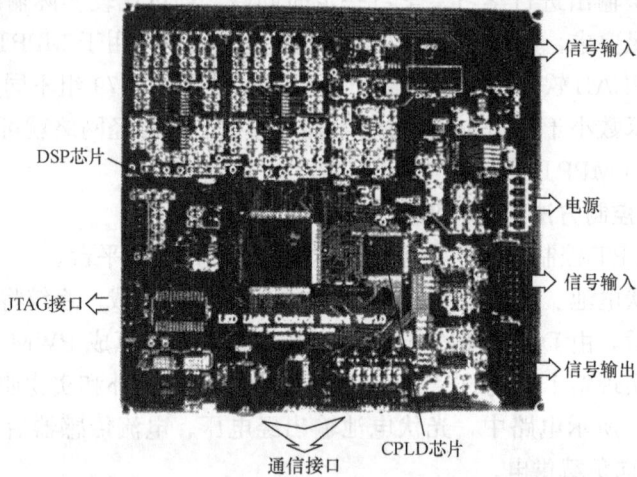

图 2-86　MPPT 控制实验平台的 DSP 控制板

该控制板可实现如下功能：调理电路接收传感器信号，并将其转换成 0~3V 电压信号输入 DSP 的 A/D 转换端口；DSP 由内置集成 A/D 转换模块实现 A/D 转换，再根据程序算法换算输出符合控制要求的 PWM 脉冲信号；硬件保护电路接收采样信号经处理后输出保护信号，与 DSP 发出的 PWM 信号输入给 CPLD，经逻辑处理和判定，最终输出可靠的 PWM 控制信号。

2.6　MPPT 控制方法的实际应用

光伏发电系统应用中，为了提高系统效率得到最大输出电功率，人们一直十分重视对 MPPT 技术的实际应用。本章结合实例，首先介绍 MPPT 在太阳能路灯照明控制系统中的应用，主要介绍在光伏 LED 灯中的应用；然后介绍 MPPT 在光伏水泵与照明综合控制系统中的应用；进一步介绍 MPPT 在并网光伏控制系统中的应用，包括 MPPT 在大规模并网光伏发电系统中的应用。

2.6.1　MPPT 在光伏 LED 照明控制系统中的应用

采用太阳能作为一次能源用来照明是光伏发电的一种主要应用形式，而其中 MPPT 技术的应用是提高照明效率、延长照明时间的一种有效手段。

1. 光伏 LED 照明系统

光伏 LED 照明系统是利用光伏电池将太阳能转换成电能，再利用 LED 照明装置将电能转换为光能的系统。光伏电池输出直流电压和电流，将电能存储在蓄电池中，当需要照明时，再通过适当的控制由蓄电池向半导体照明灯具供电。一般来说，电能需要经过电力电子变换器转换之后才能对 LED 灯进行供电。图 2-87 所示为典型光伏 LED 照明系统的结构图。

由图 2-87 可知，光伏 LED 照明系统包括光伏电池、充放电电路、蓄电池、LED 负载及系统的控制电路等部分。光伏电池将太阳能转变成电能，并储存在蓄电池中。充电电路通过控制 DC/DC 变换电路的开关占空比可以改变光伏电池的输出电压和蓄电池的充电电压，从而实现光伏电池的 MPPT 和蓄电池恒压充电的结合。同时，DC/DC 变换电路将蓄电池的输出电压提升到 LED 的工作电压，并通过控制开关的占空比调节 LED 负载的电流，实现 LED 的恒流控制。

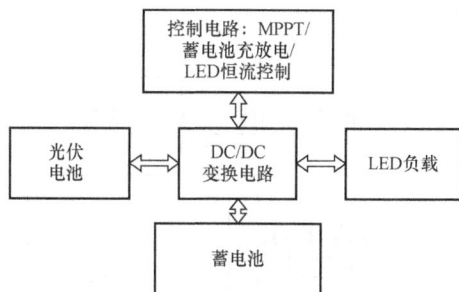

图 2-87 典型光伏 LED 照明系统的结构图

由于 LED 具有和普通二极管相似的伏安特性，当端电压未达到开启电压时，几乎没有电流通过，LED 不发光；当电压超过开启电压时，电流急剧上升，电流和电压呈上升关系。为了保证 LED 可靠稳定地运行，需要控制 LED 两端的电压和通过其中的电流。LED 的驱动电路就是为了使端电压和导通电流与 LED 的参数相匹配，既能达到开启电压使 LED 工作在发光状态，又能对其电流进行严格控制，保持在设定的参考值下，从而保证系统能长期运行在可靠稳定的状态下。

光伏 LED 照明系统的综合控制器是整个系统的核心部分，它能够实现光伏电池 MPPT 对蓄电池充电和蓄电池向 LED 放电的独立控制并能正确判断何时需要提供照明，以在蓄电池充放电之间进行正确的切换。控制器不仅控制着整个系统的运行方式，还对蓄电池和 LED 的使用寿命有着至关重要的影响。光伏 LED 照明系统的控制结构框图如图 2-88 所示。

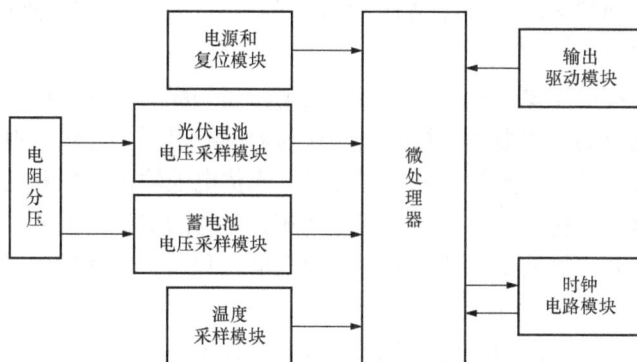

图 2-88 光伏 LED 照明系统的控制结构框图

为了保证光伏电池在任何光照强度和环境温度下始终以相应的最大功率输出工作，控制器需要对光伏电池输出进行 MPPT，同时要配合蓄电池的充电策略，为蓄电池提供最佳的充电电流和电压，快速、平稳、高效地为蓄电池充电，并在充电过程中减少损耗，尽量延长蓄电池的使用寿命，同时还要保护蓄电池，防止过充电和过放电现象的发生。

控制器一般采用高性能 DSP。控制平台的基本组成如图 2-89 所示。在控制平台上，DSP 负责 PWM 脉冲信号的产生、A/D 转换、外围电路控制及保护等功能。

2. 光伏 LED 照明系统的仿真建模

对光伏 LED 照明系统的综合控制进行仿真建模，即按照实际系统参数在 MATLAB/

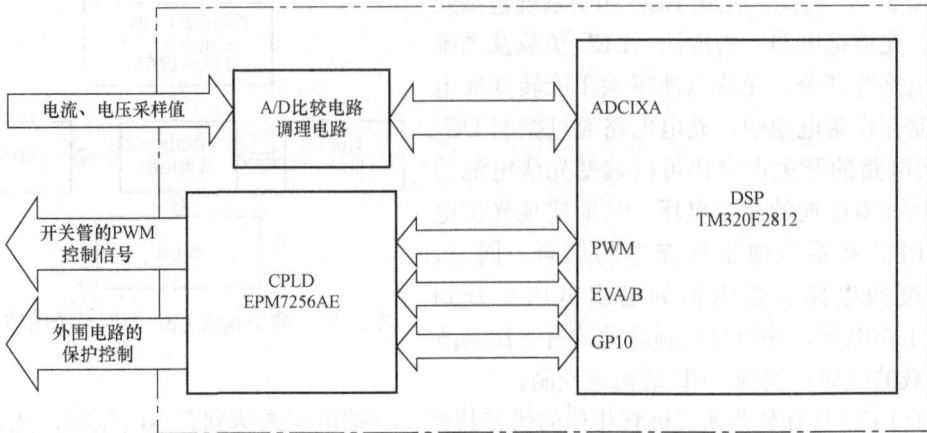

图 2-89　控制平台的基本组成

Simulink 中搭建光伏 LED 照明系统主电路模型，如图 2-90 所示。图 2-90 中以蓄电池为分界点，左边是光伏电池输出 Buck 电路，作用是将输出电压转换成能够给蓄电池充电的适当电压；右边是 LED 驱动 Boost 电路，作用是将蓄电池输出电压升高到能够驱动 LED 器件正常工作。

图 2-91 所示为光伏 LED 照明系统的 MPPT 控制策略和 LED 驱动策略综合控制的仿真模块图。对于光伏 LED 照明系统，整个系统的功率不是很高，且在实际设计特别是产品级的开发中，尤其要降低系统的成本，因此需要选择一种既经济又可靠的 MPPT 控制方法。在这里选取经典的扰动观测法，既能满足 MPPT 的要求，成本也不会很高，结构简单，有利于整个系统的稳定。

在充放电转换过程中需要进行运行状态的判定。在一般的控制策略中，主要是通过对光伏电池输出电压和电流的采样数据进行判断。在前面已经提到，光伏电池的输出特性曲线受光照强度和温度的影响较大，当光照强度降低时，光伏电池输出电压和功率都将降低，特别是输出功率将会有显著变化。因此，当光照强度随着时间的推移由强变弱时，检测光伏电池的输出电压和电流，并计算输出的功率值，当输出电压和输出功率都同时降低到设定的阈值时，判定天色已晚，则将蓄电池由充电状态转换为放电状态。此时，应将光伏电池输出 Buck 电路的开关关掉，而将蓄电池至 LED 驱动电路的开关闭合，完成蓄电池充电到放电的转换。

在 MATLAB 仿真过程中，为了模拟实际天色的变化情况，将输入的光照强度大小由白天的正常值逐渐减小，直到关闭光伏电池输出电路，切换到蓄电池向 LED 放电；接着再将输入的光照强度由弱变强，模拟由夜晚转变到白天的过程，此时应将蓄电池向 LED 放电切换为光伏电池输出给蓄电池充电。

在仿真中，设置光照强度的变化情况如图 2-92（a）所示，控制蓄电池充放电切换开关的开关状态如图 2-92（b）所示。可见，当光照强度减小到使光伏发电系统的输出功率低于阈值时，蓄电池由充电状态切换到放电状态。

模拟白天和夜晚交替过程时，光伏电池输出的电压和功率变化曲线如图 2-93 所示。图 2-93 中，$t=0.01\mathrm{s}$ 时，光照强度不断减小，模拟由白天转变到夜晚的过程，当输出功率

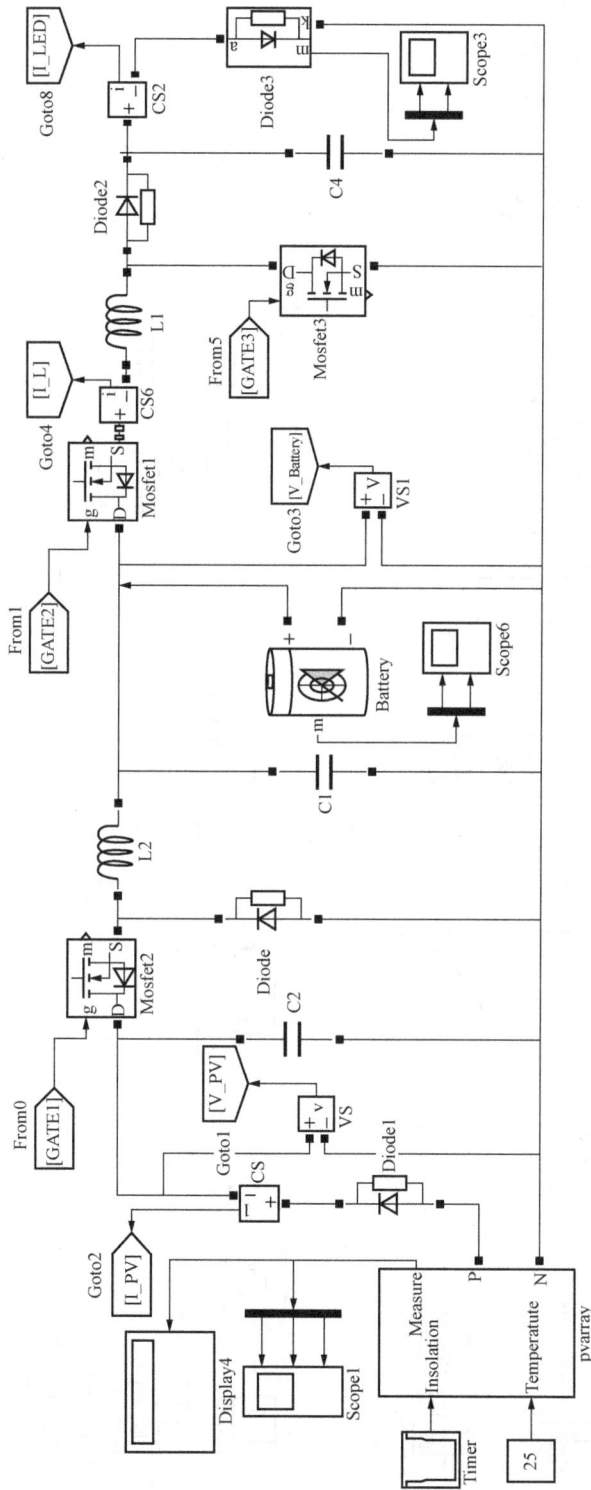

图 2 - 90　MATLAB/Simulink 光伏 LED 照明系统的主电路模型

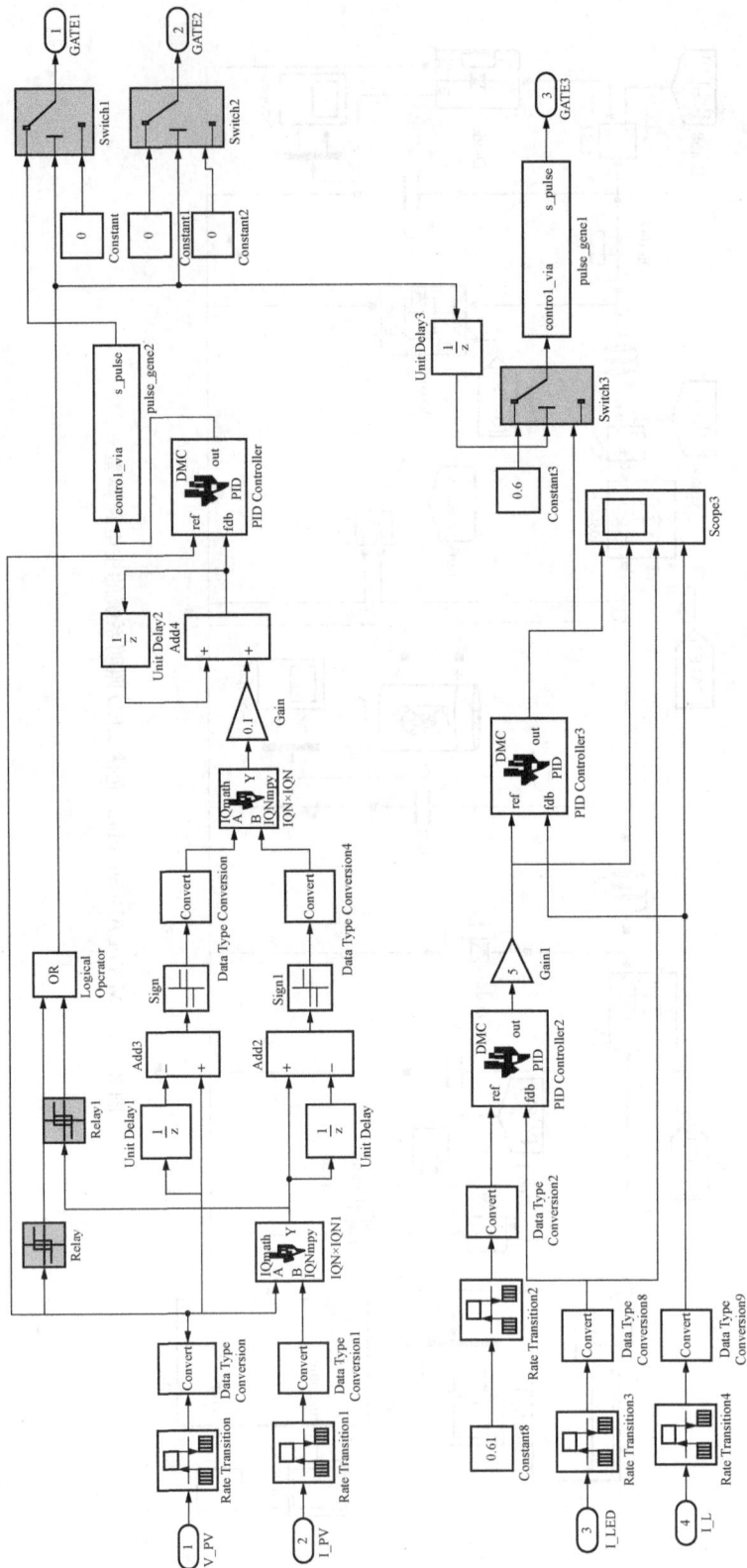

图 2 - 91　MATLAB/Simulink 综合控制的仿真模块

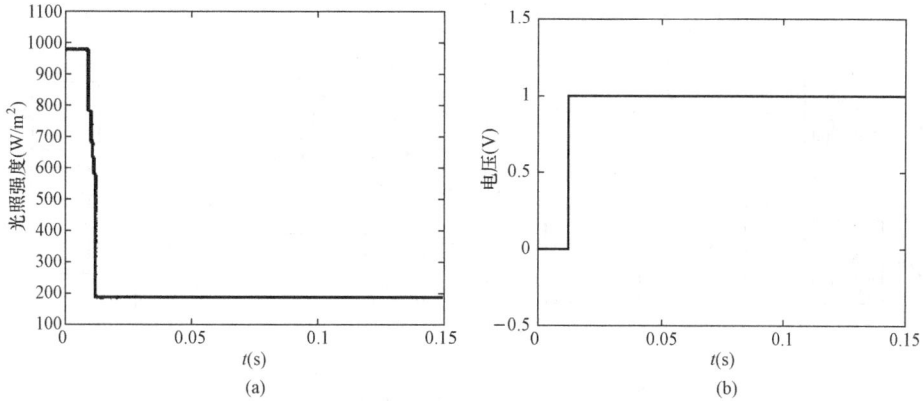

图 2-92 仿真中设置的光照强度变化波形和蓄电池放电开关状态

小于设定的功率阈值时，蓄电池由充电状态切换到放电状态；$t=0.1s$ 时，光照强度由弱变强，模拟由夜晚转变到白天的过程，此时蓄电池向 LED 放电切换为光伏电池输出给蓄电池充电。

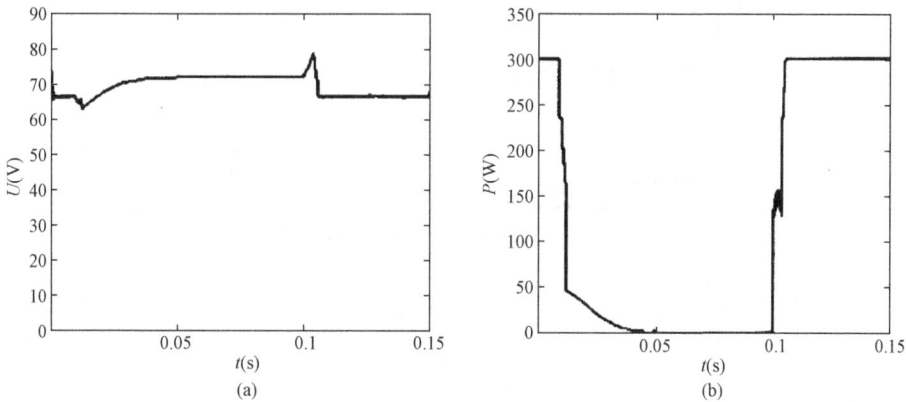

图 2-93 LED综合控制中的光伏电池输出电压和功率的变化曲线

综合控制中的 LED 输出电流变化曲线如图 2-94 所示。

3. 光伏 LED 照明系统中的 MPPT

采用变步长干扰观测法对光伏 LED 照明系统进行 MPPT 控制的模型（Simulink）如图 2-95 所示。

根据图 2-95 所示模型进行 MPPT 控制仿真，设置一定功率容量的光伏电池模型，并在不同时刻改变其上的光照强度，如取 900、800、700、1000W/m^2 作为动态光照扰动，假定环境温度不变，设定为 25℃，仿真波形如图 2-96 所示。

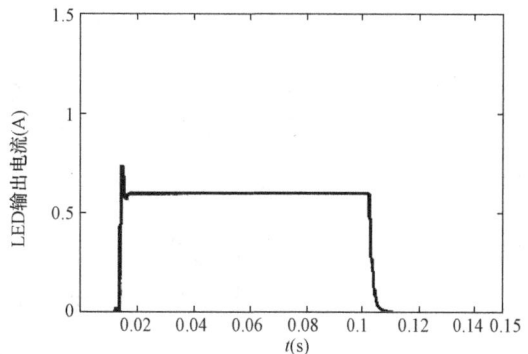

图 2-94 综合控制中的 LED 输出电流变化曲线

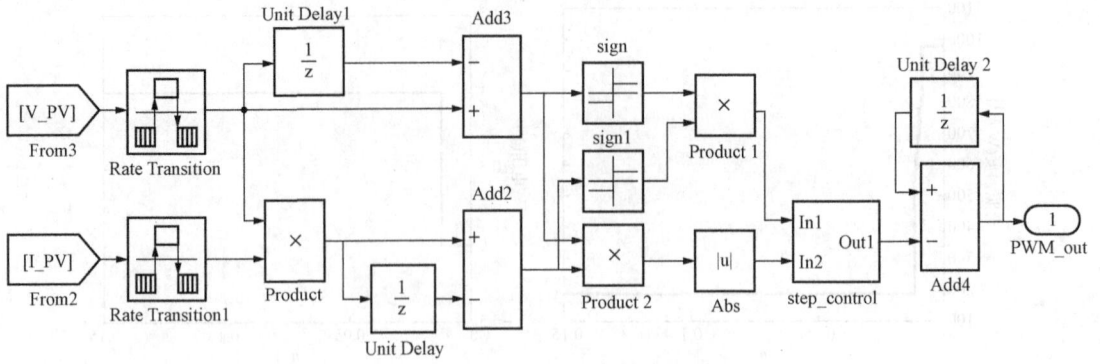

图 2-95 变步长干扰观测法对光伏
LED 照明系统进行 MPPT 控制的模型

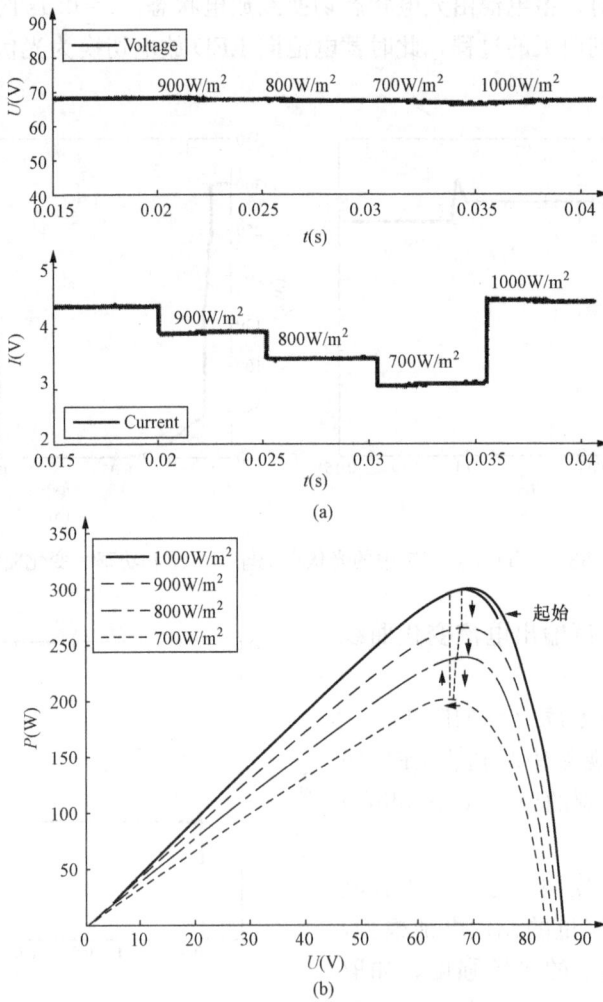

(a)

(b)

图 2-96 MPPT 控制仿真曲线
(a) 光伏电池输出电压和电流波形；(b) MPPT 跟踪曲线

由图 2 - 96（a）可知，当光照强度快速变化时，该光伏电池输出电压只有很小的波动，输出电流则变化明显，与理想的 MPPT 跟踪效果非常一致。进一步可以看到，电流波形动态响应时间短、稳态波动小，显示出较好的控制效果。另外，由图 2 - 96（b）可知，系统从开始运行经过一段时间后稳定运行在最大功率点附近，当光照强度剧烈变化时，能快速准确运行在新的最大功率点，同一光照强度下的输出运行点变化范围较小。因此可以说，变步长干扰观察法较好地解决了定步长干扰观察法在最大功率点附近反复振荡扰动和光照强度剧烈变化而出现误判断的问题。

根据图 2 - 95 所示模型，集成光伏电池、蓄电池组和 LED 灯可构建光伏 LED 照明系统。经过系统主电路及其控制板的设计与实现，采用嵌入式目标模块生成控制代码，并由 DSP 实现系统控制，最后得到实际系统 MPPT 运行时的电压、电流实验波形，如图 2 - 97 所示。

由图 2 - 97 可知，当光照强度发生较大变化时，光伏电池输出电压变化较小，但电流会发生较大变化，与理论分析和仿真结果一致。这也进一步说明，实际应用中，采用变步长干扰观察法的 MPPT 控制能有效地进行输出工作点控制，动态响应较快，稳态误差较小。

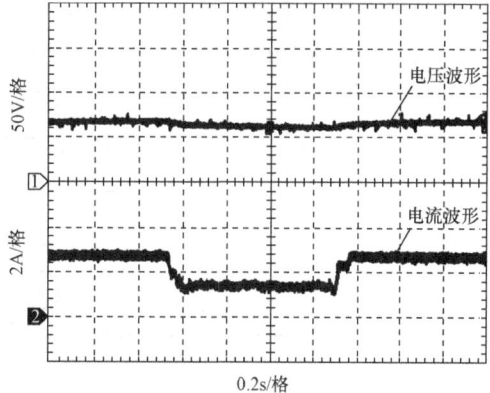

图 2 - 97　光伏 LED 照明系统中 MPPT 实际运行时的实验波形

2.6.2　MPPT 在光伏发电并网系统中的应用

1. 采用电导增量法的 MPPT 控制单相光伏发电并网系统

（1）单相光伏发电并网系统的组成。单相光伏发电并网系统一般由光伏电池、直流母线电容 C、逆变桥及滤波电感 L 组成，系统电路示意图如图 2 - 98 所示。在实际系统中，如果光伏电池输出电压较低，可经过逆变器后端增加一个升压变压器；但考虑增加变压器会影响系统整体效率，所以在应用时一般避免增加变压器，通过串联多个光伏组件来达到所需直流电压。

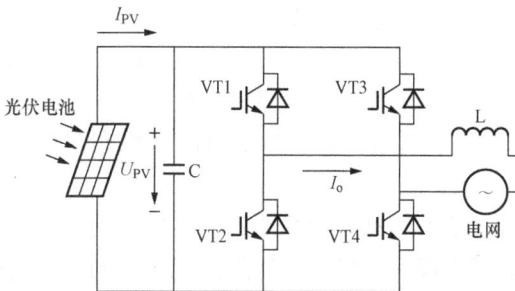

图 2 - 98　单相光伏发电并网系统电路示意图

在图 2 - 98 所示的单相光伏发电并网系统中，通常采用双闭环控制，即电网交流电压采样、电流同步、PWM 调制和驱动单元四部分作为内环控制环节，以控制直流到交流的逆变，得到所期望的逆变品质；输入功率采样和 MPPT 作为外环控制，以保证光伏发电并网系统工作在最大功率点上，实现最大功率输出。内环控制用来控制逆变器本身，一般采用普通的 PWM 滞环比较方式，也可采用其他控制方法，如对控制实时性要求更高的无差拍控制。外环为功率环，是系统控制的核心，也是实现 MPPT 方法的关键所在。

（2）定步长电导增量法的应用。通常在一定的太阳光照强度下，光伏电池的输出功率只与环境温度和端电压有关。因此在单相光伏发电并网系统中，改变光伏电池工作点的措施只有通过调整母线电容 C 上的电压实现，即改变逆变电路的输出有功功率来进行调节。常规的定步长 MPPT 控制方法就是以固定步长来修改逆变电路输出有功功率设定值 P_{ref}，进而跟踪光伏电池输出最大功率点。

本例选用的 MPPT 控制方法即为定步长电导增量法，其流程图如图 2-99 所示。该法在功率环的每个控制周期内检测和计算光伏电池的输出电压、电流和功率，再根据电导增量方法判断决定最大功率点的跟踪方向。一旦确定跟踪方向，该法以固定步长值 P_1 来修改逆变电路输出的有功功率设定值 P_{ref}，再将该功率设定值转换成逆变电路的输出电流设定值，从而利用选定的脉宽调制方法生成 PWM 信号来驱动开关器件，得到设定的输出电流。

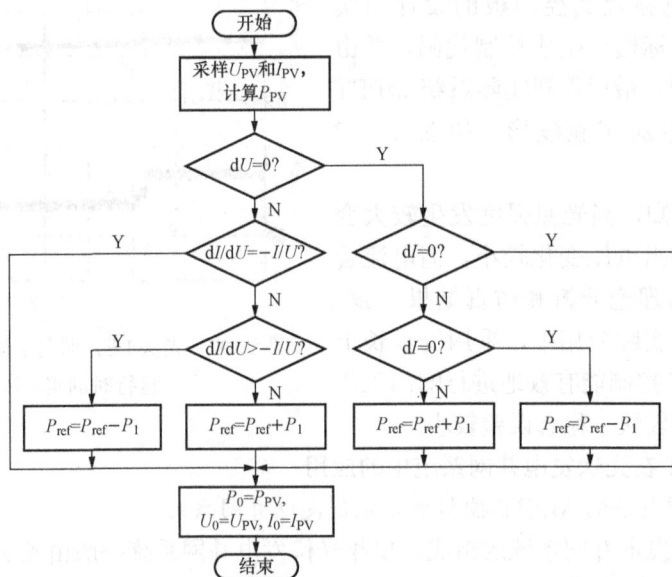

图 2-99　应用于单相光伏发电并网系统的定步长电导增量法的流程图

图 2-100 所示为单相光伏发电并网逆变系统应用定步长电导增量法时的稳态仿真波形。仿真中，设定光伏电池为 $75W \times 4$ 串联，每块光伏组件的开路电压约为 22V，标准工况下的最大功率点电压约为 17V，母线电容为 $2200\mu F$，同时设定太阳光照强度为 $1000W/m^2$。从图 2-100 中可以看到，光伏电池的输出功率基本上保持在光伏电池最大功率 300W 左右，而母线电容电压有一定幅值的波动，其频率为 100Hz，显然，它是由逆变器输出的工频 50Hz 电流耦合引起的。从这些仿真波形可以看出，常规定步长电导增量法在稳态时可以有效跟踪到光伏电池输出的最大功率点。

单相光伏发电并网系统中采用定步长电导增量法虽然具有较好的稳态特性，但是在太阳光照强度变化较大的动态过程中往往会失效，甚至出现直流母线电压崩溃现象；同时，逆变电路输出有功的调整步长选取不合适时也可能引起同样的问题。

由前面的分析可知，跟踪光伏电池最大功率点的过程就是不断调整逆变电路有功功率输出，进而使光伏电池实际工作电压在最大功率点左右来回跟踪、调整。当光伏电池工作电压大于最大功率点电压时，通过增加一定的逆变电路输出功率使其降低；当光伏电池工作电压小于最大功率点电压时，通过减小一定的逆变电路输出功率使其增加。但是需要注意的是，在后一种情况中，如果光照强度减弱，减小后的逆变电路输出功率仍大于光伏电池的输出功率，则可能导致直流母线电容电压降低，即光伏电池的工作电压进一步降低，以致恶性循环使电压崩溃至零。

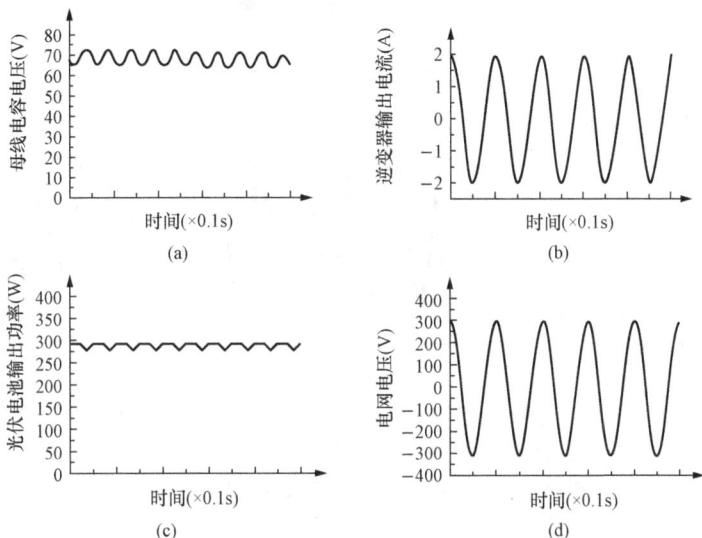

图 2-100　单相光伏发电并网系统应用定步长电导增量法时的稳态仿真波形
（a）母线电容电压；（b）逆变器输出电流；（c）光伏电池输出功率；（d）电网电压

图 2-101 所示为太阳光照强度阶跃下降时，导致光伏发电并网系统直流母线电压崩溃过程的仿真波形。假设太阳光照强度在某一时刻发生 20% 的阶跃下降，经过 0.1s 后又恢复。此时，虽然根据电导增量法，系统经过判断得到了正确的跟踪方向，但由于功率环的控制周期比较长，且每个控制周期调整输出功率的步长不能太大（步长太大可能导致系统振荡，并且影响稳态时的跟踪精度），短时间内输出功率参考值会偏离并超出光伏电池当前最大功率值，从而引起母线电容电压持续下降，见图 2-101（b）。可见，当系统工作点由最大功率点向左移动时，光伏电池输出功率将减小，同时导致母线电压下降，如此循环，直到无法维持控制器设定的逆变电路输出电流值，出现输出电流畸变，见图 2-101（f）。只有当母线电容上的输入和输出电流平衡后，直流母线电压才能达到稳定并再次开始跟踪最大功率点。

太阳光照强度扰动引起的 MPPT 控制失效会严重影响光伏发电系统的效率和可靠性，必须在控制算法中加以考虑以防止这种情况的发生。

（3）改进的电导增量法。针对单相光伏发电并网系统中的母线电压崩溃问题，可采用一种称为具有功率前馈控制的变步长电导增量法。这种方法改进了功率环的控制，可以实现单相光伏发电并网系统的高效、稳定运行。在变步长电导增量法中，每个控制周期里的 P_{ref} 设定流程图如图 2-99 所示。其中，ΔP 为设定的光伏电池输出功率跌落阈值；P_1 为其输出功率设定值的修改步长；K 为变步长系数。根据仿真分析结果获得优化的 K 值，可使系统同时获得较好的稳态精度和动态性能。

当光照强度比较稳定或只有较小扰动时，变步长电导增量法与定步长电导增量法基本相似，都是通过增加或减少逆变电路的输出有功功率达到跟踪光伏电池最大功率点的目的。不

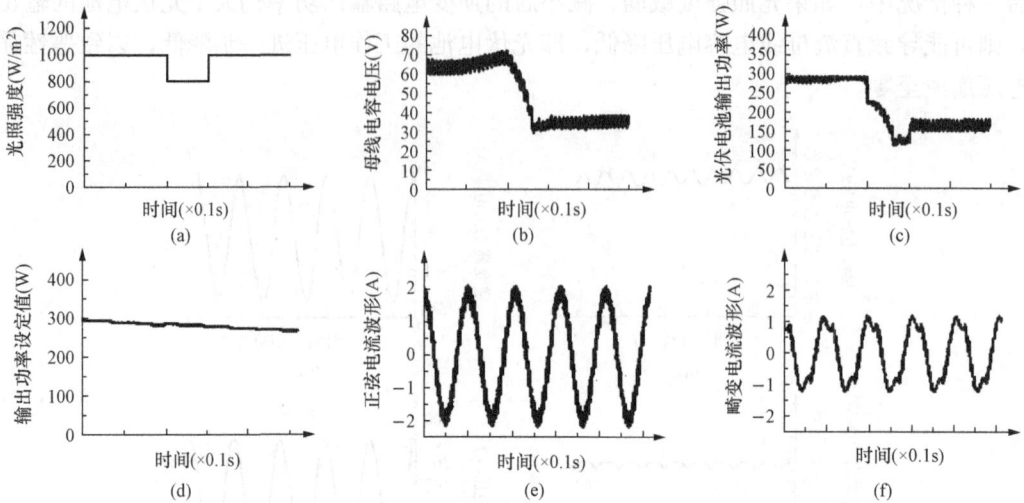

图 2-101　光照强度阶跃下降时母线电压崩溃过程的仿真波形
(a) 光照强度；(b) 母线电容电压；(c) 光伏电池输出功率；
(d) 输出功率设定值；(e) 正弦电流波形；(f) 畸变电流波形

同的是，在变步长电导增量法中，增大或减小 P_{ref} 时采用了不同的步长值。通常，增大 P_{ref} 情况下的步长小，减小 P_{ref} 情况下的步长大。这样，当 P_{ref} 超出当前光伏电池最大功率时，系统能比较快地减小 P_{ref} 值以保证母线电压不至于跌落太多，使光伏电池仍工作在最大功率点附近，从而保证系统的稳定。

但是，在光照强度发生较大变化，假设为阶跃变化时，用较大的步长来减小 P_{ref} 仍不能保证系统的稳定。变步长电导增量法，在系统前端实时检测光伏电池输出电压 U_{PV} 和电流 I_{PV}，可以计算得到其输出功率 P_{PV}。当检测到光伏电池输出功率突然变小，则可认为光照强度发生较大变化，系统马上跳出原有的跟踪过程，参照这时的 P_{PV} 值来重新设定逆变电路的输出功率 P_{ref}。这样，使母线电容上输入/输出电流保持平衡，从而避免母线电压崩溃现象。

假设发生光照强度下降阶跃变化，应用变步长电导增量法对光伏发电并网系统进行仿真，可得图 2-102 所示的仿真波形。由图 2-102 可见，采用变步长电导增量法后，由于控制系统准确检测到了光照强度阶跃变化情况，所以快速地修改（减小）了逆变输出功率参考值，维持了直流母线电压基本不变，避免了母线电压崩溃现象。仿真结果表明，即使光照强度下降阶跃达到 50%，系统仍具有较好的稳定性。

2. 可调度式光伏发电并网系统中的 MPPT 技术

可调度式光伏发电并网系统结构图如图 2-103 所示，与前述系统相比，多了一个蓄电池储能环节。由于光伏电池和蓄电池都是直流量输出，因此可调度式光伏发电并网系统中 MPPT 和蓄电池环节的充放电管理控制都在一个 DC/DC 变换环节中完成。在实际应用中，蓄电池环节的端电压一般低于光伏电池输出电压，因此本节将以降压变换的 Buck 电路为例进行讨论。

由于可调度式光伏发电并网系统增加了蓄电池储能环节，考虑蓄电池的容量和寿命对整个系统影响很大，这些参数又受充放电方法影响很大，故在可调度式光伏发电并网系统中，

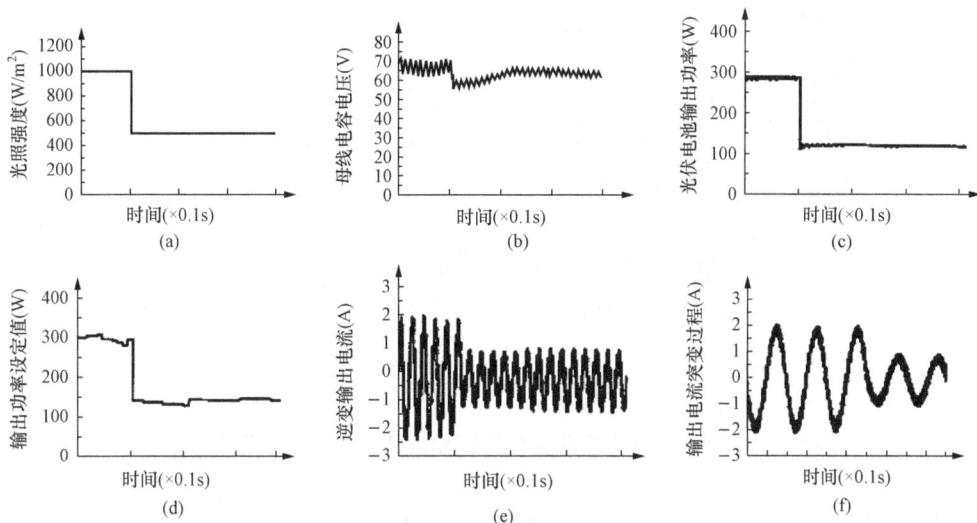

图 2-102 变步长 MPPT 方法在光照强度下降阶跃情况的仿真波形

(a) 光照强度; (b) 母线电容电压; (c) 光伏电池输出功率;

(d) 输出功率设定值; (e) 逆变输出电流; (f) 输出电流突变过程

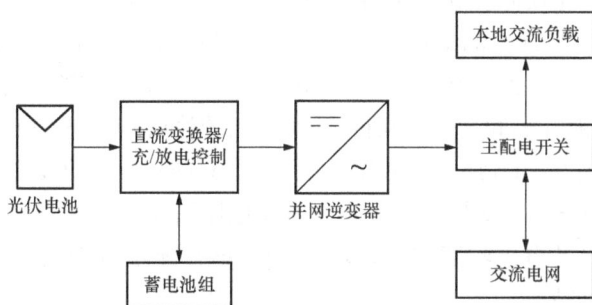

图 2-103 可调度式光伏发电并网系统结构图

由光伏电池本身的非线性及光照强度和温度的影响,采用传统的充放电方法难以适用。此时不再仅仅关心蓄电池的充电速度,更看重的是如何在充电过程中既能最大限度地得到光伏发电功率输出,又能合理实现充电损耗最小化和蓄电池的最长寿命。针对这些问题,可采用可调度式光伏发电并网系统的 MPPT 方法。该方法将基于干扰观测法的 MPPT 方法和分段式的蓄电池充电方法结合起来,实现对可调度式光伏发电并网系统的协调控制,由此在提高系统效率的同时,还可有效地延长蓄电池的工作寿命。该方法同时以光伏电池输出电压、电流和蓄电池电压、电流等作为控制变量和对象。

(1) 基于 Buck 电路的干扰观测法。基于 Buck 电路的可调度式光伏发电并网系统的 MPPT 和充电控制原理图如图 2-104 所示。在快充电阶段,充电电路直接连接光伏电池与蓄电池组,通过调整 Buck 电路的驱动占空比,以达到控制光伏电池输出电流的目的,进而实现 MPPT。在过充电和浮充电阶段,充电电路仍然调整 Buck 电路的驱动占空比,不同的是转为控制蓄电池组的充电电流,使之不超过蓄电池组的最大可接受电流。

具体方法为,在每个控制周期用较小的步长改变 Buck 电路中开关器件的占空比,改变

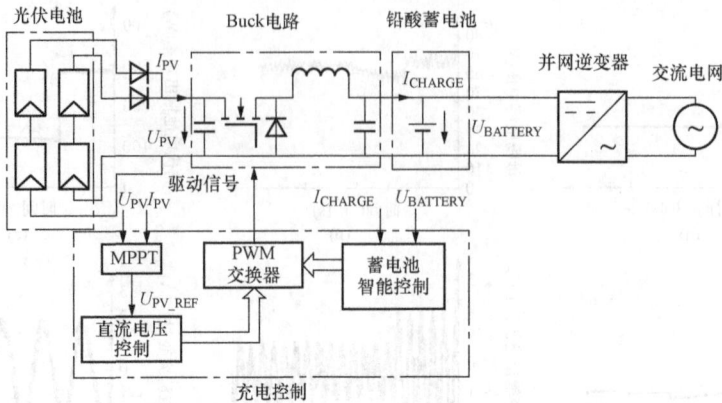

图 2-104　可调度式光伏发电并网系统的 MPPT 和充电控制原理图

方向可以是增加，也可以是减小，称为干扰过程。然后，比较干扰控制周期前后光伏电池的输出功率，如果干扰后的输出功率增大，则按照上一周期的方向继续干扰过程；如果检测到干扰后的输出功率减小，则改变干扰的方向。这样，光伏电池的实际工作点就能逐渐接近最大功率点，最终在其附近的较小范围内往复达到稳态。

　　应用上述方法在一个实际光伏发电并网系统中进行 MPPT 实验。该实验系统的部分参数如下：4 块为 75W 的光伏电池组件串联，每块组件的开路电压约为 22V，标准条件下的最大功率点电压约为 17V；3 节为 100A·h 铅酸蓄电池串联，每节蓄电池电压约为 12V；设Buck 电路中开关器件的开关频率为 33kHz，占空比的修改步长约为 0.4%。该光伏电池输出电压的实验波形如图 2-105 所示。其中，图 2-105（a）所示为设定控制周期为 1s，实验结果用 4s/div 时间刻度显示；图 2-105（b）为设定控制周期为 0.1s，实验结果用 4s/div 时间刻度显示。两个波形的电压刻度相同，均为 2V/div，显示范围是 60~80V，可以同时比较和观察各自的波形细节。

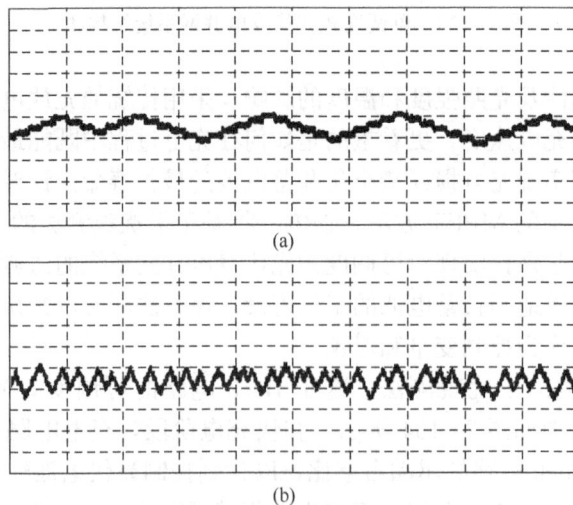

(a)

(b)

图 2-105　不同控制周期下光伏电池的输电压实验波形
(a) 控制周期为 1s；(b) 控制周期为 0.1s

实验记录了 7h 的充电过程。充电电路在快充电、过充电和浮充电三个阶段中的电流和电压波形如图 2-106 所示。

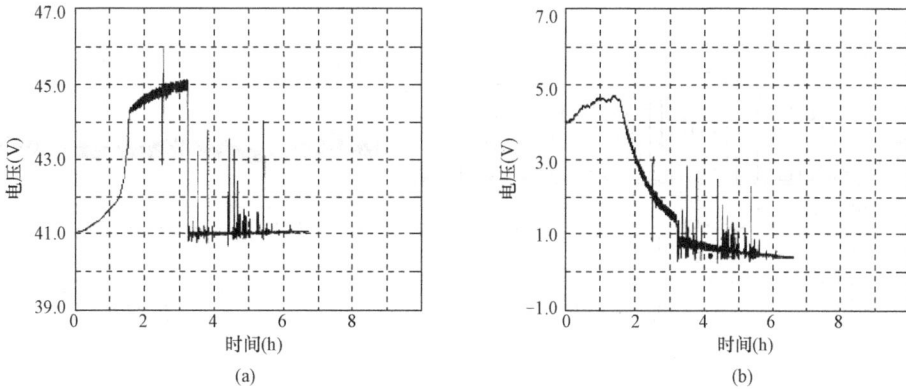

图 2-106　蓄电池充电实验记录

（a）电压波形；（b）电流波形

由图 2-106 可知，系统较好地实现了上述应用于可调度式光伏发电并网系统的 MPPT 技术。

（2）基于 Boost 电路的干扰观测法。由 Boost 电路和 DC/AC 逆变器组成的两级式拓扑是目前常用的一种光伏发电并网系统拓扑结构，如图 2-107 所示。该拓扑结构具有以下优点：

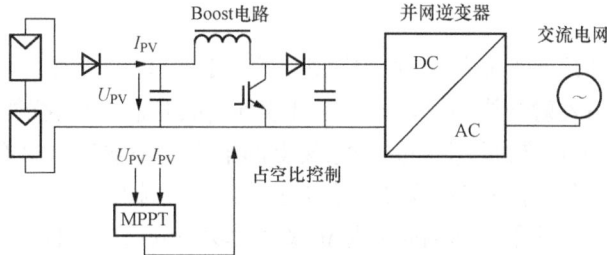

图 2-107　包含 Boost 电路的典型两相光伏发电并网系统拓扑结构

1）包含了基于高频 Boost 电路的直流升压环节，即使在光伏电池输出电压较低时仍可实现相对较高电压的并网输出。

2）具有两级式拓扑结构，各级变换中控制目标明确，前者升压，后者逆变。

3）多组光伏电池可以通过配合多组相应的 Boost 电路，在高压直流侧实现并联输出。这样既解决了多组光伏电池直接并联时的参数不匹配问题，同时也可以对各组光伏电池分别进行 MPPT 控制，以提高系统整体效率。

该拓扑的缺点是硬件成本较高，并且两级电力电子变换会带来更多的损耗。但由于上述优点所带来的系统匹配设计的灵活性，仍使得这种拓扑结构得到了广泛应用，目前已成为光伏发电并网系统的标准应用拓扑形式之一。

基于 Boost 电路的干扰观测法与前面所述的经典干扰观测法原理基本相同，后者只需要将保持和改变干扰方向改成保持和改变调整占空比的方向即可。

采用上述方法在图 2 - 107 所示系统上进行 MPPT 实验。实验系统的参数：光伏电池开路电压为 158V，最大功率为 3kW，Boost 电路开关频率设置为 18kHz。升压实验结果如图 2 - 108 所示。

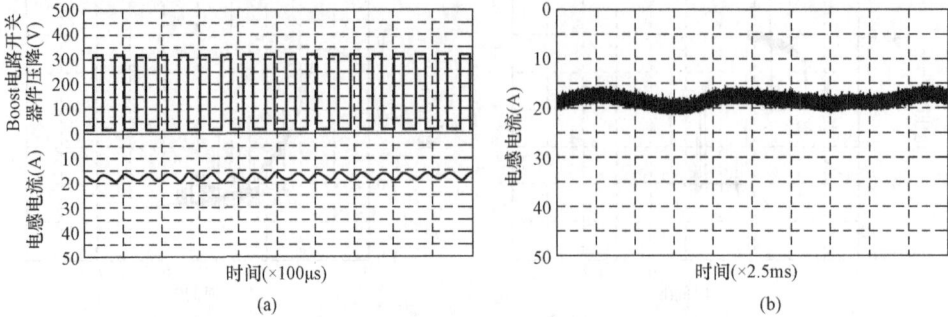

图 2 - 108　光伏发电并网系统中 Boost 电路的实验结果
(a) 开关器件压降与电感电流波形；(b) 电感电流扰动波形

图 2 - 108（a）给出了 Boost 变换电路开关器件压降与电感电流波形。由于开关器件占空比调整幅度较小，直接从开关波形无法观察到变化。为说明这一动态过程，图 2 - 108（b）给出的电感电流波形，可以看到明显的电流波动过程，表现出该 MPPT 方法对占空比干扰的过程。

2.7　基于物理跟踪的光伏发电系统 MPPT

前面章节介绍的都是基于光伏电池固定安装的 MPPT 控制方法。事实上，由于地球自转和公转的原因，太阳入射光线与固定光伏电池表面的夹角总是变化的，也就是说，基于光伏电池固定安装的 MPPT 控制并不是完全意义上的最大功率输出，只有当太阳的入射光线与光伏电池表面呈 90°时，才可能达到真正意义上的最大功率输出。本节先介绍固定光伏电池应如何设置与太阳之间的角度和朝向才是获取最大功率输出的最佳角度，然后介绍基于物理跟踪的光伏发电系统。

1. 太阳与光伏电池的最佳角度

（1）光伏电池与太阳间的相关角度。

1）光伏电池的方位角 γ。光伏电池的方位角 γ 是指光伏电池垂直面与正南方向的夹角，并定义正南方向 $\gamma=0$，向东偏移为负角度，向西偏移为正角度。要想白天每个时刻都获得最大太阳辐射能量，可移动光伏电池方位角，使得光伏电池平面始终随着一天之中太阳所在方位的变化不断变化。固定安装的光伏电池，其安装的方位角则正对于阳光最强的正午或稍晚时分太阳所在方位。由太阳日照规律所知，一年四季，北半球地区的正午太阳位于天顶以南的天数要多于位于天顶以北的天数，南半球地区的正午太阳位于天顶以北的天数则多于位于天顶以南的天数。特别是我国大部分地区都处于北回归线以北，正午的太阳均位于天顶以南位置，所以将光伏电池朝向正南（$\gamma=0°$）时，光伏电池发电量会最大。位于北半球地区，如果方位角偏离正南 30°，光伏电池发电量会减少 10%～15%；偏离正南 60°，光伏电池发电量会减少 20%～30%。

2）太阳光入射角。太阳光入射角是指太阳光线与光伏电池表面法线之间的夹角。从任意角度入射到光伏电池表面的太阳光线均可分解为两部分：垂直分量和水平分量，如图 2 - 109（a）所示。只有垂直分量（与法线重合部分）的辐射可以被有效吸收，而平行分量对于获取太阳能量毫无价值，所以希望太阳光入射角 θ 越小越好。由图 2 - 109（b）可看出，对于同一个照射平面，太阳光的入射角 θ 与太阳的高度角 α 成反比，故太阳的入射角会随着太阳一天中不同时刻的升降高度变化而变化，也会随着太阳一年中不同季节的正午高度角的变化而变化。

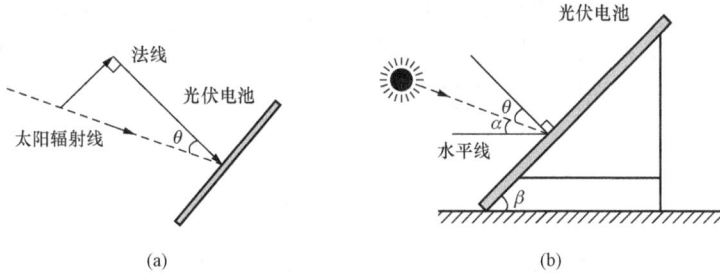

图 2 - 109　太阳辐射线和光伏电池之间的夹角示意图
(a) 太阳入射角分解分量；(b) 太阳辐射线和光伏电池之间的夹角

3）光伏电池的倾斜角（或称为仰角）β。光伏电池的倾斜角是指光伏电池平面与地面水平的夹角，如图 2 - 109（b）所示。为使得太阳光的辐射尽可能多地被有效地吸收，应将太阳光的辐射线与光伏电池的法线完全重合，即太阳入射角 $\theta = 0°$。

由于光伏电池的倾斜角 β 和太阳的高度角 α 都是相对于地平线定义的夹角，故此时光伏电池的倾斜角 β 正好与太阳的高度角 α 互补，其大小成反比关系，即

$$\beta = 90° - \alpha \tag{2-60}$$

然而，太阳的高度角是随时间的推移和季节的变化而变化的，且地理纬度不同的地区太阳的高度角也不同。为了保证光伏电池平面能随时垂直于太阳辐射线，光伏电池理想的倾斜角应跟随季节的变化而变化，且纬度越高的地区，相应的最佳倾斜角就越大。

4）光伏电池各种角度的计算。设正午时分太阳时角 $\theta_h = 0°$，即可得到固定安装的光伏电池最佳倾斜角 β 的计算公式为

$$\beta = |\varphi - \delta| \tag{2-61}$$

式中：φ 为观测点地区的纬度；δ 为赤纬度，可按光伏电池使用时段的平均值计算。

综合以上太阳和光伏电池角度间的各种关系，可得到任意条件下的太阳光在光伏电池上的入射角，计算式为

$$\cos\theta = \cos\beta\sin\varphi\sin\delta + \cos\beta\cos\varphi\cos\delta\cos\theta_h + \sin\beta\sin\gamma\cos\delta\sin\theta_h$$
$$+ \sin\beta\sin\varphi\cos\delta\cos\theta_h\cos\gamma - \sin\beta\cos\gamma\sin\delta\cos\delta \tag{2-62}$$

或
$$\cos\theta = \cos\theta_z\cos\beta + \sin\theta_z\sin\beta\cos(\gamma_s - \gamma) \tag{2-63}$$

式中：θ_h 为太阳时角；θ_z 为太阳天顶角；γ_s 为太阳方位角。

因位于北半球的光伏电池常设为面向正南方（$\gamma = 0°$），式（2-62）可简化为

$$\cos\theta = \sin(\varphi - \beta)\sin\delta + \cos(\varphi - \beta)\cos\delta\cos\theta_h \tag{2-64}$$

若将光伏电池平铺在水平面上（$\beta = 0°$），则由式（2-62）和式（2-63）可得到

$$\cos\theta = \cos\theta_z = \sin\varphi\sin\delta + \cos\varphi\cos\delta\cos\theta_h \qquad (2-65)$$

（2）光伏电池安装角度的合理设定。在设计光伏电池安装角度时，首先需要了解当地的地面太阳日照情况。太阳日照具有很大的随机性和季节性，为此需要大量的太阳日照历史数据。根据光照强度数据和太阳位置数据的统计分析结果，可计算出一定时间段内指定倾斜面上的单位面积累计日照能量；然后优化选取倾斜面，使得累计日照能量最大。例如，根据北京地区 20 年的日照数据，可得出太阳照射到水平面上的日照概率分布如图 2-110（a）所示，太阳照射到最优斜面上的日照概率分布如图 2-110（b）所示。可以看出，最优斜面上的累计日照能量是水平面上累计日照能量的 1.25 倍；另外，水平面上的日照概率分布很不均匀，低日照的概率很大。而光伏发电系统中的变换器在低功率区的效率较低，因此水平面上低日照概率分布不利于光伏能量的高效变换；而最佳斜面上低日照概率明显降低，有利于提高整个系统的效率。

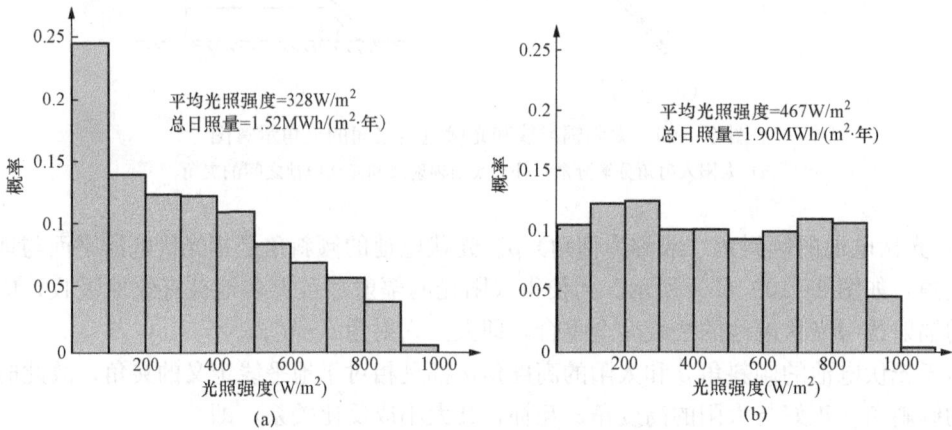

图 2-110　不同平面上太阳日照强度的概率分布
（a）水平面上；（b）优选斜面上

（3）影响光伏电池安装角度的因素。由式（2-60）～式（2-65）可知，要想设计出光伏电池合理的安装角度，要从研究计算太阳的最佳入射角入手，这涉及大量有关太阳和观测点的方位、角度等变量。然而，通过上述理论计算公式换算出来的安装角度（或跟踪角度）等参数，在实际工程中并非是最佳的选择，常常还要考虑一些附加因素对其进行修正，特别是针对无法随着太阳轨迹改变位置、朝向的固定光伏电池。为了合理设定电池的安装方位角和倾斜角，更需要根据当地的外界环境、天气条件、太阳日照的历史数据和所需供电的负载特性等诸多因素进行综合考虑。这些附加因素归纳起来大致有以下几种：

1）天气因素。

a. 地表面得到的太阳总日照量通常由太阳直射日照量、散射日照量和地面反射日照量三部分组成。天气干燥、能见度好的地区的直射日照量所占比例，通常要大于风沙大和湿度雾气大的地区。例如，将纬度相似的拉萨和重庆相比，直射日照量所占比例前者是后者的 2 倍。光伏电池的最佳倾斜角不但正比于所在地区的纬度，也正比于直射日照量所占比例值。有实测数据显示，拉萨和重庆地区光伏电池的最佳倾斜角相差就很多，分别是 30°和 10°。

b. 对于北方冬季有积雪的地区，设置光伏电池倾斜角时要兼顾考虑便于积雪从上面滑落的角度。

2）负载因素。光伏发电系统供电的负载多种多样，光伏发电系统按服务对象可分为离网和并网两大类系统；按全年用电时间又可分为季节性、均衡性和随机性三种负载。对不同负载供电，光伏电池发电量最大的倾斜角并不一定是最佳角度。

a. 对于离网的光伏发电系统，针对均衡性负载要综合考虑在不同季节光伏电池上接收辐射量的均衡性，以避免出现夏天发电量过剩，而冬天发电量欠缺的问题。

b. 针对冬天耗电量大的路灯照明负载和夏天耗电量大的冰箱等季节性负载，设置最佳倾斜角时要进行相对性的修正。

c. 对于光伏发电并网系统，因有大电网做后盾随时补充电力，故在设计光伏电池安装角度时不必像离网系统那样过多地考虑发电量的均衡问题，而只要找到全年能获取最大太阳辐射量的角度即可定为最佳角度。

d. 对于光伏电池方位角的设定，可以考虑将一天中发电峰值时刻与负荷的峰值时刻一致。

3）环境因素。

a. 光伏电池的最大输出功率与温度有关，且因电池的材料和制造工艺不同而变化。而影响电池温度的因素较为复杂，包括光照强度、电池材料、工作状态、环境温度、散热条件等。因此，进行具有普适性的、较精确的建模非常困难，工程上通常会根据经验对温度因素进行考虑，来修正电池的安装角度。

b. 若将光伏电池安装在屋顶上，在设计方位角和倾斜角时，不但要考虑屋顶的倾斜角、建筑物的方位角，还要躲避周围物体产生太阳阴影等因素。

2. 太阳光机械跟踪系统

如前所述，在不同的季节、不同的时间，太阳光针对光伏电池的入射角和方位角总是变化的。一般地，光伏电池都是根据正午时分太阳辐射最强时的角度固定安装，而不能随太阳位置的变化而旋转移动。这样，在上午偏早上和下午偏黄昏的两个时间段里，太阳光会近似平行地照射到光伏电池上，其光伏的转换效率相当低。据统计，如果电池的垂直法线与太阳光线角度存在 25°的偏差，就会因射入的辐射能减少使得光伏电池的输出功率下降 10% 左右。因此，为了提高光伏电池的太阳能利用率，增加光伏电池的光电转换效率和能量存储效率，除了要研究如何改变对光伏发电系统逆变器的控制算法，以达到 MPPT，还可通过借助机械传动装置和相应的检测手段进行物理跟踪，根据一天内太阳所在方位的变化，随时变更光伏电池采光面的方位和角度，尽量使光伏电池的采光面随时正向面对太阳，使其接受太阳光垂直照射的时间增加，提高采集的日照辐射量。如果跟踪的措施合理，光伏发电系统的发电量能提高 20% 以上，可更有效地解决光伏发电系统效率偏低的问题。但是，从另一个角度讲，引进太阳光机械跟踪系统，需要增加辅助的机械传动机构和相关的传感器及控制装置，使得光伏发电系统的建设成本提高，其利与弊和成本核算是设计者需要面对和解决的一大课题。

太阳光机械跟踪系统跟踪模式可根据跟踪参数的不同、旋转轴的不同或旋转轴数量的不同来分类。

（1）单轴跟踪。单轴跟踪是指被控光伏电池只有一个旋转自由度，按轴位置不同又可再细分为南北水平轴跟踪和东西水平轴跟踪。

1）南北水平跟踪的单轴跟踪系统。这是一种调节光伏电池的方位角，达到跟踪太阳东升西落变化的跟踪模式。将光伏电池固定在一根南北方向水平摆放的转动轴上，通过机械传动装置遵循太阳每个白昼随时间推移从东方升起、到西方落下的规律，每天清晨自动将光伏电池的受光面调到面向东方，然后随着太阳从东向西运转不断改变其方位角，使得光伏电池从早到晚始终随着太阳移动而旋转跟踪，尽可能使太阳光始终垂直射入光伏电池受光表面，以提高采光率。

2）东西水平跟踪的单轴系统。这是一种调节光伏电池与地球水平面的倾斜角（或称为仰角），达到跟踪太阳正午高度角变化的跟踪模式。将光伏电池固定在一根沿东西水平方向摆放的转动轴上，光伏电池的受光面面向南方，通过机械跟踪装置遵循太阳正午高度角随着季节的推移而发生变化的规律，每年定期改变光伏电池与地球水平面之间的倾斜角，使得在不同季节的正午时分太阳光都能垂直射入光伏电池受光表面，以提高采光率。因这种跟踪变化很慢，为了简化设计、节约成本，无需使用复杂的电动机传动装置，只需人工定期用摇杆手动调节即可。

（2）双轴跟踪。双轴跟踪是指被控光伏电池可以有两个旋转自由度。由天球坐标系可知，太阳的东升西落是地球自转与公转共同作用的结果，即太阳是沿两个坐标方向运动的，要完全跟踪太阳光的变化轨迹，光伏电池一天之内必须做椭圆形的弧形旋转，所以只有采用双轴跟踪系统才可以使光伏电池同时绕两条不同方向的轴线运动。然而，虽然双轴跟踪精度较高，但因二维的跟踪机械结构较复杂，设备成本较高，系统自身功耗大，控制系统也较复杂，一般不适合分布式小型光伏发电系统。但对于带有双曲线镜面或旋转抛物镜面结构的聚光型光伏电池来说，要使镜面反射或折射的太阳光线都精确地聚焦在光伏电池上，则必须考虑采用双轴自动跟踪装置。双轴自动跟踪装置按机械旋转轴向结构的不同，分为水平轴跟踪系统和赤纬轴跟踪系统。

思考题与习题

2-1　半导体与金属和绝缘体的主要区别是什么？

2-2　简要说明半导体的能级和能带的意义。室温下，Si的禁带宽度是多少？

2-3　什么是n型半导体、p型半导体？

2-4　p-n结是如何形成的？p-n结的基本特性是什么？

2-5　简要说明硅光伏电池的结构和原理。硅光伏电池片（单体）的基本特性有哪些？为什么它不能直接作为电源使用？

2-6　光伏电池材料硅具有哪些优异性能？硅光伏电池材料分成哪几类？

2-7　什么叫做多晶硅和单晶硅？多晶硅与单晶硅的差异主要表现在哪些方面？

2-8　硅提纯的方法有哪几种？国内外现有的多晶硅厂商绝大部分采用什么方法生产光伏级多晶硅？

2-9　什么叫做非晶硅？为什么说非晶硅是很有发展前景的光伏电池材料？

2-10　生产单晶硅光伏电池主要采用什么方法？简述硅光伏电池片的生产工艺流程。

2-11　光伏电池组件的串联、并联和串、并联的目的是什么？

2-12　什么叫"热斑效应"？分析光伏电池组件和方阵中旁路二极管和防反充二极管的

作用。

2-13　光伏电池的特性参数主要有哪些？测试这些特性参数的标准条件是什么？

2-14　某一面积为 $100cm^2$ 的光伏电池片，在标准测试条件下，测得其最大功率为 1.5W，求该电池片的转换效率。

2-15　要生产一块 75W 的光伏电池组件为 12V 蓄电池充电（光伏电池组件峰值电压需 17～18V），现有单片最大功率点电压为 0.49V、最大功率点电流为 8.56A、尺寸为 156mm×156mm 的单晶硅电池片，试确定电池组件的电池片数量及其板型和组件尺寸。

2-16　某地建设一座移动通信基站的光伏发电系统，该系统采用直流负载，负载工作电压为 48V，用电量为每天 150A·h，该地区最低光照辐射是 1 月份，其倾斜面峰值日照时数是 3.5h，选定 125W 的光伏电池组件，其主要参数：峰值功率为 125W，峰值工作电压为 34.2V，峰值工作电流为 3.65A。试计算光伏电池组件使用数量及光伏电池的组合设计。（设电池组件损耗系数为 0.9，蓄电池的充电效率为 0.9）

2-17　广州某气象监测站监测设备，工作电压为 24V，功率为 55W，每天工作 18h，当地最大连续阴雨天数为 15 天，两段最大连续阴雨天之间的最短间隔天数为 32 天。选用深循环放电型蓄电池及峰值输出功率为 50W 的光伏电池组件，其峰值电压为 17.3V，峰值电流为 2.89A。试计算蓄电池组容量及光伏电池功率。

2-18　与电池 p-n 结形成紧密欧姆接触的导电材料是什么？什么是上电极和下电极？

2-19　在晴朗的夏天，光伏电池的方位为什么要稍微向西偏？

2-20　光伏电池平面与水平面的夹角叫什么角？在选择铺设光伏电池的地方时为什么应尽量避开阴影？如果实在无法避开，也应采取什么方式来解决，可使阴影对发电量的影响降到最低程度？

第3章 光伏蓄电池与光伏控制器

3.1 光伏蓄电池概述

在光伏发电系统、风力发电系统和光伏－风力混合发电系统（简称风光互补发电系统）中，蓄电池是重要组成部件。由于太阳能光伏发电受春夏秋冬、阴晴雨雪、白昼黑夜等气候条件和地球纬度、海拔等地理条件等影响，太阳光伏电能具有相当大的随机性和不稳定性，因此需要配置储能装置——蓄电池，将光伏电池在有日照时发出的电能进行储存和调节，在日照不足发电很少或晚间、阴雨天及需要维修光伏发电系统时，蓄电池也能够向负载提供相对稳定的电能。蓄电池的投资占光伏发电系统总投资的 20%～25%，如此高的投资比例使得蓄电池使用寿命的长短对光伏发电系统度电成本影响很大。蓄电池效率的高低不仅影响到度电成本，还影响到光伏电池额定容量的大小，从而影响到总投资。蓄电池又是光伏发电系统中最薄弱的环节，使用寿命较短，蓄电池的损坏往往导致光伏发电系统不能运行。因此，如何选择和使用维护好蓄电池，是光伏发电系统设计和运行管理中至关重要的问题。

3.1.1 蓄电池简介

化学电池是将化学能转换为电能的装置，分为原电池和蓄电池两大类。原电池的活性物质只能利用一次，放完电后废弃，又称一次电池。蓄电池放电后可以用与放电电流相反的电流进行充电，重新获得复原而再次使用，又称二次电池，能量转换过程是可逆的。

铅酸蓄电池是用铅和二氧化铅作为负极和正极的活性物质，以稀硫酸水溶液作为电解液的电池。铅酸蓄电池具有化学能和电能转换效率较高、充放电循环次数多、端电压高（2V）、容量大（高达 3000A·h）等特点，具备防酸、隔爆、消氢、耐腐蚀性能，成本较低，目前在蓄电池生产和使用中保持着领先地位。

碱性蓄电池以电解液的性质而得名。此类蓄电池的电解液采用了苛性钾或苛性钠的水溶液。碱性蓄电池按其极板材料，可分为镉镍蓄电池、铁镍蓄电池等。镉镍蓄电池是以镉和铁的混合物作为负极活性物质，以氧化镍作为正极活性物质。铁镍电池的正极活性物质与镉镍蓄电池的正极基本相同，只是负极以铁金属作为活性物质。

碱性蓄电池与铅酸蓄电池相比具有体积小，低温性能好，可深放电，耐过充电和过放电，以及使用寿命长、维护简单等优点。碱性蓄电池的主要缺点是内阻大，电动势较低，初始成本较高。

光伏发电系统配套使用的蓄电池主要是铅酸蓄电池和碱性蓄电池（如镉镍蓄电池）。

碱性蓄电池由于价格高（约为铅酸蓄电池的 2 倍），内阻大，应用受到限制。而传统开口式铅酸蓄电池的比能量低、质量和体积大、不密封性、自放电率高、需要定期进行加水和测量酸密度等不利因素，则促使了阀控密封式铅酸蓄电池的广泛使用。

阀控密封式铅酸蓄电池（Valve-Regulated Lead Acid，VRLA）是指装有能自动开启和关闭的单向排气阀（内有防酸雾垫）的密封铅酸蓄电池。该电池采用吸收电解液的多孔超细玻璃纤维隔板和使用氧气循环技术，其正极析出的氧可在负极上被还原而消失，实现了"免维护"。

阀控密封式铅酸蓄电池由于全密封和电解液注入极板及隔板中（没有游离的电解液），因此，具有使用时不加水、不溢酸、酸雾极少、运输方便、不需要专门的通风装置、可以任意方位使用和积木式安装、寿命较长、价格低廉的优点；其主要缺点是：必须严格控制充电电压，一般为 $2.30 \sim 2.40V$/单体（格），需保持良好的通风，搁置寿命仅两年。

阀控密封式铅酸蓄电池，近年来有代替传统开口式铅酸蓄电池用于光伏发电系统的趋势，而阀控密封式胶体蓄电池由于使用性能优越更是一个新的亮点。

3.1.2　铅酸蓄电池的基本概念

1. 单体蓄电池

单体蓄电池是指蓄电池的最小单元（格）。

2. 蓄电池组

蓄电池组由单体蓄电池串联和并联组成，以满足存储大容量电能的需要。其作用是储存光伏电池发出的电能并随时向负载供电。

3. 电池充电

电池充电是外电路给蓄电池供电，使电池内发生化学反应，从而将电能转化成化学能而储存起来的操作。

4. 过充电与浮充电

过充电是对完全充满电的蓄电池或蓄电池组继续充电。

浮充电是蓄电池充满电后，改用小电流给电池继续充电，也称为消流充电。

5. 热失控

热失控是指蓄电池在恒压充电时充电电流和电池温度发生一种积累性的增强作用并逐步损坏蓄电池的现象。VRLA 蓄电池过充电时正极产生的大量氧气在负极复合，复合反应产生的热使蓄电池温度进一步升高。温度升高又使电池内阻下降，导致浮充电流增大。这样，增大的浮充电流使蓄电池温度升高，升高的温度又使浮充电流增大，如此反复形成恶性循环——热失控。

6. 电池放电

放电是在规定的条件下，蓄电池向外电路输出电能的过程。

7. 活性物质

在电池放电时发生化学反应从而产生电能的物质，或者说是正极和负极储存电能的物质统称为活性物质。

8. 板极硫化

在使用铅酸蓄电池时要特别注意的是：电池放电后要及时充电，如果长时期处于半放电或充电不足，甚至过充电或者长时间充电和放电都会形成 $PbSO_4$ 晶体。这种大块晶体很难溶解，无法恢复到原来的状态，导致板极硫化以后充电就困难了。

9. 容量

容量是指在规定的放电条件下蓄电池输出的电荷。其单位常用安时（$A \cdot h$）表示。

（1）能量和比能量。

1）能量。蓄电池的能量是指在一定放电条件下，蓄电池所能给出的能量，通常用 W 表示，其单位为瓦时（W·h）。蓄电池的能量分为理论能量和实际能量，理论能量可以用理论容量和电动势的乘积表示。而蓄电池的实际能量为一定放电条件下的实际容量与平均工作电压的乘积。

2）比能量。蓄电池的比能量是单位体积或单位质量的蓄电池所给出的能量，分别称为体积比能量（W·h/L）和质量比能量（W·h/kg）。

（2）功率和比功率。

1）功率。蓄电池的功率是指蓄电池在一定放电条件下，在单位时间内所给出的能量的大小，通常用 P 表示，单位为瓦（W）。蓄电池的功率分为理论功率和实际功率，理论功率为一定放电条件下的放电电流与蓄电池电动势的乘积。而蓄电池的实际功率为一定放电条件下的放电电流与平均工作电压的乘积。

2）比功率。蓄电池的比功率是指单位体积或单位质量的蓄电池输出功率，分别称为体积比功率（W/L）和质量比功率（W/kg）。比功率是蓄电池的重要的技术性能指标，蓄电池的比功率大，表示它承受大电流放电的能力强。

蓄电池容量不是固定不变的常数，它与充电的程度、放电电流大小、放电时间长短、电解液密度、环境温度、蓄电池效率及新旧程度等有关。通常在使用过程中，蓄电池的放电率和电解液温度是影响容量的最主要因素。电解液温度高时，容量增大；电解液温度低时，容量减小。电解液浓度高时，容量增大，电解液浓度低时，容量减小。

10. 相对密度

相对密度是指电解液与水的密度的比值，用来检验电解液的强度。相对密度与温度变化有关。25℃时，满充的电池电解液相对密度值为 1.265。密封式电池，相对密度值无法测量。纯酸溶液的密度为 $1.835g/cm^3$，完全放电后降至 $1.120g/cm^3$。电解液注入水后，只有待水完全融合电解液后才能准确测量密度。融入过程大约需要数小时或者数天，但是可以通过充电来缩短时间。每个电池的电解液密度均不相同，即使同一个电池在不同的季节，电解液密度也不一样。大部分铅酸电池的密度在 $1.1 \sim 1.3g/cm^3$ 范围内，充满电之后一般为 $1.23 \sim 1.3g/cm^3$。常用液态密度计来测量电解液的相对密度值。

高温或者低温中的电池，相对密度也会受影响。这种情况一般会在电池上标明。电池效率受放电电流的影响，因此应避免大放电电流输出导致的效率下降，以及影响电池的使用寿命。

11. 运行温度

电池运行一段时间，就感到烫手，由此可知，铅酸电池具有很强的发热性。温度对电池性能影响很大。当运行、温度超过 25℃，每升高 10℃，铅酸电池的使用寿命就减少 50%。所以电池的最高运行温度应比外界低，对于温度变化超过 ±5℃ 的情况下最好带温度补偿充电措施，电池温度传感器应安装在阳极上且与外界绝缘。

3.2　铅酸蓄电池的结构和工作原理

3.2.1　铅酸蓄电池的结构

铅酸蓄电池由正、负极板，隔板，壳体，电解质和接线柱头等组成，其中正极板的活性物质是二氧化铅（PbO_2），负极板的活性物质是灰色海绵状铅（Pb），电解液是稀硫酸

(H_2SO_4)。铅酸蓄电池的基本结构和工作原理如图3-1所示。

1. 极板

极板由板栅和活性物质组成。板栅是极板的骨架,用于支撑活性物质,传导电流。充满电的电池正极的有效物质为二氧化铅,负极有效物质为海绵状铅。负极板都采用涂膏式,正极板一般有涂膏式(平板式)和管式。管式正极板一般用于传统富液电池和胶体电池。在同一个电池内,同极性的极板片数超过两片者,用金属条连接起来称为"极板组"或"极板群"。至于极板组内的极板片数的多少,随其容量的大小或端电压的高低而定。

2. 隔板

在电池两极板组间插入的隔离物,防止正、负极板相互接触而发生短路和活性物质脱落。隔板的厚度、孔率、孔径、抗拉强度和电阻等直接影响隔板的性能。隔板在硫酸中的稳定性能直接影响蓄电池的寿命。隔板的弹性可延缓正极活性物质的脱落。阀控密封式铅酸蓄电池使用的隔板分为AGM(超细玻璃纤维)隔板和PVC-SiO_2隔板。AGM隔板用于贫液电池中,主要起防止正负极板短路、吸附硫酸电解液和为气体复合提供通道的作用。PVC-SiO_2隔板主要用于胶体蓄电池中,具有高孔率、低电阻、无杂质、质量轻和理化性能稳定等特点,目前主要有筋条式隔板和波纹式隔板等类型。此外,还有其他如PP和PE隔板等。

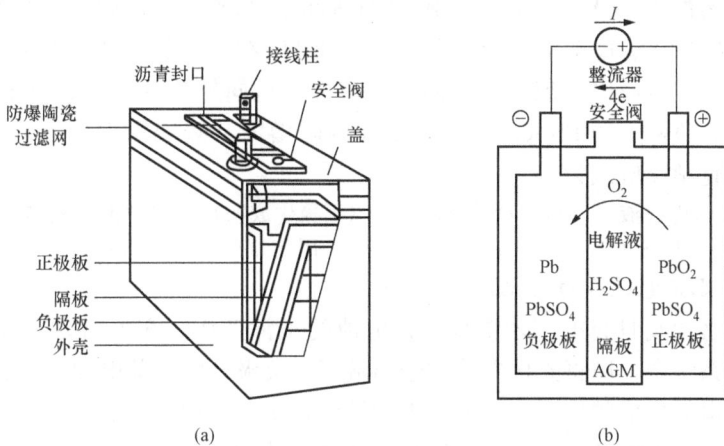

图3-1 铅酸蓄电池的基本结构和工作原理示意图

3. 容器

容器用于盛装电解液和支撑极板,通常有硬橡胶容器和塑料容器等。

4. 电解质

含有可移动离子,具有离子导电性的液体或固体物质叫做电解质。铅酸蓄电池一律采用硫酸电解质,一般为稀硫酸,由蒸馏水和纯硫酸按一定比例配制而成,是化学反应产生的必需条件。对于胶体蓄电池,还需要添加胶体,以便与硫酸形成胶体电解质。硫酸电解质在铅酸蓄电池中的作用是:参加电化学反应;溶液正、负离子的传导体;极板温升的热扩散体。

3.2.2 铅酸蓄电池的工作原理

铅酸蓄电池由两组极板插入稀硫酸溶液中构成。电极在完成充电后,正极板为二氧化铅,负极板为海绵状铅。放电后,在两极板上都产生细小而松软的硫酸铅,充电后又恢复为原来物质。

　　铅酸蓄电池在充电和放电过程中的可逆反应理论比较复杂，目前公认的是"双硫酸化理论"。该理论的含义为铅酸蓄电池在放电时，两电极的有效物质和硫酸发生作用，均转化为硫酸化合物——硫酸铅；当充电时，又恢复为原来的铅和二氧化铅。

　　1. 铅酸蓄电池电动势的产生

　　铅酸蓄电池充电后，正极板的 PbO_2 在硫酸溶液中水分子的作用下，少量与水生成可离解的不稳定物质氢氧化铅 $[Pb(OH)_4]$，氢氧根离子在溶液中，铅离子（Pb^{4+}）留在正极板上，因此正极板上缺少电子。同时负极板的 Pb 与电解液中的 H_2SO_4 发生反应，变成铅离子（Pb^{2+}），铅离子转移到电解液中，负极板上留下多余的两个电子（2e）。可见，在未接通外电路时（电池开路），由于化学作用，正极板上缺少电子，负极板上多余电子，两极板间就产生了一定的电位差，这就是电池的电动势。铅酸蓄电池单体（格）的电动势为 2.0V。

　　2. 铅酸蓄电池放电过程的电化学反应

　　铅酸蓄电池放电（接通外电路负载）时，在蓄电池的电动势作用下，负极板上的电子经负载进入正极板形成电流，同时在电池内部进行化学反应。负极板上每个铅原子放出 2e 后，生成的 Pb^{2+} 与电解液中的硫酸根离子（SO_4^{2+}）反应，在极板上生成难溶的硫酸铅（$PbSO_4$）。正极板的 Pb^{4+} 得到来自负极的 2e 后，变成 Pb^{2+}，与电解液中的 SO_4^{2+} 反应，在正极板上也生成难溶的 $PbSO_4$。正极板水解出的氧离子（O_2^{2-}）与电解液中的氢离子（H^+）反应，生成稳定物质水。电解液中存在的 SO_4^{2+} 和 H^+ 在电场的作用下分别移向电池的正、负极，在电池内部产生放电电流，形成回路，使蓄电池向外持续放电。放电时，H_2SO_4 浓度不断下降，正、负极上的 $PbSO_4$ 增加，电池内阻增大（硫酸铅不导电），电池电动势降低。放电过程的化学反应式为

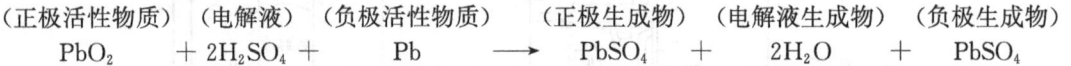

（正极活性物质）（电解液）（负极活性物质）　（正极生成物）（电解液生成物）（负极生成物）
$$PbO_2 + 2H_2SO_4 + Pb \longrightarrow PbSO_4 + 2H_2O + PbSO_4$$

　　3. 铅酸蓄电池充电过程的电化学反应

　　在放电后，必须及时充电，才能维持蓄电池的正常工作。充电时，要外接一个直流电源，在光伏发电系统中，应将光伏电池的输出端正、负极分别与蓄电池的正、负极相连，使正、负极板在放电后生成的物质恢复成原来的活性物质，并把外界的电能转变为化学能储存起来。正极板上，在外电源的作用下，$PbSO_4$ 被离解为 Pb^{2+} 和 SO_4^{2-}，由于外电源不断从正极吸取电子，正极板附近游离的 Pb^{2+} 不断放出 2e 来补充，变成 Pb^{4+}，并与水继续反应，最终在正极板上生成 PbO_2。负极板上，在外电源的作用下，$PbSO_4$ 也被离解为 Pb^{2+} 和 SO_4^{2-}，由于负极不断从外电源获得电子，因此负极板附近游离的 Pb^{2+} 被中和为 Pb，并以绒状铅附着在负极板上。

　　电解液中，正极不断产生游离的 H^+ 和 SO_4^{2-}，负极不断产生 SO_4^{2-}，在电场的作用下，H^+ 向负极移动，SO_4^{2-} 向正极移动，形成充电电流，并形成回路。充电后期，在外电源的作用下，溶液中还会发生水的电解反应。充电过程的化学反应式为

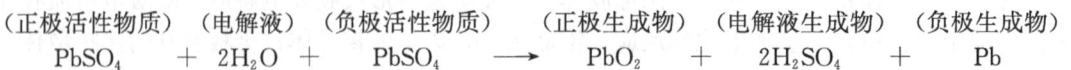

（正极活性物质）（电解液）（负极活性物质）　（正极生成物）（电解液生成物）（负极生成物）
$$PbSO_4 + 2H_2O + PbSO_4 \longrightarrow PbO_2 + 2H_2SO_4 + Pb$$

　　蓄电池的充、放电过程实际上是一个可逆化学反应过程，总的化学反应过程可用下列方程式表示

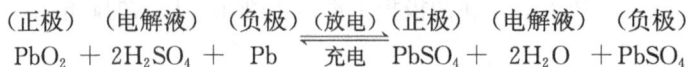

（正极）（电解液）（负极）（放电）（正极）（电解液）（负极）
$$PbO_2 + 2H_2SO_4 + Pb \underset{充电}{\overset{放电}{\rightleftharpoons}} PbSO_4 + 2H_2O + PbSO_4$$

铅酸蓄电池在充、放电过程伴随着的副反应为

$$2H_2O \longrightarrow 2H_2 \uparrow + O_2 \uparrow$$
$$2Pb + O_2 \longrightarrow 2PbO$$
$$PbO + H_2SO_4 \longrightarrow PbSO_4 + H_2O$$

该反应使电池中水分逐渐损失，需不断补充纯水才能保持正常使用。对于普通 AGM 玻璃纤维隔板电池，其隔板内有一定的孔率，在正、负极之间预留气体通道。同时选用特殊合金铸造板栅提高负极的析氢过电位，以抑制氢气的析出；而正极产生的氧气顺着通道扩散到负极，使氧气重新复合成水，保证正极析出的氧扩散到铅负极，完成反应，从而实现正极析出的氧再化合成水。对于采用胶体电解质系列的 GEL 电池，选用 PVC - SiO$_2$ 隔板，氧循环的建立是由于电池内的凝胶以 SiO$_2$ 质点作为骨架构成的三维多孔网络结构，它将电池所需的电解液保藏在里面；灌注肢体后，在电场力的作用下发生凝胶，初期结构并不稳定，骨架要进一步收缩，而使凝胶出现裂缝，这些裂缝存在于整个正、负极板之间，为氧到达负极还原建立通道。两类电池的整个氧循环机理是一样的，只是氧气到达负极的通道方式不同而已。但 GEL 电池氧气循环只有在凝胶出现裂纹之后才建立起来，所以氧气复合效率是逐渐上升的，从而使电池起到密封的效果。

3.2.3　铅酸蓄电池的分类和命名

1. 铅酸蓄电池的分类

（1）按照电解液数量和电池槽结构分为传统开口式铅酸蓄电池和阀控密封式铅酸蓄电池。前者为开口半密封式结构，电解液处于富液状态，使用过程中需要加水调节酸密度；后者为全密封式结构，电解液为贫液状态，使用过程中不需要加水或加酸维护。光伏发电系统主要采用 VRLA 蓄电池。按隔板的不同，VRLA 蓄电池又可分为 AGM 电池和 GEL 电池。AGM 电池主要采用 AGM（玻璃纤维）隔板，电解液被吸附在隔板孔隙内；GEL 电池主要采用 PVC - SiO$_2$ 隔板，电解质为已经凝胶的胶体电解质。这两类电池各有优缺点。从发展速度来看，AGM 技术发展较快，目前市场上基本以 AGM 电池为主导。GEL 电池最近几年有逐步上升的势头，主要是因为前几年 AGM 电池的使用寿命出现较多问题，而 GEL 电池的高循环寿命等优点开始被用户所认可和接受。

（2）按照电池的用途分为循环使用电池和浮充使用电池。浮充电池主要是后备电池。循环和启动使用的电池有铁路电池、汽车电池、光伏电池、电动车电池、牵引电池等类型。

（3）按照电池的使用环境分为移动型电池和固定型电池。固定型电池主要用于后备电源，广泛用于邮电、电站和医院等，最大要求是安全可靠，因其使用固定在一地方，重量不是关键问题。移动型电池主要有内燃机车用电池、铁路客车用电池、摩托车用电池、电动汽车及牵引车用电池等。

2. 蓄电池的命名方法、型号组成及其代表意义

蓄电池名称由单体蓄电池格数、型号、额定容量、电池功能或形状等组成。如图 3 - 2 所示。当单体蓄电池格数为 1 时（2V）省略，6、12V 分别为 3 和 6。各公司的产品型号有不同的解释，但产品型号中的基本含义相同。

例如：GFM - 500，1 个单体，电压为 2V，G 为固定型，F 为阀控式，M 为密封，500 为 10h 率的额定容量；6 - GFMJ - 100，6 为 6 个单体，电压为 12V，G 为固定型，F 为阀控式，M 为密封，J 为胶体，100 为 10h 率的额定容量。

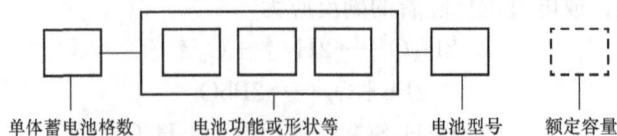

图 3-2　蓄电池名称的组成

3.2.4　蓄电池的性能参数

下面主要讨论光伏发电系统中应用最多的铅酸蓄电池。

1. 蓄电池的电压

（1）蓄电池电动势（E）。蓄电池的电动势在数值上等于蓄电池达到稳定时的开路电压，它是由蓄电池电极的活性物质与电解质的电化学特性决定的。

铅酸蓄电池的电动势与硫酸密度有关，硫酸密度增加（在硫酸密度为 $1.05\sim1.300\mathrm{g/cm^3}$ 范围时），蓄电池电动势的值也相应增加，呈线性关系。温度对铅酸蓄电池的电动势影响不大。

蓄电池的电动势可以从下面近似公式得出

$$E=0.85+d \tag{3-1}$$

式中：0.85 为 VRLA 蓄电池的电动势常数；d 为电解液的密度（$\mathrm{g/cm^3}$）。

（2）开路电压（U_k）。蓄电池的开路电压是蓄电池在开路状态（无电流状态）下的端电压

$$U_k=E_z-E_f \tag{3-2}$$

式中：E_z 为蓄电池正极电位；E_f 为蓄电池负极电位。

蓄电池达到稳定时的开路电压在数值上等于蓄电池的电动势，也可由 $U_k=E=0.85+d$ 近似得出。

（3）工作电压（U）。蓄电池的工作电压是指蓄电池接通负荷后在放电过程中显示的端电压，又称负荷（载）电压或放电电压。工作电压的大小是变化的，既与电池的放电电流有关，又与电池的内阻有关

$$U=U_k-I(R_o+R_j) \tag{3-3}$$

式中：I 为蓄电池放电电流；R_o 为蓄电池的欧姆电阻；R_j 为蓄电池的极化电阻。

（4）充电电压。蓄电池的充电电压是指蓄电池在充电时，外电源加在蓄电池两端的电压。

（5）初始电压。蓄电池的初始电压是蓄电池在放电初始时的工作电压。

（6）浮充电压。蓄电池的浮充电压为充电器对蓄电池进行浮充电时设定的电压值。蓄电池要求充电器应有精确而稳定的浮充电压值。浮充电压值高意味着蓄电池储存能量大，质量差的蓄电池浮充电压值一般较小；人为地提高浮充电压值对蓄电池是有害无益的。

铅酸蓄电池的单体（格）电压为 2V，实际电压随充、放电情况而有变化，充电结束时电压为 $2.5\sim2.7\mathrm{V}$/格，以后缓慢降到 2.05V/格左右的稳定状态；放电时，电压缓慢下降，低到 1.7V/格时，便不能再继续放电，否则会损坏蓄电池的极板。200A·h 以上的铅酸蓄电池每只为一单体，电压为 2V。200A·h 以下的铅酸蓄电池每只一般为 6 个单体（格）串联，电压为 12V。镉镍蓄电池的单体电压为 1.2V。蓄电池组的电压由串联的蓄电池单体只数确定，有 24、48、60、110V 等。

蓄电池的充电电压不能过高，当充电电压超过气化电压时，电池内部的电解液会分解出氢气和氧气而产生气化现象，使得电解液逐渐减少，这不但不利于化学反应的进行，而且可能使电池内的极板暴露在空气中而氧化，以致影响到电池的寿命、容量及充、放电能力。电池在放电时电压也不能过低，电池放的电越多，其电压就越低，当电池的电压达到终止电压时，如继续放电，将使电池的寿命大幅度减少。

VRLA 蓄电池在 25℃时的浮充电压 U＝开路电压＋极化电压＝U_k＋(0.10～0.18)。例如，美国圣帝公司的蓄电池电解液密度为 $1.240g/cm^3$，所以它的浮充电压为 2.19V；日本 YUASA 公司的蓄电池的浮充电压为 2.23V。

铅酸蓄电池端电压与放电时间关系曲线如图 3‐3 所示，充电时间与电压及电流关系曲线如图 3‐4 所示。

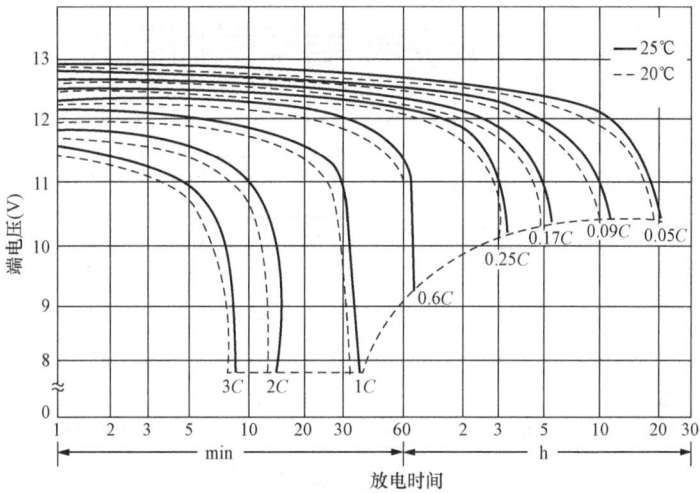

图 3‐3　铅酸蓄电池端电压与放电时间关系曲线

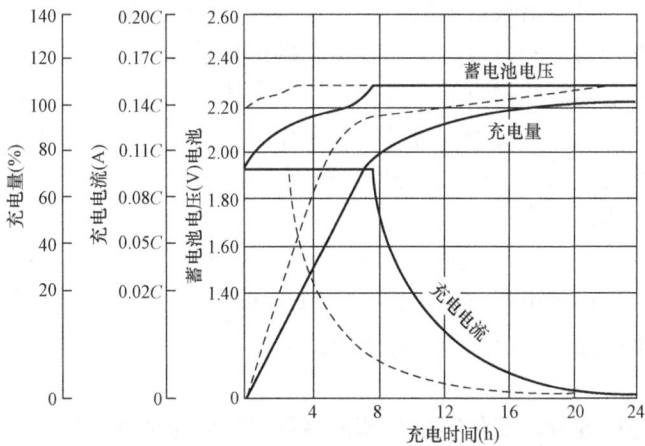

图 3‐4　铅酸蓄电池充电时间与电压及电流关系曲线

（7）蓄电池的放电终止电压。蓄电池的放电终止电压是指蓄电池放电时电压下降到不宜再放电（至少能再反复充电使用）时的最低工作电压。放电终止电压并非固定不变，其随着放电率不同而变化。放电率大，电压下降较快，放电终止电压较低；放电率小，电压下降较慢，放电终止电压较高，但放电深度增加。对于铅酸蓄电池，后备电源系列电池 10h 率和3h 率放电的终止电压为 1.80V/格（相对于单体 2V 的蓄电池），1h 率终止电压为 1.75V/格。由于铅酸电池本身的特性，即使放电的终止电压继续降低，电池也不会放出太多的容量，但终止电压过低对电池的损伤极大，尤其当放电达到 0V 又不能及时充电将大大缩短电池的寿命。对于光伏发电系统用的蓄电池，针对不同型号和用途，放电终止电压的设计也不一样。终止电压视放电率和需要而定。通常，小于 10h 率的小电流放电，终止电压取值稍高；大于 10h 率的大电流放电，终止电压取值稍低。放电率对终止电压的影响如图 3-5所示。

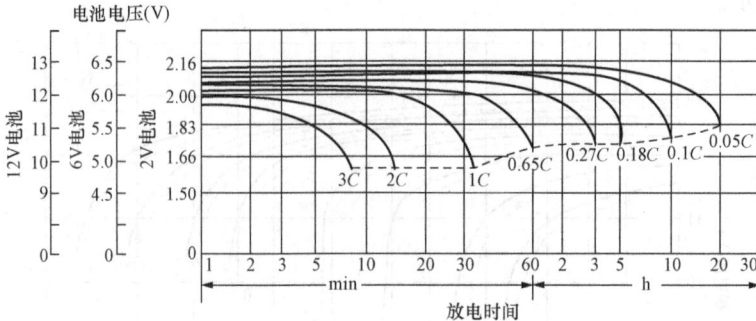

图 3-5 放电率对终止电压的影响

2. 蓄电池的容量

蓄电池的容量是指蓄电池储存电能的能力。处于完全充电状态的铅酸蓄电池在一定的放电电流和一定的电解液温度下，单格电池的电压降到规定的终止电压时所能提供的电量称为电池容量，以符号 C 表示，通常可采用两种单位表示方法：安时容量（A·h），瓦时容量（W·h）。当蓄电池以恒定电流放电时，安时容量＝放电电流×放电时间，瓦时容量＝安时容量×平均放电电压。目前铅酸蓄电池产品容量可从 1A·h 到几千甚至上万安时。

蓄电池的容量可分为理论容量、实际容量和额定容量。

理论容量是把蓄电池活性物质的质量按法拉第定律计算而得到的最高理论值。

法拉第电解定律：电解过程中，通过的电量相同，所析出或溶解出的不同物质的物质的量相同；也可以表述为：电解 1mol 的物质，所需用的电量都是 1 个"法拉第"（F），等于96500C 或者 26.8A·h，即

$$1F＝26.8A·h＝96500C$$

式中：1C＝$6.25×10^{18}$ 电子电量（e）；1e＝$1.6021892×10^{-18}$C；1mol＝$6.023×10^{23}$。

实际容量是指蓄电池在一定放电条件下所能输出的电量，它等于放电电流与放电时间的乘积。

实际容量小于理论容量，实际容量与理论容量之比叫做活性物质的利用率。

额定容量（标称容量）是按照国家或有关部门颁布的标准，在电池设计时要求电池在一定的放电条件下（一般规定在 25℃ 环境下以 10h 率电流放电至终止电压）应该放出的最低限度的电量值。额定容量常用来标定 10h 率蓄电池的型号。

为了比较不同系列的蓄电池，常用比容量的概念，即单位体积或单位质量蓄电池所能给

出的能量，分别称为体积比容量和质量比容量，其单位分别为 A·h/L 或 A·h/kg。

蓄电池标称容量不仅取决于蓄电池本身，还与使用条件有关。

（1）蓄电池容量与放电率的关系。同一个电池放电率不同时，给出的容量也不同。放电率有小时率（时间率）和电流率（倍率）两种不同的表示方法。

1）小时率（时间率）。是以一定的电流放完额定容量所需的时间，或以一定电流放电至规定终止电压所经历的时间，标识为 20、10、5、3、1、0.5h 等。

例如，某个 12V 的蓄电池，如果用 2A 放电，5h 降到 10.5V（终止电压），则容量为

$$C_5 = 2A \times 5h = 10A \cdot h$$

同样是这个电池，如果用 1.2A 放电，10h 降到 10.5V，则容量为

$$C_{10} = 1.2A \times 10h = 12A \cdot h$$

前者称 5h 放电率，容量用 C_5 表示；后者称 10h 放电率，容量用 C_{10} 表示，C 的下脚标就是小时率。

2）电流率（倍率）。是指放电电流相当于电池额定容量的倍数。例如，容量为 100A·h 的蓄电池，以 100A·h/10h=10A 电流放电，10h 将全部电量放完，电流率为 $0.1C_{10}$；若以 100A 电流放电，1h 将全部电量放完，则电流率为 $1C_1$。

依此类推。蓄电池的额定容量按放电率标定。国际标准规定，对于启动型蓄电池，其额定容量以 20h 率标定，表示为 C_{20}；对于固定型蓄电池，其额定容量以 10h 率标定，表示为 C_{10}。上述的 100A·h 电池，如果是启动型电池，表示其 20h 率放电，可放出 100A·h 的容量。如果不是 20h 率放电，则放出的容量就不是 100A·h。如果是固定型电池，表示其 10h 率放电，可放出 100A·h 的容量。如果不是 10h 率放电，则放出的容量就不是 100A·h。放电电流越大，蓄电池容量越小。

根据使用条件的不同，汽车蓄电池多用 20h 率容量，固定型或摩托车蓄电池用 10h 率容量，牵引型和电动车蓄电池用 5h 率容量，光伏应用一般采用 20h 率容量。

（2）蓄电池容量与温度的关系。铅酸蓄电池电解液的温度对蓄电池的容量有一定影响，温度高时，电解液的黏度下降，电阻减小，扩散速度增大，电池的化学反应加强，这些都会使容量增大。但是温度升高时，蓄电池的自放电容量会增加，电解液的消耗量也会增多。

蓄电池在低温下容量迅速下降，通用型蓄电池在温度降到 5℃时，容量会降到 70% 左右。低于 -15℃时，容量将下降到不足 60%，且在 -10℃ 以下充电反应非常缓慢，可能造成放电后难以恢复。放完电后若不能及时充电，在温度低于 -30℃时有冻坏的危险。

3. 蓄电池的使用寿命

在独立光伏发电系统中，通常蓄电池是使用寿命最短的部件。

根据蓄电池用途和使用方法的不同，对于寿命的评价方法也不相同。对于铅酸蓄电池，可分为充放电循环寿命、使用寿命和恒流过充电寿命三种评价方法。在可再生能源领域使用的蓄电池，主要考虑前面两种。

蓄电池经历一次充电和放电，称为一次循环。在一定的放电条件下，电池使用至某一容量规定值之前，电池所能承受的循环次数，称为循环寿命。蓄电池的使用寿命（浮充电寿命）是指蓄电池在规定的浮充电压和环境温度下，蓄电池寿命终止时浮充电运行的总时间，以蓄电池的工作年限来衡量。恒流过充电寿命是指采用一定的充电电流对蓄电池进行连续过充电，一直到蓄电池寿命终止时所能承受的过充电时间。蓄电池寿命终止条件一般设定在容

量低于 10h 率额定容量的 80%。根据有关规定，固定型（开口式）铅酸蓄电池的充、放电循环寿命应不低于 1000 次，使用寿命（浮充电）应不低于 10 年。

实际上蓄电池的使用寿命与蓄电池本身质量及工作条件、使用和维护情况等因素有很大关系。如果电池以 100%DOD（放电深度）放电，循环寿命一般为 100～200 次，即电池以 100%容量放电，放电到终止电压为 1.8V/格，循环 100～200 次后，容量低于额定容量的 80%时，电池寿命终止。如果电池以 30%DOD 放电，循环寿命一般为 1000～1200 次。放电深度对蓄电池的循环使用寿命影响很大，放电浅，循环寿命长；放电深，循环寿命短。蓄电池放电深度与循环次数关系曲线如图 3-6 所示。

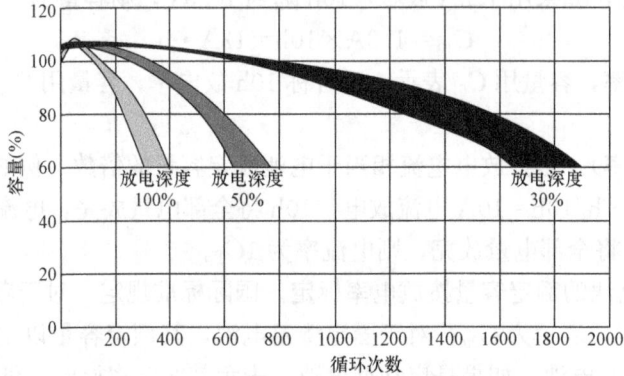

图 3-6　蓄电池放电深度与循环次数关系曲线

4. 蓄电池的效率

在离网光伏发电系统中，常用蓄电池作为储能装置，充电时将光伏电池发出的电能转变成化学能储存起来；放电时再把化学能转变成电能，供给负载使用。

实际使用的蓄电池不可能是完全理想的储能器，在工作过程中必然有一定的能量损耗，通常用能量效率和充电效率来表示。

（1）能量效率（也称瓦时效率）。在规定的条件下，蓄电池放电时输出的能量与充电时输入的能量之比，即

$$\eta_W = \frac{W_{放}}{W_{充}} \times 100\% \tag{3-4}$$

影响能量效率的主要因素是蓄电池的内阻。

（2）充电效率（也称安时效率或库仑效率）。在规定的条件下，蓄电池放电时输出的电量与充电时输入的电量之比。影响充电效率的主要因素是蓄电池内部的各种副反应，如自放电。

对于一般的离网光伏发电系统，平均充电效率为 80%～85%，在冬天可增加到 90%～95%。

5. 蓄电池的自放电

在蓄电池不使用时，随着放置时间的延长，储电量会自动减少，这种现象称为自放电。自放电与储存时间关系曲线如图 3-7 所示。

自放电的主要原因如下：

（1）电解液中含有杂质（其他金属如铜、铁等），或添加的不是纯净水，这些杂质与蓄电池极板形成局部微小电池，从而使蓄电池形成自放电回路。实验表明，电解液中如含有

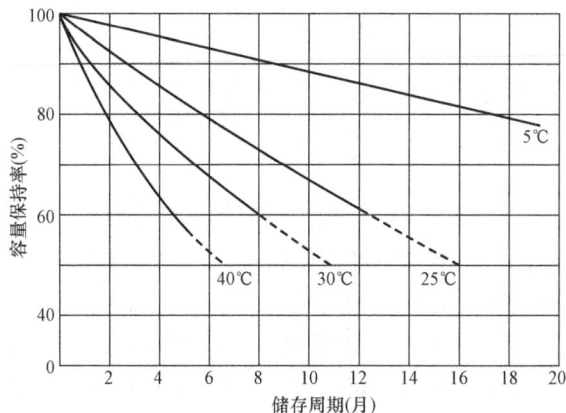

图 3-7　自放电与储存时间关系曲线

1％的铁，蓄电池充足电后会在 24h 之内将电能全部放完。

蓄电池极板成分不纯，含锑量过高或含有其他有害杂质时，也会形成许多微小蓄电池。杂质与极板间或不同杂质之间产生电位差，变成一个局部蓄电池，并通过电解液构成回路，产生局部电流，从而形成自放电。

（2）蓄电池电极间污垢较多，如泥土及水等均为导体，使蓄电池正、负电极间形成放电回路而自行放电。

（3）蓄电池负极板的自溶和正极板二氧化铅的自动还原。负极板的海绵状铅在蓄电池搁置过程中会以铅离子形式溶入电解液中，形成硫酸铅，而且铅与电解液总是含有一定的杂质，会引起氢的析出，从而加速铅的自溶，加快蓄电池自放电。反应式如下

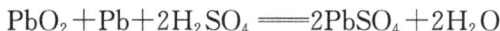

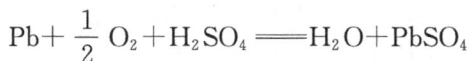

$$PbO_2 + Pb + 2H_2SO_4 === 2PbSO_4 + 2H_2O$$

$$PbO_2 + 2Ag + 2H_2SO_4 === PbSO_4 + Ag_2SO_4 + 2H_2O$$

$$5PbO_2 + 2Sb + 6H_2SO_4 === (SbO_2)_2SO_4 + 5PbSO_4 + 6H_2O$$

$$PbO_2 + H_2 + H_2SO_4 === PbSO_4 + 2H_2O$$

$$Pb + H_2SO_4 === PbSO_4 + H_2$$

$$Pb + \frac{1}{2}O_2 + H_2SO_4 === H_2O + PbSO_4$$

（4）电池长期放置不用，硫酸下沉，下部密度比上部大，极板上、下部发生电位差及温度的变化都可能引起自放电。

6. 电池的放电深度与荷电态

蓄电池放电深度（Depth of Discharge，DOD）是指从蓄电池使用过程中放出的有效容量占该电池额定容量的比值，通常以百分数表示。17％～25％为浅循环放电；30％～50％为中等循环放电；60％～80％为深循环放电。

深度放电会造成蓄电池内部极板表面硫酸盐化，导致蓄电池的内阻增大，严重时会使个别电池出现"反极"现象和永久性损坏。因此，过大的放电深度会严重影响电池的使用寿命，非迫不得已，不要让电池处于深度放电状态。光伏发电系统中，DOD 一般为 30％～80％。

蓄电池的荷电态（State of charger，SOC），定义为

$$SOC = \frac{C_r}{C_t} \times 100\% \qquad\qquad (3-5)$$

式中：C_r、C_t 分别为某时刻蓄电池的剩余电量和总电量。荷电态与放电深度的关系为

$$SOC = 1 - DOD \qquad\qquad (3-6)$$

7. 蓄电池内阻

蓄电池内阻不是常数，在充、放电过程中随时间不断变化，因为活性物质的组成、电解液浓度和温度都在不断变化。铅酸蓄电池内阻很小，在小电流放电时可以忽略，但在大电流放电时，电压降可达数百毫伏，必须引起重视。

蓄电池内阻有欧姆内阻和极化内阻两部分，欧姆内阻主要由电极材料、隔膜、电解液、接线柱等构成，也与电池尺寸、结构及装配有关。极化内阻是由电化学极化和浓差极化引起的，是电池放电或充电过程中两电极进行化学反应时极化产生的内阻。极化内阻除与电池制造工艺、电极结构及活性物质的活性有关外，还与电池工作电流大小和温度等因素有关。电池内阻严重影响电池工作电压、工作电流和输出能量，因而内阻愈小的电池性能愈好。

8. 蓄电池的串联和并联

将多只蓄电池的正极接负极依次连接称为串联，由此组成的蓄电池组的电压为串联蓄电池电压之和，容量不变。例如，55 只 2V/250A·h 的铅酸蓄电池串联，组成的串联蓄电池组的电压为 110V，容量为 250A·h。将多只蓄电池的正极和负极分别连接起来称为并联，由此组成的蓄电池组的电压不变，容量为并联的蓄电池容量之和。例如，10 只 2V/250A·h 的铅酸蓄电池并联，组成的蓄电池组的电压为 2V，容量为 2500A·h。蓄电池组也可以并联，例如两组 110V/250A·h 的蓄电池组并联，组成的蓄电池组的电压为 110V，容量为 500A·h。蓄电池进行串、并联时应尽可能保证每只蓄电池的性能一致。

3.3　VRLA 蓄电池的充、放电特性

3.3.1　VRLA 蓄电池的充电特性

由于 VRLA 蓄电池具有价格低廉、电压稳定、无污染等优点，近年来，广泛应用于通信、电力和交通领域。但是近来不少用户反映，本来应工作 10～15 年的 VRLA 蓄电池，大都在 3～5 年内损坏，有的甚至使用不到 1 年便失效了，造成了极大的经济损失。通过对损坏的 VRLA 蓄电池的统计分析得知，因充、放电控制不合理而造成的 VRLA 蓄电池寿命终止的比例较高。例如，VRLA 蓄电池早期容量损失、不可逆硫酸盐化、热失控、电解液干涸等都与充、放电控制的不合理有关。为了延长 VRLA 蓄电池的使用寿命，对 VRLA 蓄电池进行合理的充、放电控制是使 VRLA 蓄电池达到其设计寿命的基础。

1. VRLA 蓄电池的充电技术

VRLA 蓄电池生产厂提供的蓄电池保证使用寿命的技术指标是在环境温度为 25℃下给出的。由于单体 VRLA 蓄电池电压具有温度每上升 1℃下降约 4mV 的特性，那么一个由 6 个单体 VRLA 蓄电池串联组成的 12V 蓄电池组，25℃的浮充电压为 13.5V；当环境温度降为 0℃时，浮充电压应为 14.1V；当环境、温度升至 40℃，浮充电压应为 13.14V。同时，VRLA 蓄电池还有一个特性，当环境温度一定时，充电电压比要求的电压高 100mV，充电电流将增大数倍，因此，将导致 VRLA 蓄电池的热失控和过充电损坏。当充电电压比要求

电压低 100mV 时，又将使 VRLA 蓄电池充电不足，也会导致 VRLA 蓄电池损坏。另外，VRLA 蓄电池的容量也和温度有关，大约是温度每降低 1℃，容量将下降 1%，所以要求 VRLA 蓄电池在使用过程中，在夏季 VRLA 蓄电池放出额定容量的 50% 后、冬季放出 25% 后就应及时充电。

显然，日常使用中的 VRLA 蓄电池不可能长期处在 25℃ 的环境中，而目前普遍使用的晶闸管整流型、变压器降压整流型及开关稳压电源型的 VRLA 蓄电池充电器，以恒压或恒流方式对 VRLA 蓄电池进行的充电，无法满足 VRLA 蓄电池补充充电所要求的技术条件。纵观过去所采用的这些对 VRLA 蓄电池充电的方法，以及根据这些方法开发的 VRLA 蓄电池充电器，不难看出，其充电技术是不够完善的，用这些产品给 VRLA 蓄电池充电，势必直接影响 VRLA 蓄电池的使用寿命，同时这些充电器还存在着工作电压适应范围窄、体积大、效率低、可靠性差等问题。

2. 自然平衡充电器

VRLA 蓄电池的自然平衡充电原理是有两个电源 E_A、E_B，当电源 E_A 与电源 E_B 处在同一环境温度下，正极和正极相连接，负极与负极相连接，在它们所形成的闭合电路中，存在着如下关系：如果 E_A 高于 E_B，E_A 将向 E_B 提供 $E_A - E_B = \Delta E$ 的电压，同时将按 ΔE 的大小，提供 Δi 电流由电源 E_A 流向电源 E_B；当 E_B 吸收 E_A 提供 Δi 的电流，使 E_B 上升到完全等于 E_A 时（在 VRLA 蓄电池中表现为 VRLA 蓄电池端电压的上升和电荷存储量的增加），电源 E_A 将停止向电源 E_B 提供电流，也就是 $E_A = E_B$，$\Delta E = 0$，$\Delta i = 0$。

在上面描述中，把 E_B 换成被充电的 VRLA 蓄电池，将 E_A 精心设计成在不同环境温度下能按 VRLA 蓄电池充电平衡需要自动调节输出电压和电流的电源，在完全理想化的情况下，电源 E_A 能根据 VRLA 蓄电池在任一环境温度下可接受的电流，对 VRLA 蓄电池进行充电，VRLA 蓄电池充足电后，$\Delta E = 0$，$\Delta i = 0$，E_A 电源将不再消耗功率，此后，E_A 只随环境温度的变化，对被充电的 VRLA 蓄电池提供跟踪平衡补偿，由于 VRLA 蓄电池充电的整个过程完全是自动完成的，所以称为自然平衡法。

采用自然平衡法给 VRLA 蓄电池充电，在 VRLA 蓄电池充足电后，E_A 与被充电的 VRLA 蓄电池（E_B）之间的电压差 $\Delta E = 0$，自然也就有 $\Delta i = 0$。由于 E_A 无功率供给 VRLA 蓄电池（E_B），所以 VRLA 蓄电池电解液不可能产生沸腾，也不可能使 VRLA 蓄电池内电解液中的水分解，更不可能使 VRLA 蓄电池内的压力和温度升高而产生安全隐患。因此，该方法提供给 VRLA 蓄电池的是既不会使 VRLA 蓄电池过充电，也不会使 VRLA 蓄电池充电不足，而是更方便、更安全、更可靠地充电。

从上面的分析中不难看出，该方法特别适于间隙性放电使用的 VRLA 蓄电池日常维护充电，有利于提高 VRLA 蓄电池日常使用中的可靠性及提高 VRLA 蓄电池的使用寿命。

3. 蓄电池的充电方法

按蓄电池两端电压、电流的控制方式的不同，常见的蓄电池的充电方法有以下几种。

（1）恒压充电法。在充电过程中，充电电压保持不变。这样在刚开始充电时，能以较大的电流对蓄电池充电，随着充电时间的增加，电流逐渐减小。然而充电电流太大会使电池寿命减少，而且容易造成电池温度上升，因此需要额外加入限流电路及温度补偿电路。

（2）恒流充电法。在充电过程中，充电电流保持不变。这样可以避免恒压充电法因电流太大而产生的问题。其缺点是恒流充电可能造成充电电压过高而影响蓄电池的寿命。而且恒流充电不能像恒压充电法那样使电池保持在浮充电状态，因此无法将蓄电池完全充足电。

（3）二阶段充电法。二阶段充电法结合了恒流充电法和恒压充电法的优点，先以恒定电流对蓄电池充电，等蓄电池电压达到气化电压后，再以恒定电压充电，使蓄电池保持在浮充电状态。二阶段充电法与恒压充电法和恒流充电法相比，在蓄电池寿命和充电时间上已有很大改善。然而在恒压充电阶段，由于充电电流很小，因此必须消耗很长的充电时间，这是其不足之处。

（4）三阶段充电法。三阶段充电法是对二阶段充电法的进一步改进，与二阶段充电法类似，第一阶段是以恒定电流充电，第三阶段是以恒定电压充电，但在第一阶段与第三阶段之间加入了称为"充电吸收"的第二阶段。在第二阶段中，充电电压维持在气化电压以下，但充电电流缓慢下降，这样可以大幅度缩短恒压充电的时间。

比较以上 4 种充电方法，三阶段充电法在蓄电池寿命及快速充电等方面都优于其他方法。

4. VRLA 蓄电池的充电方式

VRLA 蓄电池有初充电、浮充电、均衡充电和循环充电等多种方式。对充电方式主要是浮充电和均衡充电两种方式的 VRLA 蓄电池，为了延长其使用寿命，必须了解不同充电方式的充电特点和充电要求，严格按要求对 VRLA 蓄电池进行充电。

（1）初充电。对于新启用的蓄电池，需进行初充电，VRLA 蓄电池的初充电有以下几种方式。

1）串联充电。采用高压、小电流充电器，一般来讲，充电器的输出电压为 300～450V，输出电流为 5～30A，电流可控制，每个 VRLA 蓄电池充入的电量可控制，可放电检测 VRLA 蓄电池容量，剔除故障 VRLA 蓄电池，现生产厂家普遍采用这种方法。

2）并联充电。充电器为低电压、大电流，每个 VRLA 蓄电池的电流与蓄电池的充电状态和内阻有关；不能计算每个 VRLA 蓄电池充入的电量。并联充电需控制充电电压，几乎无生产厂家采用这种充电方式。

3）串联并联混合充电。一般采用先串联后并联的方式进行，充电器的输出电压常为 150V，电流为 30～100A，单个 VRLA 蓄电池无电压、电流控制，可分组放电检查，现有不少厂家采用这种方式。

4）单体 VRLA 蓄电池充电。可准确地进行充电，能控制电流、电压，能将每个 VRLA 蓄电池进行分级、挑选，普遍在测试上使用。

5）模块控制单体 VRLA 蓄电池充电。每个模块可充 64 只蓄电池，每台充电器可充 700 多只 VRLA 蓄电池，在一个模块中 1 台或多台出现故障不影响其他 VRLA 蓄电池充电，可进行恒压、恒流控制，保证 VRLA 蓄电池不会过充电，还能检查容量和进行 VRLA 蓄电池分级，这将是今后的发展方向。

（2）浮充电。浮充电是蓄电池在充满电后，用小电流继续充电。蓄电池浮充电流一般不是人为设定的，而是在电压设定为浮充电压后（如以 12V 电池为例，浮充电压在 13.2～13.8V 范围内），电池因已充足电，能够接受的电流就很小了，就自动形成了浮充电流。

浮充充电的目的有三个：

1）保持电池的电压处于浮充电压范围，此时电池的板栅（就是极板的导电骨架）腐蚀处于最慢的状态，可延长电池寿命。

2）补充电池自放电造成的容量损失，保持电量充足。

3）抑制活性物质重结晶造成硫酸盐化（维持蓄电池的内氧循环）。

电池的浮充时间是没有限制的，只要电压处于浮充电压范围内，铅酸蓄电池是不怕浮充电的，例如，通信系统使用的长寿命电池，质保期都在 8 年以上，整个寿命期内除了市电故障被停用及常规维护外，始终处于浮充电状态。直流电源系统和 VRLA 蓄电池组采用并联冗余供电方式，即 VRLA 蓄电池组为电源，又可吸收直流电源的浮充电流。浮充电流的选择除维持 VRLA 蓄电池的自放电以外，还应维持 VRLA 蓄电池内的氧循环。不过浮充电流的数值除与 VRLA 蓄电池的本身特征有关外，主要受运行时的浮充电压所影响。

VRLA 蓄电池的浮充电压与其使用寿命之间也有密切的关系，总趋势是：在同一温度下工作，浮充电压越高，使用寿命越短。例如，某型号的 GFM 系列蓄电池产品，在环境温度为 25℃、浮充电压为 2.23V/格时，其设计浮充电寿命是 23 年；同样温度下，浮充电压提高为 2.30V/格时，其设计浮充电寿命降为 14 年，降低了 40%。不同厂家的产品，推荐的浮充电压值可能不同；就是同一厂家的不同系列产品，推荐的浮充电压值也可能不同。例如，某公司的 XM 系列和 GM 系列蓄电池，前者推荐的浮充电压为 2.275V/格，后者推荐的浮充电压为 2.23V/格（均为标准温度下）。

这就说明，VRLA 蓄电池的浮充电压值要参考厂家对产品推荐的数值来确定，同时要选用稳压性能良好的充电设备，使浮充电压稳定在 VRLA 蓄电池长寿命区工作。充电设备的稳压性能变差了要及时处理，否则，将影响 VRLA 蓄电池的使用寿命。

蓄电池的浮充电流因蓄电池的结构和性能的不同其作用也不尽相同。

普通铅酸蓄电池的浮充电流作用为：补充普通铅酸蓄电池自放电的损失；向日常性负载提供电流。

VRLA 蓄电池的浮充电流的作用为：补充 VRLA 蓄电池自放电的损失；向日常性负载提供电流；浮充电流应足以维持 VRLA 蓄电池的内氧循环。

为了使浮充电运行的 VRLA 蓄电池既不欠充电，也不过充电，VRLA 蓄电池投入运行之前，必须为其设置浮充电状态下的充电电压和充电电流。在环境温度为 25℃ 时，标准型 VRLA 蓄电池的浮充电压应设置在 2.25V/格，允许变化范围为 2.23～2.27V/格。实际运行时，还需要根据环境温度的变化来调整浮充电压，通常的调节系数为 −4mV/℃。就是说，当环境温度是 35℃ 时，每一单体的浮充电压应降低 40mV，若供电电压是 48V（24 个单体），则总的浮充电压应降低 960mV。此时，若不对浮充电压进行调整，必将引起 VRLA 蓄电池过充电和过热，恶性循环的结果是 VRLA 蓄电池的使用寿命降低甚至损坏。

但绝不是说有了浮充电压的调节系数，VRLA 蓄电池就可在任意环境温度下使用。要知道，温度低时，由于浮充电压增大，同样会引起浮充电流增大、板栅腐蚀加速、寿命提前终止等一系列的问题；而温度过高时，浮充电压减小，也会产生 VRLA 蓄电池欠充电等一系列问题。

当 VRLA 蓄电池浮充时，若电压和电流设置较低，析气和板栅腐蚀均不严重，大多数浮充电均将单体蓄电池浮充电压设置为 2.20～2.27V。对 VRLA 蓄电池组来说，浮充电时各单体 VRLA 蓄电池的电压是不相同的，饱和度高的 VRLA 蓄电池处于较高电压并析出气体，饱和度低的 VRLA 蓄电池由于氧化合的去氧化作用而处于较低电压，这些 VRLA 蓄电池不能被完全充电。浮充电一段时间后，各单体 VRLA 蓄电池的电压将逐渐均衡，但 VR-

LA 蓄电池的放电结果可能不尽如人意。

假若提高浮充电压的设定值，将缩短 VRLA 蓄电池寿命，若蓄电池处于高温环境下，还可能发生热失控。为了使 VRLA 蓄电池有较长的浮充电使用寿命，在 VRLA 蓄电池使用过程中，要充分结合 VRLA 蓄电池制造的原材料及结构特点和环境温度等各方面的情况，制定 VRLA 蓄电池的合理使用条件，尤其是浮充电压的设定。

（3）均衡充电。所谓均衡充电是把每个 VRLA 蓄电池单元并联起来，用统一的充电电压进行的一种恒压方式充电。均衡充电的目的：确保蓄电池组中所有单体电池的电压、相对密度达到均衡一致。如果 VRLA 蓄电池组在浮充电过程中存在落后的 VRLA 蓄电池（单体电压低于 2.20V，相对于 2V 蓄电池），或浮充电 3 个月后，应对 VRLA 蓄电池进行一次均衡充电，在均衡充电过程中，其单体 VRLA 蓄电池电压控制在 2.35V，充 6～8h（注意，一次均衡充电时间不宜太长），然后调回到浮充电压值，再观察落后的 VRLA 蓄电池的电压变化，如电压仍未到位，相隔 2 周后再均衡充电一次。一般情况下，新的 VRLA 蓄电池组经过 6 个月浮充电、均衡充电后，其电压会趋于一致。均衡充电电流一般选 0.3C 或略小于 0.3C。额定电压为 12V 的 VRLA 蓄电池，均衡充电电压一般选 14.5V。

在按规定对 VRLA 蓄电池进行均衡充电时，除了充电电压重要以外，均衡充电时间的设置也很重要。为了延长 VRLA 蓄电池的使用寿命，必须根据均衡充电的电压和电流精确地设置均衡充电时间。均衡充电过程中，当充电电流连续 3h 不变时，必须立即转入浮充电状态，否则，将会严重过充电而影响 VRLA 蓄电池的使用寿命。

（4）循环充电。在循环应用领域，VRLA 蓄电池都采用薄极板设计来提高比能量和大电流性能。对于薄极板的 VRLA 蓄电池最好的充电方法是采用脉冲和电流递减充电方式。脉冲充电方式可在短时间内提高充电电流，缩短蓄电池充满电时间，并具有很小的过充电；电流递减充电方式具有同样的优点。蓄电池实现大电流快速充电的关键是蓄电池活性物质的复合效率，蓄电池的极板薄、表面积大、极板间距小、充电效率高。当蓄电池老化时，活性物质的复合效率下降。

5. 充电限流

VRLA 蓄电池放电后，初期充电电流过大，产生的热量可能会将板栅竖筋、汇流条、端子等熔断，正极板活性物质 PbO₂ 颗粒之间的结合松弛、软化、脱落，严重时会引发热失控，使 VRLA 蓄电池变形、开裂而失效，所以需要对充电电流值加以限定。充电限流设定方式如下：

（1）关机限流，需要限流时关掉若干充电器。

（2）有级设定，限制充电器的输出电流可以在额定电流的 1/3 挡或 2/3 挡选择。

（3）局部无级设定，可在充电器额定电流的 50%～100% 段选择限流点。

（4）无级设定，可在充电器额定电流的 0%～100% 段选择限流点。

几种限流设定方式的技术先进性次序为：（4）优于（3）优于（2）优于（1）。

6. 充电操作

VRLA 蓄电池组放电后，应立即转入充电，开始时控制充电电流以不大于 0.2C 为宜（如 200A·hVRLA 蓄电池的充电电流应不大于 0.2×200＝40A）。当电流变小时，可慢慢提高 VRLA 蓄电池组充电电压，达到均充电压值，再充 6h，然后调回浮充电压值。VRLA 蓄电池的初充电电流大小的设定一般按说明书规定值或按额定容量 1/10 的电流来进行。使用中正常充电时，最好采用分级定流充电方式，即在充电初期用较大电流，充电一定时间后，改用较小电流，到充电后期改用更小电流。这种充电方法的充电效率较高，它所需充电时间较短，充电效果也好，对延长蓄电池寿命有利。

充电电流的设定值一般为 $0.1C$，当充电电流超过 $0.3C$ 时可认为是过电流充电。采用普通的快速充电器充电会使 VRLA 蓄电池处于"瞬时过电流充电"和"瞬时过电压充电"状态，造成 VRLA 蓄电池可供使用电量下降甚至损坏 VRLA 蓄电池。过电流充电会导致 VRLA 蓄电池极板弯曲、活性物质脱落，造成 VRLA 蓄电池供电容量下降，严重时会损坏 VRLA 蓄电池。

3.3.2　VRLA 蓄电池的放电特性

1. 放电试验

VRLA 蓄电池在出厂之前，都会进行容量试验，依据 YD/T 799—2010《通信用阀控式密封铅酸蓄电池》标准，进行容量试验有下列步骤：

(1) 先将被试验 VRLA 蓄电池完全充电。

(2) 将被试验 VRLA 蓄电池静置 $1\sim24h$，使蓄电池表面温度达到 (25 ± 5)℃。

(3) VRLA 蓄电池采用 $0.1C_{10}$ 电流连续对负载恒流放电，在放电过程中定期测试 VRLA 蓄电池端电压；VRLA 蓄电池端电压达到 1.80V 时放电终止。最后累积放电量达到 100% 即为合格。

对于 VRLA 蓄电池来说，放电终止的依据是 VRLA 蓄电池的端电压，即单体 VRLA 蓄电池的终止电压约为 1.80V。但是 VRLA 蓄电池的端电压是与 VRLA 蓄电池正、负极的三种极化密切相关的，终止放电电压设置在 1.80V 是针对 $0.1C_{10}$ 左右的放电速率而定的。由于极化的存在，随着放电速率的减小，伴随着放电电流的减小，放电终止电压也应该越来越高，否则极有可能导致 VRLA 蓄电池的过放电。

2. 放电使用

VRLA 蓄电池放电时需要注意的是 VRLA 蓄电池的放电速率和放电终止电压，尤其是不同环境温度下的放电速率和放电终止电压的设定。由于不同的环境温度会极大地影响 VRLA 蓄电池中电解液的结冰点和活性物质的活性，为保证化学反应的充分进行，VRLA 蓄电池的最低温度最好控制在 25℃ 左右。

VRLA 蓄电池放电时终止电压的设定是为了防止在放电过程中 VRLA 蓄电池组内出现各单体 VRLA 蓄电池的电压和容量不平衡现象。通常，过放电越严重，下次充电时，落后的 VRLA 蓄电池越不容易恢复，这将严重影响 VRLA 蓄电池组的寿命。通常 VRLA 蓄电池的放电速率为 $0.02C_{10}$、$0.1C_{10}$、$0.2C_{10}$ 或 $0.3C_{10}$。为了防止过放电，不仅要尽可能地避免放电速率过小，而且还必须根据放电速率，同时结合环境温度，精确地设定放电的终止电压。一般情况下，如果放电速率为 $0.01C\sim0.025C$，终止电压可设定为 2.00V；放电速率为 $0.05C\sim0.25C$ 时，终止电压可设定为 1.80V。由于浓差极化的存在，随着放电速率的增大，伴随着放电电流的增大，放电终止电压也应该越来越低。

3. 放电要求

(1) 放电电流。VRLA 蓄电池实际放出的容量与放电电流有关。放电电流越大，VRLA 蓄电池的效率越低。例如，12V/24A·h 的蓄电池当放电电流为 $0.4C$ 时，放电至终止电压的时间是 110min，实际输出容量为 17.6A·h，效率为 73.3%；当放电电流为 $7C$ 时，放电至终止电压的时间仅为 20s，实际输出容量为 0.93A·h，效率为 3.9%。所以使用中应避免大电流放电，以提高 VRLA 蓄电池的效率。

（2）放电深度。放电深度对 VRLA 蓄电池使用寿命的影响也很大。设计考虑的重点就是深循环使用、浅循环使用，还是浮充电使用。使用时若把浅循环使用的电池用于深循环使用，则铅酸蓄电池会很快失效。因为正极活性物质二氧化铅本身的互相结合不牢，放电时生成硫酸铅，充电时又恢复为二氧化铅，硫酸铅的摩尔体积比氧化铅大，则放电时活性物质体积膨胀。若 1mol 氧化铅转化为 1mol 硫酸铅，则体积增加 95%。这样反复收缩和膨胀，就使二氧化铅颗粒之间的相互结合逐渐松弛，易于脱落。若 1mol 二氧化铅的活性物质只有 20%放电，则收缩、膨胀的程度就大大降低，结合力破坏变缓慢，使用寿命延长。因此，VRLA 蓄电池放电深度越深，其循环寿命越短。

此外，蓄电池放电深度增加，$PbSO_4$ 溶解度降低，造成极板硫化腐蚀，使用寿命变短。蓄电池放电深度与使用寿命的关系如图 3-8 所示。

在使用 VRLA 蓄电池时，既要避免重载过电流放电，又要避免长时间轻载造成 VRLA 蓄电池深度放电，更要避免 VRLA 蓄电池短路放电，否则，会严重损坏 VRLA 蓄电池的再充电能力和 VRLA 蓄电池的蓄电能力，缩短使用寿命。在 VRLA 蓄电池的实际应用中，不是首先追求放出容量的百分之多少，而是要关注发现和处理落后的 VRLA 蓄电池，经对落后的 VRLA 蓄电池处理后再做核对性放电实验。这样可防止事故，以免放电中落后的 VRLA 蓄电池恶化为反极 VRLA 蓄电池。

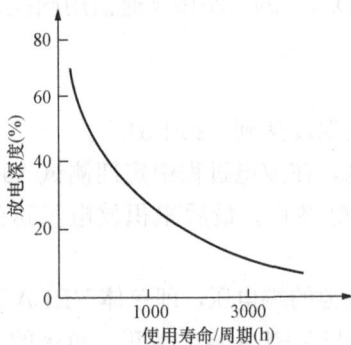

图 3-8　放电深度与使用寿命的关系

（3）放电操作。放电是为了检查 VRLA 蓄电池容量是否正常，一般采用 10h 率放电，有条件的可用假负载放电；从应用方便考虑，也可直接用负载进行放电。考虑安全性，放电深度控制在 30%～50%为宜，当然，有条件的可放电更深一些，更容易暴露 VRLA 蓄电池潜在的问题，并每小时检测一次单体 VRLA 蓄电池电压，通过计算 VRLA 蓄电池放出的容量，对照表 3-1 电压值，判断 VRLA 蓄电池是否正常。

表 3-1　　　　　　　　VRLA 蓄电池放出不同容量的标准电压值（10h 率）

放电容量（%）	10	20	30	40	50	60	70	80	90	100
支持时间（h）	1	2	3	4	5	6	7	8	9	10
单体 VRLA 蓄电池电压（V）	2.05	2.04	2.03	2.01	1.99	1.97	1.95	1.93	1.88	1.80

VRLA 蓄电池放出的容量为电流（A）×时间（h）。在相应放出容量下，测出的单体 VRLA 蓄电池电压值应等于或大于相应电压值，即 VRLA 蓄电池容量为正常；反之，VRLA 蓄电池容量不足。

浅循环放电有利于延长蓄电池寿命。当负载运行规律和天气变化规律都可以预测，或者蓄电池深度放电以后可得到备用电源充电，这样的光伏发电系统采用蓄电池深循环运行是值得的。因为蓄电池的容量利用率很高，系统需要的蓄电池数量较少，相应可减少购买蓄电池的费用。

蓄电池浅循环放电运行，有两个明显的优点：蓄电池一般有较长的循环寿命；蓄电池经常保有较多的备用安时容量，使光伏发电系统的供电保证率更高。根据测算和实际运行经验，较为适中的放电深度是 50%，国外有关资料称 50% 的放电深度为"最佳储能成本系数"。

3.3.3 蓄电池充、放电技术

1. VRLA 蓄电池充电器

（1）充电器的性能。蓄电池充电器采用恒压恒流分段式充电技术，对 VRLA 蓄电池进行最优充电，充电电流的纹波尽可能小，才能延长 VRLA 蓄电池的寿命。最优充电电流随着 VRLA 蓄电池容量的不同而不同，因此随着后备时间的不同、VRLA 蓄电池容量的不同，要求充电器的充电电流可增大或减小。现在有部分光伏发电系统将充电器的功率做得比较大，针对用户的实际 VRLA 蓄电池配置，调整充电器的充电电流。这样做的优点是可以满足不同 VRLA 蓄电池配置的要求，缺点是浪费成本，同时如果限制充电电流的装置失效，或用户维护不当，就会损坏 VRLA 蓄电池。有的光伏发电系统采用正常配置设计充电器的功率，对后备时间过长或过短的系统就无法兼顾了。现在最好的方案是充电器采用模块化设计，采用不同数目的模块配置，可实现并联、均流充电，既可节约成本，又可满足不同的光伏发电系统要求。

（2）均衡浮充电功能。研究发现，VRLA 蓄电池在正常使用过程中，会发生各个蓄电池的电解液相对密度、温度的变化不均衡和蓄电池的端电压、内阻的变化不均衡情况。这种不均衡情况会导致蓄电池组输出电压过低或蓄电池组内阻过大，长期下去会缩短蓄电池的寿命。为防止这种不均衡情况不断加剧，在一定时间内，应提高充电电压，对蓄电池单元进行充电，使各蓄电池单元都达到均衡一致的状态，起到活化蓄电池的目的，从而极大地延长蓄电池寿命。均衡、浮充电转换技术是根据对蓄电池充电电流的检测及蓄电池容量情况的判断，自动进行蓄电池均衡、浮充电转换。为此要求配置的充电器具有均衡、浮充电自动转换功能，以提高光伏发电系统的可用性。

（3）保证 VRLA 蓄电池组均匀性。如果 VRLA 蓄电池组均匀性不好，当蓄电池组处于充电状态时，其中容量较小的蓄电池会提前析气，电压升高，电解水反应加快。这些变化会促使 VRLA 蓄电池内部温升加大和失水量加剧，甚至出现热失控。VRLA 蓄电池组中容量较大的蓄电池，其充电电压上升很慢，容易造成充电不足。长期如此，必然加剧 VRLA 蓄电池极板硫酸化和容量下降，导致蓄电池提前失效。当 VRLA 蓄电池处于放电状态时，如果负载变化较大或蓄电池的容量配置不足，则容量较小的蓄电池放电深度加深，有时可能使放电电压降至规定的终止电压以下，会缩短蓄电池寿命。所以光伏发电系统要尽可能选用均匀性好的 VRLA 蓄电池组。此外，在 VRLA 蓄电池运行过程中，要根据单体蓄电池电压来判断蓄电池组的均匀性，及时更换失效的蓄电池。

（4）VRLA 蓄电池运行温度。图 3-9 为 GFM 系列 VRLA 蓄电池的放电容量与温度的关系曲线。从图 3-9 可以看出，VRLA 蓄电池放电容量随温度的升、降而增大、减小。温度升高时，应降低充电电压，否则 VRLA 蓄电池中极板受硫酸腐蚀加剧，从而使其寿命缩短；当环境温度低于 25℃时，充电电压应提高，以防止充电不足。

图 3-10 为 GFM 系列 VRLA 蓄电池在不同工作环境温度下的使用寿命曲线。从图 3-10 可以看出，保持 VRLA 蓄电池工作在最佳的环境温度下对 VRLA 蓄电池的寿命是极为重要的。

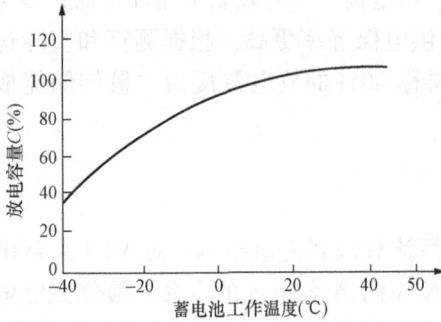

图 3-9　放电容量与温度的关系曲线　　　　图 3-10　不同工作环境温度下的使用寿命曲线

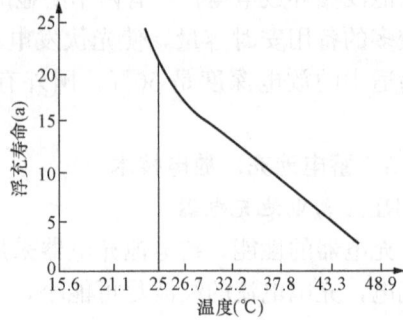

2. VRLA 蓄电池充电控制技术

蓄电池充电控制主要包括主充电、均衡充电、浮充电三阶段的自动转换，从放电状态到充电状态的自动转换，充电程序判断及停充电控制等方面。掌握正确的控制方法，有利于提高 VRLA 蓄电池充电效率和使用寿命。

（1）主充电、均衡充电、浮充电各阶段的自动转换。目前，VRLA 蓄电池主要采用主充电、均衡充电、浮充电三阶段充电方法，充电各阶段的自动转换方法如下：

1）时间控制，即预先设定各阶段充电时间，由时间继电器或 CPU 控制转换时间。

2）设定转换点的充电电流或 VRLA 蓄电池端电压值，当实际电流或电压值达到设定值时，即自动转换。

3）采用积分电路在线监测蓄电池的容量，当容量达到一定值时，则发出控制信号改变充电电流。

上述方法中，时间控制比较简单，但这种方法缺乏来自 VRLA 蓄电池的实时、准确信息，控制比较粗略；容量监控方法控制电路比较复杂，但控制精度较高。

（2）充电程度判断。在对 VRLA 蓄电池进行充电时，必须随时判断蓄电池的充电程度，以便控制充电电流的大小。判断充电程度的方法主要有以下几种：

1）观察 VRLA 蓄电池去极化后的端电压变化。一般来说，在充电初始阶段，VRLA 蓄电池端电压的变化率较大；在充电的中间阶段，VRLA 蓄电池端电压的变化率较小；在充电末期，端电压的变化率很大。因此，通过观测单位时间内端电压的变化情况，就可判断 VRLA 蓄电池所处的充电阶段。

2）检测 VRLA 蓄电池的实际容量值，并与其额定容量值进行比较，即可判断其充电程度。

3）检测 VRLA 蓄电池的端电压。当 VRLA 蓄电池端电压与其额定值相差较大时，说明处于充电初期；当两者差值很小时，说明已接近充满。

（3）停充电控制。当 VRLA 蓄电池充足电后，必须适时地切断充电电流，否则 VRLA 蓄电池将出现大量析气、失水和温升等过充电反应，直接危及 VRLA 蓄电池的使用寿命。因此，必须随时监测 VRLA 蓄电池的充电状况，保证 VRLA 蓄电池充足电而又不过充电。主要的停充电控制方法有以下几种：

1）定时控制。定时控制采用恒流充电法，VRLA 蓄电池所需充电时间可根据 VRLA 蓄电池容量和充电电流的大小来确定，因此只要预先设定好充电时间，时间一到，定时器即可发出信号停充电或转为浮充电。定时器可由时间继电器或微处理器承担其功能。这种方法简单，但充电时间不能根据 VRLA 蓄电池充电前的状态而自动调整，因此，实际充电时，可能会出现有时欠充电、有时过充电的现象。

2）蓄电池温度控制。VRLA 蓄电池温度在正常充电时变化并不明显，但是，当蓄电池过充电时，其内部气体压力将迅速增大，负极板上氧化反应使内部发热，温度迅速上升（每分钟可升高几摄氏度）。因此，观察 VRLA 蓄电池温度的变化，即可判断蓄电池是否已经充满。通常采用两只热敏电阻分别检测 VRLA 蓄电池温度和环境温度，当两者温差达到一定值时，即发出停充电信号或转为浮充电。由于热敏电阻动态响应速度较慢，故不能及时、准确地检测到 VRLA 蓄电池的满充状态。

3）蓄电池端电压负增量控制。VRLA 蓄电池充足电后，其端电压将呈现下降趋势，据此可将蓄电池电压出现负增长的时刻作为停充电时刻。与温度控制法相比，这种方法响应速度快。此外，电压的负增量与电压的绝对值无关，因此这种停充电控制方法可适应于具有不同单格 VRLA 蓄电池数的 VRLA 蓄电池组。此方法的缺点是一般的检测器灵敏度可靠性不高，同时，当环境温度较高时，VRLA 蓄电池充足电后电压的减小并不明显，因而难以控制。

4）极化电压控制。通常情况下 VRLA 蓄电池的极化电压出现在蓄电池刚好充满后，一般在 $50\sim100\mathrm{mV}$ 数量级，测量每个单格蓄电池的极化电压，对充电过程进行控制，可使每个蓄电池都充电到它本身所要求的程度。研究表明，由于每个 VRLA 蓄电池在几何结构、化学性质及电学特性等方面至少存在一些轻微的差别，那么根据每个单格蓄电池的特性来确定它所要求的充电水平会比把蓄电池组作为一个整体来控制的方法更加合适一些。这种方法的优点表现在：

a. 不需温度补偿；

b. VRLA 蓄电池不需连续浮充电，VRLA 蓄电池间连线腐蚀减少；

c. 不同型号和使用情况不同的 VRLA 蓄电池可构成一组使用；

d. 可以随意添加 VRLA 蓄电池以便扩容；

e. 可使 VRLA 蓄电池的使用寿命接近或达到设计寿命。

VRLA 蓄电池充电技术的改进，有利于缩短充电时间、提高利用效率、延长使用寿命、降低能耗、减少环境污染，具有良好的经济效益和社会效益。根据 VRLA 蓄电池可接受充电电流曲线，只要采用适当方法对蓄电池实行去极化，实现蓄电池的快速充电是可能的。研究表明，脉冲充电、脉冲放电去极化充电法是一种较好的快速充电方法，而实现这一方法的最佳装置是高频开关充电电源。

VRLA 蓄电池充放电的时间、速度、程度等都会对蓄电池的充电效率和使用寿命产生严重影响，因此在对 VRLA 蓄电池进行充、放电时，必须遵循以下原则：

a. 避免 VRLA 蓄电池充电过量或充电不足。过充电会使 VRLA 蓄电池内部温升过大、析气率上升，导致正极板损坏，从而影响蓄电池的稳定性乃至寿命；欠充电会使负极板硫化，蓄电池内阻增大，容量降低。因此一定要掌握好 VRLA 蓄电池的充电程度。

b. 控制放电电流值。VRLA 蓄电池放电电流越大，再充电时可接受的初始充电电流值也越大，有助于提高再充电的速度。但是，VRLA 蓄电池放电电流流经内阻时产生的热量会引起温度上升，因而放电电流不宜过大。

c. 避免深度放电。根据马斯第一定律，对于任意给定的放电电流来说，VRLA 蓄电池充电电流接受比与它已放出的电荷量的平方根成反比，因此放电深度越深，VRLA 蓄电池放出的电量越多，VRLA 蓄电池可接受的充电电流就越小，这将减慢 VRLA 蓄电池的充电速度。

d. 注意环境温度的影响。VRLA 蓄电池的放电电量随环境温度的降低而减小，因此在不同的环境温度下，应该掌握不同的放电速度和放电程度。

3. VRLA 蓄电池温度补偿技术

(1) 影响 VRLA 蓄电池容量的两个重要因素。

1) 温度。温度对 VRLA 蓄电池的容量有一定的影响，当环境温度偏离标准温度而升高时，将使蓄电池水分散失，加大电解液浓度；其次，VRLA 蓄电池温度高会加速合金腐蚀速度，长期处于高温环境中可导致蓄电池板栅穿孔损坏，易使活性物质脱落。由此看出，环境温度的升高，虽使容量有所增加，但高温又使 VRLA 蓄电池板栅腐蚀剧增，严重地阻碍着电极反应，降低了容量的增加。

2) 浮充电压。由于环境温度变化，将引起参加反应的离子数、$PbSO_4$ 溶解度、溶解速率等变化，这些因素将会引起 VRLA 蓄电池内阻的变化，从而导致浮充电压随之变化。如果 VRLA 蓄电池浮充电压过高或充电电流过大，会使正极的析氧量增加，蓄电池内部压力升高。在形成气泡的过程中，气压强烈冲击 PbO_2，使活性物质与板栅结合力变坏，甚至脱落。这样，不仅影响正、负极活性物质的使用寿命，也使 VRLA 蓄电池的容量下降，而且使安全阀开启次数增加，VRLA 蓄电池内部水分丧失，加之 VRLA 蓄电池结构上的密封性，又无游离电液，导致它的散热条件比普通蓄电池的散热条件更差。因而 VRLA 蓄电池对环境温度变化引起的过充电或欠充电就更为强烈和严重。

如前所述，温度和浮充电压的变化将给 VRLA 蓄电池带来严重危害。它将造成 VRLA 蓄电池超量腐蚀、结构破坏或水分过量丧失，从而使寿命锐减或容量陡降。为解决这一关键性问题，开发和完善蓄电池的温度补偿技术具有非常重要的现实意义。VRLA 蓄电池必须与具有温度补偿功能的智能开关式充电电源配套使用，以提高 VRLA 蓄电池的可靠运行水平。目前大多数智能开关式充电电源都有温度补偿功能，但由于在使用中未引起重视而使该功能未能得以发挥，造成不必要的损失。

当采用 VRLA 蓄电池温度补偿功能后，浮充电压和均衡电压都按照以下方程式进行修正

$$U_{tc} = U_n - T_c \times N(T - 20) \tag{3-7}$$

式中：U_{tc} 为经温度补偿后的电压；U_n 为未经补偿的电压；T_c 为设置的温度补偿系数 (mV/℃)；N 为每组 VRLA 蓄电池的单体数值，对于 48V 系统 N 为 24，24V 系统 N 为 12；T 为温度传感器指示的温度 (℃)。

温度补偿功能的温度有效范围是 10~35℃，VRLA 蓄电池温度补偿系数的范围在 (0.1~5.0mV/℃)。当检测到 VRLA 蓄电池的温度与设定的温度 (蓄电池要求的温度中心值) 相比有差异时，能够根据式 (3-7) 设定的反比例关系对输出电压进行调整，使浮充电压自动随 VRLA 蓄电池温度变化而进行补偿。当然，设定的补偿温度在一定的范围内可选，用户可根据所用 VRLA 蓄电池的需要选定。

综上所述，由于 VRLA 蓄电池独有的特性，应采取相应的维护管理措施，解决 VRLA 蓄电池温度补偿问题，这是控制环境温度对 VRLA 蓄电池产生恶劣影响的最简单而有效的办法，也是提高供电质量、保障供电安全的最佳选择。

（2）VRLA 蓄电池充电管理方法。由于不同公司生产的 VRLA 蓄电池充电特性、温度补偿系数不同，因此，在充电器的设计上要求也有所不同：在充电器的 EEPROM 中，存储了常用厂家 VRLA 蓄电池品牌的均充电压、浮充电压、最大充电电流值和温度补偿系数等数据。当更换 VRLA 蓄电池品牌和型号时，应在充电器控制系统的设备管理界面上输入该 VRLA 蓄电池所需要的温度补偿系数和 25℃时的均充电压、浮充电压、最大充电电流值，通过控制系统主控制板串口与充电器的通信接口，修改 EEPROM 中的 VRLA 蓄电池管理数据。如果环境温度变化较大，需用温度补偿系数进行补偿（−3mV/℃），以调整充电电压值。不同环境温度的浮充电压值见表 3 - 2。

表 3 - 2　　　　　　　　　不同环境温度的浮充电压值

环境温度（℃）	35	30	25	20	15	10	5
单体蓄电池电压（V）	2.21	2.23	2.25	2.26	2.28	2.30	2.32

采用带温度补偿功能的充电器为 VRLA 蓄电池充电后，蓄电池的充放电特性能得到最好的应用。随着环境温度的变化，监控软件能够根据读取的温度值和设定的 VRLA 蓄电池品牌、温度系数，自动地计算出当前的均、浮充电压，避免 VRLA 蓄电池出现过充电或欠充电现象，使蓄电池的实际寿命基本上接近设计寿命。

4. 基于 UC3906 的蓄电池充电器

UC3906 作为 VRLA 蓄电池充电专用芯片，具有实现 VRLA 蓄电池最佳充电所需的全部控制和检测功能。更重要的是它能使充电器各种转换电压随 VRLA 蓄电池电压温度系数的变化而变化，从而使 VRLA 蓄电池在很宽的温度范围内都能达到最佳充电状态。

（1）UC3906 的结构和工作原理。

1）UC39006 的结构和特性。UC3906 内部框图如图 3 - 11 所示。该芯片内含有独立的电压控制电路和限流放大器，它可以控制芯片内的驱动器。驱动器提供的输出电流达 25mA，可直接驱动外部串联调整管，从而调整充电器的输出电压和电流。电压和电流检测比较器检测蓄电池的充电状态，并控制充电状态逻辑电路的输入信号。

当 VRLA 蓄电池电压或温度过低时，充电使能比较器控制充电器进入涓流充电状态。当驱动器截止时，该比较器还能输出 25mA 涓流充电电流。这样，当 VRLA 蓄电池短路或反接时，充电器只能小电流充电，避免了因充电电流过大而损坏 VRLA 蓄电池。

UC3906 的一个非常重要的特性就是具有精确的基准电压，其基准电压随环境温度而变，且变化规律与铅酸电池电压的温度特性完全一致。同时，芯片只需 1.7mA 的输入电流就可工作，这样可以尽量减小芯片的功耗，实现对工作环境温度的准确检测，保证 VRLA 蓄电池既充足电又不会严重过充电。除此之外，芯片内部还包括一个输入欠电压检测电路以对充电周期进行初始化。这个电路还驱动一个逻辑输出，当加上输入电源后，脚 7 可以指示电源状态。

2）充电参数的确定。使用 UC3906 只需很少的外部元器件就可以实现对密封铅酸蓄电池的快速精确充电。图 3 - 12 所示的是一个完整的充电器电路。由 R_A、R_B 和 R_C 组成的电

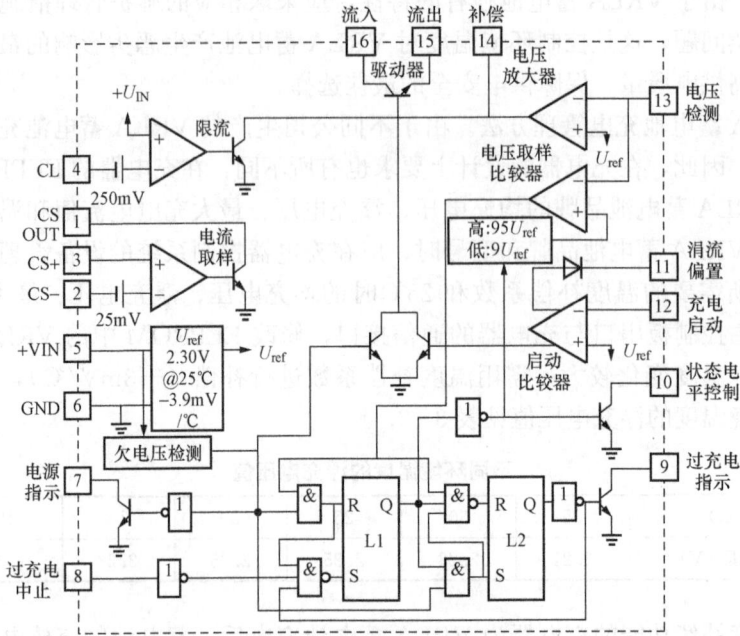

图 3-11 UC3906 内部结构框图

阻分压网络用来检测充电电池的电压，通过与精确的参考电压相比较来确定浮充电压、过充电压和涓流充电的阈值电压。

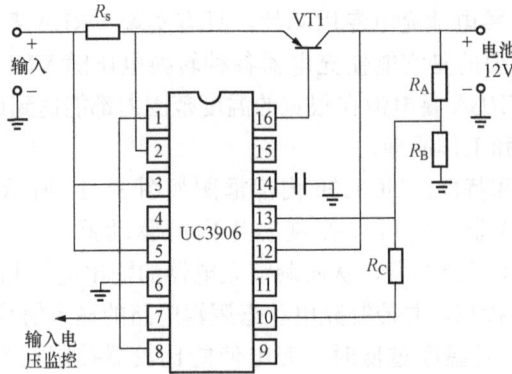

图 3-12 双电平浮充充电器基本电路

VRLA 蓄电池的一个充电周期按时间可分为三种状态：大电流快速充电状态，过充电状态和浮充电状态。其充电参数主要有浮充电压 U_F、过充电压 U_{oc}、最大充电电流 I_{max}、过充电终止电流 I_{oct} 等。它们与 R_A、R_B、R_C、R_s 之间的关系可以从下面的公式中反映出来

$$U_{oc} = U_{ref}(1 + R_A/R_B + R_A/R_C) \tag{3-8}$$

$$U_F = U_{ref}(1 + R_A/R_B) \tag{3-9}$$

$$I_{max} = 0.25V/R_s \tag{3-10}$$

$$I_{oct} = 0.025V/R_s \tag{3-11}$$

U_F、U_{oc} 与 U_{ref} 成正比；U_{ref} 的温度系数是 $-3.9mV/℃$；I_{max}、I_{oct}、U_{oc}、U_F 可以独立

地设置。只要所提供的输入电源允许或功率管可以承受，I_{max} 的值可以尽可能地大。虽然某些厂家宣称如果有过充电保护电路，充电率可以达到甚至超过 $2C$，但是电池厂商推荐的充电率范围是 $C/20 \sim C/3$。I_{oct} 的选择应尽可能地使电池接近 100% 充电，合适值取决于 U_{oc} 和在 U_{oc} 时 VRLA 蓄电池充电电流的衰减特性。I_{max} 和 I_{oct} 分别由电流限制放大器和电流检测放大器的偏置电压和检测电流的电阻 R_s 决定。U_F、U_{oc} 值由内部参考电压和外部电阻 R_A、R_s、R_C 组成的网络决定。

（2）实际应用电路。图 3 - 13 为 VRLA 蓄电池充电器的实际应用电路。其中：VRLA 蓄电池的额定电压为 12V，容量为 7A·h，$U_i = 18V$，$U_F = 13.8V$，$U_{oc} = 15V$，$I_{max} = 500mA$，$I_{oct} = 50mA$。由于充电器始终接在蓄电池上，为防止蓄电池的输出电流流入充电器，在串联调整管与输出端之间串入一只二极管。同时为了避免输入电源中断后蓄电池通过分压电阻 R_1、R_2、R_3 放电，设计时将 R_3 通过电源指示管（7 脚）连接到地。

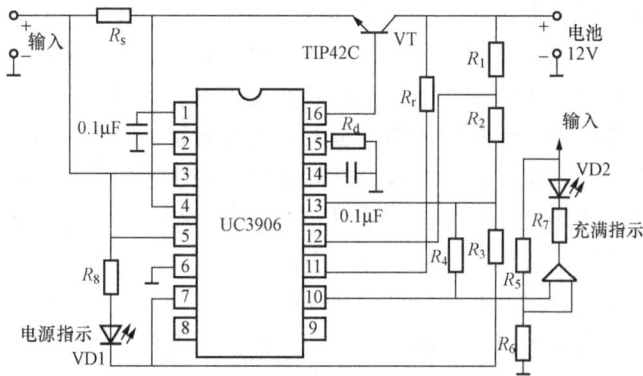

图 3 - 13　12V VRLA 电池双电平浮充充电器电路图

当 18V 输入电压加入后，串联的功率管 VT 导通，开始大电流恒流充电，充电电流为 500mA，VRLA 蓄电池电压逐渐升高。当 VRLA 蓄电池电压达到过充电压 U_{oc} 的 95%（即 14.25V）时，VRLA 蓄电池转入过充电状态，此时充电电压维持在过充电压，充电电流开始下降。当充电电流降到过充电终止电流（I_{oct}）时，UC3906 的 10 脚输出高电平，比较器 LM339 输出低电平，VRLA 蓄电池自动转入浮充电状态。同时充足电指示发光管发光，指示蓄电池已充足电。

由于只需很少的外部元件就可以在很宽的温度范围内实现对 VRLA 蓄电池的精确快速充电，所以采用 UC3906 简化了蓄电池充电器的设计过程。该充电器在实际应用中表明：它具有简单实用、工作稳定、性能可靠等特点。

VRLA 蓄电池充电专用芯片的种类还很多，功能更全、外围电路更简单、性能更稳定可靠、价格更便宜，主要有 UC3909、UC3809、UC2842 等。

5. 蓄电池剩余容量控制法

在很多领域铅酸蓄电池是作为启动电源或备用电源使用，如汽车启动电瓶和 UPS 电源系统。这种情况下，蓄电池大部分时间处于浮充电状态或充满电状态，运行过程中其剩余容量或荷电状态 SOC 始终处于较高的状态（80%～90%），而且有高可靠的、一旦蓄电池过放电就能将蓄电池迅速充满的充电电源。蓄电池在这种使用条件下不容易被过放电，因此使用寿命较长。在光伏和风力发电系统中，蓄电池的充电电源来自光伏电池或风力发电机组，其保证率远远低于有交流电的场合，气候的变化和用户的过量用电都易造成蓄电池过放电。铅酸蓄电池在使用过程中如果经常深度放电（SOC 低于 20%），则蓄电池使用寿命将大大缩短；反之，如果蓄电池在使用过程中一直处于浅放电（SOC 始终大于 50%）状态，则蓄电池使用寿命将会大大延长。当放电深度 DOD 等于 100% 时，循环寿命只有 350 次；如果放电深度控制在 50%，则循环寿命可以达到 1000 次；当放电深度控制在 20% 时，循环寿命甚至可以达到 3000 次。剩余容量控制法是指蓄电池在使用过程中（蓄电池处于放电状态时），控制系统随时检测蓄电池的剩余容量（SOC＝1－DOD），并根据蓄电池的荷电状态 SOC 自动调整负载的大小或调整负载的工作时间，使负载与蓄电池剩余容量相匹配，以确保蓄电池剩余容量不低于设定值（如 50%）。

要想根据蓄电池剩余容量对蓄电池放电过程进行控制，就要求能够准确测量蓄电池的剩余容量。对于蓄电池剩余容量的检测，通常有几种方法，如电解液相对密度法、开路电压法和内阻法等。电解液相对密度法对于 VRLA 蓄电池不适用；开路电压法是基于 Nernst 热力学方程电解液密度与开路电压有确定关系的原理，对于新电池尚可采用，但在蓄电池使用后期当其容量下降后，开路电压的变化已经无法真实反映剩余容量，并且此法还无法进行在线测试；内阻法是根据蓄电池内阻与蓄电池容量有着更为确定关系的原理，但通常必须先测出某一规格和型号蓄电池的内阻—容量曲线，然后采用比较法通过测量内阻得知同型号、同规格蓄电池的剩余容量，通用性比较差，测量过程也相当复杂。还可以根据铅酸蓄电池的剩余容量与其充放电率、充放电过程中的端电压、电解液密度、内阻等各个物理化学参数之间相互影响，建立蓄电池剩余容量的数学模型。要求数学模型能够较为准确地反映出各个物理化学参数的变化对蓄电池剩余容量的影响。有了通用性强、能够反映各个物理化学参数连续变化对蓄电池荷电状态影响的数学模型（可参考相关资料），就可以很方便地在线测量蓄电池的剩余容量，从而进一步根据蓄电池的剩余容量对蓄电池的放电过程进行有效控制。

采用蓄电池剩余容量控制法设计的控制器，可以对蓄电池的放电进行全过程控制，主要用于无人值守且允许适当调整工作时间的光伏发电系统，最典型的是太阳能路灯。表 3-3 给出一个太阳能路灯系统在蓄电池不同 SOC 情况下对路灯工作时间的调整。还可以将负载分成不同的等级，控制器根据蓄电池的剩余容量状态调整负载的功率或保证优先用电的负载，也可以达到同样的目的。对于负载间的功率不允许自动调整的负载，可将蓄电池剩余容量在控制器上显示出来，以便用户随时了解蓄电池的荷电状态，人工采取必要的调整措施。

表 3-3　　　　太阳能路灯系统在蓄电池不同 SOC 情况下对路灯工作时间的调整

蓄电池的剩余容量	负载工作时间（h）	蓄电池的剩余容量	负载工作时间（h）
SOC>90%	12	50%<SOC<70%	6
70%<SOC<90%	8	10%<SOC<50%	4

3.4　光伏控制器

3.4.1　光伏控制器的基本概念

在独立运行的太阳能光伏发电系统（以及风力发电系统和光伏－风能混合发电系统）中的控制器是对光伏发电系统进行管理和控制的设备，是整个光伏发电系统的核心部分。在不同类型的光伏发电系统中，控制器不尽相同，其功能多少及复杂程度差别很大，要根据系统的要求及重要程度来确定。

　　控制器主要由电子元器件、仪表、继电器、开关等组成。在小型光伏发电系统中，控制器的基本作用是保护蓄电池，为蓄电池提供最佳的充电电流和电压，快速、平稳、高效地为蓄电池充电。在大、中型系统中，控制器担负着平衡光伏发电系统能量，保护蓄电池及整个系统正常工作和显示系统工作状态等重要作用。控制器可以单独使用，也可以和逆变器等合为一体。

　　随着光伏发电系统、风力发电系统和风光互补发电系统容量的不断增加，设计者和用户对系统运行状态及运行方式合理性的要求越来越高，系统的安全性也更加突出和重要。因此，近年来设计者又赋予控制器更多的保护和监测功能，使早期的蓄电池充放电控制器发展成今天比较复杂的系统控制器。此外，控制器在控制原理和使用的元器件方面也有了很大发展和提高，目前先进的光伏发电系统控制器已经使用微处理器，实现软件编程和智能控制。

　　光伏发电系统中控制器的主要功能如下：

　　（1）具有充满断开和恢复连接功能，标准设计的蓄电池电压值为 12V 时，充满断开和恢复连接的参考值为：

　　1）启动型铅酸蓄电池充满断开为 15.0～15.2V，恢复连接为 13.7V；

　　2）固定型铅酸蓄电池充满断开为 14.8～15.0V，恢复连接为 13.5V；

　　3）密封型铅酸蓄电池充满断开为 14.1～14.5V，恢复连接为 13.2V。

　　（2）具有对蓄电池充放电管理和最优充电控制功能。

　　（3）设备保护功能。具有防止光伏电池板或电池方阵、蓄电池极性反接的电路保护；防止负载、控制器、逆变器和其他设备内部短路保护；防止夜间蓄电池通过光伏电池组件反向放电保护；防雷击引起的击穿保护。

　　（4）温度补偿功能（仅适用于蓄电池充满电压）。当蓄电池温度低于 25℃ 时，蓄电池的充满电压应适当提高；相反，高于该温度蓄电池的充满电压的门限应适当降低。通常蓄电池的温度补偿系数为 $-(3～5\text{mV})/(℃ \cdot \text{cell})$。

　　（5）光伏发电系统的各种工作状态显示功能。主要显示蓄电池（组）电压、负载状态、电池阵列工作状态、辅助电源状态、环境温度状态、故障报警等。

　　在多数控制器中，蓄电池的荷电状态，可由发光二极管的颜色判断，绿色表示蓄电池电能充足，可以正常工作；黄色表示蓄电池电能不足；红色表示蓄电池电能严重不足，必须充电后才能工作，否则会损坏蓄电池，当然这时控制器到负载的输出端也已自动断开。

　　（6）如果用户使用直流负载，控制器还可以有稳压功能，为负载提供稳定的直流电。

　　（7）具有光伏发电系统数据及信息储存功能。

　　（8）光伏发电系统遥测、遥控、遥信等。

　　当然，控制器的功能不是越多越好，否则不但提高了投资费用，还增加了系统出现故障的可能性，所以要根据实际情况合理配备必要的功能。

3.4.2　光伏控制器的电路原理

1. 光伏控制器的分类

　　光伏控制器按电路方式的不同分为并联型、串联型、脉宽调制型、多路控制型、两阶段双电压控制型和最大功率跟踪型；按电池组件输入功率和负载功率的不同可分为小功率型、中功率型、大功率型及专用控制器（如草坪灯控制器）等；按放电过程控制方式的不同，可分为常规过放电控制型和剩余电量（SOC）放电全过程控制型。对于应用了微处理器的电路，实现了软件编程和智能控制，并附带有自动数据采集、数据显示和远程通信功能的控制器，称为智能控制器。

2. 光伏控制器的电路原理

（1）光伏控制器的基本电路。虽然控制器的控制电路根据光伏发电系统的不同其复杂程度有所差异，但其基本原理是相同的。图 3-14 所示是最基本的光伏发电系统原理框图。系统由光伏电池组件、光伏控制电路及控制开关、蓄电池和负载组成。开关 1 和开关 2 分别为充电控制开关和放电控制开关。

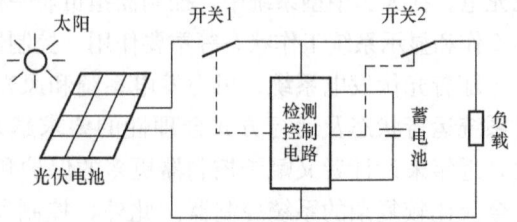

图 3-14　光伏发电系统原理框图

开关 1 闭合时，由光伏电池组件通过控制器给蓄电池充电；当蓄电池出现过充电时，开关 1 能及时切断充电回路，使光伏电池组件停止向蓄电池供电；开关 1 还能按预先设定的保护模式自动恢复对蓄电池的充电。当蓄电池出现过放电时，开关 2 能及时切断放电回路，蓄电池停止向负载供电，当蓄电池再次充电并达到预先设定的恢复充电点时，开关 2 又能自动恢复供电。开关 1 和开关 2 可以由各种开关元件构成，如各种晶体管、晶闸管、固态继电器、功率开关器件等电子式开关和普通继电器等机械式开关。

下面按照电路方式的不同分别对各类常用控制器的电路原理和特点进行介绍。

（2）并联型控制器。并联型控制器也叫旁路型控制器，它是利用并联在光伏电池两端的机械或电子开关器件控制充电过程。当蓄电池充满电时，把光伏电池的输出分流到旁路电阻器或功率模块上去，然后以热的形式消耗掉（泄荷）；当蓄电池电压回落到一定值时，再断开旁路恢复充电。由于这种方式消耗热能，因此一般用于小型、小功率系统。采用并联型充放电控制器的光伏发电系统如图 3-15 所示。VD1 是防反充电二极管，VD2 是防反接二极管，T1 和 T2 都是开关：T1 是控制器充电回路中的开关，T2 为蓄电池放电开关；FU 是熔断器；R 为泄荷电阻；检测控制电路监控蓄电池的端电压。

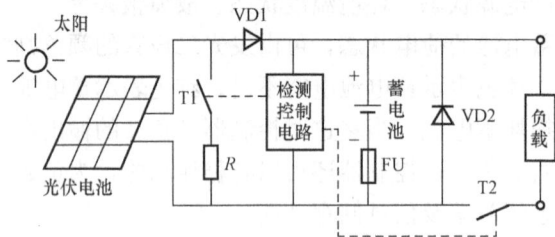

图 3-15　采用并联型充放电控制器的光伏发电系统

这种发电系统中充电回路的开关器件 T1 并联在光伏电池或电池组件的输出端，当充电电压超过蓄电池设定的充满断开电压值时，开关器件 T1 导通，同时防反充二极管 VD1 截止，使光伏电池的输出电流直接通过 T1 旁路泄放，不再对蓄电池进行充电，从而保证蓄电池不被过充电，起到防止蓄电池过充电的保护作用。

开关器件 T2 为蓄电池放电控制开关，当蓄电池的供电电压低于蓄电池的过放电保护电压值时，T2 关断，对蓄电池进行过放电保护。当负载因过载或短路使电流大于额定工作电流时，控制开关 T2 也会关断，起到输出过载或短路保护的作用。

检测控制电路随时对蓄电池的电压进行检测，当电压大于充满保护电压时，T1 导通，电路实行过充电保护；当电压小于过放电电压时，T2 关断，电路实行过放电保护。

电路中的 VD2 为蓄电池接反保护二极管，当蓄电池极性接反时，VD2 导通，蓄电池将通过 VD2 短路放电，短路电流将熔丝熔断，电路起到防蓄电池接反保护作用。开关器件、VD1、VD2 及熔断器 FU 等和检测控制电路共同组成控制器。该电路具有线路简单、价格便宜、充电回路损耗小、控制器效率高的特点，当防过充电保护电路动作时，开关器件要承受光伏电池组件或阵列输出的最大电流，所以要选用功率较大的开关器件。

（3）串联型控制器。串联型控制器是利用串联在充电回路中的机械或电子开关器件控制充电过程。当蓄电池充满电时，开关器件断开充电回路，停止为蓄电池充电；当蓄电池电压回落到一定值时，充电电路再次接通，继续为蓄电池充电。串联在回路中的开关器件还可以在夜间切断光伏电池供电，取代防反充二极管。串联型控制器同样具有结构简单、价格便宜等特点，但由于控制开关是串联在充电回路中，电路的电压损失较大，使充电效率有所降低。

串联型控制器的电路原理如图 3 - 16 所示。它的电路结构与并联型控制器的电路结构相似，区别仅仅是将开关器件 T1 由并联在光伏电池输出端改为串联在蓄电池充电回路中。控制器检测电路监控蓄电池的端电压，当充电电压超过蓄电池设定的充满断开电压值时，T1 关断，使光伏电池不再对蓄电池进行充电，起到防止蓄电池过充电的保护作用。其他元件的作用和并联型控制器相同，不再重复叙述。

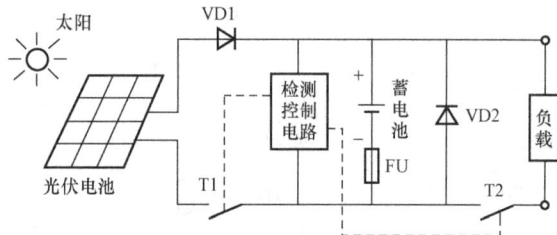

图 3 - 16　单路串联型控制器的电路原理

串、并联控制器的检测控制电路实际上就是蓄电池过、欠电压的检测控制电路，主要是对蓄电池的电压随时进行取样检测，并根据检测结果向过充电、过放电开关器件发出接通或关断的控制信号。控制器检测控制电路原理如图 3 - 17 所示。

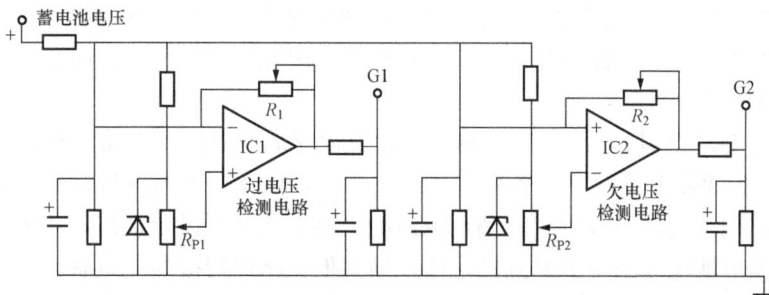

图 3 - 17　控制器检测控制电路原理

该电路包括过电压检测控制和欠电压检测控制两部分电路，由带回差控制的运算放大器组成。其中IC1等为过电压检测控制电路，IC1的同相输入端输入基准电压，反相输入端接被测蓄电池，当蓄电池电压大于过充电压值时，IC1输出端G1输出为低电平，使开关器件T1接通（并联型控制器）或关断（串联型控制器），起到过电压保护的作用。当蓄电池电压下降到小于过充电压值时，IC1的反相输入电位低于同相输入电位，则其输出端G1又从低电平变为高电平，蓄电池恢复正常充电状态。过充电保护与恢复的门限基准电压由 R_{p1} 和 R_1 配合调整确定。IC2等构成欠电压检测控制电路，其工作原理与过电压检测控制电路相同。

（4）脉宽调制型控制器。脉宽调制（Pulse-Width Modulation，PWM）型控制器电路原理如图3-18所示。该控制器通过调节脉冲宽度的大小来改变充电电流的大小，当蓄电池逐渐趋向充满时，随着其端电压的逐渐升高，PWM电路输出脉冲的宽度减小，使开关器件的导通时间减少，充电电流逐渐趋近于零。当蓄电池电压由充满点向下降时，充电电流又会逐渐增大。与前两种控制器电路相比，脉宽调制充电控制方式虽然没有固定的过充电压断开点和恢复点，但是电路会控制当蓄电池端电压达到过充电控制点附近时，其充电电流要趋近于零。这种充电过程能形成较完整的充电状态，其平均充电电流的瞬时变化更符合蓄电池当前的充电状况，能够增加光伏发电系统的充电效率并延长蓄电池的总循环寿命。另外，脉宽调制型控制器还可以实现光伏发电系统的最大功率跟踪功能，因此可作为大功率控制器用于大型光伏发电系统中。脉宽调制型控制器的缺点是控制器的自身工作有 $4\%\sim8\%$ 的功率损耗。

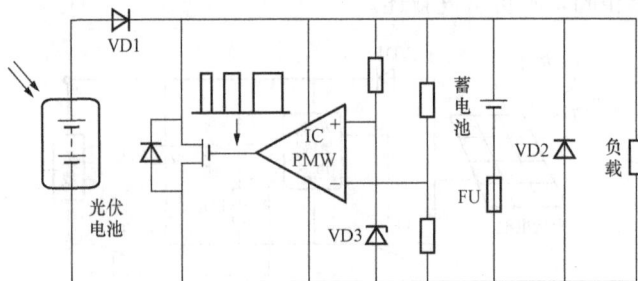

图3-18　脉宽调制型（PWM）控制器电路原理

（5）多路控制器。多路控制器一般用于千瓦级以上的大功率光伏发电系统，将光伏电池分成多个支路接入控制器。当蓄电池充满时，控制器将光伏电池各支路逐路断开；当蓄电池电压回落到一定值时，控制器再将光伏电池逐路接通，实现对蓄电池组充电电压和电流的调节。这种控制方式属于增量控制法，可以近似达到脉宽调制控制器的效果，路数越多，增幅越小，越接近线性调节。但路数越多，成本也越高，因此确定光伏电池路数时，要综合考虑控制效果和控制器的成本。

多路控制器电路原理如图3-19所示。当蓄电池充满电时控制电路将控制机械或电子开关从 T1～Tn，顺序断开光伏电池各支路 Z1～Zn。当第一路 Z1 断开后，如果蓄电池电压已经低于设定值，则控制电路等待；直到蓄电池电压再次上升到设定值后，再断开第2路 Z2，再等待；如果蓄电池电压不再上升到设定值，则其他支路保持接通充电状态。当蓄电池电压低于恢复点电压时，被断开的光伏电池支路依次顺序接通，直到天黑之前全部接通。图3-19中VD1至VDn是各个支路的防反充二极管，A1和A2分别是充电电流表和放电电流表，V 为蓄电池电压表。

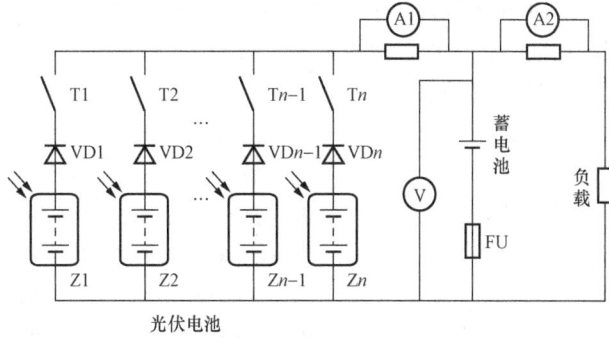

图 3 - 19　多路控制器电路原理

（6）智能型控制器。智能型控制器采用 CPU 或 MCU 等微处理器对太阳能光伏发电系统的运行参数进行高速实时采集，并按照一定的控制规律由单片机内设计的程序对单路或多路光伏组件进行切断与接通的智能控制。中、大功率的智能控制器还可通过单片机的 RS232/485 接口通过计算机控制和传输数据，并进行远距离通信和控制。

智能控制器除了具有过充电、过放电、短路、过载、防反接等保护功能外，还利用蓄电池放电率高，准确地进行放电控制。智能控制器还具有高精度的温度补偿功能。智能型控制器电路原理如图 3 - 20 所示。

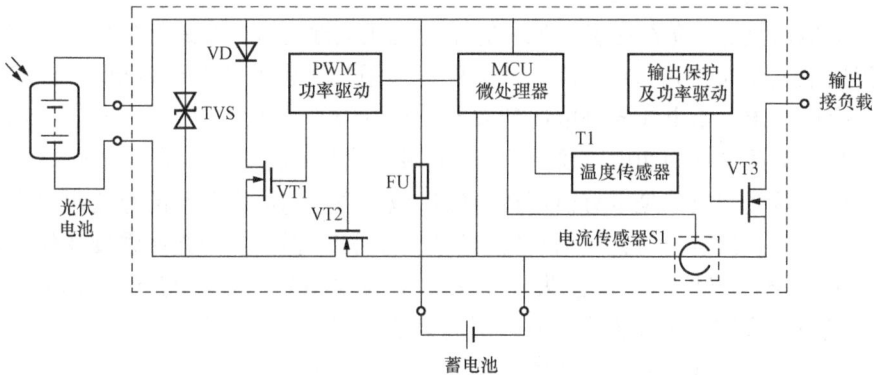

图 3 - 20　智能型控制器电路原理图

（7）最大功率点跟踪型控制器。光伏电池阵列的输出功率特性 P - U 曲线可以以最大功率点处为界，分为左右两侧。当光伏电池工作在最大功率点电压右边时，因离最大功率点较远，可以将电压值调小，即功率增加；当光伏电池工作在最大功率点电压左边时，若电压值较小，为了获得最大功率，可以将电压值调大。

光伏电池组件的光电流与光照强度成正比，在 $100 \sim 1000 \mathrm{W/m^2}$ 范围内，光电流始终随光照强度的增加而线性增长；而光照强度对光电压的影响很小，在温度固定的条件下，当光照强度在 $400 \sim 1000 \mathrm{W/m^2}$ 范围内变化时，光伏电池组件的开路电压基本保持恒定。正因为如此，光伏电池组件的功率与光照强度也基本成正比。

光伏电池组件的最大功率点随太阳光照强度的变化呈现一条垂直线，即保持在同一电压水平上。因此，就提出可以采用恒压控制（Constant Voltage Tracking，CVT）来代替最大功率点跟踪（MPPT），这种方法只需要保证光伏电池的恒压输出即可，大大简化了控制系统。由于光伏电池工作在阳光下，太阳光照强度的变化远大于其结温的变化，采用 CVT 代替 MPPT 在大多数情况下是适用的。

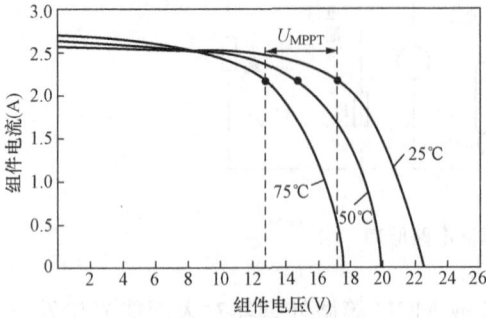

图 3-21　不同温度对光伏电池组
件最大功率点电压的影响

对于环境温度变化较大的场合，CVT 控制就很难保证光伏电池工作在最大功率点附近，图 3-21 给出了不同温度下光伏电池组件最大功率点电压的影响。可以看出，随着光伏电池组件结温的变化，最大功率点电压变化较大，如果仍然采用 CVT 代替 MPPT，则会产生很大的误差。

为了简化控制方案，又能兼顾温度对光伏电池组件电压的影响，可以采用改进 CVT 法，即仍然采用恒压控制，但增加温度补偿。在恒压控制的同时监视光伏电池组件的结温，对于不同的结温，调整到相应的恒压控制点即可。

光伏电池作为一种直流电源，其输出特性完全不同于常规的直流电源，因此对于不同类型的负载，它的匹配特性也完全不同。负载的类型有电压接受型负载（如蓄电池）、电流接受型负载（如直流电动机）和纯阻性负载三种。

最典型的电压接受型负载是蓄电池，它是与光伏电池直接匹配最好的负载类型。光伏电池电压随温度的变化大约只有 $0.4\text{V}/\text{℃}$（电压随太阳光照强度的变化就更小），基本可以满足蓄电池的充电要求。蓄电池充满电压到放电终止电压的变化为 $+25\%\sim-10\%$，如果直接连接，失配损失大约平均为 20%。采用 MPPT 跟踪控制，将使这样的匹配损失减少到 5%。

典型的电流接受型负载是带有恒定转矩的机械负载（如活塞泵）的直流永磁电动机。太阳光照强度恒定时光伏电池与直流电动机有较好的匹配，但当太阳光照强度变化时，将这类负载直接与光伏电池连接的失配损失会很大，因为太阳光照强度与光电流成正比。采用 MPPT 跟踪控制将会减小失配损失，有效提高系统的能量传输效率。

很显然，纯阻性负载与光伏电池的直接匹配特性是最差的。

实现 CVT 或 MPPT 的电路通常采用斩波器来完成直流/直流变换。斩波器电路分为降压型变换器（Buck 电路）和升压型变换（Boost 电路）。

无论采用哪一种斩波器（Buck 或 Boost），都必须要有闭环电路控制，用于控制开关 K 的导通和断开，从而使光伏电池工作在最大功率点附近。

对于 CVT 或带温度补偿的 CVT，只需要将光伏电池的工作电压信号反馈到控制电路，控制开关 K 的导通时间 T_{on} 使光伏电池的工作电压始终工作在某一恒定电压即可。

对于为蓄电池充电的 Boost 电路，只需要保证充电电流最大，即可达到使光伏电池有最大输出的目的，因此也只需将 Boost 电路的输出电流（即蓄电池的充电电流）信号反馈到控制电路，控制开关 K 的导通时间 T_{on}，使 Boost 电路具有最大的电流输出即可。

无论是最大输出电流跟踪，还是 MPPT 控制，都要考虑电路的稳定、抗云雾干扰和误判的问题。

现代电子技术和元器件已经可以使 MPPT 控制电路的效率达到 95％以上。

控制器的主要功能是使太阳能光伏发电系统始终处于发电的最大功率点附近，以获得最高效率。充电控制通常采用脉冲宽度调制技术（PWM 控制方式），使整个系统始终运行于最大功率点 P_m 附近区域。放电控制主要是指当蓄电池缺电、系统故障（如蓄电池开路或接反）时切断开关。目前研制出了既能跟踪调控点 P_m，又能跟踪太阳移动参数的"向日葵"式控制器，将固定光伏电池组件的效率提高了 50％左右。随着太阳能光伏产业的发展，控制器的功能越来越强大，有将传统的控制部分、变换器及监测系统集成的趋势，如 AES 公司的 SPP 和 SMD 系列的控制器就集成了上述三种功能。

（8）采用单片机组成的 MPPT 充放电控制器基本原理。如图 3-22 所示，这是一个具有 MPPT 功能的充放电控制器原理框图，由于其电路相对复杂，这里不再提供具体应用电路，它由自带 A/D 转换功能的单片机（MCU）、电压采集电路、电流采集电路、DC/DC 变换电路等组成。从技术上讲主要由单片机及其控制采集软件、测量电路、DC/DC 变换电路三部分组成，对各部分的技术要求如下：

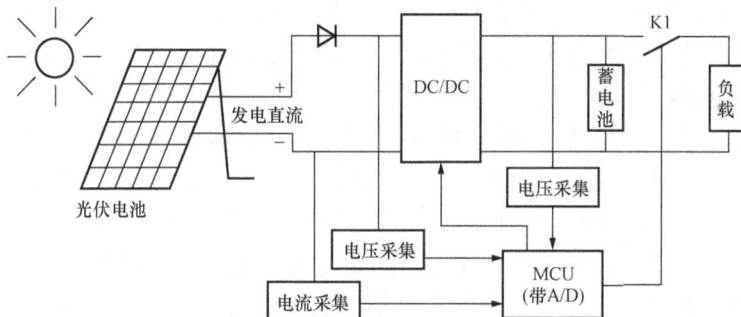

图 3-22　采用单片机组成的 MPPT 充放电控制器原理框图

1）DC/DC 变换电路。一般为 Buck 型或 Boost 型电路，要求有较高的转换效率，在 85％或 90％以上，但小功率 DC/DC 电路的效率比较低，只有 60％～75％。因此，具有 MPPT 功能的控制器在 50W 以下 PV 系统中优势不明显，很少采用，而主要应用在较大的系统中。另外，还有一个系统匹配的问题，DC/DC 变换电路的设计与 PV 组件功率、负载大小要匹配，做到系统接近满载，效率更高。DC/DC 变换电路有升压（Boost）型、降压（Buck）型、升降压（Buck 与 Boost）型，具体选择哪一种要根据 PV 组件电压、蓄电池电压和负载工作电压来确定。

2）测量电路。主要是 DC/DC 变换电路的输入侧电压和电流值、输出侧的电压值。另外，还有温度等测量电路。测量电路要求简单可靠，测量精度满足技术要求，从产品角度上还应有高的性能价格比。

3）单片机及监控软件。单片机技术近年发展很快，各种高效多功能低功耗单片机很多，选择的范围也很大，如 INTEL80C196 具有正弦波输出功能，PHILIPS 公司的 P87LPC767 为带有 A/D 转换功能的紧凑型低功耗产品等。另外，也有采用 DSP 代替单片机的控制器。要实现 MPPT 功能，监控软件十分重要，采用什么样的控制算法其效果差别很大。

（9）太阳能草坪灯控制电路。当白天太阳光照射在光伏电池上时，光伏电池将光能转变为电能并通过控制电路将电能存储在蓄电池中。天黑后，蓄电池中的电能通过控制电路为草坪灯的 LED 光源供电。第二天早晨天亮时，蓄电池停止为光源供电，草坪灯熄灭，光伏电池继续为蓄电池充电。周而复始、循环工作。

图 3-23 是一个简单的太阳能草坪灯控制电路，该电路也可用在太阳能草坪灯及太阳能光控玩具中。在该电路中，光伏电池兼做光线强弱的检测来控制电路的工作与否，因为光伏电池本身就是一个很好的光敏传感器件。当有阳光照射时，光伏电池发出的电能通过二极管 VD 向蓄电池 DC 充电，同时光伏电池的电压也通过 R1 加到 VT1 的基极，使 VT1 导通，VT2、VT3 截止，LED 不发光。当黑夜来临时，光伏电池两

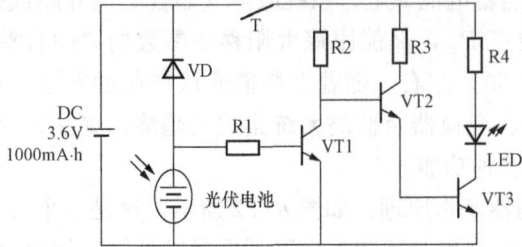

图 3-23　太阳能草坪灯控制电路原理（一）

端电压几乎为零，此时 VT1 截止，VT2、VT3 导通，蓄电池中的电压通过 T、R4 加到 LED 两端，LED 发光。在该电路中光伏电池兼做光控元件；调整 R1 的阻值，可根据光线强弱调整灯的工作控制点。该电路的不足是没有防止蓄电池过度放电的电路或元件，当灯长时间在黑暗中时，蓄电池中的电能会基本耗尽。开关 T 就是为了防止草坪灯在存储和运输当中将蓄电池的电能耗尽而设置的。

图 3-24 (a) 是一款目前运用较多的具有防止蓄电池过度放电的草坪灯控制电路图，VT3、VT4、L、C1 和 R5 组成互补振荡升压电路，VT1、VT2 组成光控开关电路。当光伏电池上的电压低于 0.9V 时，VT1 截止，VT2 导通，VT3、VT4 等构成的升压电路工作，由于 C2 的充、放电，使 VT3、VT4 周而复始地导通、截止，电路形成振荡。在振荡过程中，VT4 导通时电源经 L 到地，电流经 L 储能。当 VT4 截止时，L 两端产生感应电动势和电源电压叠加后驱动 LED 发光。当天亮时，光伏电池电压高于 0.9V，VT1 导通，VT2 截止，VT3 同时截止，电路停止振荡，LED 不发光。调整 R2 的阻值，可调整开关灯的启控点。当蓄电池电压降到 0.7～0.8V 时，该电路将停止振荡。该电路的优点，就是蓄电池电压降到 0.7V 草坪灯还能工作。而对于 1.2V 的蓄电池来说，似乎已经有点过放电了，长期过放电必将影响蓄电池的使用寿命。因此，在图 3-24 (a) 电路的基础上，做一点改进，如图 3-24 (b) 所示。即在 VT3 的发射极与电源正极之间串入一个二极管 VD2，由于 VD2 的接入，使 VT3 进入放大区的电压叠加了 0.2V 左右，使得整个电路在蓄电池电压降到 0.9～1.0V 时停止工作。经过改进的控制电路使蓄电池的使用寿命大致可以延长一倍。

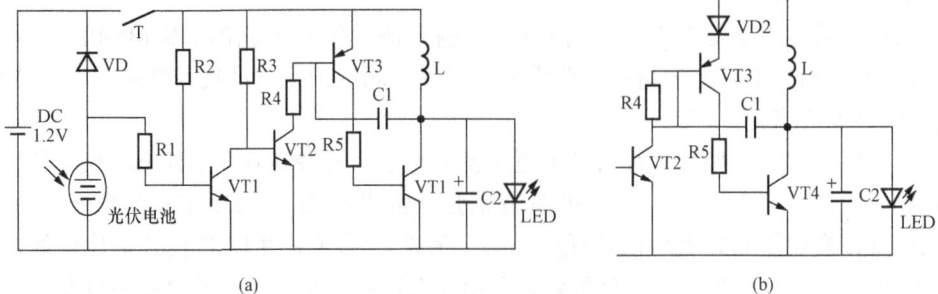

(a)

(b)

图 3-24　太阳能草坪灯控制电路原理（二）

3.4.3　光伏控制器的选用

1. 光伏控制器的主要性能特点

（1）小功率光伏控制器。

1）目前大部分小功率控制器都采用低功耗、长寿命的 MOSFET 场效应管等电子开关元件作为控制器的主要开关器件。

2）运用脉冲宽度调制（PWM）控制技术对蓄电池进行快速充电和浮充电，使太阳能发电能量得以充分利用。

3）具有单路、双路负载输出和多种工作模式。其主要工作模式有：普通开/关工作模式（即不受光控和时控的工作模式）、光控开/光控关工作模式、光控开/时控关工作模式。双路负载控制器控制关闭的时间长短可分别设置。

4）具有多种保护功能，包括蓄电池和光伏电池接反、蓄电池开路、蓄电池过充电和过放电、负载过电压、夜间防反充电、控制器温度过高等多种保护。

5）用 LED 指示灯对工作状态、充电状况、蓄电池电量等进行显示，并通过 LED 指示灯颜色的变化显示系统工作状况和蓄电池的剩余电量等变化。

6）具有温度补偿功能。其作用是在不同的工作环境温度下，能够对蓄电池设置更为合理的充电电压，防止过充电和欠充电状态而造成电池充放电容量过早下降甚至过早报废。

（2）中功率光伏控制器。一般把额定负载电流大于 15A 的控制器称为中功率控制器。其主要性能特点如下：

1）采用 LCD 液晶屏显示工作状态和充放电等各种重要信息，如电池电压、充电电流和放电电流、工作模式、系统参数、系统状态等。

2）具有自动/手动/夜间功能。可编制程序设定负载的控制方式为自动或手动方式。手动方式时，负载可手动开启或关闭。当选择夜间功能时，控制器在白天关闭负载；检测到夜晚时，延迟一段时间后自动开启负载，定时时间到，又自动地关闭负载，延迟时间和定时时间可编程设定。

3）具有蓄电池过充电、过放电、输出过载、过电压、温度过高等多种保护功能。

4）具有浮充电压的温度补偿功能。

5）具有快速充电功能。当电池电压低于一定值时，快速充电功能自动开始，控制器将提高电池的充电电压，当电池电压达到理想值时，开始快速充电倒计时程序，定时时间到后，退出快速充电状态，以达到充分利用太阳能的目的。

6）中功率光伏控制器同样具有普通充/放电工作模式（即不受光控和时控的工作模式）、光控开/光控关工作模式、光控开/时控关工作模式等。

（3）大功率光伏控制器。大功率光伏控制器采用微电脑芯片控制系统，具有下列性能特点：

1）具有 LCD 液晶点阵模块显示，可根据不同的场合通过编程任意设定、调整充放电参数及温度补偿系数，具有中文操作菜单，方便用户调整。

2）可适应不同场合的特殊要求，可避免各路充电开关同时开启和关断时引起的振荡。可通过 LED 指示灯显示各路光伏充电状况和负载通断状况。

3）有 1～18 路光伏电池输入控制电路，控制电路与主电路完全隔离，具有极高的抗干扰能力。

4) 具有电量累计功能，可实时显示蓄电池电压、负载电流、充电电流、光伏电流、蓄电池温度、累计光伏发电量（单位：A·h 或 W·h）、累计负载用电量（单位：W·h）等参数。具有历史数据统计显示功能，如过充电次数、过放电次数、过载次数、短路次数等。

5) 用户可分别设置蓄电池过充电保护和过放电保护时负载的通断状态。各路充电电压检测具有"回差"控制功能，可防止开关器件进入振荡状态。

6) 具有蓄电池过充电、过放电、输出过载、短路、浪涌、光伏电池接反或短路、蓄电池接反、夜间防反充等一系列报警和保护功能。可根据系统要求提供发电机或备用电源启动电路所需的无源干节点。

7) 配接有 RS232/485 接口，便于远程遥信、遥控；PC 监控软件可测实时数据、报警信息显示、修改控制参数，读取 30 天的每天蓄电池最高电压、蓄电池最低电压、每天光伏发电量累计和每天负载用电量累计等历史数据。

8) 参数设置具有密码保护功能且用户可修改密码。具有过电压、欠电压、过载、短路等保护报警功能。具有多路无源输出的报警或控制触点，包括蓄电池过充电、蓄电池过放电、其他发电设备启动控制、负载断开、控制器故障、水淹报警等。

9) 工作模式可分为普通充/放电工作模式（阶梯型逐级限流模式）和一点式充/放电模式（PWM 工作模式）。其中一点式充/放电模式分 4 个充电阶段，控制更精确，更好地保护蓄电池不被过充电，对太阳能予以充分利用。

10) 具有不掉电实时时钟功能，可显示和设置时钟。具有雷电防护功能和温度补偿功能。

2. 光伏控制器的主要技术参数

对于控制器的主要技术指标，GB/T 19064—2003《家用太阳能光伏电源系统技术条件和试验方法》有具体要求。

控制器的损耗要小，规定控制器最大自身耗电不应超过其额定充电电流的 1%；规定控制器充电或放电的电压降不应超过系统额定电压的 5%。

光伏控制器的主要技术参数如下：

（1）系统电压。系统电压也叫额定工作电压，是指光伏发电系统的直流工作电压，电压一般为 12V 和 24V，中、大功率控制器也有 48、110、220V 等。

（2）最大充电电流。最大充电电流是指光伏电池组件或阵列输出的最大电流，根据功率大小分为 5、6、8、10、12、15、20、30、40、50、70、100、150、200、250、300A 等多种规格。有些厂家用光伏电池组件最大功率来表示，间接地体现了最大充电电流这一技术参数。

（3）光伏电池输入路数。小功率光伏控制器一般都是单路输入，而大功率光伏控制器都是由光伏电池多路输入，一般大功率光伏控制器可输入 6 路，最多的可接入 12、18 路。

（4）电路自身损耗。控制器的电路自身损耗也是其主要技术参数之一，也叫空载损耗（静态电流）或最大自消耗电流。为了降低控制器的损耗，提高光伏电源的使用效率，控制器的电路自身损耗要尽可能低。控制器的最大自身损耗不得超过其额定充电电流的 1% 或 0.4W。根据电路不同，自身损耗一般为 5～20mA。控制器充电或放电的电压降不应超过系统额定电压的 5%。

（5）蓄电池过充电保护电压（HVD）。蓄电池过充电保护电压也叫充满电断开或过电压关断电压，一般可根据需要及蓄电池类型的不同，设定为14.1～14.5V（12V系统）、28.2～29V（24V系统）和56.4～58V（48V系统），典型值分别为14.4、28.8V和57.6V。蓄电池充电保护的关断恢复电压（HVR）一般设定为13.1～13.4V（12V系统）、26.2～26.8V（24V系统）和52.4～53.6V（48V系统），典型值分别为13.2、26.4V和52.8V。

（6）蓄电池的过放电保护电压（LVD）。蓄电池的过放电保护电压也叫欠电压断开或欠电压关断电压，一般可根据需要及蓄电池类型的不同，设定为10.8～11.4V（12V系统）、21.6～22.8V（24V系统）和43.2～45.6V（48V系统），典型值分别为11.1、22.2V和44.4V。蓄电池过放电保护的关断恢复电压（LVR）一般设定为12.1～12.6V（12V系统）、24.2～25.2V（24V系统）和48.4～50.4V（48V系统），典型值分别为12.4、24.8V和49.6V。

（7）蓄电池浮充电压。蓄电池的浮充电压一般为13.7V（12V系统）、27.4V（24V系统）和54.8V（48V系统）。

（8）温度补偿。控制器一般都具有温度补偿功能，以适应不同的环境工作温度，为蓄电池设置更为合理的充电电压。控制器的温度补偿系数应满足蓄电池的技术要求，其温度补偿值一般为－（2～4）mV/℃。

（9）工作环境温度。控制器的使用或工作环境温度范围随厂家不同一般为－20～＋50℃。

（10）其他保护功能。

1）控制器输入、输出短路保护功能。控制器的输入、输出电路都要具有短路保护电路，提供保护功能。

2）防反充保护功能。控制器要具有防止蓄电池向光伏电池反向充电的保护功能。

3）极性反接保护功能。光伏电池组件或蓄电池接入控制器，当极性接反时，控制器要具有保护电路的功能。

4）防雷击保护功能。控制器输入端应具有防雷击的保护功能，避雷器的类型和额定值应能确保吸收预期的冲击能量。

5）耐冲击电压和冲击电流保护。在控制器的光伏电池输入端施加1.25倍的标称电压持续1h，控制器不应该损坏。将控制器充电回路电流达到标称电流的1.25倍并持续1h，控制器也不应该损坏。

3. 光伏控制器的配置选型

光伏控制器的配置选型要根据整个系统的各项技术指标并参考生产厂家提供的产品样本手册来确定。一般考虑下列几项技术指标：

（1）系统工作电压。指太阳能发电系统中蓄电池或蓄电池组的工作电压，这个电压要根据直流负载的工作电压或交流逆变器的配置选型确定，一般有12、24、48、110V和220V等。

（2）额定输入电流和输入路数。控制器的额定输入电流取决于光伏电池组件或方阵的输出电流，选型时控制器的额定输入电流应等于或大于光伏电池的输出电流。

控制器的输入路数要等于或多于光伏电池的设计输入路数。小功率控制器一般只有一路光伏电池输入，大功率控制器通常采用多路输入，每路输入的最大电流＝额定输入电流/输入路数，因此，各路电池的输出电流应小于或等于控制器每路允许输入的最大电流值。

（3）控制器的额定负载电流。也就是控制器输出到直流负载或逆变器的直流输出电流，该数据要满足负载或逆变器的输入要求。

除上述主要技术数据满足设计要求以外，使用环境温度、海拔、防护等级和外形尺寸等参数，以及生产厂家和品牌也是控制器配置选型时要考虑的因素。

3.5　光伏并网逆变器

3.5.1　光伏并网逆变器原理

并网逆变器是并网光伏发电系统的核心部件。与离网型光伏逆变器相比，并网逆变器不仅要将太阳能光伏发电系统输出的直流电转换为交流电，对交流电的电压、电流、波形、频率、相位与同步等进行控制，还要解决对电网的电磁干扰、自我保护、孤岛运行和最大功率跟踪等技术问题，因此对并网型逆变器要有更高的技术要求。图3-25是并网光伏逆变系统结构示意图。

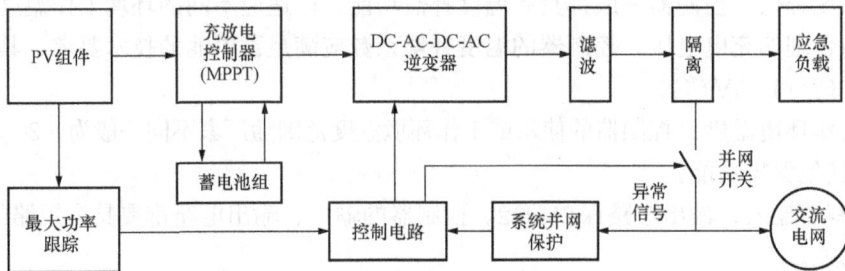

图3-25　并网光伏逆变系统结构示意图

1. 并网逆变器的技术要求

太阳能光伏发电系统并网运行，对逆变器提出了较高的技术要求，如下所述。

（1）要求逆变器必须输出正弦波电流。光伏发电系统馈入公用电网的电力，必须满足电网规定的指标，如逆变器的输出电流不能含有直流分量，高次谐波必须尽量减少，不能对电网造成谐波污染。

（2）要求逆变器在负载和光照强度变化幅度较大的情况下均能高效运行。光伏发电系统的能量来自太阳能，而光照强度随着气候而变化，所以工作时输入的直流电压变化较大，这就要求逆变器在不同的光照强度条件下都能高效运行。同时要求逆变器本身也要有较高的逆变效率，一般中小功率逆变器满载时的逆变效率要求达到85％～90％，大功率逆变器满载时的逆变效率要求达到90％～95％。

（3）要求逆变器能使光伏电池始终工作在最大功率点状态。光伏电池的输出功率与光照强度、温度、负载的变化有关，即其输出特性具有非线性关系。这就要求逆变器具有最大功率跟踪功能，即不论光照强度、温度等如何变化，都能通过逆变器的自动调节实现光伏电池的最佳运行。

（4）要求具有较高的可靠性。许多光伏发电系统处在边远地区和无人值守与维护的状态，这就要求逆变器要具有合理的电路结构和设计，具备一定的抗干扰能力、环境适应能力、瞬时过载保护能力及各种保护功能，如输入直流极性接反保护、交流输出短路保护、过热保护、过载保护等。

（5）要求有较宽的直流电压输入适应范围。光伏电池的输出电压会随着负载和光照强度、气候条件的变化而变化，对于接入蓄电池的并网光伏发电系统，虽然蓄电池对光伏电池输出电压具有一定的钳位作用，但由于蓄电池本身电压也随着蓄电池的剩余电量和内阻的变化而波动，特别是不接蓄电池的光伏发电系统或蓄电池老化时的光伏发电系统，其端电压的变化范围很大。例如，一个接 12V 蓄电池的光伏发电系统，它的端电压会在 11～17V 之间变化。这就要求逆变器必须在较宽的直流电压输入范围内都能正常工作，并保证交流输出电压的稳定。

（6）要求逆变器体积小、质量轻，以便于室内安装或墙壁上悬挂。

（7）要求在电力系统发生停电时，并网光伏发电系统既能独立运行，又能防止孤岛效应，能快速检测并切断向公用电网的供电，防止触电事故的发生。待公用电网恢复供电后，逆变器能自动恢复并网供电。

2. 并网逆变器的电路原理

（1）三相并网逆变器电路原理。三相并网逆变器输出电压一般为交流 380V 或更高电压，频率为 50Hz/60Hz，其中 50Hz 为中国和欧洲标准，60Hz 为美国和日本标准。三相并网逆变器多用于容量较大的光伏发电系统，输出波形为标准正弦波，功率因数接近 1.0。三相并网逆变器电路原理如图 3-26 所示。电路分为主电路和微处理器电路两部分。

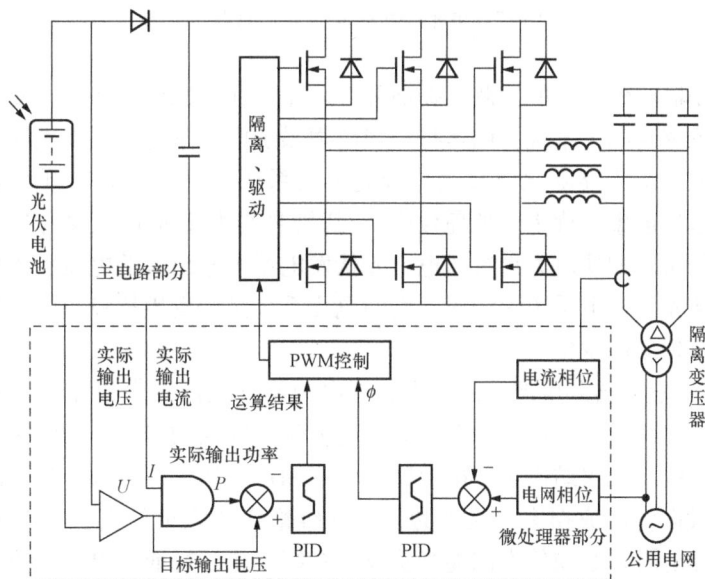

图 3-26　三相并网逆变器电路原理示意图

主电路主要完成 DC-DC-AC 的转换和逆变过程。微处理器电路主要完成系统并网的控制过程。系统并网控制的目的是使逆变器输出的交流电压值、波形、相位等维持在规定的范围内，因此，微处理器控制电路要完成电网相位实时检测、电流相位反馈控制、光伏电池最大功率跟踪及实时正弦波脉宽调制信号发生等内容，具体工作过程如下：公用电网的电压如相位经过霍尔传感器送给微处理器的 A/D 转换器，微处理器将回馈电流的相位与公用电网的电压相位做比较，其误差信号通过 PID 运算器运算调节后送给 PWM 脉宽调制器，这就完成了功率因数为 1 的电能回馈过程。微处理器完成的另一项主要工作是实现光伏电池的最大功率输出。光伏电池的输出电压和电流分别由电压、电流传感器检测并相乘，得到阵列输出功率，然后调节 PWM 输出占空比。这个占空比的调节实质上就是调节回馈电压大小，从而实现最大功率寻优。当 U 的幅值变化时，回馈电流与电网电压之间的相位角 ϕ 也将有一定的变化。由于电流相位已实现了反馈控制，因此自然实现了相位和幅值的解耦控制，使微处理器的处理过程更简便。

（2）单相并网逆变器电路原理。单相并网逆变器输出电压为交流 220V 或 110V 等，频率为 50Hz，波形为正弦波，多用于小型的户用系统。单相并网逆变器电路原理如图 3 - 27 所示。其逆变和控制过程与三相并网逆变器基本类似。

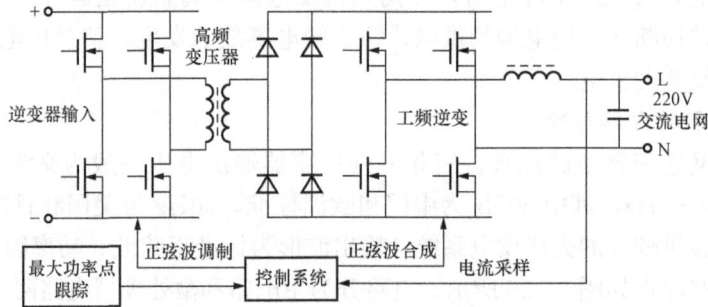

图 3 - 27　单相并网逆变器电路原理示意图

（3）并网逆变器单独运行的检测与孤岛效应防止。在太阳能光伏并网发电过程中，由于太阳能光伏发电系统与电力系统并网运行，当电力系统由于某种原因发生异常而停电时，如果太阳能光伏发电系统不能随之停止工作或与电力系统脱开，则会向电力输电线路继续供电，这种运行状态被形象地称为"孤岛效应"。特别是当太阳能光伏发电系统的发电功率与负载用电功率平衡时，即使电力系统断电，光伏发电系统输出端的电压和频率等参数也不会快速随之变化，使光伏发电系统无法正确判断电力系统是否发生故障或中断供电，因而极易导致"孤岛效应"现象的发生。

"孤岛效应"的发生会产生严重的后果。当电力系统电网发生故障或中断供电后，由于光伏发电系统仍然继续给电网供电，会威胁到电力供电线路的修复及维修作业人员及设备的安全，造成触电事故。不仅妨碍了停电故障的检修和正常运行的尽快恢复，而且有可能给配电系统及一些负载设备造成损害。因此为了确保维修作业人员的安全和电力供电的及时恢复，当电力系统停电时，必须使太阳能光伏发电系统停止运行或与电力系统自动分离（此时太阳能光伏发电系统自动切换成独立供电系统，还将继续运行为一些应急负载和必要负载供电）。

在逆变器电路中，检测出光伏发电系统孤岛运行状态的功能称为孤岛运行检测。检测出孤岛运行状态，并使太阳能光伏发电系统停止运行或与电力系统自动分离的功能就叫孤岛效应防止。

孤岛运行检测功能分为被动式检测和主动式检测两种方式。

1）被动式检测方式。被动式检测方式是通过实时监视电网系统的电压、频率、相位变化，检测因电网电力系统停电向孤岛运行过渡时的电压波动、相位跳动、频率变化等参数变化，检测出孤岛运行状态的方法。

被动式检测方式有电压相位跳跃检测法、频率变化率检测法、电压谐波检测法、输出频率变化率检测法等，其中电压相位跳跃检测法较为常用。

电压相位跳跃检测法检测原理如图 3-28 所示，其检测过程是：周期性地测出逆变器交流电压的周期，如果周期的偏移超过某设定值，则可判定为孤岛运行状态。此时使逆变器停止运行或脱离电网运行。通常与电力系统并网的逆变器是在功率因数为 1（即电力系统电压与逆变器的输出电流同相）的情况下运行，逆变器不向负载供给无功功率，而电力系统供给无功功率。但孤岛运行

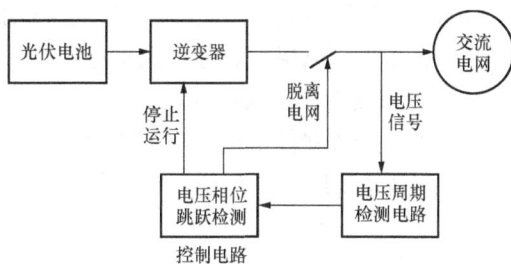

图 3-28　电压相位跳跃检测法原理图

时电力系统无法供给无功功率，逆变器不得不向负载供给无功功率，其结果是使电压的相位发生骤变。检测电路检测出电压相位的变化，判定光发电系统处于孤岛运行状态。

2）主动式检测方式。主动式检测方式是指由逆变器的输出端主动向系统发出电压、频率或输出功率等变化量的扰动信号，并观察电网是否受到影响，根据参数变化检测出是否处于孤岛运行状态。

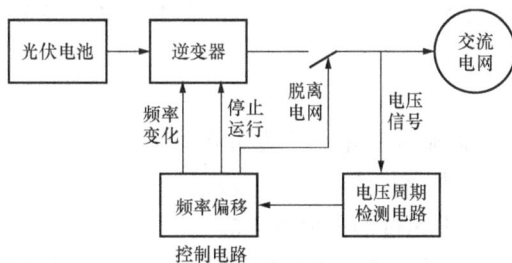

图 3-29　频率偏移方式工作原理图

主动式检测方式有频率偏移方式、有功功率变动方式、无功功率变动方式及负载变动方式等，较常用的是频率偏移方式。频率偏移方式工作原理如图 3-29 所示，该方式是根据孤岛运行中的负荷状况，使太阳能光伏发电系统输出的交流电频率在允许的变化范围内变化，根据系统是否跟随其变化来判断光伏发电系统是否处于孤岛运行状态。例如，使逆变器的输出频率相对于系统频率做

±0.1Hz 的波动，在与系统并网时，此频率的波动会被系统吸收，所以系统的频率不会改变。当系统处于孤岛运行状态时，此频率的波动会引起系统频率的变化，根据检测出的频率可以判断为孤岛运行。一般当频率波动持续 0.5s 以上时，则逆变器会停止运行或与电力电网脱离。

3.5.2　光伏逆变器的技术参数与选用

光伏逆变器的性能特点和技术参数是评价和选用光伏逆变器的主要依据。

1. 离网型光伏逆变器的主要性能特点

（1）采用 16 位单片机或 32 位 DSP 微处理器进行控制。

（2）太阳能充电采用 PWM 控制模式，大大提高了充电效率。

（3）采用数码或液晶显示各种运行参数，可灵活设置各种定值参数。

（4）方波、修正波、正弦波输出，纯正弦波输出时，波形失真度一般小于 5%。

（5）稳压精度高，额定负载状态下，输出精度一般不大于±3%。

（6）具有缓启动功能，避免对蓄电池和负载的大电流冲击。

（7）高频变压器隔离，体积小、质量轻。

（8）配备标准的 RS232/485 通信接口，便于远程通信和控制。

（9）可在海拔 5500m 以上的环境中使用，适应环境温度范围为 $-20 \sim 50 ℃$。

（10）具有输入接反保护、输入欠电压保护、输入过电压保护、输出过电压保护、输出过载保护、输出短路保护、过热保护等多种保护功能。

2. 并网型逆变器主要性能特点

（1）功率开关器件采用新型 IPM 模块，大大提高系统效率。

（2）采用 MPPT 自寻优技术实现光伏电池最大功率跟踪，最大限度地提高系统的发电量。

（3）液晶显示各种运行参数，人性化界面，可通过按键灵活设置各种运行参数。

（4）设置有多种通信接口可供选择，可方便地实现上位机监控（上位机是指人可以直接发出操控命令的计算机，屏幕上显示各种信号变化如电压、电流、水位、温度、光伏发电量等）。

（5）具有完善的保护电路，系统可靠性高。

（6）具有较宽的直流电压输入范围。

（7）可实现多台逆变器并联组合运行，简化光伏电站设计，使系统能够平滑扩容。

（8）具有电网保护装置，具有防孤岛效应保护功能。

（9）并网逆变器利用电网本身可吸收巨大能量的功能，使并网发电系统无需增设蓄电池，节省系统投资，减少系统维护。

3. 光伏逆变器的主要技术参数

（1）额定输出电压。光伏逆变器在规定的输入直流电压允许的波动范围内，应能输出额定的电压值，一般在额定输出电压为单相 220V 和三相 380V 时，电压波动偏差有如下规定：

1）在稳定状态运行时，一般要求电压波动偏差不超过额定值的 $\pm 5\%$。

2）在负载突变（额定负载 $0\% \rightarrow 50\% \rightarrow 100\%$）或有其他干扰因素影响的动态情况下，其输出电压偏差不超过额定值的 $\pm 10\%$。

3）在正常工作条件下，逆变器输出的三相电压不平衡度不应超过 8%。

4）输出的电压波形（正弦波）失真度一般要求不超过 5%。

5）逆变器输出交流电压的频率在正常工作条件下其偏差应在 1% 以内，GB/T 19064—2003 规定的输出电压频率应在 $49 \sim 51 Hz$ 之间。

（2）负载功率因数。负载功率因数大小表示逆变器带感性负载的能力，在正弦波条件下负载功率因数为 $0.7 \sim 0.9$。

（3）额定输出电流和额定输出容量。额定输出电流是指在规定的负载功率因数范围内逆变器的输出电流，单位为 A；额定输出容量是指当输出功率因数为 1（即纯电阻性负载）时，逆变器额定输出电压和额定输出电流的乘积，单位是 kVA 或 kW（注意：非电阻性负载时，逆变器的 kVA 数不等于 kW 数）。

（4）额定输出效率。额定输出效率是指在规定的工作条件下，输出功率与输入功率之比，通常应在 70% 以上；逆变器的效率会随着负载的大小而改变，当负载率低于 20% 和高于 80% 时，效率要低一些；标准规定逆变器输出功率在大于或等于额定功率的 75% 时，效率应大于或等于 80%。

（5）过载能力。过载能力是要求逆变器在特定的输出功率条件下能持续工作一定的时间，其标准规定如下：

1）输入电压与输出功率为额定值时，逆变器应连续可靠工作 4h 以上。

2）输入电压与输出功率为额定值的 125％时，逆变器应连续可靠工作 1min 以上。

3）输入电压与输出功率为额定值的 150％时，逆变器应连续可靠工作 10s 以上。

（6）额定直流输入电压。额定直流输入电压是指光伏发电系统中输入逆变器的直流电压，小功率逆变器输入电压一般为 12V 和 24V，中、大功率逆变器输入电压有 24、48、110、220V 和 500V 等。

（7）额定直流输入电流。额定直流输入电流是指太阳能光伏发电系统为逆变器提供的额定直流工作电流。

（8）直流电压输入范围。光伏逆变器直流输入电压允许在额定直流输入电压的 90％～120％范围内变化，而不影响输出电压的变化。

（9）使用环境条件。

1）工作温度。逆变器功率器件的工作温度直接影响到逆变器的输出电压、波形、频率、相位等许多重要特性，而工作温度又与环境温度、海拔、相对湿度及工作状态有关。

2）工作环境。对于高频高压型逆变器，其工作特性和工作环境、工作状态有关。在高海拔地区，空气稀薄，容易出现电路极间放电，影响工作；在高湿度地区则容易结露，造成局部短路。因此逆变器都规定了适用的工作范围。

光伏逆变器的正常使用条件为：环境温度为 -20～+50℃，海拔≤5500m，相对湿度≤93％，且无凝露；当工作环境和工作温度超出上述范围时，要考虑降低容量使用或重新设计定制。

（10）电磁干扰和噪声。逆变器中的开关电路极容易产生电磁干扰，容易在铁芯变压器上因振动而产生噪声。因而在设计和制造中都必须控制电磁干扰和噪声指标，使之满足有关标准和用户的要求。其噪声要求是：当输入电压为额定值时，在设备高度的 1/2、正面距离为 3m 处用声级计分别测量 50％额定负载和满载时的噪声应小于或等于 65dB。

（11）保护功能。太阳能光伏发电系统应该具有较高的可靠性和安全性，作为光伏发电系统重要组成部分的逆变器应具有如下保护功能：

1）欠电压保护。当输入电压低于规定的欠电压断开（LVD）值时，逆变器应能自动关机保护。

2）过电流保护。当工作电流超过额定值的 150％时，逆变器应能自动保护。当电流恢复正常后，设备又能正常工作。

3）短路保护。当逆变器输出短路时，应具有短路保护措施。短路排除后，设备应能正常工作。

4）极性反接保护。逆变器的正极输入端与负极输入端反接时，逆变器应能自动保护。待极性正接后，设备应能正常工作。

5）雷电保护。逆变器应具有雷电保护功能，其防雷器件的技术指标应能保证吸收预期的冲击能量。

（12）安全性能要求。

1）绝缘电阻。逆变器直流输入与机壳间的绝缘电阻应大于或等于 50MΩ，逆变器交流输出与机壳间的绝缘电阻应大于或等于 $50M\Omega$。

2）绝缘强度。逆变器的直流输入与机壳间应能承受频率为 50Hz、正弦波交流电压为 500V、历时 1min 的绝缘强度试验，无击穿或飞弧现象。逆变器交流输出与机壳间应能承受频率为 50Hz、正弦波交流电压为 1500V、历时 1min 的绝缘强度试验，无击穿或飞弧现象。

思考题与习题

3-1　光伏发电产生的电能最合适的储能方式是什么？目前能有效完成这种转换的最好装置是什么装置？

3-2　铅酸蓄电池由哪几部分组成？各组成部分分别起什么作用？

3-3　蓄电池在无负载状态下测得的端电压（即开路电压）可以视为什么值？铅酸蓄电池的电动势与端电压有什么不同？

3-4　根据铅酸蓄电池的组成结构，说明蓄电池的充、放电原理。

3-5　蓄电池的充电和放电应如何进行管理？

3-6　什么叫做蓄电池自放电和蓄电池的深度放电？

3-7　蓄电池的容量是什么意思？如何来提高铅酸蓄电池的实际容量？

3-8　铅酸蓄电池的功率和效率的定义如何？

3-9　什么是蓄电池的过充电和浮充电？浮充电的作用是什么？

3-10　铅酸蓄电池的内电阻与哪些因素有关？

3-11　铅酸蓄电池的失效是哪些因素综合的结果？

3-12　一只 12V、$10A \cdot h$ 的蓄电池，外接 60Ω 的用电器工作了 20h，求剩余的容量（略去蓄电池自身损耗）。

3-13　对于功率为 40W/24V 的 LED 太阳能路灯，假定路灯满负荷工作的情况下，按每天使用 8h 计算，要求蓄电池在满充电后至少可以持续提供负载 3 天的电力。若 VRLA 蓄电池的最佳放电深度设计为 50%，系统损耗率取 0.85，请选用蓄电池。

3-14　温度是蓄电池的一个重要参数，哪些因素会引起蓄电池温度变化？温度变化主要影响蓄电池的哪些性能？什么是蓄电池的热失控？

3-15　光伏发电系统中，控制器的主要作用和功能是什么？

3-16　简要分析一下单路旁路型充放电控制器的电路原理。

3-17　简要分析一下单路串联型充放电控制器的电路原理。

3-18　充电控制器为什么要进行温度补偿？

3-19　光伏控制器的主要技术参数有哪些？

3-20　太阳能光伏发电系统中，最大功率点跟踪（MPPT）控制器的作用和意义是什么？

第4章 风力发电技术

风力发电是风能利用的主要形式，也是目前再生新能源利用中技术最成熟、最具规模化开发条件和商业化发展前景的发电方式之一。综合资源、技术、经济、环境保护等因素考虑，大规模发展风力发电是解决我国能源和电力短缺的一种战略选择，也是缓解日益严峻的环境保护压力的有效措施。

4.1 风 的 特 性

风是地球上的一种自然现象，是太阳能的一种转换形式，它由太阳辐射热和地球自转、公转和地表地形差异等原因引起的，大气是这种能源转换的媒介。

地球绕太阳运转，由于日地距离和方位不同，地球上各纬度所接收的太阳辐射强度也不同，地球南北极接收太阳辐射少，所以温度低，气压高；而赤道接收的热量多，温度高，所以气压低。太阳将地表的空气加温，空气受热膨胀后变轻上升，当热空气上升时，冷空气则横向切入，地球各表面受热不同，使大气产生温差形成气压梯度，从而引起大气的对流运动，而大气压差是风产生的根本原因。

4.1.1 风的表示法及其特性

风的产生是随时随地的，其方向、速度和大小不定。风能特点是：能量巨大，但能量密度低，当流速同为 3m/s 时，风力的能量密度仅为水力的 1/1000；风能利用简单，无污染、可再生；风的稳定性、连续性、可靠性差；而且风的时空分布不均匀。

1. 风的表示法

风向、风速和风力是描述风的三个基本参数。风向是风吹来的方向。风速表示风移动的速度，即单位时间内空气在水平方向上流动所经过的距离。风力表示风的大小，以风力强度等级来区别。风向、风速和风力这些参数都是随时随地变化的。地球公转、自转和地表地形差异等因素，都将造成风力、风向和风速的改变。

(1) 风向表示法。风向一般用 16 个方位表示，也可以用角度表示。当用 16 个方位表示时，分别为北北东（NNE）、北东（NE）、东北东（ENE）、东（E）、东南东（ESE）、南东（SE）、南南东（SSE）、南（S）、南南西（SSW）、南西（SW）、西南西（WSW）、西（W）、西北西（WNW）、北西（NW）、北北西（NNW）、北（N）。风向方位图如图 4-1 所示，当用角度表示时，以正北为基准，顺时针方向旋转，东风为 90°，南风为 180°，西风为 270°，北风为 360°。

(2) 风速表示法。国际单位一般表示为 m/s 或 km/h，由于风时有时无，时大时小，每一瞬时的速度都不相同，所以风速一般指一段时间内的平均值，即平均风速。

(3) 风速与风力等级。风力等级是根据风对地面或海面物体影响而引起的各种现象，按风力的强度等级来估计风力的大小。国际上采用的为蒲福风级，从静风到飓风有 13 个等级，分别为 0~12 级。

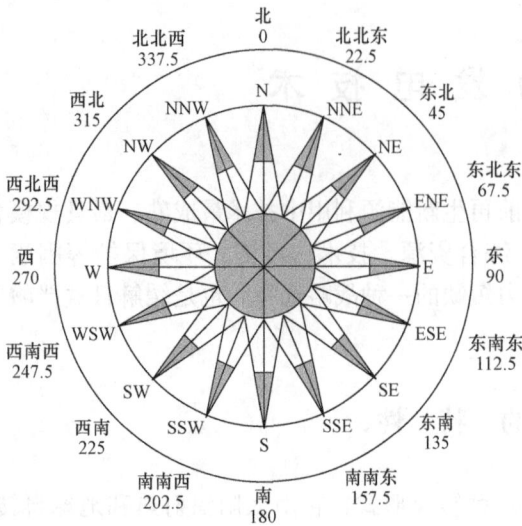

图 4-1 风向方位图

除了风级的估计方法，还可根据每级风相应的风速数据，判定风的等级或计算风速和风级之间的关系

$$\bar{v}_N = 0.1 + 0.824 N^{1.505} \qquad (4-1)$$

式中：$\bar{v}_N$ 为 N 级风的平均风速（m/s）；N 为风的级数，如果已知风的级数 N，可以计算平均风速。

2. 风的特性

风的特性包括风的随机性、风随高度变化而变化等。

（1）风的随机性。风的产生是随机的，但可以根据风随时间的变化总结出一定规律，风随时间变化包括每日的变化和季节的变化。同时一天之中风的强弱在一定程度上可以看做是周期性的。

（2）风随高度变化而变化。从空气运动的角度看，通常将不同高度大气层分为三个区域离地面 2m 以内称为底层；2~100m 的区域称为下部摩擦层，两者统称为地面境界层；100~1000m 的区域称为上部摩擦层。以上三区域总称为摩擦层，而摩擦层之上是自由空气。

风速随高度变化的经验公式很多，通常采用的是所谓指数公式，其表达式为

$$\frac{v}{v_0} = \left(\frac{h}{h_0}\right)^k \qquad (4-2)$$

式中：v 为距地面高度为 h 处的风速（m/s）；v_0 为高度为 h_0 处风速（m/s），一般取 h_0 为 10m；k 为修正指数，它取决于大气稳定度和地面粗糙程度，其值为 0.125~0.5。不同地面的粗糙程度见表 4-1。

表 4-1 不同地面情况的地面粗糙程度

地面情况	粗糙程度 α
光滑地面，硬地面，海洋	0.10
草地	0.14
城市平地，较高草地	0.16
高的农作物，树木少	0.20
树木多，建筑物极少	0.22~0.24
森林，村庄	0.28~0.30
城市有高层建筑	0.40

从表 4-1 中数据可以发现，粗糙地面比光滑地面的 α 值大，这是因为粗糙地面在近地层更容易形成湍流，使得风速梯度大。所以为了从自然界获取最大的风能，应尽量利用高空中的风能，一般至少比周围的障碍物高 10m 左右。

3. 风能

风是空气的水平运动，空气运动产生的动能称为风能。

（1）风能密度。空气在 1s 内以速度 v 流过单位面积产生的动能称为风能密度，风能密度表达式为

$$E = 0.5\rho v_w^3 \qquad (4-3)$$

式中：E 为风能密度（W/m^2）；ρ 为空气质量密度（kg/m^3）；v_w 为风速（m/s）。

由于风速时刻在变化，通常用某一段时间内的平均风能密度来说明该地的风能资源潜力。

（2）风能。空气在 1s 内以速度 v 流过截面面积为 S 的动能为风能。风能表达式为

$$W = ES = 0.5\rho v_w^3 S \qquad (4-4)$$

式中：W 为风能（W）；E 为风能密度（W/m^2）；S 为截面面积（m^2）。

可见，风能大小与气流密度和通过的截面面积成正比，与气流的三次方成正比，风速对风能影响很大。风能和其他能源相比，有优点也有缺点。优点在于蕴量巨大，可以再生、分布广泛、没有污染；缺点是密度低、不稳定、地区差异大。

4.1.2 风能的利用

风能的利用主要是将大气运动时所具有的动能转化为其他形式的能量，一般利用风推动风车的转动以形成动能。风能的各种应用包括风力发电、风帆助航、风水提水、风力致热采暖等。

在风能的各种应用中，风力发电是风能利用的重要形式。风力发电技术状况及实际运行情况表明，它是一种安全可靠的发电方式。风力发电机组的生产和控制技术日渐成熟，产品商品化的进程加快，降低了风力发电成本，已经具备了和其他发电技术相竞争的能力。与其他发电方式相比：风力发电不消耗资源、不污染环境；建设周期一般很短，安装一台可投产一台，装机规模灵活，可根据资金多少来确定装机容量；运行简单，可完全做到无人值守；实际占地少，机组与监控、变电等建筑仅占风力发电场约 1% 的土地，其余场地仍可供农、牧、渔使用；对土地要求低，在山丘、海边、河堤等地形条件下均可建设。此外，在发电方式上还有多样化的特点，既可联网运行，也可和柴油发电机等联成互补系统或独立运行，可解决边远无电地区的用电问题。

4.1.3 风速数学模型

风是风机的原动力，其模型相对于风电机组比较独立。为了能够精确地描述风速的随机性和间歇性特点，通常使用四种成分的风速来模拟自然风的变化情况，分别为基本风 v_{wa}（Average）、阵风 v_{wg}（Gust）、渐变风 v_{wr}（Ramp）、随机噪声风 v_{wn}（Noise）。

（1）基本风。基本风在风电机组正常运行期间始终存在，决定了输出到电网中的额定功率的大小，大致反映了风电场受到的平均风速的变化，其能够根据威布尔（Weibull）分布参数近似求解

$$v_{wa} = A \cdot \Gamma\left(1 + \frac{1}{K}\right) \qquad (4-5)$$

式中：v_{wa} 为基本风速（m/s）；A 和 K 为威布尔的尺度参数和形状参数；$\Gamma\left(1+\dfrac{1}{K}\right)$ 为伽马函数。

（2）阵风。阵风分量可以描述风速的突然变化特性

$$v_{wg} = \begin{cases} 0, & t \leqslant T_{1G} \\ v_{cos}, & T_{1G} \leqslant t < T_{1G} + T_G \\ 0, & t \geqslant T_{1G} + T_G \end{cases}$$

$$v_{cos} = (v_{wgmax}/2)\{1 - \cos 2\pi[(t/T_G) - (T_{1G}/T_G)]\} \tag{4-6}$$

式中：v_{wg} 为阵风风速（m/s）；T_G 为周期（s）；T_{1G} 为启动时间（s）；v_{wgmax} 为阵风最大值（m/s）。

（3）渐变风。渐变风分量可以反映风速的渐变特性

$$v_{wr} = \begin{cases} 0, & t \leqslant T_{1R} \\ v_{ramp}, & T_{1R} \leqslant t < T_{2R} \\ v_{wrmax}, & T_{2R} \leqslant t < T_{2R} + T_R \\ 0, & t \geqslant T_{2R} + T_R \end{cases}$$

$$v_{ramp} = v_{wrmax}[1 - (t/T_{2R})/(T_{1R} - T_{2R})] \tag{4-7}$$

式中：v_{wr} 为渐变风速（m/s）；T_R 为保持时间（s）；T_{1R} 为起始时间（s）；T_{2R} 为终止时间（s）；v_{wrmax} 为渐变风最大值（m/s）。

（4）随机噪声风。随机噪声风速分量反映的是风速变化的随机特性

$$v_{wn} = 2\sum_{i=1}^{N} \sqrt{S_V(\omega_i)\Delta\omega} \cos(\omega_i + \varphi_i) \tag{4-8}$$

式中：$\omega_i = \left(i - \dfrac{1}{2}\right)\Delta\omega$，$S_V(\omega_i) = \dfrac{2K_N F^2 |\omega_i|}{\pi^2[1 + (F\omega_i/\mu\pi)^2]^{4/3}}$。其中，$\varphi_i$ 为 $0\sim2\pi$ 均匀分布的随机变量；K_N 是地表粗糙系数（一般取为 0.004）；ω_i 为各个频率段的频率；F 为扰动范围（m^2）；μ 为对高度的平均风速（m/s）；N 为频谱取样点数。

综上所述，自然风的风速可以模拟为

$$v_w = v_{wa} + v_{wg} + v_{wr} + v_{wn} \tag{4-9}$$

4.2 风力发电机组

4.2.1 风力发电机组的分类及结构

1. 风力发电机组的分类

风力发电包含两个能量转换过程，即风力机（风轮）将风能转换为机械能和发电机将机械能转换为电能。风力发电所需要的装置，称为风力发电机组。风力发电机的分类有很多种，从风轮轴的安装形式上可分为水平轴风力发电机组和垂直风力发电机组两种；按风力发电机的功率可分为四种，分别为微型（额定功率为 $50\sim1000W$）、小型（额定功率为 $1.0\sim10kW$）、中型（额定功率为 $10\sim100kW$）和大型（额定功率大于 $100kW$）风力发电机组；按运行方式可分为独立运行和并网运行两种方式的风力发电机组。

2. 风力发电机组的结构

风力发电机组中，水平轴风力发电机组是目前技术最成熟、产量最大的形式；垂直轴风力发电机组因其效率低、需启动设备等技术原因应用较少。下面介绍水平轴风力发电机组的结构。

（1）独立运行的水平轴风力发电机组。水平轴独立运行的风力发电机组由风轮（包括尾舵）、发电机、支架、电缆、充电控制器、逆变器、蓄电池组等组成，其主要结构如图4-2所示。

独立运行的水平轴风力发电机容量较小，一般在7.5kW以下，适用于户用型的离网供电系统。系统通常与蓄电池和功率变换器配合实现直流电和交流电的持续供给。通过控制发电机的励磁、转速及功率变换器以产生恒压恒频的交流电。

独立运行的异步发电机带负载运行时，负载的大小和性质对发电机输出的电压和频率都有影响，一般发电机的负载为感性负载，当负载增大时，感性电流将抵消一部分容性电流，导致励磁电流的减小，使发电机的端电压下降，因此随着感性负载的增大，必须增加并接的电容数量，以维持励磁电流的大小不变；为了维持发电机频率不变，当发电机的负载增大时，还必须相应地提高发电机转子的转速。

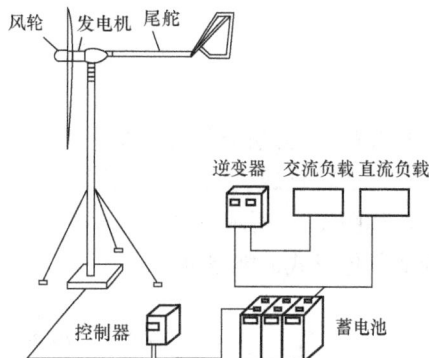

图4-2 水平轴独立运行的风力发电机组主要结构

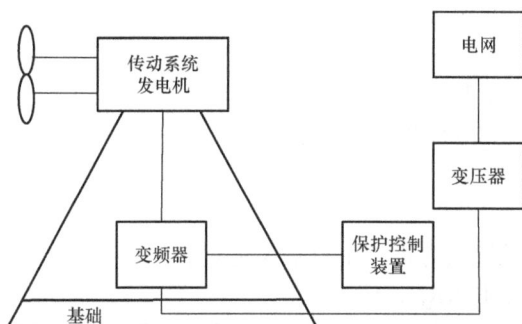

图4-3 并网运行的水平轴风力发电机组原理框图

（2）并网运行的风力发电机组。并网运行的水平轴风力发电机组由风轮、传动系统、发电机、变频器、控制系统、保护装置、变压器、塔架等部件组成，图4-3所示为并网运行的水平轴风力发电机组原理框图。

4.2.2 风力发电机组的工作原理

在并网运行的风力发电机组中，当风以一定速度吹向风力机时，在风轮的叶片上产生的力驱动风轮叶片低速转动，将风能转换为机械能，通过传动系统将增速齿轮箱增速，将动力传递给发电机，发电机匀速运转，把机械能转变为电能。整个机舱由高大的塔架举起，由于风向经常变化，为了有效地利用风能，还安装有迎风装置。迎风装置根据风向传感器测得的风向信号，由控制器控制偏航电动机，驱动与塔架上大齿轮相啮合的小齿轮转动，使机舱始终对准风的方向。而在独立运行的风力发电机组中，风轮驱动风力发电机。将风能转化为电能，通过蓄电池蓄能，直接或通过逆变器转换成交流电供给电网达不到的地区使用，尾舵的作用也是使风轮对准风向，以捕获最大的风轮。

在由机械能转换为电能的过程中，发电机及其控制器是整个系统的核心。它不仅直接影响整个系统的性能、效率和供电质量，而且也影响到风能吸收装置的运行方式、效率和结构。

4.3　风力机的基本理论

4.3.1　风力机类型与结构

将风能转化成机械能的装置称为风力机（风轮机）。经过多年发展，风力机已形成多种形式，如图 4 - 4 所示。品种繁多、用途各异的风力机原理上都是把风能转变成机械能，然后变成其他形式的能量使用。

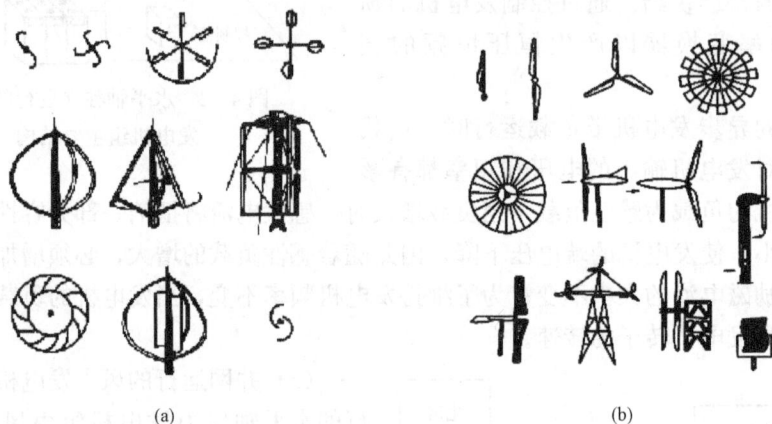

图 4 - 4　垂直轴和水平轴风力机
(a) 垂直轴风力机；(b) 水平轴风力机

风力机从不同角度有多种分类方法，如：

(1) 按风轮轴与地面的相对位置，分为水平轴风力机和垂直轴风力机。

(2) 按叶片工作原理，分为升力型风力机和阻力型风力机。

(3) 按风力机的用途分类，有风力发电机、风力提水机、风力脱谷机等。

(4) 按风轮叶片的叶尖线速度与吹来的风速之比来划分，有高速风力机（比值大于 3）和低速风力机（比值小于 3）。

(5) 按风力机容量大小分类：国际上通常将风力机组分为小型（100kW 以下）、中型（100～1000kW）和大型（1000kW 及以上）3 种；我国则分成微型（1kW 以下）、小型（1～10kW）、中型（10～100kW）和大型（100kW 以上）4 种；也有的将 1000kW 以上的风力机称为巨型风力机。

(6) 按风轮相对于塔架的位置，分为上风式（前置式）风力机和下风式（后置式）风力机。

(7) 按风轮叶片数量，分为单叶片、双叶片、三叶片、四叶片及多叶片式风力机。现在各国应用较多的是水平轴、升力型和少叶式的风力发电机（多数为 2～3 个叶片）。

(8) 按风轮桨叶分为失速型（高风速时，限制风力机的输出转矩和功率）和变桨型（高风速时，调整桨距角限制输出转矩和功率）。

(9) 按风轮转速分为定速型（风轮保持在一定转速运行，风能转换率较低）和变速型，其中双速型可在两个设定转速下运行，改善风能转换率；连续变速型速度连续可调，可捕捉最大风能功率。

（10）按传动机构分为升速型（齿轮箱连接低速风力机和高速发电机）和直驱型（将低速风力机和低速发电机直接连接）。

如图 4-5 是典型的水平轴风力机结构，它主要由风轮、塔架、增速齿轮箱、发电机和控制系统等组成。

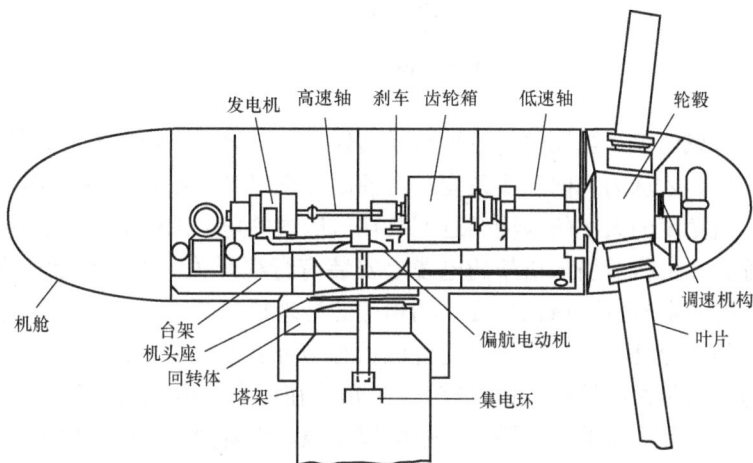

图 4-5　典型的水平轴风力机结构图

（1）风轮。风轮是风力机上最重要的部件，它是风力机区别于其他动力机的主要标志。其一般由叶片（桨叶）、轮毂及风轮轴组成。风轮的作用是捕捉和吸收风能，并将风能转变为机械能，再由风轮轴将能量传给传动装置。

（2）机头座与回转体。风力发电机塔架上端的部件——风轮、传动装置、对风装置、调速装置、发电机等组成了机头，机头与塔架的连接部件是机头座与回转体。

机头座用来支撑塔架上方的所有装置及附属部件，其牢固与否直接关系到风力机的安全性与寿命。回转体是塔架与机头座的连接部件，通常由固定套、回转圈及位于它们之间的轴承组成。固定套锁定在塔架上部，回转圈与机头座相连，通过轴承和对风装置相连，在风向变化时，机头便能水平地回转，使风轮迎风工作。

（3）对风装置。自然界风的风向和速度经常变化，为了使风力机能有效地捕捉风能，就应设置对风装置来跟踪风向的变化，保证风轮基本上始终处于迎风状态。

偏航装置可以使风轮基本上处于迎风状态。偏航系统是一个随动系统，主要由偏航电动机、偏航轴承和制动机构等组成。偏航系统控制图如图 4-6 所示。风力发电机组的偏航系统主要完成两个功能：①使风轮跟踪风向的变化，利于风能的捕获；②当机舱内的电缆发生缠绕时自动解缆。

正常工作时，偏航系统是一个随动系统，一般在风轮的前部或者机舱一侧，装有风向仪，当风轮的主轴与风向仪指向偏离时，控制系统经过一段时间的确认后，会控制偏航电动机或者偏航液压电动机将风轮调整到与风向一致的方向。就偏航控制而言，对响应的速度和控制的精度要求并不高，但在对风过程中，整个风力发电机组是作为一个整体转动的，具有很大的转动惯量，从控制的稳定性角度考虑，应该设置足够大的阻尼。一般在风轮的前部或

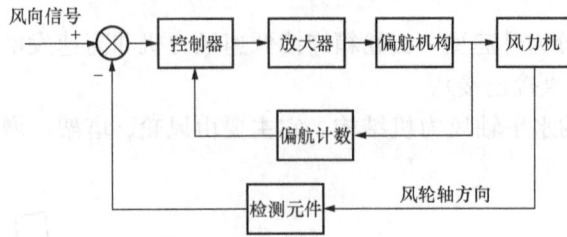

图 4-6 偏航系统控制图

者机舱一侧，装有风向仪，当风轮的主轴与风向仪指向偏离时，控制器开始计时，这种方向偏差到一定时间后，才认为风向确实改变，由控制器发出向左或者向右的偏航指令，直到方向偏差消除。偏航角度的大小的检测通过安装在机舱内的角度编码器实现。作为角度编码器失效的后备措施，在由机舱引入塔架的电缆上安装有行程开关，电缆缠绕达到一定程度时，行程开关动作，控制器检测到该信号会启动相应的处理程序。

风力发电机组无论处于运行状态还是待机状态均可以主动对风。紧急停车时，需要通过偏航调节使机舱经过最短的路径与风向成 90°夹角。在风力发电机组工作时，如果向一个方向偏航角度过大，将使由机舱引入塔架的个电缆缠绕，影响整个发电机组的正常工作。因此当达到风力发电机规定的解缆圈数时，系统应自动解缆，此时启动偏航电动机向相反方向转动数圈，将机舱返回电缆无缠绕位置。解缆完成后，发电机组再进入正常发电的工作状态。

（4）塔架。塔架的作用是把风轮支撑起来，以便使风轮在地面上较高的风速中运行。塔架要承受风力机的重力（向下）和风力（塔架受的阻力）。大型风力机的塔架基本上是锥形圆柱钢塔架。

4.3.2 风力机基本工作原理

1. 风力机的气动原理

风力发电包含两个过程，即风力机（风轮）将风能转换为机械能和发电机将机械能转换为电能。而风力发电机组的风轮之所以能将风能转化为机械能，继而由发电机组把机械能转换为电能，是因为风力机具有特殊的翼形。

风力机叶片的翼形及翼形受力分析如图 4-7 所示。图 4-7 中的翼形尖尾点 B 称为后缘翼形，圆头上的 A 点称为前缘。连接前后缘的直线 AB 称为翼弦，ACB 为翼形上表面，ADB 为翼形下表面，α 为翼弦与相对风速之间的夹角，称为迎角（或攻角，也称为功角）；翼弦与风轮旋转平面之间的夹角 θ 称为安装角（或桨距角 β）；风轮旋转平面与相对风速之间的夹角 γ 称为相对风向角。现分析风轮不动时受到风吹的情况：风以速度矢量 v_w 吹向叶片时，在翼形的上表面，风速减小，形成低压区，翼形的下表面，风速增大，形成高压区，上下表面间形成压差，产生垂直于翼弦的力 F（空气总动力），力 F 可以分解为与相对风速方向平行的阻力 F_D 和垂直于风向的升力 F_L，升力使风力机旋转，实现能量的转换。

合力 F 的大小可表示为

$$F = \frac{1}{2}\rho C S v_w^2 \tag{4-10}$$

式中：F 为合力的大小（N）；ρ 为空气质量密度（kg/m³）；S 为叶片面积（m²）；C 为总空气动力系数；v_w 为风速（m/s）。

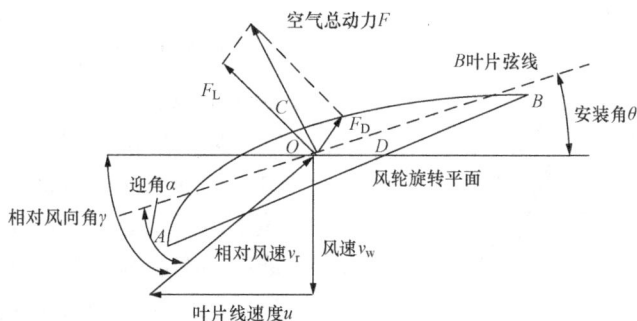

图 4 - 7 风力机叶片的翼形及受力

阻力 F_D 和升力 F_L 的大小分别为

$$F_D = \frac{1}{2}\rho C_D S v_w^2 \tag{4-11}$$

$$F_L = \frac{1}{2}\rho C_L S v_w^2 \tag{4-12}$$

式中：C_L 和 C_D 翼形的阻力和升力系数。

由于 F_D 和 F_L 互相垂直，因此有

$$F^2 = F_D^2 + F_L^2 \tag{4-13}$$

$$C^2 = C_L^2 + C_D^2 \tag{4-14}$$

翼形的升力和阻力随迎角 α 的变化而变化，其中升力随迎角 α 的增加而增加，阻力随迎角的增加而减小。当迎角增加到某一临界值时，升力突然减小而阻力急剧增加，此时风轮叶片突然丧失支承力，这种现象称为失速。

2. 风力机叶片的速度

由图 4 - 7 可知

$$v_r = u + v_w \tag{4-15}$$

式中：v_r 为相对速度 （m/s）；u 为叶片线速度 （m/s）；v_w 为风速 （m/s）。其中，

$$u = \omega_M R = \frac{2\pi rn}{60} \tag{4-16}$$

式中：ω_M 为风轮叶片角速度 （rad/s）；r 为叶片计算速度点到转动中心的距离 （m）；n 为叶片转速 （r/min）。

3. 风力机输出功率

风力机的机械输出功率为

$$P_M = \frac{1}{2}C_p(\lambda, \beta)A\rho v_w^3 \tag{4-17}$$

$$A = \pi R^2 \tag{4-18}$$

$$\lambda = \frac{\omega_M R}{v_w} = \frac{2\pi rn}{60 v_w} \tag{4-19}$$

式中：P_M 为风轮吸收功率 （W）；C_p 为风能利用系数；ρ 为空气密度 （kg/m³）；R 为风轮半径 （m）；A 为风力机的扫风面积 （m²）；ω_M 风轮叶片角速度 （rad/s）；λ 为叶尖速比，即叶

尖速与风速之比。

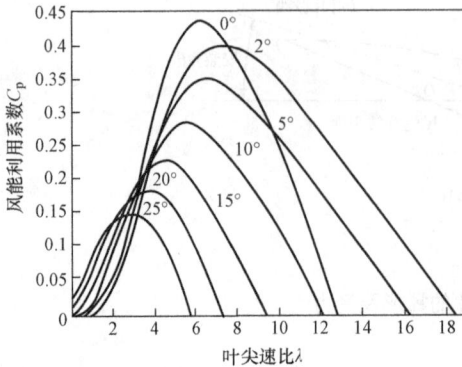

图 4-8　$C_p(\lambda,\ \beta)$ 曲线

风能利用系数 C_p 是个重要的参数，它反映了风力机将风能转化为机械能的能力，即在单位时间内，风轮吸收的风能通过风轮旋转面的全部风能之比。在一定风速下，C_p 值越高，风轮将风能转化为机械能的效率越高。但风能不可能完全被风轮所吸收，所以风力机的效率总是小于 1。当风力机的桨叶已经确定时，风轮吸收风能的大小，即风能利用系数 C_p 仅与风力机的叶尖速比 λ 和桨距角 β 有关。$C_p(\lambda,\ \beta)$ 曲线如图 4-8 所示。

$C_p(\lambda,\ \beta)$ 曲线表示保持桨距角 β 不变的风力机性能的变化。不同的桨距角 β，只要找到对应着相应的叶尖速比 λ，就可实现风能的最大利用。在图 4-8 中，$\beta=0°$ 和叶尖速比 λ 大于且接近于 6 时，叶片获得最大风能。由于风速经常变化，为实现风能的最大捕获，风力机应变速运行，以维持叶尖速比 λ 不变。

4.3.3　风力机系统模型

风力机主要由叶片、轮毂、变速齿轮箱及联轴器等传动装置组成。叶片从风能中获取功率，并将捕获的风功率转换为机械转矩作用于轮毂上，通过变速齿轮将转矩由风轮低速轴传递给发电机高速轴，带动发电机转子高速运转。

1. 风力机转矩模型

风力机的机械输出功率 P_M 可以表示为

$$P_M=\frac{1}{2}\rho\pi R^2 v_w^3 C_p(\lambda,\ \beta)$$

风力机的机械转矩 T_M 可以表示为

$$T_M=\frac{P_M}{\omega_M}=\frac{1}{2}\rho\pi R^3 C_p \frac{v_w^2}{\lambda}\omega_M \tag{4-20}$$

式中：ρ 为空气密度；R 为叶片半径；v_w 为风速；C_p 为风能利用系数；$\lambda=\omega_M R/v_w$ 为叶尖速比；ω_M 为风轮叶片角速度。在实际工程中，叶尖速比 λ、桨距角 β 和风能利用系数 C_p 之间的关系可以表示为

$$C_p(\lambda,\ \beta)=0.22\left(\frac{116}{\lambda_i}-0.4\beta-5\right)e^{\frac{-12.5}{\lambda_i}} \tag{4-21}$$

其中，$\lambda_i=\dfrac{1}{\dfrac{1}{\lambda+0.08\beta}-\dfrac{0.035}{\beta^3+1}}$。$C_p$ 描述的是在单位时间内，风轮吸收的风能与通过风轮旋转面的全部风能的比值。根据贝兹理论，当较高叶尖速比（$\lambda>3$）时，叶片翼形优化，涡流损失较少，C_p 达到最大值 0.593。

2. 轴系模型

风力发电机组中的机械传动装置（即轴系）是一个重要部件，其主要功能是将风力机在风力作用下所产生的动力传递给发电机并使其得到相应的转速。通常风力机转速很低，远达

不到发电机发电所要求的转速，必须通过齿轮箱的增速作用来实现。

目前较为精确的风力发电机组的传动模型都采用两质量模型，轴系的两质量模型包括低速轴、齿轮箱和高速轴。在这一模型中，风轮惯量与整个发电机转子的惯量通过轴系相连。风力发电机组低速轴刚性较差，高速轴刚性度较高。在轴系模型分析中，将桨叶与低速轴作为一个质量块，认为桨叶是完全刚性体，而低速轴作为柔性轴处理，考虑其刚性系数为 K_S；而将齿轮箱与高速轴作为完全刚性轴处理。桨叶、轮毂及低速轴用风力机的惯性时间常数 H_M 表示，齿轮箱和发电机转子侧的高速轴用发电机惯性时间常数 H_G 表示。如图 4-9 所示为风力发电机组的轴系模型。

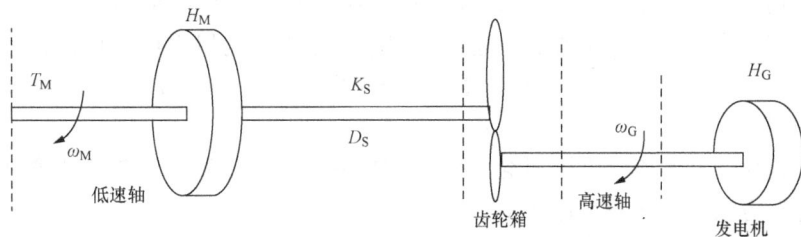

图 4-9　风力发电机组轴系模型

用于发电的风力发电机组的轴系通常是含风轮叶片转速 ω_M 和发电机转速 ω_G 的双速系统。发电机转速 ω_G 和风轮叶片转速 ω_M 表示为

$$\begin{cases} \omega_G = 1 - s \\ \omega_M = 1 + \Delta\omega_M \end{cases} \tag{4-22}$$

$$s = (\omega_E - \omega_G)/\omega_E$$

式中：s 是发电机滑差；ω_E 是电网速度；$\Delta\omega_M$ 是风轮（对同步转速的）转速偏差。

轴系模型可以用下面状态方程来表示。状态方程用标幺值系统来描述，时间 t 的单位是 s。状态变量包括风轮转速 ω_M、发电机转速 ω_G 和轴的扭转角 θ_S。模型输入量是机械转矩 T_M 和电气转矩 T_E，因此

$$\begin{cases} 2H_M \dfrac{d\omega_M}{dt} = T_M - T_G - D_M\omega_M \\[2mm] 2H_G \dfrac{d\omega_G}{dt} = T_G - T_E - D_G\omega_G \\[2mm] \dfrac{d\theta_S}{dt} = \omega_0(\omega_M - \omega_G) \end{cases} \tag{4-23}$$

式中：D_M、D_G 分别是风轮和发电机转子的阻力系数；T_M 是风轮的机械转矩；T_G 是作用在发电机转子轴上的机械转矩；H_M 和 H_G 分别是风轮和发电机转子的惯性时间常数。

4.3.4　风力机的电能质量特性

1. 额定参数

风力机的额定参数为 P_n、Q_n、S_n、I_n，定义如下：

（1）额定功率 P_n 是在额定条件下运行时的风力机连续电输出功率的最大值；

（2）额定无功功率 Q_n 是在额定功率 P_n 和标称电压、频率下风力机的无功功率；

（3）额定容量 S_n 是在额定功率和标称电压、频率下风力机的视在功率；

（4）额定电流 I_n 是在额定功率和标称电压、频率下风力机的电流。

2. 最大允许功率

风力机在 10min 内的平均输出功率可能超出额定值，这取决于风力机的设计。因此，最大允许功率 P_{mc} 可以明确定义为风力机 10min 平均功率的最大值。

主动控制型［通过桨叶调节和（或）速度控制］风力机的输出功率的典型值为 $P_{mc} = P_n$。

被动控制型（即失速控制型）风力机的输出功率通常设置为 P_{mc} 比 P_n 高约 20%。

3. 最大测量功率

最大测量功率 P_{60} 是指测量的是 60s 内的平均值，$P_{0.2}$ 是指测量的是 0.2s 内的平均值。它们既可以用于设定继电器保护参数，也可以是独立电网中与风力机运行相关的重要参数。

变速风力机的典型值为 $P_{0.2} = P_{60} = P_n$，而对失速型风力机，$P_{0.2}$ 一般会比 P_n 大一些。

4. 无功功率

风力机中直接并网的感应发电机会消耗无功功率，无功功率的消耗量是输出有功功率的函数，典型补偿方法是逐步投切电容器。

含现代变频器的风力机通常能控制无功功率，使其为零，或按需求来生产或消耗无功功率，但受变频器容量限制。

5. 闪变系数

连续运行时，风力机的功率波动会引起相应的电网电压波动。波动的幅度不仅由与其相关的电网强度决定，而且由电网阻抗角和风力机的功率因数决定。

闪变系数是风力机连续运行时闪变发射的最大标幺值

$$c(\psi_k,\ v_a) = P_{st}\frac{S_k}{S_n} \tag{4-24}$$

式中：P_{st} 是风力机的短时间闪变值；S_n 是风力机的额定容量；S_k 是电网的短路容量。

6. 风力机投切操作最大次数

以下投切操作可能引起显著的电压变动：

（1）风力机在切入风速下启动；

（2）风力机在额定风速下启动；

（3）发电机在最坏情况下投切。

投切操作的可接受性不仅取决于投切操作对电网电压的影响，而且取决于投切操作的发生频率。因此，应该定义在 10min 和 2h 周期内上述特定投切操作的最大次数。

7. 电压变动系数

电压变动系数是风力机单次投切操作时电压变动的标幺值

$$k_u(\psi_k) = \sqrt{3}\frac{U_{max} - U_{min}}{U_n}\frac{S_k}{S_n} \tag{4-25}$$

式中：U_{min}、U_{max} 分别是投切操作时相电压的最小有效值和最大有效值；U_n 是额定相电压；S_n 是风力机的额定容量；S_k 是电网的短路容量。

4.4　风力发电机及工作原理

在由机械能转化为电能的过程中，发电机及其控制器是整个系统的核心，它不仅直接影响整个系统的性能、效率和供电质量，而且也影响到风能吸收装置的运行方式、效率和结构。国内风电场采用的风力发电机主要有 3 种机型，即笼型异步发电机（SCIG）、双馈异步发电机（DFIG）和直驱式永磁同步发电机（PMSG）。

4.4.1 笼型异步发电机

笼型异步发电机（SCIG）因其机械结构简单、效率高和维护成本低的特点，目前仍然是使用最广泛的发电机。

1. 基本结构

笼型异步发电机如图 4-10 所示。笼型异步发电机由转子铁心和转子绕组、定子铁心和定子绕组、机座、端盖等组成。其定子铁心和定子绕组的结构与同步发电机相同。转子采用笼型结构，转子铁心由硅钢片叠成，呈圆筒形，槽中嵌入铝或铜导条，在铁心两端用铝或铜端环将导条短接。转子不需要外加励磁，没有滑环和电刷，因而其结构简单、坚固、基本上不需要维护。

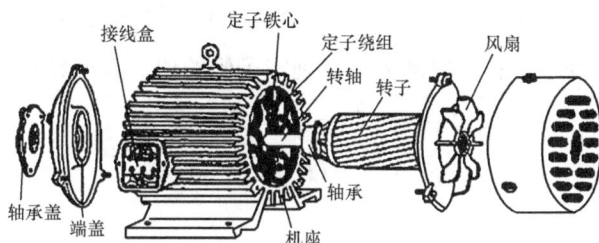

图 4-10 笼型异步发电机结构图

笼型异步发电机按某一特定风速下获得最大效率设计。为了增加发电量，有的笼型异步发电机做成双速的，它有两个绕组，一个用于低速（典型为 8 极），另一个用于中高速（典型为 4～6 极）。

2. 基本工作原理

由电网向定子对称三相绕组中通入对称三相交流电流，在气隙中形成旋转磁场。其转速 ω_E 取决于电流频率 f 和极对数 p，$\omega_E = 60f/p$，称为同步转速。转速为 ω_E 的旋转磁场在转子导条中产生感应电动势 e 和电流 i，电流 i 在磁场中受力 F，产生电磁转矩 T。若转子以转速 $\omega_G > \omega_E$，向 ω_E 的方向旋转，则 T 为制动转矩。

笼型异步电机作电动机运行时，其转速 ω_G 总是低于同步速 ω_E，这时笼型异步电机中产生的电磁转矩 T 与 ω_E 旋转方向相同。若笼型异步电机由某原动机如风力机驱动至高于同步速的转速（$\omega_G > \omega_E$）时，则电磁转矩 T 的方向与 ω_E 的旋转方向相反，笼型异步电机作为发电机运行，其作用是把机械功率转变为电功率。

转差率定义为同步转速 ω_E 与转子转速 ω_G 的差与同步转速 ω_E 的比值，用 s 表示。笼型异步发电机作电动机运行时 $s > 0$，而作发电机运行时 $s < 0$，如图 4-11 所示。

3. 笼型异步发电机等效电路

由电机学知识可知，笼型感应发电机 T 型等效电路如图 4-12 所示。

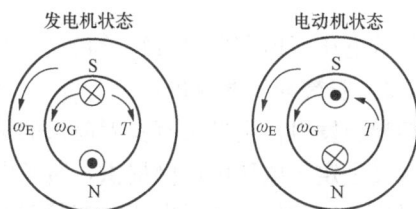

图 4-11 用转差率 s 表示异步发电机的运行状态图

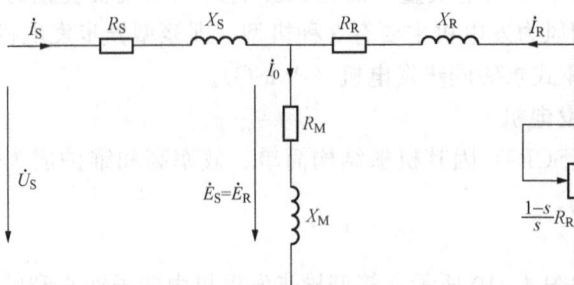

图 4-12 笼型异步发电机 T 型等效电路

图 4-12 中，只考虑一相的量，并且所有的量已折算到定子侧。X_M 为励磁电抗，X_S 为定子漏电抗，X_R 为转子漏电抗，R_S 为定子电阻，R_M 为励磁电阻，R_R 为转子电阻，$\dot{I}_0$ 为空载电流，$\dot{I}_S$ 为定子一侧的电流，$\dot{I}_R$ 为转子电流折合到定子侧的电流，s 为异步发电机的转差率，$\dot{E}_S$ 为定子侧的电动势，$\dot{E}_R$ 为转子电动势折算到定子侧的值。笼型异步发电机基本方程式为

$$
\begin{cases}
\dot{U}_S = -\dot{E}_S + \dot{I}_S \ (R_S + jX_S) \\
-\dot{E}_S = \dot{I}_0 \ (R_M + jX_M) \\
\dot{E}_S = \dot{E}_R \\
\dot{E}_R = \dot{I}_R \left(\dfrac{R_R}{s} + jX_R \right) \\
\dot{I}_S + \dot{I}_R = \dot{I}_0
\end{cases}
\tag{4-26}
$$

从笼型异步发电机端子看去的等值电路阻抗为

$$
Z_T = R_T + jX_T = (R_S + jX_S) + (R_M + jX_M) \bigg| \bigg| \left(\dfrac{R_R}{s} + jX_R \right) \tag{4-27}
$$

等值电路中阻抗的电阻 R_T 和电抗 X_T 都是随转差率 s 变化的，并且稳态下笼型异步发电机的功率为

$$
S_E = P_E + jQ_E = |U_S|^2 \left(\dfrac{R_T + jX_T}{R_T^2 + X_T^2} \right) \tag{4-28}
$$

笼型异步发电机的有功功率和无功功率分别为

$$
P_E = |U_S|^2 \dfrac{R_T}{R_T^2 + X_T^2} \tag{4-29}
$$

$$
Q_E = |U_S|^2 \dfrac{X_T}{R_T^2 + X_T^2} \tag{4-30}
$$

它们与机端电压幅值和发电机转子转差率有关。

4.4.2 双馈异步发电机

双馈异步发电机类型是有发展前景的选择，目前市场份额逐渐增加。双馈异步发电机中双馈的含义是定子电压由电网提供，转子电压由变频器提供。该系统允许在大范围内变速运行。通过注入变频器的转子电流，变频器对机械频率和电网频率之差进行补偿。在正常运行和故障期间，发电机运转状态由变频器及其控制器管理。

1. 基本结构

双馈异步发电机结构如图 4-13 所示。双馈异步发电机的基本结构与绕线式异步发电机类似，其定子绕组直接接入电网，转子绕组通常采用 Y 形连接，三只集电环和电刷将转子绕组端接线引出接至背靠背双 PWM 变频器。该变频器由转子侧变流器、电网侧变频器和连接它们的 DC（直流）环节组成，能够将电网频率与风力机的机械频率解耦，即通过注入变频器的转子电流，变频器对机械频率和电网频率之差进行补偿，实现风力发电机组变速运行。

转子绕组通入受控的变频交流励磁电流，通过调节励磁电流的频率可以使发电机在变速运行的情况下发出恒定频率的电，而改变励磁电流的幅值和相位又可以调节发电机输出的有功功率和无功功率。定子绕组端口并网后始终发出电功率，但转子绕组端口电功率的流向取决于转差率，转子既可以向电网输送功率，又可以吸收功率。

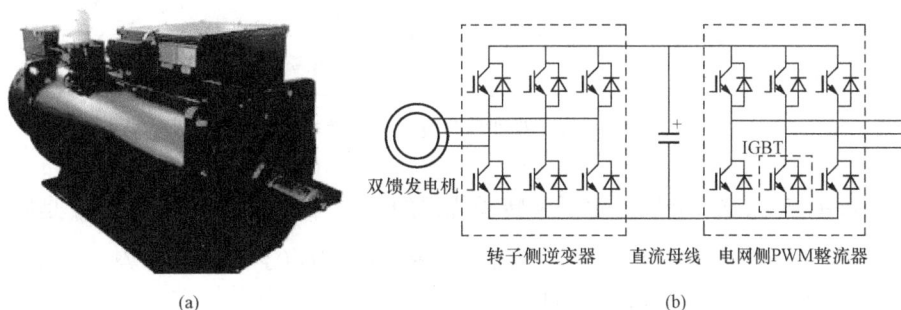

图 4-13 双馈异步发电机结构图
(a) 外形；(b) 电气接线图

2. 双馈异步发电机的运行原理

双馈异步发电机定子绕组接入工频电网，转子绕组接一个频率、幅值、相位可调的三相变频电源。稳定运行时，定子旋转磁场和转子旋转磁场在空间中保持相对静止。当异步发电机转子三相绕组中通过对称三相交流电时，在发电机气隙内产生旋转磁场，此旋转磁场的转速 n_2 与所通入的交流电频率 f_2 和极对数 p 有关，即 $n_2 = 60f_2/p$。若定子旋转磁场在空间以 n_1 的速度旋转，则转子旋转磁场相对于转子的转速 n 为 $n_2 = n_1 - n = n_1 - (1-s)n_1 = n_1 s$，进而可以得到 $f_2 = f_1 s$，s 为转差率，f_2 为转差频率。只要维持 $n_1 = n \pm n_2$ 不变，则感应发电机定子绕组感应的电动势的频率始终为 f_1 不变。所以在异步发电机转子转速变动时，只要在转子三相绕组中通入转差率（$f_1 s$）的对称三相交流电，则在异步发电机定子、转子绕组中就能产生 50Hz 的恒频电动势。若风力机的速度随着风速的变化而变化，可通过发电机的控制使风力机运行在最佳叶尖速比，以实现整个运行速度范围内均有最佳功率利用因数。

根据双馈异步发电机转子转速 n 的变化，可以运行在三种状态：

(1) 超同步运行状态。此时 $n > n_1$，改变转差频率为 f_2 的转子电流的相序，则其所产生的转子磁场转速 n_2 的方向和转子旋转方向相反，$n_1 = n - n_2$。转子向电网输出功率。

(2) 亚同步运行状态。此时 $n < n_1$，由转差频率为 f_2 的转子电流产生的转子磁场转速 n_2 的方向和转子旋转方向相同，$n_1 = n + n_2$，电网向转子输入频率。

(3) 同步运行状态。此时 $n = n_1$，转差频率 $f_2 = 0$，即通入转子电流的频率为 0，为直流电流，与同步发电机相同。

3. 双馈异步发电机稳态数学模型

（1）等效电路和基本方程式。双馈异步发电机等效电路如图 4-14 所示，在笼型异步发电机等效电路的转子回路中加入等效电源源 $\dfrac{\dot U_R}{s}$ 后就成了双馈异步发电机的等效电路。

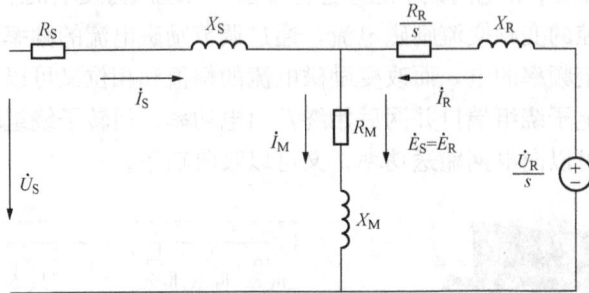

图 4-14　双馈异步发电机等效电路

图 4-14 中，X_S、X_R 分别是定子和转子绕组的电抗；R_M 是励磁电阻；X_M 是励磁电抗；R_S、R_R 分别是定子和转子绕组的电阻；s 是转差率；$\dot E_S$ 为定子侧的电动势，$\dot E_R$ 为转子电动势折算到定子侧的值。可得其数学模型

$$\begin{cases} \dot U_S = -\dot E_S + \dot I_S(R_S + jX_S) \\[2mm] \dfrac{\dot U_R}{s} = -\dot E_R + \dot I_R\left(\dfrac{R_R}{s} + jX_R\right) \\[2mm] -\dot E_S = -\dot E_R = \dot I_M(R_M + jX_M) \\[2mm] \dot I_M = \dot I_S + \dot I_R \end{cases} \tag{4-31}$$

（2）双馈异步发电机运行时的功率关系。双馈异步发电机定子有功功率为

$$P_S = \mathrm{Re}\left[\dot U_S \dot I_S^{*}\right] \tag{4-32}$$

式中：$\dot I_S^{*}$ 是 $\dot U_S$ 的共轭复数。

从等效电路出发研究转子侧功率平衡关系。按异步电机分析方法，R_R/s 可分解为 $R_R + \dfrac{(1-s)R_R}{s}$，$\dfrac{U_R}{s}$ 可分解为 $U_R + \dfrac{(1-s)U_R}{s}$，等效电路如图 4-15 所示。

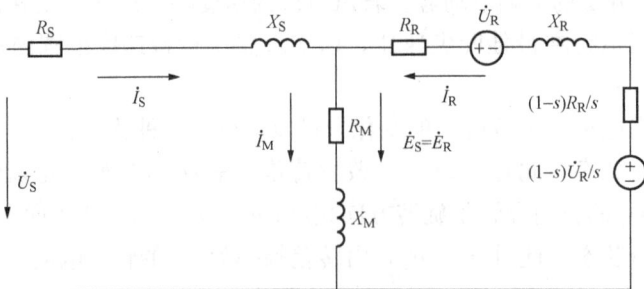

图 4-15　双馈异步发电机等效电路的变换

从转子传递到定子的电磁功率可表示为

$$P_{EM} = -R_R I_R^2 - \frac{(1-s)}{s}R_R I_R^2 + \mathrm{Re}[\dot{U}_R \dot{I}_R^*] + \mathrm{Re}\left[\frac{(1-s)}{s}\dot{U}_R \dot{I}_R^*\right] \quad (4-33)$$

其中，转子绕组铜损 $P_{CU2} = -R_R I_R^2$；励磁系统输入转子的电功率为 $\mathrm{Re}[\dot{U}_R \dot{I}_R^*]$；轴上机械功率为 $-\frac{(1-s)}{s}R_R I_R^2$，当 $0 < s < 1$ 时，此项为负，表示消耗电磁功率并转化机械功率从轴上输出，当 $s < 0$ 时，此项为正，轴上的机械功率转化为电磁功率；$\mathrm{Re}\left[\frac{(1-s)}{s}\dot{U}_R \dot{I}_R^*\right]$ 也与轴上的机械功率有关，此项为正，表示电机将轴上的机械功率转化为电磁功率，此项为负则相反。因此 $-\frac{(1-s)}{s}R_R I_R^2$ 与 $\mathrm{Re}\left[\frac{(1-s)}{s}\dot{U}_R \dot{I}_R^*\right]$ 之和对应轴上的总的机械功率，此项为正，表示轴的机械功率转化为电磁功率，此项为负，电磁功率转化为轴的机械功率输出。由此可见，传统的异步电机仅由 $-\frac{(1-s)}{s}R_R I_R^2$ 正负决定其运行在电动状态还是发电状态，而双馈异步电机可以通过控制 $\mathrm{Re}\left[\frac{(1-s)}{s}\dot{U}_R \dot{I}_R^*\right]$，使 s 为任何值时都可以运行于电动或发电状态。

转子输入的电磁功率为 sP_{EM}，则在总的电磁功率中，当 $0 < s < 1$，亚同步运行时，$sP_{EM} > 0$，$P_2 > 0$，发出的电磁功率分别由风力机、转子励磁提供。当 $s < 0$，超同步运行时，$sP_{EM} < 0$，$P_2 > 0$，这时，转子和定子都从风力机吸收能量。无论在哪种情况下，转子电磁功率始终保持为 $|s|P_{EM}$。两种情况下总输出电能为 $(1 + |s|P_{EM})$。

由以上分析可知，双馈异步发电机不同运行状态下的能流关系，如图 4-16 所示。

1）图 4-16 左边为转子运行于亚同步速的定子回馈制动状态（$1 > s > 0$）。电磁功率由定子回馈给电网，机械功率由风力机输入发电机，变流器向转子绕组输入功率，电磁转矩为制动性转矩。

2）图 4-16 右边为转子运行于超同步速的定子回馈制动状态（$s < 0$）。电磁功率由定子回馈给电网，机械功率由风力机输入发电机，变流器向转子绕组吸收功率，转差功率回馈给电网，电磁转矩为制动性转矩。

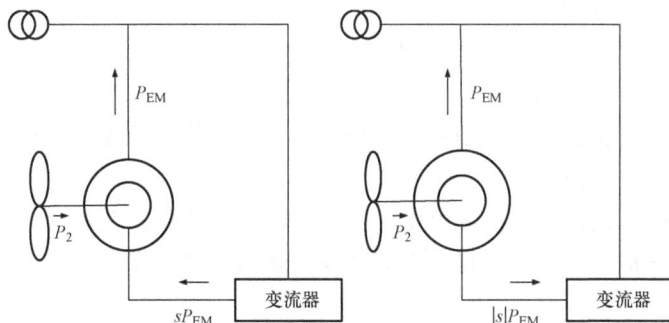

图 4-16 双馈异步发电机不同运行状态下的能流关系

4. 双馈异步发电机动态数学模型

如图 4-17 所示，双馈异步发电机的三阶动态数学模型将发电机等效为暂态阻抗 $Z' =$

$R_S + jX'$ 右侧的电压源为 $E' = e'_D + je'_Q$ 。

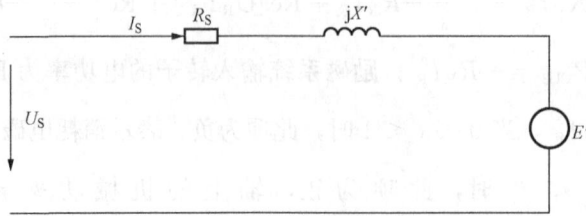

图 4-17 双馈异步发电机动态等值电路

得到双馈异步发电机的三阶简化模型

$$
\begin{cases}
\dfrac{\mathrm{d}e'_D}{\mathrm{d}t} = -\dfrac{\omega_E R_R}{X_R + X_M}\left(e'_D + \left(\dfrac{X_M^2}{X_M + X_R}\right)i_{QS} + \dfrac{X_M}{R_R}u_{QR}\right) + s\omega_E e'_Q \\
\dfrac{\mathrm{d}e'_Q}{\mathrm{d}t} = -\dfrac{\omega_E R_R}{X_R + X_M}\left(e'_Q - \left(\dfrac{X_M^2}{X_M + X_R}\right)i_{DS} + \dfrac{X_M}{R_R}u_{DR}\right) + s\omega_E e'_D
\end{cases}
\tag{4-34}
$$

定子电压方程

$$
\begin{cases}
u_{DS} = R_S i_{DS} - X' i_{QS} + e'_D \\
u_{QS} = R_S i_{QS} + X' i_{DS} + e'_Q
\end{cases}
\tag{4-35}
$$

电气转矩方程

$$
T_E = e'_D i_{DS} + e'_Q i_{QS}
\tag{4-36}
$$

双馈异步发电机的定子电压方程和电气转矩方程也是和笼型异步发电机的方程相同，但是有功功率和无功功率的方程式是不同的，因为发电机的转子绕组受控。

定子输出的有功、无功功率

$$
\begin{cases}
P_S = u_{DS} i_{DS} + u_{QS} i_{QS} \\
Q_S = u_{QS} i_{DS} - u_{DS} i_{QS}
\end{cases}
\tag{4-37}
$$

转子输出功率的有功、无功功率

$$
\begin{cases}
P_R = u_{DR} i_{DR} + u_{QR} i_{QR} \\
Q_R = u_{QR} i_{DR} - u_{DR} i_{QR}
\end{cases}
\tag{4-38}
$$

则双馈异步发电机总的有功和无功功率为

$$
\begin{cases}
P = P_S + P_R \\
Q = Q_S + Q_R
\end{cases}
\tag{4-39}
$$

其中，如果 P、Q 是正值，则说明双馈异步发电机向电网提供功率，否则从电网吸收功率。

4.4.3 永磁同步发电机

永磁同步电机以其结构简单，无电刷、滑环，消除了转子损耗，运行可靠，特别是它具有其他发电机无法比拟的高效率，得到人们越来越多的关注，多应用于要求快速转矩响应和高性能场合。

1. 发电机结构

永磁式交流同步发电机定子与普通交流发电机相同，由定子铁心和定子绕组组成，在定子铁心槽内安放有三相绕组。转子采用永磁材料励磁。当风轮带动发电机爪子旋转时，旋转的磁场切割定子绕组，在定子绕组中产生感应电动势，由此产生交流电输出。定子绕组中交流电流建立的旋转磁场转速与转子的转速同步。永磁发电机结构如图 4-18 所示。

永磁发电机的转子上没有励磁绕组，因此无励磁绕组的铜损耗，发电机的效率高；转子上无集电环，运行更为可靠；永磁材料一般有铁氧体和钕铁硼两类，其中采用钕铁硼制造的发电机体积较小，质量较轻，因此广泛使用。

2. 基本运行原理

永磁同步发电机在风力机的拖动下，转子以转速 n 旋转，旋转的转子磁场切割定子上的三相对称绕组，在定子绕组中产生频率为 f_1 的三相对称的感应电动势和电流输出，从而将机械能转化为电能。由定子绕组中的

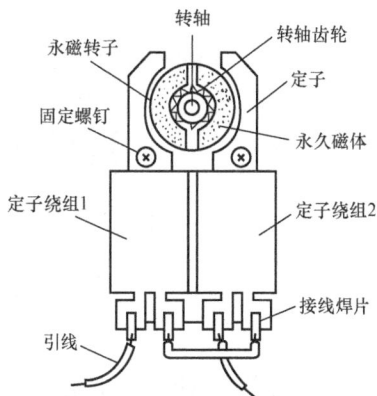

图 4-18 永磁发电机结构示意图

三相对称电流产生的定子旋转磁场的转速与转子转速相同，即与转子磁场相对静止。因此，发电机的转速、频率和极对数之间有着严格不变的固定关系，即

$$f_1 = \frac{pn}{60} = \frac{pn_1}{60} \qquad (4-40)$$

当发电机的转速一定时，同步发电机的频率稳定，电能质量高；同步发电机运行时可通过调节励磁电流来调节功率因数，既能输出有功功率，也可提供无功功率，可使功率因数为 1，因此被电力系统广泛接受。但在风力发电中由于风速的不定性使得发电机获得不断变化的机械能，给风力机造成冲击和高负荷，对风力机及整个系统不利。为了维持发电机发出的电能频率与电网频率始终相同，发电机的转速必须恒定，这就要求风力机有精确的调速结构，以保证风速变化时维持发电机的转速不变，即等于同步转速。

3. 永磁同步发电机数学模型

永磁同步发电机等效电路如图 4-19 所示。

发电机端电压方程为

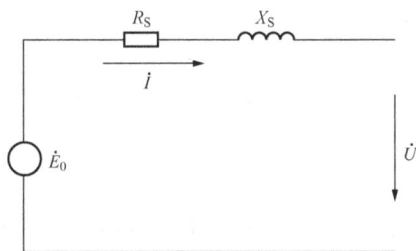

图 4-19 永磁同步发电机等效电路

$$\dot{U} = \dot{E}_0 - \dot{I}(R_S + jX_S) \qquad (4-41)$$
$$E_0 = \omega_E \psi_{pm}$$

式中：E_0 为发电机内电动势；ψ_{pm} 为转子磁链，其值恒定；R_S、X_S 分别是转子绕组的电阻和电抗。

4.4.4 其他种类风力发电机

1. 硅整流自励式交流同步发电机

硅整流自励式交流同步发电机的定子由定子铁心和三相定子绕组组成，定子绕组为星形连接，放在定子铁心的内圆槽内；转子由转子铁心、转子绕组、集电环和转子轴等组成，转子铁心有凸级式和爪极式两种，转子上的励磁绕组通过集电环和电刷与整流器的直流输出端相连，以获得直流电流励磁，其电路原理如图 4-20 所示。

2. 电容自励式异步发电机

电容自励式异步发电机是在异步发电机定子绕组的输出端接上电容，以产生超前于电压

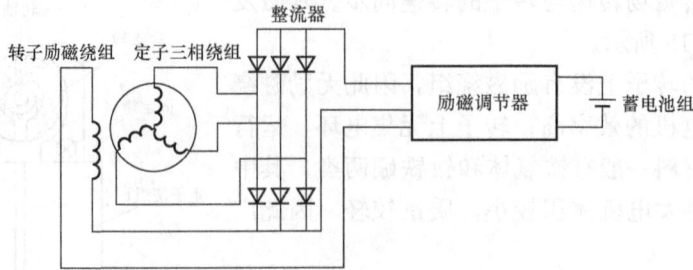

图 4-20 硅整流自励式交流同步发电机电路原理

的容性电流产生磁场，从而建立电压。其电路原理如图 4-21 所示。

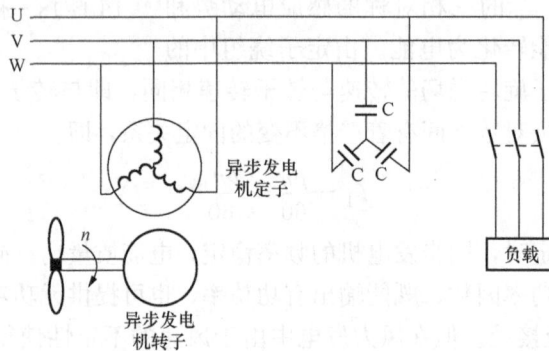

图 4-21 电容自励式异步发电机电路原理

自励式异步发电机建立电压的条件有两条：①发电机必须有剩磁，若无剩磁，可用蓄电池对其充磁；②发电机的输出端并上足够的电容。

3. 开关磁阻发电机

开关磁阻发电机又称为双凸极式发电机（SRG），定、转子的凸极均由普通硅钢片叠压而成，定子级数一般比转子的级数多，转子上无绕组，定子凸极上安放有彼此独立的集中绕组，径向独立的两个绕组串联起来构成一相。与三相发电机不同，各相绕组物理空间上彼此是独立的，其结构如图 4-22 所示。图 4-22 中 S1、S2 为功率变换器中的电力电子开关，以控制各相电路的导通与关断，VD1、VD2 为续流二极管。

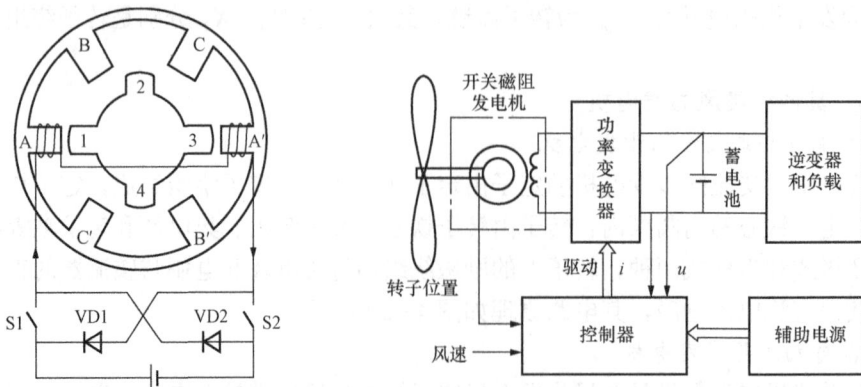

图 4-22 开关磁阻发电机结构及其风力发电系统的构成

开关磁阻发电机作为风力发电机时,其系统一般由风力机、开关磁阻发电机及功率变换器、控制器、蓄电池、逆变器、负载,以及辅助电源等组成,其系统结构如图 4-22 所示。对于开关磁阻发电机来说,机械能转换为电能是利用控制器使相电流与转子位置合适地进行同步来实现的。通过功率变换器使相绕组中获得励磁电流。发电工作时,相励磁电流通常在定、转子磁极重合的附近加入,以得到与转速相反方向的电磁转矩,实现机械能向电能的转换。当可控开关器件关断时,相绕组中的能量通过续流二极管流回电源,该返回的能量比励磁期间相绕组吸收的能量大得多。

开关磁阻发电机的结构简单,控制灵活,效率高且转矩大,在风力发电系统中可用于直接驱动、变速运行,有一定的开发、研发价值。

风力发电系统的发电机组还有很多种,这里就不一一介绍了。

思考题与习题

4-1 风是如何形成的,它如何表示,具有哪些特性,风能如何计算?

4-2 C_p 的含义是什么,它对风力机的风能输出有什么影响?

4-3 风力发电机组分类及其基本工作原理是什么?

4-4 双馈异步发电机可以运行在哪三种状态,对其功率流向有何影响?

4-5 为什么改变外加励磁电压就可以控制双馈异步发电机的有功功率和无功功率的输出?

4-6 简述双馈异步发电机转速变化,能实现变速恒频控制的原因。

4-7 笼型异步发电机、双馈异步发电机和永磁同步发电机的并网方式是什么?

第 5 章　风力发电机组的控制技术

5.1　风力机的控制技术

风力机和发电机是风力发电的两个关键部分，有限的机械强度和电气性能使其速度和功率受到限制，因此风力机和发电机的功率和速度控制是其关键技术。

风力发电机组在超过额定风速（一般为 12～16m/s）以后，由于机械强度和风力机、发电机、电力电子容量等物理性能的限制，必须降低风能所捕获的能量，使功率的输出保持在额定值附近，即保持功率输出恒定，同时减小叶片承受的负荷和整个风力机受到的冲击，保证风力机不受到损伤。

风力机的功率调节利用的是气功功率调节技术。风力机的功率调节方式有定桨距失速调节、变桨距调节和主动失速调节三种。这里主要介绍前两种调节方式。图 5-1 是气动功率调节原理。

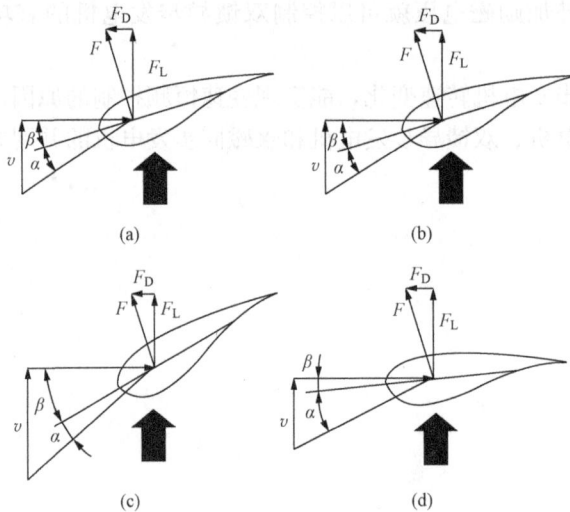

图 5-1　气动功率调节原理

（a）额定风速桨叶状态；（b）定桨距状态；（c）变桨距；（d）主动失速

v—轴向风速；β—桨距角；α—攻角；F—作用力；F_D—阻力；F_L—升力

5.1.1　风力机的定桨距调节与控制

定桨距是指桨叶与轮毂作刚性连接，定桨距失速调节一般用于恒速控制。定桨距风力发电机组的主要结构特点是：桨叶与轮毂的连接是固定的，即当风速变化时，桨叶的迎风角度不能随之变化，风力机的功率调节完全依靠叶片的气动特性。这种调节方式的基本原理是利用桨叶翼形本身的失速特性，当桨距角 β 固定不变时，随着风速的增加，增加到高于额定风速时，气流的攻角 α 增大，分离区形成大的涡流，流动失去翼形效应。与未分离时相比，上下翼面压力差减小，致使阻力增加，升力减小，造成失速条件，其效率降低，从而达到限制功率的目的。这种调节方式的优点是：结构简单，性能可靠。为了解决低风速或低负荷时效率问题，定桨距风力发电机组普遍采用设计有两个不同功率、不同极对数的双速异步发电机。大功率高转速的发电机工作于高风速区，小功率低转速的发电机工作于低风速区，由此来调整叶尖速比 λ，追求最佳风能利用系数 C_p。当风速超过额定风速时，通过叶片的失速或偏航控制降低 C_p，从而维持功率恒定。实际上定桨距风力发电机组输出功率的大小受到空气密度、叶片安装角度、高风速影响较大，因此难以做到功率恒定，通常有些下降。

5.1.2　风力机的变桨距调节与控制

变桨距风力机的整个叶片可以绕叶片中心轴旋转，使叶片的攻角在一定范围（0 ～ 90°）变化，变桨距调节是指通过变桨距机构改变安装在轮上叶片的桨距角的大小，使风轮叶片的桨距角随风速的变化而变化，一般用于变速运行的风力发电机，主要目的是改善机组的启动性能和功率特性。根据作用可分为三个控制过程：启动时的转速控制、额定转速以下（欠功率状态）的桨距角控制和额定转速以上（额定功率状态）的恒功率控制。

1. 桨距调节的控制过程

（1）启动时的转速控制。变桨距风轮的桨叶在静止时，桨距角 β 为 90°，这时气流对桨叶不产生转矩，实际上整个桨叶是一块阻尼板。当风速达启动风速时，桨叶向 0°方向转动，直到气流对桨叶产生一定的攻角，风力机获得最大的启动转矩，实现风力发电机的启动，因此不需要其他的辅助启动设备。在发电机并入电网之前，变桨距系统桨距角的给定值由发电机的转速信号控制。转速调节器按一定的速度上升斜率给出速度参考值，变桨距系统根据给定的速度参考值与反馈信号比较来调整桨距角，进行速度闭环控制。当转速反馈值超过给定值（同步转速）时，桨距角 β 向迎风面积减小的方向转动一个角度，β 增大，攻角 α 减小；反之，则向迎风面积增大的方向转动，β 减小，攻角 α 增大。为减小并网时的冲击，保证平稳并网，可以在一定时间内，保持发电机的转速在同步转速附近，寻找最佳时间并网。

当风力发电机需要脱离电网时，变桨距系统可以先转动叶片使其功率减小，在发电机与电网断开前，功率减小到零，因此当发电机与电网脱开时，没有转矩作用于风力发电机组上，避免了在定桨距风力发电机组上每次脱网时所要经历的突甩负荷的过程。

（2）额定转速以下（欠功率状态）的桨距角控制。发电机并网后，当风速低于额定风速时，发电机运行于额定功率以下的低功率状态，称为欠功率状态。早期的变桨距风力发电机组对此状态不作控制，控制器将叶片桨距角置于 0°附近，不作变化，与定桨距风力发电机组相似，发电机的功率根据叶片的气动性能随风速的变化而变化。为了改善低风速时的桨叶性能，近几年来，在并网运行的异步发电机上，利用新技术，根据风速的大小调整发电机的转差率，使其尽量运行在最佳叶尖速比上，以优化功率输出。

（3）额定转速以上（额定功率状态）的恒功率控制。当风速过高时，通过调整叶片桨距角，改变气流对叶片的攻角，使桨距角 β 向迎风面积减小的方向转动一个角度，β 增大，攻角 α 减小，从而改变风力发电机组获得空气的动力转矩，使功率输出保持在额定值附近，这时风力机在额定点的附近具有较高的风能利用系数。图 5 - 2 所示为变桨距和定桨距风力发电机组在不同风速下的输出功率曲线。由图 5 - 2 可知，在额定风速以下，两者相似，但在额定风速以上时，变桨距风力发电机组的输出功率维持恒定，而定桨距风力发电机组的输出功率由于风力机的失速当风速增大时而减小。

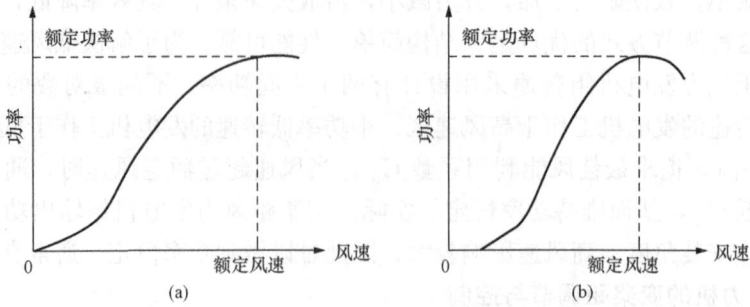

图 5-2　变桨距和定桨距风力发电机组在不同风速下的输出功率曲线图

　　传统的变桨距风力发电机组的控制系统框图如图 5-3 所示。在启动时实现转速控制，由速度控制器起作用，启动结束后，在额定风速以下转速环开环，系统不进行控制。当风速达到或超过额定风速时，切换到功率控制，功率控制器根据给定与反馈的功率信号比较后进行功率控制，以维持额定功率不变。由于风速变化很快，变桨距系统的动态响应难以达到要求，因此在功率控制的过程中，对于绕线转子异步发电机采用了新型控制系统，变桨距系统由风速的低频分量和发电机的转速控制。风速的低频分量通过功率控制实现，风速的高频分量产生的机械能波动，通过控制发电机中转子电流对发电机转差进行控制，从而快速改变发电机的转速。当风速高于额定风速时，允许发电机的转速升高，将瞬间的风能以风轮的动能储存起来，当转速降低时再将动能释放出来，使功率曲线更加平稳。

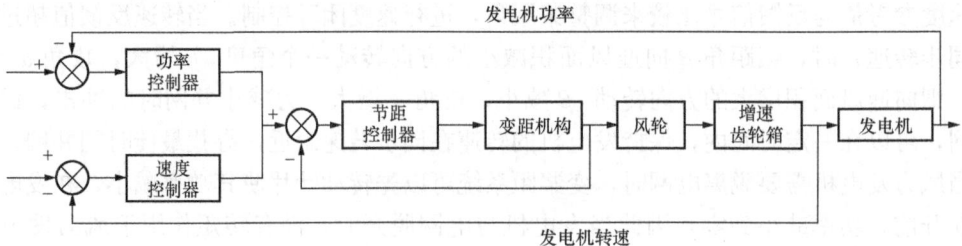

图 5-3　传统的变桨距风力发电机组的控制系统框图

　　2. 桨距角控制数学模型

　　桨距角控制是指大型风力发电机安装在轮毂上的叶片借助控制技术和动力改变桨距角的大小，从而改变叶片气动特性，使桨叶和风力发电机组的功率输出可以控制。桨距角控制的目的主要有两个：

　　（1）风力发电机组功率输出的最优控制。风速低于额定风速，桨距角控制系统一般不动作，始终保持桨距角在最大获取风能的角度。

　　（2）高风速时限制风力机机械功率。当风速高于额定风速时，为避免风力发电机组输入机械功率过高而毁坏机组，又要维持风力发电机组额定功率输出，必须调节风力机桨距角，减小输入机械功率。

　　上述桨距角控制是在系统正常运行时的情况，在故障情况下需要重新考虑桨距的控制方案。一般地，风力发电机组的桨距角控制分为两种：

　　（1）变桨距控制。风力机机械功率随着桨距角 β 的增加而降低，这种控制方案主要应用于变速风力发电机组中，也有少部分固定转速风力发电机组采用这种桨距角控制方式。

（2）主动失速控制。风力机机械功率随着桨距角 β 的减小而降低，这种控制方案主要在固定转速风力发电机组中比较常见。

桨距角的控制模型包括初始化过程和动态过程。在初始化过程中，寻找桨距 β 的初始值和基准值 β_{ref}。根据叶片角控制的基本描述，在微风和中等风速下，桨距角的初始值等于其最优值 β_{opt}。在一般情况下，风速 v 低于额定风速 v_{rat} 时，$\beta_{opt}=0°$。当风速超过额定值时，初始桨距角 β 和它在额定运行点的基准值 β_{ref} 可以通过叶片元素动量（BEM）法获得。这种情况下，BEM 法要进行修正，在强风时调整桨距角 β 使风力发电机组保持在额定机械功率。

图 5-4 为利用给出的有功功率 P_E 控制的桨距角控制模型。将控制量有功功率 P 与其基准值 P_{ref} 进行比较，将其误差信号 P_{err} 送入比例差动（PD）控制器，然后传到比例积分（PI）控制器生成桨距角基准值 β_{ref}。

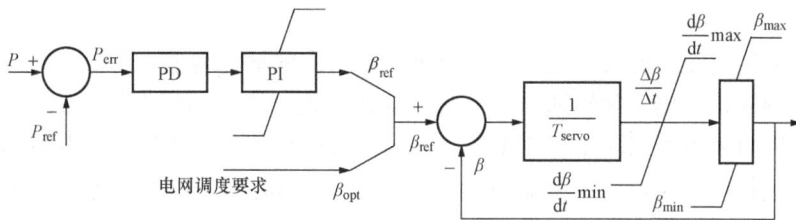

图 5-4　桨距角控制模型

对于变速风力发电机组，有 $\beta_{opt} \leqslant \beta_{ref} \leqslant \beta_{max}=90°$；对于主动失速的固定转速风力发电机组，有 $\beta_{min} \leqslant \beta_{ref} \leqslant \beta_{opt}$。一般情况下，变速风力发电机组桨距角控制系统中 $\beta_{max}=\beta_{opt} \approx 0°$，控制范围在 $0°\sim30°$，主动失速桨距角控制中 $\beta_{max}=\beta_{opt} \approx 0°$，控制范围在 $-10°\sim0°$。如果系统需要调整风电场出力，可以通过桨距角控制系统实现，正常运行时的桨距角控制功能被禁止，设置 $\beta_{ref}=\beta_{order}$，使风力发电机组按照调度要求进行功率输出。

风力发电机组正常运行情况下，桨距角控制系统可以不考虑风速控制环节和输出环节，为体现桨距角控制系统的惯性参数 T_{servo}，以一阶微分方程表示风力发电机组桨距角控制

$$\frac{\mathrm{d}\beta}{\mathrm{d}t}=\frac{1}{T_{servo}}(\beta_0-\beta) \tag{5-1}$$

式中：β_0 为桨距角初始值。

5.1.3　变速风力发电机组最大功率追踪及转速控制

由风力发电机组的空气动力学模型可知，对于给定的桨距角 β，不同的叶尖速比 λ 所对应的 C_p 值相差较大，有且仅有一个固定的 λ_{opt}（最优叶尖速比）能使 C_p 达到最大值 $C_{p,\,max}$，再由 $\lambda=r\omega_M/v$ 可得，在风速不断变化的情况下要保持 $\lambda=\lambda_{opt}$，必须使 ω_M 随着风速按照一定比例 $K_{opt}=\lambda_{opt}/r$ 变化，只有在这种情况运行下才能保证风力机捕获的风能最大，效率最高。变速风力发电机组在风速低于额定风速时通过变速运行以获得最大的风能；在风速超出额定风速后依靠风力机桨距角控制系统将捕获的最大风能限制在额定出力。其在额定风速以下的变速运行依靠最大功率追踪（Maximum Power Tracking，MPT）模块及转速控制器来实现，其结构图如图 5-5 所示。

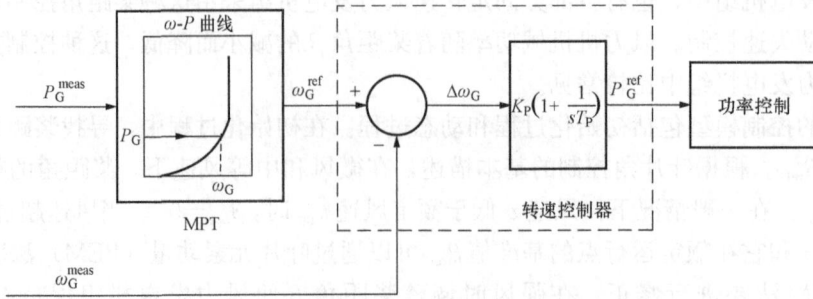

图 5-5 变速风电机组 MPT 及转速控制模型结构示意图

由于风速在整个风力机叶片扫风面积的范围内不是一个固定值，用测风仪实际测到的风速无法真实反映出风力机叶片上感受到的风速，控制系统采用曲线拟合的方法将风力发电机组最优功率曲线拟合为以发电机组的转速 ω_G 为自变量，功率 P_G 为转速 ω_G 的多项表达式，发电机转速 ω_G 与功率 P_G 为一一对应关系。

由风力发电机组发出的实际有功功率反推得到对应的最优转速，与发电机组转速的实测值输入转速控制器，得出实际转速与最优转速的误差值，经 PI 控制器后得出最优功率的参考值输入变速风力发电机组功率控制系统。当风力发电机组发电机转速与其发出的有功功率对应的最优转速相等时，转速控制器输入信号为 0，即不起作用。当转速不一致时，转速控制器将进行连续控制，直至风力发电机组输出功率为最优功率。因此，变速风力发电机组变速运行以获得最大的风能实现是依靠最大功率追踪模块、转速控制器及变速风力发电机组功率控制共同实现的。

5.2 独立运行式风力发电机组的控制系统

独立运行式风力发电机组一般是 $1\sim10\text{kW}$ 的风力发电系统，适用于远离电网、有一定用电量的家庭农场、公路、铁路养路站、小型微波放射站、移动通信发射站、光纤通信信号放大站、输油管线保护站等用户。典型独立运行式风力发电系统框图如图 5-6 所示，主要组成包括风力机、发电机、蓄电池、逆变器及控制系统。

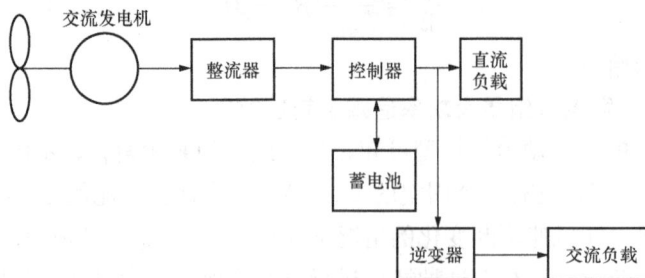

图 5-6 独立运行式风力发电系统框图

风轮将风能转变为机械能，风轮带动发电机再将机械能转变为电能。由于风速的多变，使得风力发电机的电压及频率发生变化，不易于直接被负载利用，所以一般独立运行式小型风力发电系统通过"AC-DC-AC"的方式供电,并且由于无风季节的存在,使用蓄电池进行储能。先用整流器将发电机的交流电变成直流电向蓄电池充电,再用逆变器把直流电变换成电压和频率都很稳定的交流电输出供给负载。

风力机的控制和发电机的模型前面已经介绍过,下面主要对电力变换单元、控制器、最大功率控制、负载跟踪控制作介绍。

5.2.1　电力变换单元的控制

由于风能的随机性,发电机所发出的电能的频率和电压都是不稳定的,以及蓄电池只能存储直流电能,无法为交流负载直接供电。因此,为了给负载提供稳定、高质量的电能和满足交流负载用电,需要在发电机和负载之间加入电力变换装置,由整流器、DC-DC 变换器和逆变器组成。

(1)整流器。独立运行的小型风力发电系统中,由风轮驱动的交流发电机需要配以整流器,才能对蓄电池充电。根据风力发电系统的容量不同,整流器分为可控与不可控两种,可控整流器主要应用于功率较大的系统中,可以减小电感过大带来的体积大、损耗大等缺点;不可控整流器主要应用于小功率系统中。

可控整流器能实现电压的可调,目前在我国独立运行式小型风力发电系统中大量使用桥式不可控整流方式,它由二极管组成,具有功耗低、电路简单等特点。三相整流器除了把输入的三相交流电能整流为可对蓄电池充电的直流电能之外,另外一个重要的功能是在外界风速过小或者基本没风的时候,发电机的输出功率也较小,由于三相整流桥的二极管导通方向只能是由发电机的输出端到蓄电池,因此防止了蓄电池对风力发电机的反向供电。

(2)DC-DC 变换器。DC-DC 变换器将直流电源能量传送到负载并加以控制,得到另一个直流输出电压或电流。通过对开关导通或关断时间长短的控制,即控制从电源端到负载端传送的能量。DC-DC 变换器输入阻抗的大小可以通过控制开关电源的占空比来人为改变。这种控制性能正好被用于小型风力发电系统中,通过控制发电机的输出电流,改变发电机的负载特性,即调节了发电机的转矩—转速特性,从而控制风力机转速来改变叶尖速比,这样就控制了风能转换效率和发电机的输出功率。

(3)逆变器。逆变器的功能是将蓄电池所存储和整流桥输出的直流电能转换为负载所需的交流电能。目前独立运行式小型风力发电系统的逆变器多数为电压型单相桥式逆变器。在风力发电系统中所使用的逆变器要求具有较高的效率,特别是轻载时效率要高,这是因为风力发电系统经常运行在轻载状态。另外,由于输入的蓄电池电压随充、放电状态改变而变动较大,这就要求逆变器能在较大的直流电压变化范围内正常工作,而且要保证输出电压的稳定。

5.2.2　控制器

控制器在独立运行系统中是一个非常重要的部件,它不但控制、协调整个系统的正常运行,而且实时检测系统各参数以防异常情况的出现,一旦检测到异常,它能够自动保护并报警。这些保护包括:蓄电池组过电压、欠电压保护,发电机的超速、过电流保护。

由于风速和用户负载是不断变化的,控制器用于调节发电机输出与负载用电量以与蓄电池能储存的能量总和匹配,使得风力机能及时捕获到随机波动的风能;一个好的控制器对蓄电池的使用寿命具有举足轻重的作用,控制器对发电机输出的不稳定功率(尤其输出电压大范围波动)进行调节,完成对蓄电池合理充电的功能。

5.2.3　最大功率控制

当发电机捕获的风能不能满足负载用电和蓄电池充电时，需要风力机按照最佳叶尖速比运行，跟踪最大功率。

现有的最大功率控制策略主要有两种：

（1）采用风速信号的控制方法。测出风速信号，用它与风力机的转速信号相比较，组成闭环系统，用来控制风力发电机的电功率输出，使风力机的转速正比于风速而变化。当转速与风速的关系偏离设定比例时，则产生误差信号，得到误差量，经过 PI 调节器给出发电机可控参数的值，调节发电机输出电流的大小，最终实现发电机输出功率的调节，直到满足设定的比例关系为止，从而实现最佳叶尖速比控制运行。

（2）采用功率信号的控制方法。由于在最佳叶尖速比运行条件下，风力机的机械功率与转速的三次方成比例，如果采用风力机的机械功率信号与转速信号的三次方相比较，以比较所得的误差信号来调节发电机的输出，就可使风力机按最大功率运行。由于要取得风力机的机械信号比较困难，需专为控制而装设转矩测量装置，增加了小型风力发电机组的复杂性和造价。实际电路中可以发电机的输出功率来替代机械功率信号。

5.2.4　负载跟踪设置

独立运行式风力发电系统与并网运行系统的最大区别就是负载是不断变化的，捕获的风能要与负载用电量匹配。当捕获的风能大于负载功率和充入蓄电池的功率时，风力机处于过功率状态，需要综合考虑负载功率和蓄电池充电情况来增大发电机输出电流，即增大阻转矩，使风轮转速下降，减小风能利用系数 C_p 值，使风力机在较低的效率下运行，减小风轮吸收的风能，使风能与负载功率和蓄电池充入功率平衡。

负载跟踪与蓄电池充电集成控制框图如图 5-7 所示。电流环的给定包括负载电流和充电电流两部分，前者用于实现负载跟踪控制，即根据负载电流来调节变换器输出电流；后者用于蓄电池充电控制。将充电电流与负载电流之和作为给定输入与 DC-DC 变换器输出电流比较，将其误差大小作为控制器输入，经过 PI 调节后产生 PWM 控制信号来调节 DC-DC 变换器的占空比。这样变换器输出电流始终满足蓄电池和负载的需要，使得发电机输出功率始终与负载功率和充入蓄电池的功率相匹配。

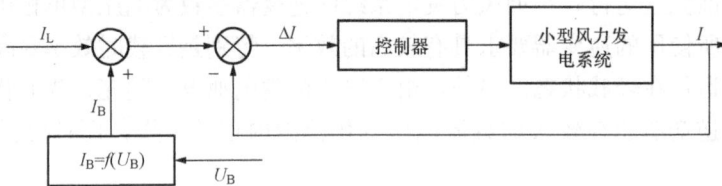

图 5-7　负载跟踪与蓄电池充电集成控制框图

5.3　风力发电机组的并网控制策略

风能是一种不稳定的能源，如果没有储能装置或者没有其他发电装置互补运行，风力发电装置本身难以提供稳定的电能输出。为了解决风力发电稳定供电的问题，目前国内外比较一致的做法是：大型风力发电机（1000kW 以上）并网运行；中型风力发电机（从几十千瓦到几百千瓦）并网运行，或者与柴油发电机或其他发电装置并联互补运行；小型风力发电机（10kW）主要采用直流发电系统分配并配合蓄电池储能装置独立运行。风力发电机在并网运行中主要解决的问题是并网控制和功率调节。风力发电系统所采用的发电机类型不同，并网运行方式和问题也不同。

在研究风电场对电力系统运行的影响时，风力发电机组和风电场的建模问题一直是风力发电研究中重要的课题之一，风力发电机组模型的建立既要准确，又能真实体现风力发电机组的暂态和动态特性。风力机的模型需要准确反映其物理特性，包括空气动力学模型、轴系模型和桨距角控制模型。变速发电机组的变频器控制系统（包括保护控制）对于风力发电机组的运行工况具有调节作用，故其模型准确性也很重要。风力发电机组并网系统总体框图如图 5-8 所示。

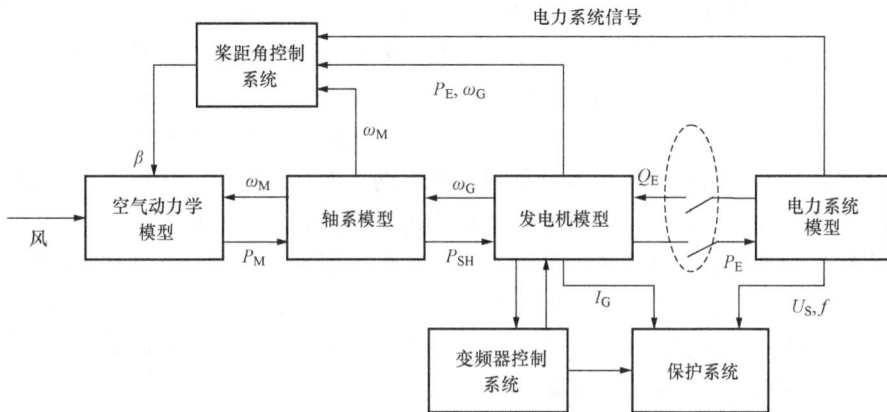

图 5-8　风力发电机组并网系统总体框图

图 5-8 中，P_M、P_{SH} 和 P_E 分别为机械功率、发电机转子功率及发电机输出电磁功率；Q_E 为风力发电机组输出的无功功率；I_G 为定子电流；U_S 为机端电压；f 为系统频率；ω_G、ω_M 分别为发电机转子转速和风力机转速；β 为桨距角。

目前，国内风电场采用的风力发电机机型主要有三种，分别是恒速恒频笼型异步发电机、变速恒频双馈异步发电机、直驱式永磁同步发电机。下文将介绍三种发电系统及其并网控制策略。

5.3.1　笼型异步风力发电机组并网运行

1. 笼型异步风力发电机的并网技术

笼型异步风力发电系统如图 5-9 所示，自然风吹动风力机，经齿轮箱升速后驱动异步发电机将风能转化为电能。国内外普遍采用的是水平轴、上风向、定桨距（或变桨距）风力机，其有效风速范围为 3~30m/s，额定风速一般设为 8~15m/s，风力机的额定转速为 20~30r/min。

图 5-9 中并联电容器（功率因数校正电容器）为笼型异步发电机提供励磁和无功功率补偿，电容器提供的无功功率约为发电机容量的 30%。软启动装置由晶闸管构成，并网时通过晶闸管导通角的控制，限制并网时的冲击电流。其并网过程如下：当风力机将发电机带到同步转速附近时，在检查发电机的相序和电网的相序相同后，发电机输出端的断路器闭合，发电机经一组双向晶闸管与电网相连，在微机的控制下，双向晶闸管的触发延迟角由

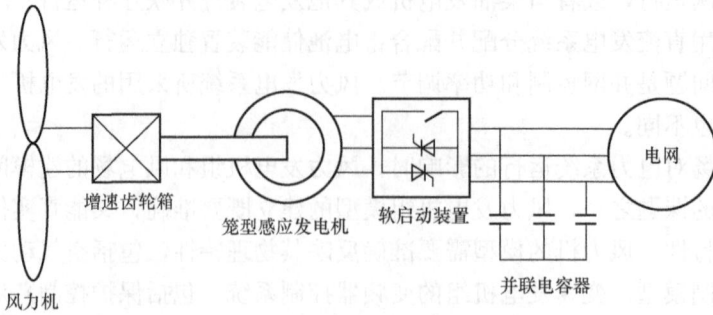

图 5-9　笼型异步风力发电系统

180°到 0°逐渐打开，双向晶闸管的导通角则由 0°到 180°逐渐增大，通过电流反馈对双向晶闸管的导通角实现闭环控制，将并网时的冲击电流限制在允许的范围内，从而使笼型异步发电机通过晶闸管平稳地并入电网。并网的瞬态过程结束后，当发电机的转速与同步转速相同时，控制器发出信号，利用一组断路器将双向晶闸管短接，笼型异步发电机的输出电流将不经过双向晶闸管，而是通过已闭合的断路器流入电网。但在发电机并入电网后，应立即在发电机端并入功率因数补偿装置，将发电机的功率因数提高到 0.95 以上。

晶闸管软并网是目前一种先进的并网技术，在其应用时对晶闸管器件和相应的触发电路提出了严格的要求，即要求器件本身的特性要一致、稳定；触发电路工作可靠，门极触发电压和触发电流一致；开通后晶闸管压降相同，只有这样才能保证每相晶闸管按控制要求逐渐开通，发电机的三相电流才能保证平衡。

笼型异步发电机并网方式中还有直接并网和降压并网方式。

（1）直接并网。笼型异步发电机直接并网的条件有两个：①发电机的相序与电网的相序相同；②发电机的转速尽可能接近于同步转速。第一条必须严格遵守，否则并网后，发电机将处于电磁制动状态，在接线时应调整好相序；第二条要求不是很严格，但并网时发电机的转速与同步转速之间的误差越小，并网时产生的冲击电流越小，衰减的时间越短。由于并网前发电机本身无电压，并网过程中会产生 5～6 倍额定电流的冲击电流，引起电网电压下降。因此，这种并网方式只能用于百千瓦级以下机组，且电网容量较大的场合。

（2）降压并网。降压并网是在发电机与电网之间串接电阻或电抗器，或者接入自耦变压器，以降低并网时的冲击电流和电网电压下降的幅度。发电机稳定运行时，将接入的电阻等元件迅速从线路中切除，以免消耗功率。这种并网方式的经济性较差，适用于百千瓦级以上、容量较大的机组。

2. 并网运行时的功率调节

（1）有功功率输出。笼型异步发电机并网运行时，它向电网送出电流的大小及功率因数，取决于转差率 s 及发电机的参数，前者与笼型异步发电机负荷大小有关，后者对设计好的发电机是给定的数值，因此这些量都不能加以控制和调节。并网后发电机运行在其功率－转速曲线的稳定区，如图 5-10 所示。

当风力机传给发电机的机械功率及机械转矩随风速而增加时，发电机的输出功率及转矩也相应增大，但当发电机的输出功率超过其最大转矩所对应的功率时，其转矩反而减小，从而导致转速迅速升高，在电网上引起飞车，这是十分危险的。为此必须具有合理可靠的失速桨叶或限速机构，保证风速超过额定风速或阵风时，风力机输入的机械功率被限制在一个最大值范围内，保证发电机输出的电功率不超过其最大转矩所对应的功率值。

需要指出的是，笼型异步发电机的最大转矩与电网电压的平方成正比，电网电压下降会导致发电机的最大转矩成平方关系下降，因此若电网电压严重下降也会引起转子飞车；相反若电网电压上升过高，会导致发电机励磁电流增加，功率因数下降，并有可能造成发电机过负荷运行。所以对于小容量电网，一方面应该配备可靠的过电压和欠电压保护装置；另一方面要求过载能力强（最大转矩为额定转矩 1.8 倍以上）。

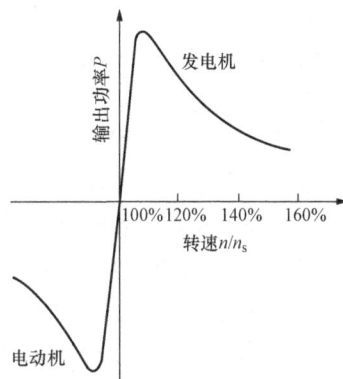

图 5-10　笼型异步发电机转速-功率曲线

图 5-11 所示的是笼型异步发电机的功率流图。由于机械损耗和杂散损耗不能表示在发电机等效电路中，因此将它们从风力机的输出功率中扣除。

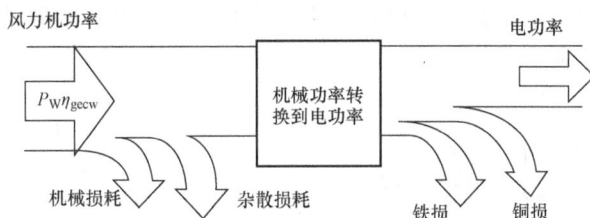

图 5-11　笼型异步发电机的功率流图

笼型异步发电机通常和恒速风力机相配合，该发电系统的功率调节方式有：

1）传统被动失速调节方式，但它会减小风能利用率，因为风速增至额定风速以上时，功率系数显著减小。

2）采用主动失速，如利用负桨距角来限制输出功率在额定风速以上时，保持输出平稳的额定功率，与被动失速调节相比，其风能利用率可提高 20%。

3）采用变极发电机，其带有两套定子绕组，这两套绕组具有不同的极对数，这样风力机可以在两种恒速下工作以增加风能产出，并减小噪声。

4）采用电气上转子阻抗可调的发电机。调节转子阻抗扩大发电机转子速度变化范围，从而减小机械功率损耗。

（2）无功功率补偿。笼型异步发电机在向电网输出有功功率的同时，还必须从电网中吸收滞后的无功功率（感性无功功率）来建立磁场和满足漏磁的需要。一般中、大型异步发电机、励磁电流为额定电流的 20%～25%，因而励磁所需的无功功率就达到发电机容量的 20%～25%，再加上漏磁所需的无功功率总共为发电机容量的 25%～30%。如此大的无功电流的吸收将加重电网无功功率，将加重电网无功功率的负担，使电网的功率因数下降，同时引起电网电压下降和线路损耗增大，影响电网的稳定性。因此，并网运行的笼型异步发电机必须进行无功功率补偿，以提高功率因数及设备利用率，改善电网电能的质量和输电效率。所以配置笼型异步发电机的风力发电机组，通常采用功率因数校正电容器（PFC）进行适当的无功功率补偿。PFC 可以根据风力机出力、电网电压水平等进行优化分组投切。当然若在风电场配置动态无功功率补偿设备（如 SVC、SMES 等），则对改善风电场的电压水平和电力系统的电压稳定性是很有效的。

在无功功率补偿过程中，发电机的有功功率和无功功率随时在变化，普通的无功功率补偿装置难以根据发电机无功电流的变化及时地调整电容器数值，因此补偿效果受到一定的影响。为了实现无功功率及时准确的补偿，必须及时计算出任何时期的有功功率和无功功率，并计算出需要投入的电容值来控制电容器的投入数量，而这些大量和快速的计算及适时的控制，目前可通过 DSP 和计算机来实现。

5.3.2　双馈异步风力发电机组的并网运行

1. 双馈异步风力发电机的并网技术

双馈异步风力发电系统如图 5-12 所示，包括风力机、齿轮箱、双馈异步发电机（DFIG）、背靠背双 PWM 变频器等部分。双馈异步发电机的定子绕组直接接入工频电网，发电机发出的电力主要经定子绕组直接输入电网。转子采用三相对称绕组，经背靠背双 PWM 变频器与电网相连，给发电机提供交流励磁，也可以向电网输出部分功率。根据风速的变化和发电机转速的变化，通过变频装置调整转子电流的频率，实现定子感应电动势的恒频控制，即变速恒频控制。

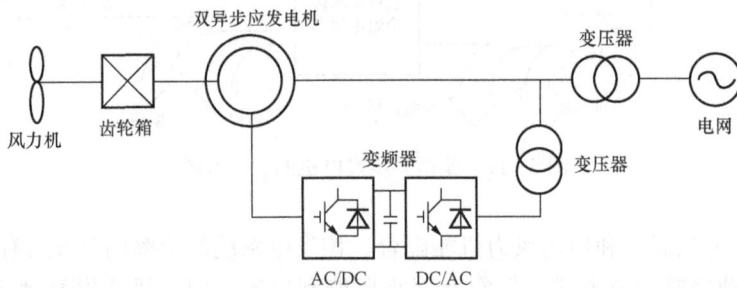

图 5-12　双馈异步风力发电系统

双馈异步风力发电系统并网运行的特点是：①风力机启动后带动发电机至接近同步转速时，由转子回路中的变频器通过对转子电流的控制实现电压匹配、同步和相位控制，以便迅速地并入电网，并网时基本无电流冲击。②风力发电机的转速可随风速及负荷的变化及时作出相应的调整，使风力机以最佳叶尖速比运行，产生最大的电能输出。③双馈异步发电机励磁的可调量有三个，即励磁电流的频率、幅值和相位。通过调节励磁电流的频率，保证风力发电机在变速运行的情况下发出恒定频率的电力；通过改变励磁电流的幅值和相位，可达到调节输出有功功率和无功功率的目的。当转子电流相位改变时，由转子电流产生的转子磁场在发电机气隙的位置产生一个位移，从而改变了双馈异步发电机定子电动势与电网电压相量的相对位置，也即改变了发电机的功率角，所以调节励磁不仅可以调节无功功率，也可以调节有功功率。

目前，适合双馈发电机组的并网方式主要是基于定子矢量控制的控制技术，包括空载并网、独立负荷并网方式及孤岛并网方式等。本文主要介绍前两种。

（1）空载并网。空载并网就是并网前双馈异步发电机空载，定子电流为零，提取电网电压信息（幅值、频率、相位）作为依据提供给双馈异步发电机的控制系统，通过引入定子磁链定向技术对发电机输出电压进行调节，使建立的双馈异步发电机定子空载电压和电网电压的频率、相位和幅值一致，当满足并网条件时进行并网操作，并网成功后控制策略从并网控制切换到发电控制。这种并网方式并网前发电机不带负荷，不参与能量和转速的控制。为了防止在并网前发电机的能量失衡而引起的转速失控，应由原动机来控制发电机组的转速，所以空载并网方式需要原动机具有足够的调速能力，对原动机的要求较高。

（2）独立负荷并网方式。独立负荷并网方式原理如图 5-13 所示，其基本思路为：并网前双馈异步发电机带负荷运行（如电阻性负荷），根据电网信息和定子电压、电流对双馈异步发电机和负荷的值进行控制，在满足并网条件时进行并网。独立负荷并网方式的特点是并网前双馈异步发电机已经带有独立负荷，定子有电流，因此并网控制所需要的信息不仅取自于电网侧，同时还取决于双馈定子侧。发电机参与原动机的能量控制，一方面表现在改变发电机负荷，调节发电机的能量输出；另一方面，在负荷一定的情况下，改变发电机转速的同时，改变能量在发电机内部的分配关系。前一种作用实现了发电机能量的粗调，后一种实现了发电机能量的细调。独立负荷并网方式，发电机具有一定的能量调节作用，可与原动机配合实现转速的控制，降低了对原动机调速能力的要求，但控制复杂，需要进行电压补偿和检测更多的电气相量。

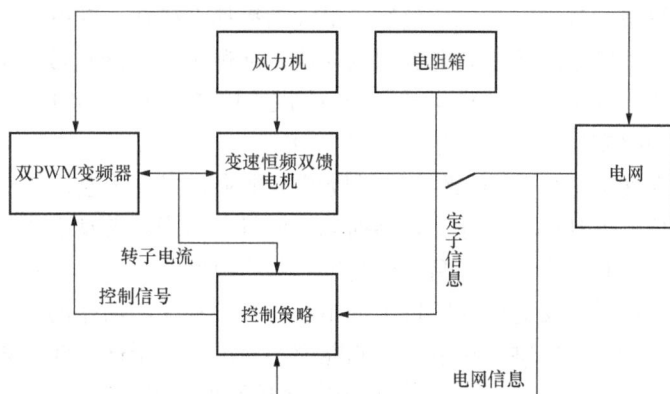

图 5-13　独立负荷并网方式原理图

2. 双馈异步发电机的功率调节

双馈异步发电机的特点在于可以最大限度地利用风能或者改善电网功率因数并支持电网。双馈异步发电机的控制方式有两种：

（1）速度控制方式。在发电机输出有功功率和无功功率可变的情况下，以发电机转速为控制对象，调节转子励磁电压幅值和相位使发电机转速等于给定值，该方式以最大限度的利用风能为目的。

（2）功率控制方式。在发电机转速可变的情况下，以发电机输出的有功功率和无功功率为控制对象，调节转子励磁电压的幅值和相位使发电机的输出有功功率和无功功率为给定值，该方式以改善电网功率因数和稳定电网电压为目的。

3. 双馈异步发电机的变速恒频控制策略

双馈异步发电机系统采用双 PWM 变频器，发电机根据风力机转速的变化调节转子励磁电流的频率，实现恒频输出；再通过矢量变换控制实现发电机的有功功率和无功功率的独立调节，进而控制发电机组的转速实现最佳风能的捕获。为实现转子中能量的双向流动，转子中的变频器采用背靠背方式的双 PWM 变频器，它是由两个 PWM 功率变频器背靠背组成。变频器中的两个 PWM 变频器经常变换运行状态，在不同的能量流向下分别实现整流和逆变的功能。与电网相连的变换器称为网侧变频器，与转子绕组相连的称为转子侧变频器。图 5-14 为变频器模型示意框图。

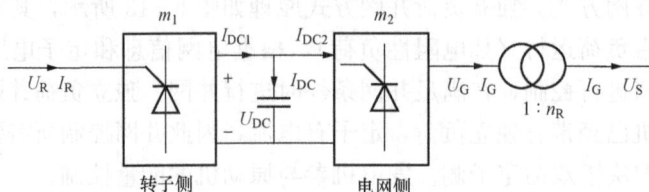

图 5-14 变频器模型示意框图

图 5-14 中，U_R、I_R 为转子侧电压和电流；m_1 和 m_2 为 PWM 调制系数；U_G、I_G 为电网侧电压和电流；U_S 为定子侧电压。

转子侧变频器用于实现风力发电机组无功功率、有功功率解耦控制，完成对风力发电机组的最大功率追踪策略，包含以下几个模块：最大功率捕获模块、功率测量模块、转速控制器、电流测量模块、功率控制模块和电流控制模块。网侧 PWM 通过改变其调制系数 m_2 保持直流电压 U_{DC} 恒定，使风力发电机组转子与电网之间的功率因数为 1.0，即机组仅通过定子与电网产生无功功率交换。其中，$U_R = m_1 U_{DC}$，$U_G = m_2 U_{DC}$，$I_{DC1} = m_1 I_R$，$I_{DC2} = m_2 I_G$。转子侧 PWM 通过改变其调制系数 m_1 改变转子励磁电流从而调节转速，使双馈变速风力发电机组以最优转速运行。控制过程不计变频器损耗，而且不考虑开关动态投切，因为电力电子设备的操作时间较快，其动作频率远高于系统电气频率范围。

变频器使双馈变速风力发电机组实现了输出有功功率和无功功率的解耦控制，达到控制风力发电机组变速运行，并提供无功电压控制能力的目的。转子侧变频器采用定子磁场定向的转子电流控制的方法，以实现双馈发电机输出有功功率和无功功率的解耦控制。电网侧变频器控制采用了基于电网侧变频器电压定向矢量的控制方案，用于电网与网侧变频器之间功率交换的有功、无功功率的解耦控制。

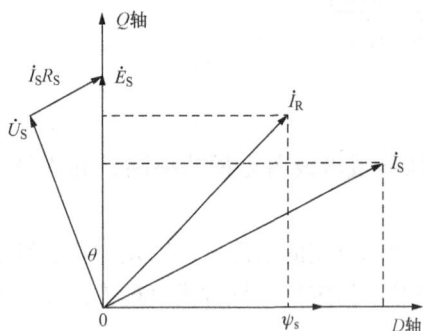

图 5-15 定子磁场矢量图

（1）转子侧变频器控制模型。双馈发电机采用定子磁场定向技术，将定子磁链 ψ_S 的方向取在 D 轴上，其定子磁场矢量图如图 5-15 所示，由图 5-15 可知

$$\begin{cases} \psi_{DS} = \psi_S \\ \psi_{QS} = 0 \end{cases} \tag{5-2}$$

考虑发电机工作在同步频率下，由发电机定子电阻产生的电压降比电动势小得多，忽略电阻压降，可得

$$\begin{cases} u_{DS} = 0 \\ u_{QS} = U_S = \omega_E \psi_S \end{cases} \tag{5-3}$$

则可以得到

$$\psi_S = \frac{U_S}{\omega_E} \tag{5-4}$$

式（5-4）表明，在 ω_E 一定时，ψ_S 只与 U_S 有关。

定、转子电流为

$$\begin{cases} i_{DS} = -\frac{d\psi_S}{R_S dt} \\ i_{QS} = \frac{U_S - \omega_E \psi_S}{R_S} \\ i_{DR} = \frac{R_S \psi_S + X_S \dfrac{d\psi_S}{dt}}{R_S X_M} \\ i_{QR} = -\frac{X_S}{X_M} I_{QS} = \frac{X_S \omega_E}{X_M R_S} \psi_S - \frac{X_S}{X_M R_S} U_S \end{cases} \tag{5-5}$$

将电流计算结果代入电磁转矩方程式，可得电磁转矩为

$$T_E = \frac{X_M}{X_S} \psi_S I_{QR} \tag{5-6}$$

可得定子上有功功率和无功功率为

$$\begin{cases} P_S = -\frac{X_M}{X_S} \psi_S \omega_E I_{QR} \\ Q_S = \frac{1}{X_S} \psi_S \omega_E (\psi_S - X_M I_{DR}) \end{cases} \tag{5-7}$$

当发电机并网后，定子电压 U_S 恒定，则 ψ_S 也不变，由式（5-7）可知，发电机电磁转矩可通过转子中的 Q 轴电流 i_{QR} 进行控制，达到调速的目的；而定子的有功功率 P_S 只与转子电流 i_{QR} 有关，无功功率只与 i_{DR} 有关，从而实现了有功功率和无功功率的解耦控制，因此将 i_{QR} 称为转矩电流，i_{DR} 称为励磁电流。

双馈变速风力发电机组转子侧变频器主要完成双馈发电机输出有功功率和无功功率的控制作用，此控制功能通过控制转子电流 i_{QR}（Q 轴分量控制有功功率）和 i_{DR}（D 轴分量控制无功功率），进而调节转子电压来实现。图 5-16 为转子侧变频器控制框图。图 5-16 中 P_{ref} 和 Q_{ref} 分别为定子有功功率和无功功率的设定值，给定值与来自发电机模型中经矢量变换得到的反馈值，经 PI 调节器调节后分别输出电流的给定值 i_{DR}、i_{QR}，电流给定值与电流的反馈值相比较后经 PI 调节器输出 PWM 控制信号，通过对转子的矢量控制，实现定子有功功率和无功功率的解耦控制。

（2）电网侧变频器控制模型。电网侧变频器控制框图如图 5-17 所示，主要维持变频器直流电压恒定，同时控制双馈风力发电机组转子与电网无功功率交换。

电网侧变频器采用电压定向的矢量控制方案，电网侧变频器电流的 D 轴分量 i_{DG} 控制直流电压，而其 Q 轴分量 i_{QG} 控制无功功率交换。直流环节电压 U_{DC} 控制采用两个串联的 PI 控制器，根据直流环节电压偏差，改变 $i_{DG, ref}$ 来平衡直流环节电压，从而控制电网侧变频器与电网之间的有功功率交换。无功功率通过设置无功电流基准值 $i_{QG, ref}$ 调整。无功电流基准值默认为 0，这也是电网侧变频器与电网无功功率交换为 0 的原因。

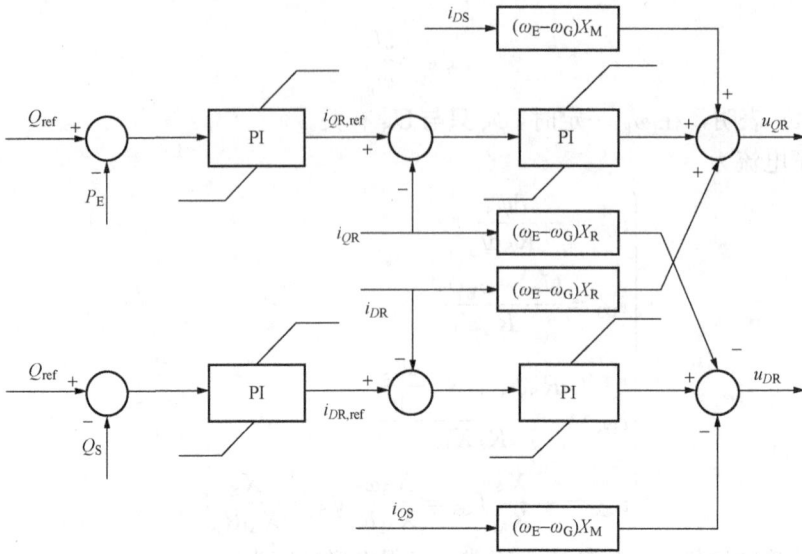

图 5 - 16　转子侧变频器控制框图

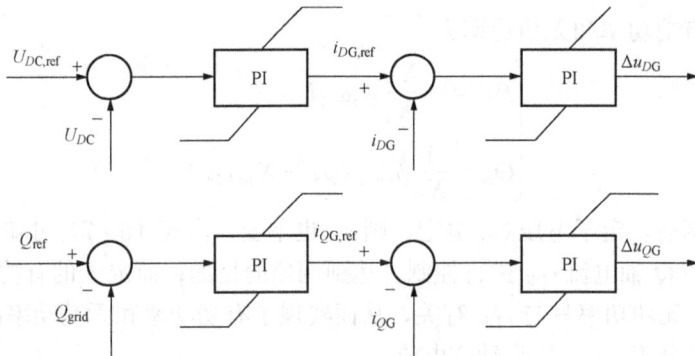

图 5 - 17　电网侧变频器控制框图

4. 双馈变速风力发电机组的控制系统

双馈变速风力发电机组通过控制系统可以实现以下功能：控制发电机与电网无功功率交换、控制风力发电机组发出的有功功率以实现风力发电机组的最优运行或在风速高于额定风速时限制机组出力。这些功能主要通过变速风力发电机组的转子变频器控制及风力机桨距角控制来实现。双馈变速风力发电机组总的控制系统框图如图 5 - 18 所示。

风机系统由原动机部分、轴系及桨距角控制系统组成；双馈感应发电机可以通过控制其转子侧外加电压幅值与相角来控制风力发电机组发出的有功功率和无功功率。此外，根据不同控制目的设计的电压控制器或频率控制器也可以加入到已有的模型当中。

5.3.3　永磁同步风力发电机组的并网运行

1. 永磁同步风力发电机的并网方式

变速恒频直驱式同步发电系统如图 5 - 19 所示，主要包括风力机、永磁同步发电机、全功率变流器等部分组成。这种风力发电系统采用的是适用于并网的多极永磁同步发电机，风

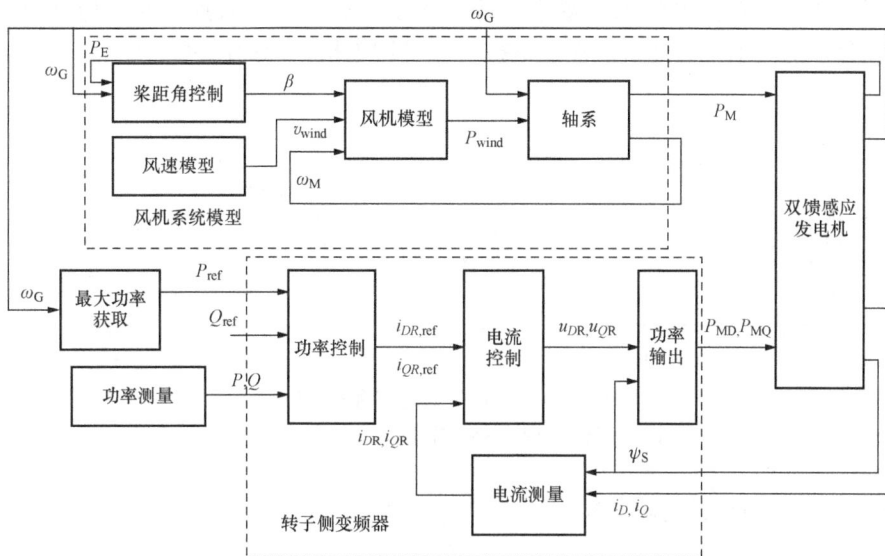

图 5-18　双馈变速风力发电机组总的控制系统框图

力机与发电机直接相连，不需要安装变速齿轮箱升速。

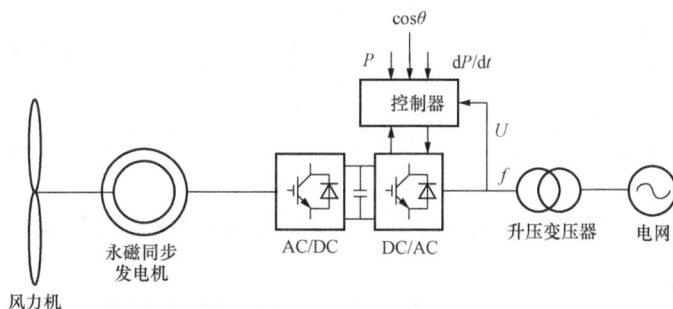

图 5-19　变速恒频直驱式同步发电系统

　　全功率变流器将发电机的定子绕组与电网连接起来，并将频率变化的电能转换为与电网频率相同的恒频电能。由于全功率变流器的解耦控制，使得永磁同步发电机组与电网完全隔离，发电机可以在不同的频率下运行而不影响电网的频率。

　　为保证并网瞬间发电机与电网电压、频率、相序一致，通过控制器采集电网电压、频率、相序等参数，然后与逆变器输出电压等参数进行比较，当达到并网条件时进行并网。这种并网方式瞬间不会产生冲击电流，不会引起电网电压的下降，也不会使发电机定子绕组及其他机械部件造成损坏。

　　2. 直驱式永磁同步发电机的功率调节

　　永磁同步风力发电机永磁体代替转子励磁绕组。风力发电机的输出经过变频器与电网相连，发电机侧变频器为整流器，电网侧变频器为逆变器，中间用直流输电线路连接。在控制功率因数时，将输入电网的有功和无功电流分量加到逆变控制器中，其连接于电网的 VSC 等效电路和相量图如图 5-20 所示。电压源逆变器认为是一个理想电源，它产生基频电压，瞬时的电压谐波可忽略。电网采用戴维南等效表示，X 表示公共连接点的电网（PCC）电抗，其中包含了滤波电抗。通常滤波器电抗大于电网电抗，因此电网电抗可以忽略，电阻也可忽略。

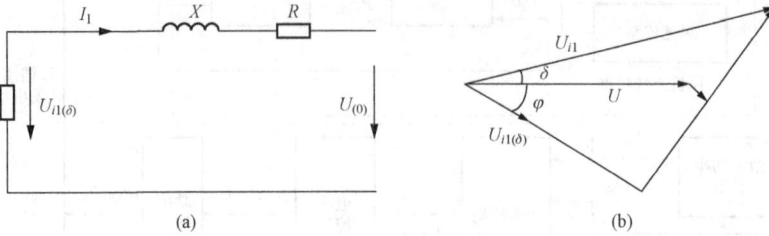

图 5-20　VSC 等效电路和相量图

(a) 连接于电网的 VSC 等效电路；(b) 相量图

在 PCC 点的有功和无功功率为

$$P = \frac{3UU_{i1}}{X}\sin\delta \tag{5-8}$$

$$Q = \frac{3U}{X}(U_{i1}\cos\delta - U) \tag{5-9}$$

由式 (5-8) 和式 (5-9) 可以得到如下结论：

(1) 只要控制功角 δ 和电压幅值 U_{i1}，就可控制逆变器注入或吸收有功功率和无功功率。

(2) 为了注入有功功率到电网中，逆变器电压必须领先电网电压一个角度 δ。

(3) 为了注入无功功率到电网中，逆变器电压幅值 U_{i1} 必须大于电网电压幅值 U。

3. 无功功率调节

直驱式永磁同步发电机系统的无功功率控制包括恒功率因数控制和恒电压控制两种方式：

(1) 恒电压控制。在这种运行方式下，永磁同步发电机可以吸收或发出无功功率，以维持机端电压恒定。在风力发电机组无功功率调节范围之内，风电场可视为 PV 节点。永磁同步风力发电机组的无功功率调节范围主要受变频器最大电流限制。

(2) 恒功率因数控制。因为发电机由永磁体励磁提供恒定励磁，在发电机和整流器之间没有无功功率交换，所以要通过控制电网侧逆变器的电流在 D、Q 轴的分量来控制逆变器与电网之间交换的有功功率 P_G 和无功功率 Q_G，从而满足功率因数调节的要求。一般是利用机组的最大无功功率跟踪特性确定有功功率跟踪特性来决定有功功率参考值，以保证机组在最优功率点运行。当采用恒功率因数控制时，若功率因数设定为 $\cos\varphi$，则有 $Q_G = P_G\tan\varphi$。在这种控制方式下，风电场可视为 PQ 节点。

4. 机械系统模型

基于永磁同步发电机的直驱变速风力发电机组机械部分模型包括轴系模型、空气动力学模型和桨距角控制系统模型。空气动力学模型和桨距角控制系统模型与双馈变速风力发电机组中的相同。轴的结构因直驱发电机的不同也有所变化，永磁直驱风力发电机组一般极对数较大，运行过程中风力机轴系会出现扭转，所以在建立机械系统模型时需要计及轴系扭转角度 θ_S。虽然风力发电机组机械部分没有齿轮箱结构，但是机械系统中的轴系模型仍然是两质量模型。

5. 变频器模型

永磁直驱风力发电机组采用的变频器系统如图 5-21 所示。变频器系统包括发电机侧变频器、网侧变频器和联系两侧变频器的直流电容。变频器由 IGBT 开关控制。

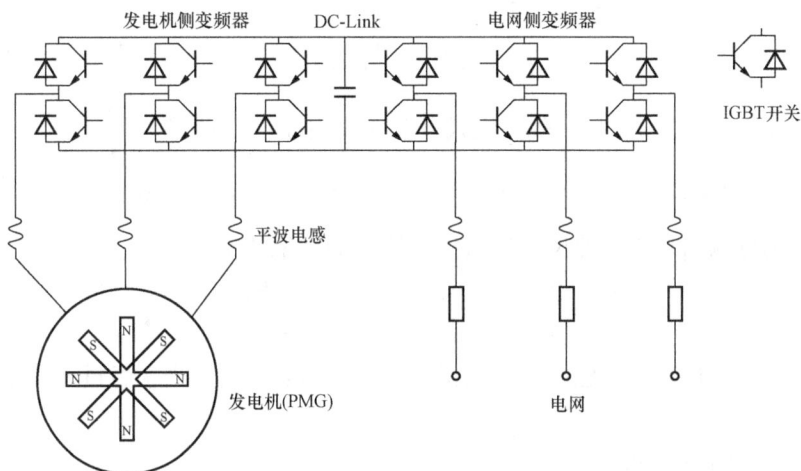

图 5-21　永磁直驱风力发电机组变频器系统图

采用 IGBT 为开关设备的电力电子装置控制全功率变频器，发电机侧变频器运行电压为 U_G，频率为 f，也可以看作是一个电压源变换器（VSC）。选择适当的永磁同步发电机和变频器参数可以不用辅助设备而仅靠永磁体励磁。正常运行时发电机与本侧变频器没有无功功率交换，发电机侧变频器仅吸收有功功率输送到网侧变频器。与基于双馈感应发电机的变速风力发电机组类似，网侧变频器可以控制与系统无功功率交换为 0，即功率因数为 1.0。如果忽略变频器两侧电感的影响，永磁直驱风力发电机组全功率变频器等效电路如图 5-22 所示。

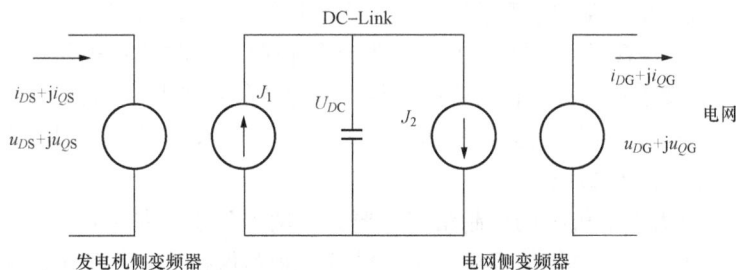

图 5-22　永磁直驱风力发电机组全功率变频器等效电路

发电机侧变频器控制主要以有功功率和无功功率为输入信号，控制发电机输出的有功功率和无功功率；电网侧变频器控制主要以直流电压和电网侧交流电压为输入信号，控制变频器直流电压和变频器与电网之间的无功功率交换。由图 5-22 可以得到发电机侧向变频器注入电流 J_1 和变频器注入电网电流 J_2。

$$J_1 - J_2 = C \frac{\mathrm{d}U_{DC}}{\mathrm{d}t} \tag{5-10}$$

式中：C 为直流电容器电容。忽略变频器发电机侧与电网侧损耗功率，则 J_1 和 J_2 可表示为

$$J_1 = \frac{u_{DS}i_{DS} + u_{QS}i_{QS}}{U_{DC}} \tag{5-11}$$

$$J_2 = \frac{u_{DG}i_{DG} + u_{QG}i_{QG}}{U_{DC}} \tag{5-12}$$

把式（5-11）和式（5-12）代入到式（5-10）中，可以得到

$$CU_{DC} \frac{\mathrm{d}U_{DC}}{\mathrm{d}t} = (u_{DS}i_{DS} + u_{QS}i_{QS}) - (u_{DG}i_{DG} + u_{QG}i_{QG}) \tag{5-13}$$

电网侧变频器输出功率，即风力发电机组输入的系统功率为

$$\begin{cases} P_G = u_{DG}i_{DG} + u_{QG}i_{QG} = P_E \\ Q_G = u_{QG}i_{DG} - u_{DG}i_{QG} = 0 \end{cases} \tag{5-14}$$

如果忽略变频器损耗，永磁同步发电机定子侧输出功率就相当于经过全功率变频器输入到系统的功率。

6. 变频器控制系统模型

永磁直驱风力发电机组采用全功率变频器联系风力发电机组与电网，保证风力发电机组输入电能为工频电力。全功率变频器分为两部分，即发电机侧变频器和电网侧变频器，中间是直流电容。发电机侧变频器功能是控制发电机输入变频器的有功功率和无功功率，电网侧变频器的功能是控制变频器输入电网的无功功率和直流电压恒定。发电机侧变频器控制系统采用定子电压定向的矢量控制，电网侧变频器控制采用了基于电网侧变频器电压定向矢量的控制方案，用于电网与网侧变频器之间功率交换的有功功率、无功功率的解耦控制。

如果风电场所接入的电网强度较弱，即使在正常运行情况下，风力发电机组端电压也可能会发生波动现象。这种情况下，网侧变频器可以附加无功功率控制装置以在一定范围内控制无功功率。也就是说，在基于永磁同步发电机的变速风力发电机组中，无功功率和电压控制是由网侧变频器的控制完成的。全功率变频器是由 IGBT 开关控制的。而 IGBT 对过电流、过电压非常敏感。为了保护 IGBT 不受损坏，在非正常运行情况下变频器将被闭锁。变频器直流电压、发电机电流、网侧变频器和其他与变频器相关的控制参数被实时监测，一旦某一个参数超过保护设定值，变频器将闭锁。变频器从运行到闭锁时间很短，一般只需几毫秒。

7. 永磁直驱风力发电机组模型

直驱永磁同步风力发电机组的控制策略主要分为两个阶段，在切入风速和额定风速之间时，风力发电机工作在最大风能捕捉模式下，叶片桨距角保持为较小的值，调节风轮转速以使在风速变化的情况下保持最佳叶尖速比，从而获得最大风功率系数，这时可以从风中获得更大的功率，即实现最大功率追踪控制。高风速时（指风速大于额定风速），调节桨距角，限制风力机的气动效率，降低功率系数，减小风能的捕获，保持风力机转速不变以控制直流侧电压恒定，从而保持给电网输出额定功率，减小过大风速变化对风力发电机组和电网的影响。

基于永磁同步风力发电机组包含发电机模型、轴系模型、转子侧空气动力学模型、变频器及其控制模型等，其控制方案如图 5-23 所示。

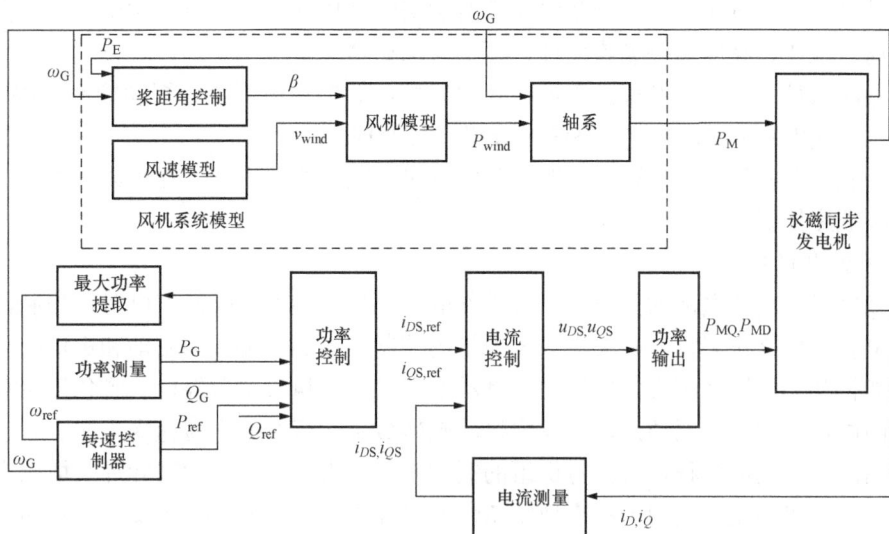

图 5-23　永磁同步风力发电机组控制方案

5.3.4　风力发电机组的并网安全运行与防护措施

并网控制系统是风力发电机组的核心部件，是风力发电机组安全运行的根本保证，所以为了提高风力发电机组的运行安全性，必须认真考虑控制系统的安全性和可靠性问题。

1. 雷电安全保护

多数风力机都安装在山谷的风口处、山顶上、空旷的草地、海边海岛等地方，易受雷击。安装在多雷雨区的风力发电机组受雷击的可能性更大，其控制系统大多为计算机和电子器件，最容易因雷电感应造成过电压损坏，因此要考虑防雷问题。一般使用避雷器或防雷组件吸收雷电波。

当雷电击中电网中的设备后，大电流将经接地点泄入电网，使接地点电位大大提高。若控制设备接地点靠近雷击大电流的入地点，则电位将随之升高，会在回路中形成共模干扰，引起过电压，严重时会造成相关设备绝缘击穿。

根据国外风电场的统计数据，风电场因雷击而损坏的主要风力发电机组部件是控制系统和通信系统。而在雷击事故中 40%～50% 涉及风力发电机组控制系统的损坏，15%～20% 涉及风力机叶片，5% 涉及发电机。

我国一些风电场统计雷击损坏的部件也是控制系统和监控系统的通信部件。这说明以电缆传输的 4～20mA 电流环通信方式和 RS485 串行通信方式由于通信线长、分布广、部件多、易受雷击，而控制部件是弱电器件，耐过电压能力低，易造成部件损坏。

防雷是一个系统工程，不能仅仅从控制角度来考虑，需要从风电场整体设计上考虑，采取多层防护措施。

2. 运行安全保护

（1）大风安全保护。一般风速达到 25m/s 即为停机风速，机组必须按照安全程序停机，停机后，风力发电机组必须 90° 对风控制。

（2）参数越限保护。各种采集、监控的量根据情况设定有上、下限值，当数据达到限定位时，控制系统根据设定好的程序进行自动处理。

（3）过电压、过电流保护。指装置元件遭到瞬间高压冲击和过电流时所进行的保护。通常采用隔离、限压、高压瞬态吸收元件、过电流保护器等。

（4）振动保护。机组应设有三级振动频率保护，即振动球开关、振动频率上限 1、振动频率极限 2，当开关动作时，控制系统将分级进行处理。

（5）开机、关机保护。设计组按顺序正常开机，确保机组安全。在小风、大风、故障时控制机组按顺序停机。

3. 电网失电保护

风力发电机组离开电网的支持是无法工作的，一旦有突发故障而停电时，控制器的计算机由于失电会立即终止运行，并失去对风力机的控制，控制叶尖气动制动和机械制动的电磁阀就会立即打开，液压系统会失去压力，制动系统动作，执行紧急停机。紧急停机意味着在极短的时间内，风力机的制动系统将风力机叶轮转数由运行时额定转速变为零。大型的机组在极短时间内完成制动过程，将会对机组的制动系统、齿轮箱、主轴和叶片及塔架产生强烈的冲击。紧急停机的设置是为了在出现紧急情况时保护风力发电机组的安全。然而，电网故障无需紧急停机，突然停电往往出现在天气恶劣、风力较强时，紧急停机将会对风力机的寿命造成一定影响。另外，风力机主控制计算机突然失电就无法将风力机停机前的各项状态参数及时存储下来，这样就不利于迅速对风力机发生的故障作出判断和处理。针对上述情况，可以在控制系统电源中加设在线 UPS 后备电源，这样当电网突然停电时，UPS 自动投入，为风电场控制系统提供电力，使风力发电控制系统按正常程序完成停机过程。

4. 紧急停机安全链保护

系统的安全链是独立于计算机系统的硬件保护措施，即使控制系统发生异常，也不会影响安全链的正常工作。安全链是将可能对风力发电机造成致命伤害的超常故障串联成一个回路，当安全链动作后将引起紧急停机，执行机构失电，机组瞬间脱网，控制系统在 3s 左右，将机组平稳停止，从而最大限度地保证机组的安全。发生下列故障时将触发安全链：叶轮过速、机组部件损坏、机组振动、扭揽、电源失电、紧急停机按钮动作。

5. 微机控制器抗干扰保护

风电场控制系统的主要干扰源：工业干扰如高压交流电场、静电场、电弧、晶闸管等；自然界干扰如雷电冲击、各种静电放电、磁暴等；高频干扰如微波通信、无线电信号、雷达等。这些干扰通过直接辐射或由某些电气回路传导进入的方式进入到控制系统，干扰控制系统工作的稳定性。从干扰的种类来看，可分为交变脉冲干扰和单脉冲两种，它们均以电或磁的形式干扰控制系统。

6. 接地保护

接地保护是非常重要的环节。良好的接地将确保控制系统免受不必要的伤害。为了达到安全控制的目的，在整个控制系统中通常采用的几种接地方式有：工作接地、保护接地、防雷接地、防静电接地、屏蔽接地。接地的主要作用是保证电气设备安全运行。另外，防止设备绝缘被破坏时可能带电，以致危及人身安全。同时能使保护装置迅速切断故障回路，防止故障扩大。

7. 低电压穿越能力

随着并网风力发电容量的快速增长，必须考虑电网故障时风力发电机组的各种运行特性对电网稳定性的影响。风力发电技术较为先进的国家根据电网实际运行情况制定了风力发电并网导则，对接入电网的风电场提出了严格的技术要求。该技术要求一般包括无功电压控制、有功频率控制及低电压穿越能力等，其中风力发电机组的低电压穿越（LVRT）能力是风力发电大规模并网运行必不可少的条件及要求，是在外部电网故障下风力发电机组具有不间断运行能力的保证。

不同类型的风力发电机组可以采用不同的技术措施来实现其 LVRT 功能。对于采用普通异步电机作为发电机的固定转速风力发电机组，可以采用无功功率补偿的方案来实现风力发电机组的 LVRT 功能，以满足风力发电机组并网标准对其 LVRT 能力的要求；还可以通过改变转子回路的励磁方式来实现风力发电机组的 LVRT 功能。对于普通异步发电机、直驱风力发电机组和双馈风力发电机组实现 LVRT 功能的方式，其中双馈变速风力发电机组可以依靠机组本身实现 LVRT 功能，在外部系统故障引起风力发电机组端电压跌落时，风电场仍然维持运行，因此完全满足风力发电并网标准对于风力发电机组 LVRT 能力的要求。利用转子撬棒投入与切除策略及动作时间实现 LVRT 功能，不过要注意这种方式对机组的影响。

要使风力发电机组可靠运行，需要在风力发电机组控制系统的保护功能设计上加以重视。在设计控制系统的时候，往往更注重系统的最优化设计和提高利用率，然而进行这些设计的前提条件却是风力发电机组控制系统的安全保护，只有在确保机组安全运行的前提下，才可以讨论机组的最优化设计、提高利用率等。因此，控制系统具备完善的保护功能，是风力发电机组安全运行的首要保证。

5.4　风力发电并网系统分析

5.4.1　概述

电力系统在正常平衡三相稳态下运行要求：①发电机出力等于负荷需求加系统损耗；②母线电压维持在额定值附近；③发电机运行在规定的有功功率和无功功率极限内；④传输线和变压器都不超过负荷。电力系统潮流计算是研究这些要求的基本工具，其基本任务是要求解电力系统在平衡三相稳态条件下各个节点电压和角度，连接各节点的所有设备的有功功率、无功功率及设备损耗。

潮流计算输入数据是网络拓扑和线路、电缆、变压器参数（R、X、G、B 和变压器变比等），用户的负荷和发电机输出（PQ 或 PU）；计算的是电网的静态特性，即系统节点电压幅值和角度，设备中流过的有功功率和无功功率（或电流）及系统中各种损耗。

包含风电场的电力系统潮流计算，需要对风电场集成系统和各种风力发电机进行合适的模拟。在常规的潮流计算中，将系统母线分为 PQ 节点、PU 节点和 $U\theta$ 节点三大类。由 n 台风力发电机构成的风电场在潮流计算中可以表示为：①详细表示每一台风力发电机；②等效为一台风力发电机；③模拟为几台等效风力发电机，但每台都为单机模型。由于风力发电系统的特殊性，在进行潮流计算时必须考虑风力发电机组本身的特点。本文将分别叙述含有笼型异步发电机、双馈异步发电机和直驱永磁同步发电机的电力系统潮流计算。

5.4.2　大型风电场综合模型

一般情况，大型风电场可以用下面任意一种模型表示。

（1）详细模型。包括风电场中的所有风力发电机组，以及连接风力发电机组和风电场内部电网的所有机端变压器。例如，一个风电场包含 80 台风力发电机组，那么风电场模型将包含 80 个风力发电机组模型。

（2）综合模型。将整个风电场用一个单机等值模型来表示；或者采用较少数量和相应容量的多台等值机模型。这种等值方法可以在某些特定条件下使用。

大型风电场模型的详细程度取决于所研究的问题。在研究各风力发电机组之间是否存在相互作用的影响时，以及与风电场内部电网有关的功率损耗、风电场内部故障及保护等问题时，必须采用详细模型。

在研究短期电压稳定性时，焦点在大型风电场对电网短路故障的整体响应。在这种情况下，可以采用大型风电场的综合模型。采用综合模型的好处在于能降低模型的复杂度，减少计算时间。

综合模型给出大规模风电场的整体响应，而不区分风电场内部各单台风力发电机组。因此，采用综合模型可能使计算结果不精确，对应于各风力发电机组的平均运行点，忽略了大型风电场内风力发电机组的不同运行状态。结果的不精确性必须降至最低，为此采用定量法则提高综合模型的准确度。定量法则必须考虑风力发电机组的平均运行点和动态响应特性的差异。

大型风电场风力发电机组中通常发电机参数相同，风轮、轴系等机械参数也相同。风力发电机组可用一对下标（i，j）进行标记，第一个下标 i 表示风电场中的组别，其值从 $1 \sim N$；第二个下标 j 表示给定组的风力发电机组序号，其值为 $1 \sim M$。例如，$i = [1, N] = [1, 8]$，$j = [1, M] = [1, 10]$，表示此风电场的风力发电机组有 8 组。每组有 10 台风力发电机组。

综合等值模型的视在功率 $S_{\sum\sum}$ 等于所有风力发电机组容量 $S_{i,j}$ 之和，即

$$S_{\sum\sum} = \sum_{i=1}^{N} \sum_{j=1}^{M} S_{i,j} = MN < S_E > \tag{5-15}$$

式中：$< S_E >$ 为大型风电场中风力发电机组的平均容量。

简化等值模型的有功功率 $P_{\sum\sum}$ 等于所有风力发电机组向电网输送功率 $P_{i,j}$ 之和。

$$P_{\sum\sum} = \sum_{i=1}^{N} \sum_{j=1}^{M} P_{i,j} = MN < P_E > \tag{5-16}$$

式中：$< P_E >$ 为大型风电场中风力发电机组的平均有功功率。

简化等值模型的无功功率 $Q_{\sum\sum}$ 等于所有风力发电机组与电网无功功率交换 $Q_{i,j}$ 之和。

$$Q_{\sum\sum} = \sum_{i=1}^{N} \sum_{j=1}^{M} Q_{i,j} = MN < Q_E > \tag{5-17}$$

式中：$< Q_E >$ 为大型风电场中风力发电机组与电网交换的平均无功功率。式（5-17）是否成立取决于风力发电机组的类型和大型风电场的运行状态。另外，还必须考虑风力发电机组的机械系统。

5.4.3　含有笼型异步发电机的电力系统潮流计算

恒速笼型异步发电机本身没有励磁装置，要靠电网提供无功功率来建立磁场，因此没有电压调节能力，不能像常规同步发电机一样视为电压幅值恒定的 PU 节点；笼型异步发电机在输出有功功率的同时还要从系统吸收一定的无功功率，其无功功率大小与转差率 s 和节点电压 U 的大小有密切的关系，因此也不能简单的视为 PQ 节点。当在潮流分析中考虑含有笼

型异步发电机的风电场时，通常采用 PQ 和 RX 节点模型。本文只介绍 PQ 节点模型。

在研究风力发电机组稳态问题时把它视为 PQ 节点，即根据给定风速和功率因数算出风力发电机组的有功功率和无功功率。当用传统的 PQ 节点模型时，有功功率和无功功率是常量。改进的 PQ 节点模型是修正这些常量，如将 P 和 Q 表示成电压或频率有关，或通过考虑风力机的相关特性来改善 P 和 Q。

笼型异步发电机如果忽略定子绕组和铁心的功率损耗，同时又由于 $X_M \geqslant X_1$，可以将励磁支路移至电路首端，得到简化的 Γ 型等效电路，如图 5-24 所示。在图 5-24 所示正方向下，注入电网功率 P_E 就是电磁功率 P_M。

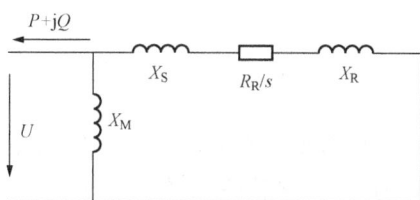

图 5-24　笼型异步发电机等效电路

由电路关系得到

$$P_E = \frac{U^2 R_R / s}{(R_R / s)^2 + X_K^2} \qquad (5-18)$$

其中 $X_K = X_S + X_R$，经计算得到发电机转差率 s

$$s = \frac{U^2 R_R - \sqrt{U^4 R_R^2 - 4 P_E^2 X_K^2 R_R^2}}{2 P_E X_K^2} \qquad (5-19)$$

从等效电路中可以看出，笼型异步发电机的功率因数角与转差率 s 的大小有关

$$\varphi = \tan^{-1} \left[\frac{R_R^2 + X_K (X_K + X_M) s^2}{R_R X_M s} \right] \qquad (5-20)$$

笼型异步发电机吸收的无功功率与有功功率之间的关系为

$$Q_E = \frac{R_R^2 + X_K (X_K + X_M) s^2}{R_R X_M s} P_E \qquad (5-21)$$

从以上公式可以看出，当笼型异步发电机输出的有功功率 P_E 一定时，其吸收的无功功率 Q_E 与节点电压 U、转差率 s 的大小有密切的关系。

在含有风力发电机组的潮流计算中，考虑笼型异步发电机的稳态数学模型，采用迭代求解的方法进行计算，计算流程为：

（1）给定风电场输出的有功功率 P_E，设定风电场节点的电压初值为 U；

（2）由 P_E 和 U 根据式（5-19）计算风力发电机组的转差率 s；

（3）由 P_E 和 s 利用式（5-21）计算异步发电机吸收的无功功率 Q_E；

（4）将风电场节点视为 PQ 节点求解整个系统的潮流，从而得到风电场节点电压的更新值 U'；

（5）如果 $U' \neq U$，则 $U = 0.5(U + U')$，返回步骤（2）继续执行步骤（2）～（4），直到两次所得电压之差在规定误差范围之内，即 $|U' - U| < \varepsilon$，$\varepsilon = 1 \times 10^{-5}$。

这种模型由于考虑了有功功率和风电场的节点电压对无功功率的影响，具有很好的准确性。

5.4.4　含有双馈异步发电机的电力系统潮流计算

1. 双馈异步发电机的稳态等效电路和功率计算

潮流计算时，双馈异步发电机稳态等效电路如图 5-25 所示。

根据双馈异步发电机的原理，其输出的有功功率 P_E 由两个部分组成，一部分是定子绕

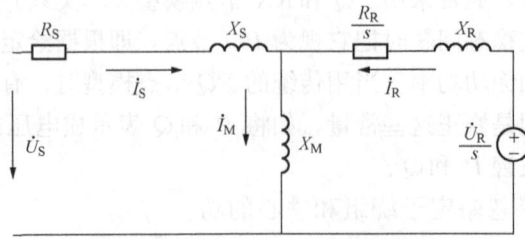

图 5-25 双馈异步发电机稳态等效电路

组输出的有功功率 P_S，另一部分是转子绕组发出或吸收的有功功率 P_R。当转速高于同步转速时，转子绕组发出有功功率，此时 $P_R > 0$；当转速低于同步转速时，转子绕组吸收有功功率，此时 $P_R < 0$。忽略定子电阻，转子绕组输出的有功功率可以表示为

$$P_R = \frac{R_R(X_S + X_R)^2(P_S^2 + Q_S^2)}{X_M^2 U_S^2} + \frac{2R_R(X_S + X_R)}{X_M^2}Q_S - sP_S + \frac{R_R U_S^2}{X_M^2} \quad (5-22)$$

式中，$U_S = |\dot{U}_S|$，则

$$P_E = \frac{R_R(X_S + X_R)^2(P_S^2 + Q_S^2)}{X_M^2 U_S^2} + \frac{2R_R(X_S + X_R)}{X_M^2}Q_S + (1-s)P_S + \frac{R_R U_S^2}{X_M^2} \quad (5-23)$$

其中，转差率 s 可以通过双馈风力发电机组的转速控制规律求取。

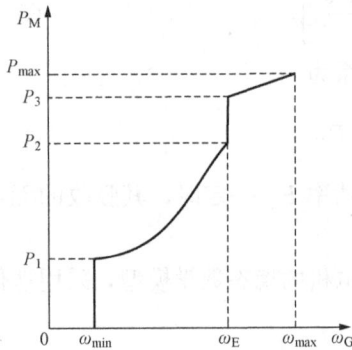

图 5-26 双馈异步发电机的
转子转速控制规律

2. 双馈异步发电机的转子转速控制规律

双馈异步发电机的转子转速控制规律是指风力发电机的转速与风力机的机械功率 P_M 的对应关系，通常采用的转速控制规律曲线如图 5-26 所示。

图 5-26 中，P_{max} 为变速恒频发电机组最大有功出力，ω_{min} 为风力机转速下限，ω_{max} 为风力机转速上限，ω_E 为发电机同步速对应的风力机转速。P_1、P_2、P_3 由风力发电机组参数确定。当功率小于 P_1 时，风力机转速保持在最低转速 ω_{min}；当功率在 P_1 和 P_2 之间时，风力机转速与有功功率之间是近似三次曲线关系；当功率在 P_2 和 P_3 之间时，风力机运行于同步速。当功率超过 P_3 时，风力发电机组运行于恒定转矩状态，这时转矩最大，转速与功率之间是线性关系。由图 5-26 确定风力机转速后，就可计算出转差率 s。

由于双馈异步发电机通常有两种运行方式，即恒功率因数运行和恒电压运行方式。下面对这两种运行方式下的潮流计算分别进行分析。

（1）恒功率因数控制。

当双馈异步发电机采用恒功率因数控制方式时，定子侧的功率因数恒定，设功率因数为 $\cos\varphi$，则 $Q_S = P_S\tan\varphi$。又由于交流器传递的有功功率较小，由变流器吸收或者发出的无功功率很小，因此可近似认为风力发电机组的无功功率就等于定子绕组的无功功率，即

$$Q_E = Q_S = P_S\tan\varphi \quad (5-24)$$

由式（5-22）和式（5-24）可以得

$$P_{\mathrm{E}} = P_{\mathrm{S}} + P_{\mathrm{R}} = \frac{R_{\mathrm{R}}(X_{\mathrm{S}} + X_{\mathrm{R}})^2 P_{\mathrm{S}}^2}{X_{\mathrm{M}}^2 U_{\mathrm{S}}^2}(1 + \tan^2\varphi) +$$

$$\left[1 + \frac{2R_{\mathrm{R}}(X_{\mathrm{S}} + X_{\mathrm{R}})\tan\varphi}{X_{\mathrm{M}}^2} - s\right] P_{\mathrm{S}} + \frac{R_{\mathrm{R}} U_{\mathrm{S}}^2}{X_{\mathrm{M}}^2} \qquad (5\text{-}25)$$

$$Q_{\mathrm{E}} = \frac{-bU_{\mathrm{S}}^2 + Us\sqrt{cU_{\mathrm{S}}^2 + 4aP_{\mathrm{E}}}}{2a}\tan\varphi \qquad (5\text{-}26)$$

其中

$$a = \frac{R_{\mathrm{R}}(X_{\mathrm{S}} + X_{\mathrm{R}})^2}{X_{\mathrm{M}}^2}(1 + \tan^2\varphi)$$

$$b = 1 + \frac{2R_{\mathrm{R}}(X_{\mathrm{S}} + X_{\mathrm{R}})\tan\varphi}{X_{\mathrm{M}}} - s$$

$$c = (1 - s)^2 + \frac{4R_{\mathrm{R}}(X_{\mathrm{S}} + X_{\mathrm{R}})\tan\varphi}{X_{\mathrm{M}}^2}(1 - s) - \frac{4R_{\mathrm{R}}^2(X_{\mathrm{S}} + X_{\mathrm{R}})^2}{X_{\mathrm{M}}^4}$$

可以看出，当双馈异步发电机的有功功率、功率因数及转差率确定时，无功功率仅是机端电压的函数。一般地，给定风速和功率因数，则发电机的有功功率已知，转差率可由转速控制规律求取。

假设一个风电场装设有 n 台风力发电机，忽略风电场内部线路损耗和变压器损耗，假定所有机组具有相同的机端电压 U_{S}，并且等于待求的风电场母线电压 U_{F}，则风力发电机组成的风电场有相同的有功功率和无功功率表达式

$$\begin{cases} P_{\mathrm{F}} = \sum_{i=1}^{n} P_{ei}(v_i) \\ Q_{\mathrm{F}} = \sum_{i=1}^{n} Q_{ei}(P_{ei}, U_{\mathrm{F}}) \end{cases} \qquad (5\text{-}27)$$

式中：P_{F}、Q_{F} 分别为风电场总的有功功率和无功功率；P_{ei}、Q_{ei} 分别为第 i 台风力发电机组注入电网的有功功率和无功功率；v_i 为第 i 台风力机处的风速。

在恒功率因数控制方式下，含双馈异步风力发电机组成的电力系统潮流计算步骤如下：

1）给定风速 v 和节点电压初值 U_{F}；

2）由风速功率曲线确定每台发电机组的有功功率 P_{ei}，由转速控制规律获取每台机组的转差率 s_i；

3）由给定的功率因数和 P_{ei}，计算每台风力发电机组的无功功率 Q_{ei}；

4）由式（5-27）计算风电场总的的有功功率 P_{F} 和无功功率 Q_{F}；

5）以风电场为 PQ（其值分别为 P_{F} 和 Q_{F}）节点和节点电压的幅值、相角初值，计算修正方程式的常数项和雅克比矩阵元素；

6）求解修正方程，得到电压幅值与相角的修正量，并以此修正节点电压；

7）检验潮流是否满足收敛条件，若满足，计算结束，否则，用修正后的节点电压作为初值返回第 3）步，进行下一次迭代。

（2）恒电压控制。在恒电压控制方式下，双馈异步发电机能够吸收或者发出无功功率，以维持机端电压的恒定。在风力发电机组无功功率调节范围内，风电场母线可以视为 PU 节点。对于双馈异步发电机，其无功功率调节范围受定子绕组、转子绕组热极限电流的限制，

更主要还是受变流器最大电流的限制。双馈异步发电机的无功功率 Q_E 可以近似为定子绕组的无功功率 Q_S。采用恒电压控制方式，其潮流计算的具体步骤如下：

1）设定风电场的运行电压 U_S，给定风电场风速 v。

2）根据风速功率曲线求出注入系统的有功功率 P_{ei}，由式（5-27）求出 P_F。

3）把风电场节点作为 PU 节点，其中功率为 P_F，电压设为给定值 $U_F = U_S$，通过潮流计算得到风电场母线的注入无功功率 Q_F。

4）根据风力发电机组的转速调节规律求解转差率 s。

5）根据式（5-23）计算 P_S。

6）将 P_S、Q_S、$U_F = U_S$ 代入式（5-28）和式（5-29），求出变频器的最大电流限制及无功功率的上下限

$$P_S^2 + \left(Q_S + \frac{U_S^2}{X_S + X_R}\right)^2 \leqslant \frac{U_S^2 X_M^2}{(X_S + X_R)^2} I_{\max}^2 \tag{5-28}$$

可以得出

$$\begin{cases} Q_{S\_\min} = -\dfrac{U_S^2}{X_S + X_R} - \sqrt{\dfrac{U_S^2 X_M^2}{(X_S + X_R)^2} I_{\max}^2 - P_S^2} \\[4mm] Q_{S\_\max} = -\dfrac{U_S^2}{X_S + X_R} + \sqrt{\dfrac{U_S^2 X_M^2}{(X_S + X_R)^2} I_{\max}^2 - P_S^2} \end{cases} \tag{5-29}$$

式中：$I_{\max}$ 为变频器的最大电流限制。

7）检验 Q_S 是否越限，如越限，则应修改节点类型，如果越上限，无功功率 Q_S 就设为上限值，如果越下限就设为下限值。相应风电场节点转化为 PQ 节点，转至第（9）步。

8）如果没有无功功率越限，则求解修正方程中的不平衡量及雅可比矩阵的元素。

9）采用牛-拉法求解修正方程，修改各节点的电压和相角。

10）查验潮流是否收敛，若收敛，则计算结束；否则用新的电压值作为初值，返回第2）步。

5.4.5　含有直驱式永磁同步发电机的电力系统潮流计算

永磁同步发电机输出的频率和电压变化的电能经过全功率变频器作用后，转换为频率和电压恒定的三相交流电。由直驱式永磁同步发电机的风功率特性可知，对应于某一特定的风速，总有一恒定的输出有功功率与之对应。因此，对于含直驱式永磁同步风力发电机组的电力系统而言，可在潮流计算中将某一风速下的有功功率和电压作为定值来处理，即永磁同步发电机采用恒电压方式运行，风电场节点可作为 PU 节点来处理。此时，可先设定风力发电机组节点的无功功率初值 Q_E；根据风速功率曲线，由风速得到风力发电机组输出的有功功率 P_E；将风电场节点视为 PU 节点，利用常规潮流计算的方法求解整个系统的潮流。潮流计算具体步骤如下：

（1）给定风速、风电场节点电压及其相角和无功功率的初值。

（2）由风速功率曲线确定每台风力发电机组的有功功率 P_{ei}。

（3）计算风电场总的有功功率和无功功率。

（4）由节点电压幅值、相角，求修正方程式的常数项和雅可比矩阵元素。

（5）求解修正方程，得到电压相角和无功功率的修正量，并以此修正节点的电压相角及无功功率。

（6）检验潮流是否收敛，若收敛，则进行第（7）步，否则，返回第（4）步，进行下一次迭代。

（7）给定下一个风速值，若下一风速达到额定风速，计算结束；否则，代入下一风速值，给定风电场节点电压相角和无功功率初值同第（1）步，返回第（2）步，进行计算。

当直驱式永磁同步发电机采用恒功率因数方式运行时，风电场节点可作为 PQ 节点来处理。可先设定风力发电机组节点电压初值 U；根据风速功率曲线，由风速得到风力发电机组输出的有功功率 P_E，则 $Q_E = P_E \tan\varphi$；将风电场节点视为 PQ 节点，利用常规潮流计算方法求解整个系统的潮流。

5.4.6　含有风力发电的系统电压稳定性分析

电力系统稳定性一般是指角度稳定、电压稳定和频率稳定。在研究电网的这些稳定性时，需要考虑产生不稳定性的机理、扰动大小、过程和时间跨度，以及计算和预测稳定性的合适方法等。电力系统的稳定性是指在系统受到扰动时（大扰动或小扰动）所有的互联发电机保持同步运行的能力。角度稳定性是指电力系统中互联的同步发电机维持同步的能力，在交流输电系统中，所有连接在系统中的发电机都必须保持同步运行。电压稳定性是指在电力系统遭受到扰动后维持系统中各节点稳定电压的能力，电压不稳定表现为某些母线电压不断下降或上升，此时会出现部分区域失去负荷，或传输线跳开。电力系统正常运行时，电源和负荷的有功功率是平衡的，频率处于正常值，如我国电网频率为 50Hz。发电输出功率和用户负荷变化都会引起频率的偏移。因此，要根据频率偏差随时进行调整。风力发电接入系统所引起的稳定性问题主要是电压稳定性问题。本节主要介绍风力发电并网引起的电压稳定性问题。

静态电压稳定性分析通常采用 $P\text{-}U$ 曲线分析法，$P\text{-}U$ 曲线分析法是通过建立节点电压和一个区域负荷或传输界面潮流之间的关系曲线，从而指示区域负荷水平或传输界面功率水平导致整个系统临近电压崩溃的程度。P 是一个区域的总负荷或传输界面传送的功率，U 是风电场并网点电压或其他节点的电压。$P\text{-}U$ 曲线对风电场接入电网的静态电压稳定性分析实际上是研究风速变化导致的风电场输出功率变化对电网电压的影响，用风力发电的注入功率引起电压稳定性的变化及运行点距离电网崩溃点的距离，反映风力发电所接入电网的电压稳定裕度。$P\text{-}U$ 曲线的优点是对于风力发电系统提供风电场输出功率临近电压崩溃的指示，$P\text{-}U$ 曲线的缺点在于曲线的拐点是发散的。它的特点是研究区域所有节点将在同一功率水平下达到电压崩溃点，而与特定节点选择无关。

风电场接入电网的静态电压稳定性分析也可以采用 $U\text{-}Q$ 曲线法，即在规定的节点上配置可变的无功电源，通过控制节点电压在一定范围内，获得节点电压和无功功率注入的 $U\text{-}Q$ 曲线。对于较大的系统，$U\text{-}Q$ 曲线可以通过一系列潮流仿真得到。$U\text{-}Q$ 曲线的优点是可以了解从运行点到临近点的无功功率裕度，但是 $U\text{-}Q$ 曲线指示的是局部的补偿要求。如图 5-27 所示给出的是某电网并入不同容量和不同类型风电场时 $P\text{-}U$ 和 $U\text{-}Q$ 曲线。

由图 5-27 可知，基于双馈异步发电机的变速风力发电机组由于采用了恒功率因数控制方案，在风力发电机组输出功率变化的过程中，风力发电机组与系统的无功功率交换始终保持在 0MVA。因此，随着风电场中基于双馈异步发电机的变速风力发电机组容量的增加，风力发电能够改善电网电压水平的范围逐步增大，静态电压稳定极限点的容量也逐步增大。

暂态电压稳定性是指电力系统在受到大扰动冲击后各负荷节点的电压稳定性。引起电压

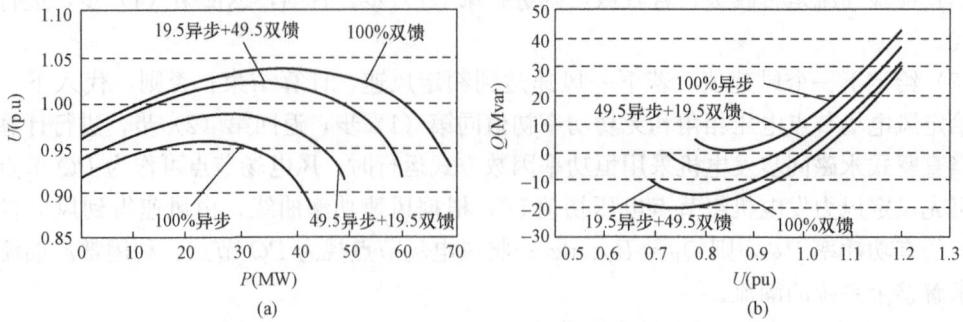

图 5-27　不同类型的风电场接入系统的并网点的静态稳定性

(a) P-U 曲线；(b) U-Q 曲线

不稳定的根本原因是电力系统没有能力维持无功功率的动态平衡，系统中无功功率不足导致电压失稳。从时域仿真的角度考虑，暂态电压失稳事故分为两类：一类为耦合型电压失稳事故，这种类型的暂态电压失稳事故在第一、二摆就失去稳定，发生不可逆转的暂态电压跌落，且大多数与暂态功角失稳耦合在一起；另一类为单纯型快速电压崩溃事故。

电力系统改变了拓扑结构的情况有发电机或一条线路断开、负载突然变化、负载断开、发生故障如短路等，其中短路故障的扰动最为严重，一般在此种情况下系统的暂态稳定作为系统具有暂态稳定的依据。当系统受到大扰动时，可以表征系统运行状态的各种电磁变量如线路的电流、节点电压、发电机输出的功率都要发生急剧的变化，由大扰动引起的系统暂态过程是由电磁暂态与发电机机械运动暂态交织在一起的机电暂态过程。

5.5　风力发电系统仿真分析

5.5.1　定速风力发电机组建模仿真

根据 MATLAB 的 power_windfarm（IG）模块，本节建立了定速风力发电机组并网发电仿真系统模型，如图 5-28 所示。6 台单机容量为 1.5MW 的定速风力发电机组经过升压，通过长度为 25km、电抗 $X = 0.41\Omega/km$ 的架空输电线路与外部系统相连。

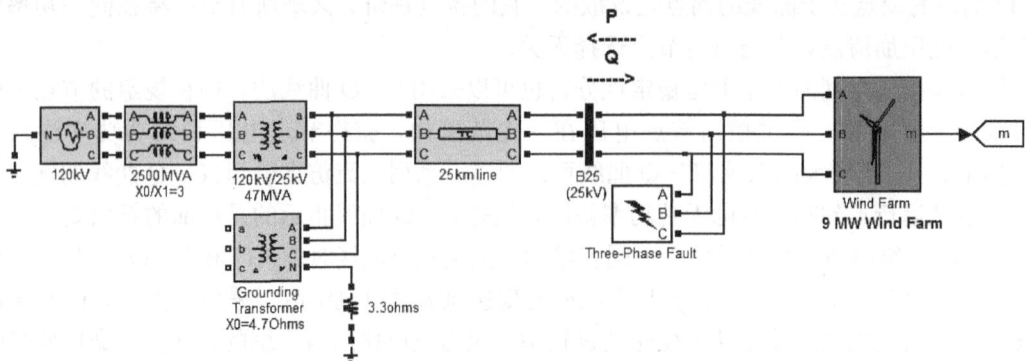

图 5-28　定速风力发电机组仿真模型

1. 风速波动时风力发电机组输出特性仿真

通过模型窗口菜单中的 Simulatian→Configuration Parameters 命令打开设置仿真参数的对话框，选择 Ode23tb（Stiff/TR-BDF2）算法，仿真起始时间设置为 0，终止时间设为 30s。

运行仿真，可得风速波动下风力发电机组机端电压、有功功率及无功功率的变化曲线，如图 5-29 所示。

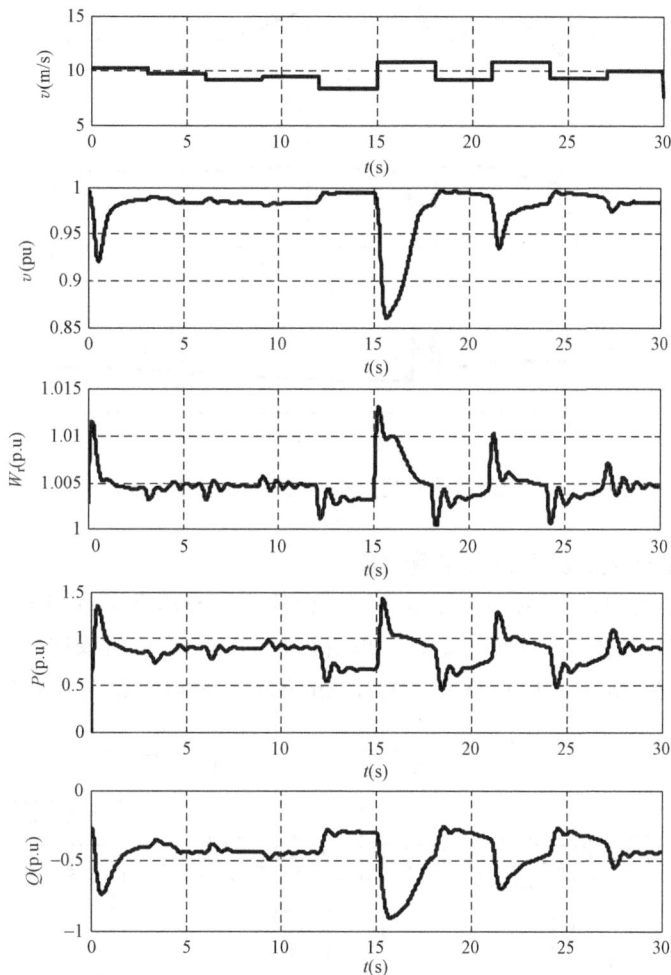

图 5-29　风速波动时笼型异步风力发电机组的输出特性

由仿真曲线可以看出，风力发电机组的端电压、转子转速、输出有功功率和无功功率都随其输入风速的变化而变化。由于定速风力发电机组采用异步发电机，因此其在输出有功功率的同时，要从电网中吸收无功功率。

2. 电网故障时风力发电机组输出特性仿真

利用模型中的三相故障设置模块电网在 0.5s 时刻发生三相短路故障，到 0.6s 时故障消失，仿真起始时间为 0，终止时间设为 2s。运行仿真可得风力发电机组的输出特性，如图 5-30 所示。从仿真曲线可以看出，电网故障时定速风力发电机组的异步发电机要从电网吸收大量的无功功率以维持机端电压。

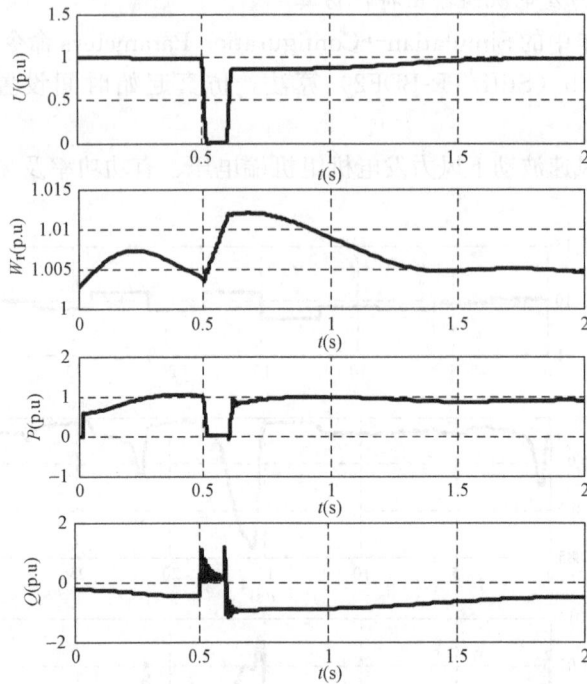

图 5 - 30　电网故障时笼型异步风力发电机组的输出特性

5.5.2　双馈变速风力发电机组建模仿真

根据参考 MATLAB 的 power _ wind _ difg 模块，本节建立了双馈异步风力发电机组并网发电的仿真系统，如图 5 - 31 所示。6 台单机容量为 1.5MW 的双馈异步风力发电机组经过升压，通过长度为 25km、电抗 $X=0.41\Omega/km$ 的架空输电线路与外部系统相连。

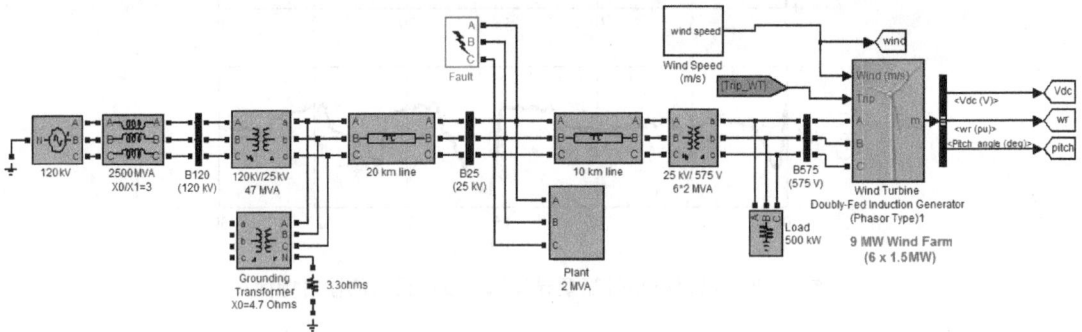

图 5 - 31　双馈异步发电机的变速风力发电机组仿真模型

1. 风速波动时风力发电机组输出特性仿真

通过模型窗口菜单中的 Simulatian→Configuration Parameters 命令打开设置仿真参数的对话框，选择 Ode23tb（Stiff/TR-BDF2）算法，仿真起始时间设置为 0，终止时间设为 30s。

选择电压控制模式，运行仿真，可得风速波动下风力发电机组输出特性变化曲线，如图 5 - 32 所示。由图 5 - 32 可知，双馈变速风力发电机组采用电压控制方式时风力发电机组的出口电压不随输入风速的波动而变化，而为了保持电压恒定，风力发电机组从电网中吸收的无功功率随风速波动而变化。

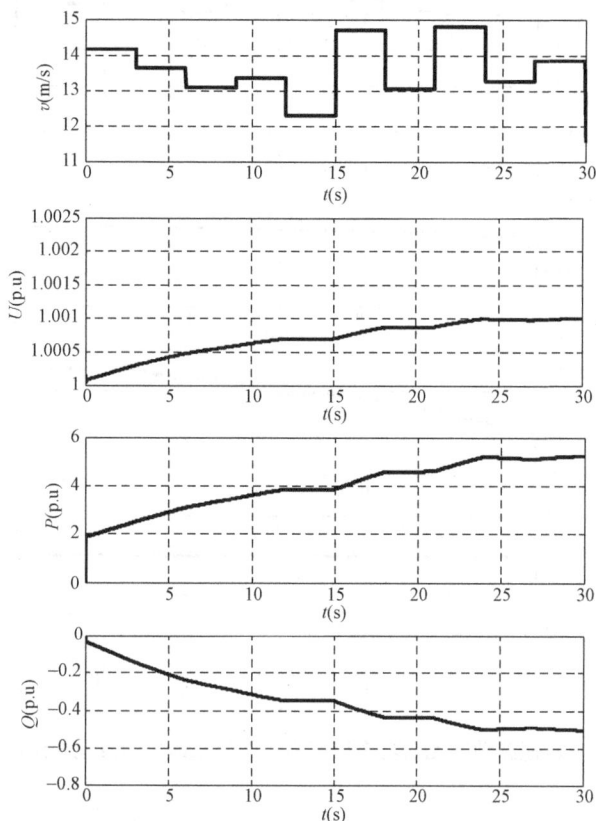

图 5-32　风速波动时电压控制模式下双馈风力发电机组输出特性

选择无功功率控制，运行仿真，可得风速波动下风力发电机组输出特性变化曲线，如图 5-33 所示。由图 5-33 可知，双馈变速风力发电机组采用无功功率控制方式时，风力发电机组从电网中吸收的无功功率基本保持不变。

2. 电网故障时风力发电机组输出特性仿真

利用模型中的三相故障模块，设置电网在 0.5s 时刻发生三相短路故障，到 0.6s 时故障消除，仿真起始时间设置为 0，终止时间设置为 2s。选择电压控制模式，运行仿真，可得在电网故障时风力发电机组输出特性变化曲线，如图 5-34 所示。

由图 5-34 可知，电网发生故障时，风力发电机组的出口电压降低，向电网提供无功功率，故障清除后，风力发电机组需要从电网中吸收无功功率使机端电压恢复到给定值。

选择无功功率控制模式，运行仿真，可得电网故障时风力发电机组输出特性变化曲线，如图 5-35 所示。

由图 5-35 可知，电网发生故障时，风力发电机组的出口电压降低，向电网提供无功功率，故障清除后，风力发力发电机组通过控制减小风力发电机组与电网之间的无功功率交换，但是风力发电机组的机端电压恢复较慢。

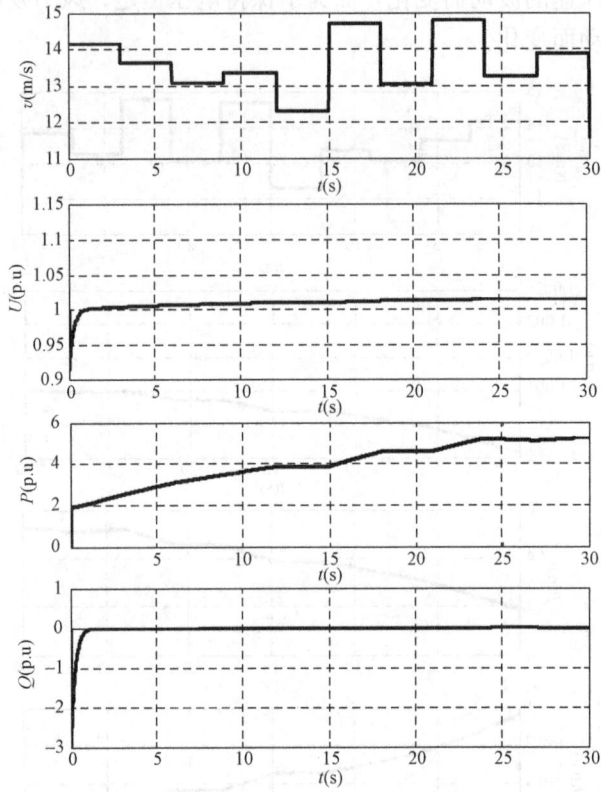

图 5-33 风速波动时无功功率控制模式下的双馈风力发电机组输出特性

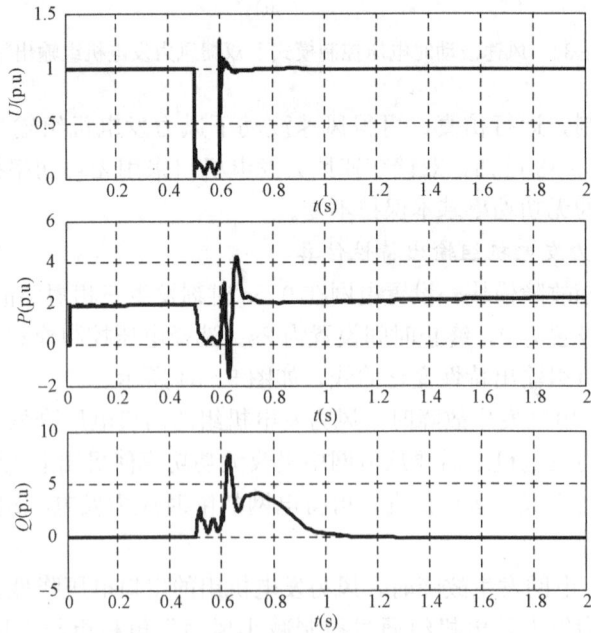

图 5-34 电网故障时电压控制模式下双馈风力发电机组输出特性

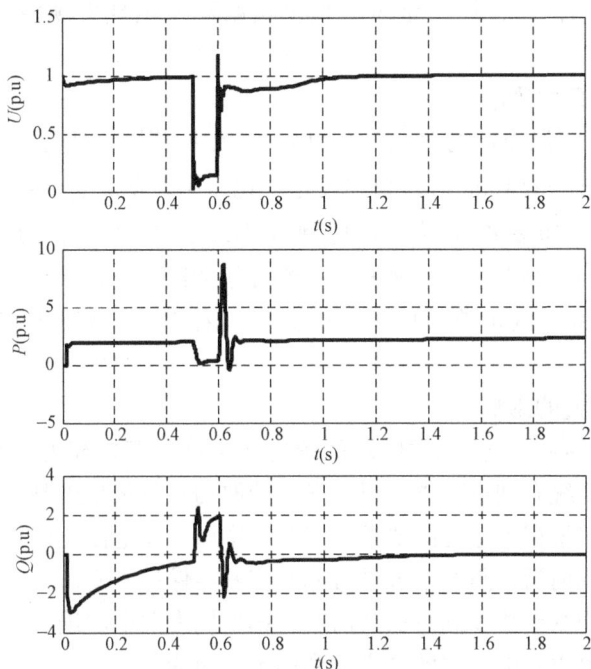

图 5 - 35 电网故障时无功功率控制模式下双馈风力发电机组输出特性

5.6 风力发电并网对电网的影响分析

风力发电并网系统的特点可以用图 5 - 36 来说明。其中 P_L 为功率损耗，各种形式的负荷消耗功率为 P_D，风电场输出功率为 P_E，功率 P_G 为电网上同步发电机的输出，$Z_1 \sim Z_3$ 为不同部分间传输线和变压器上的阻抗。

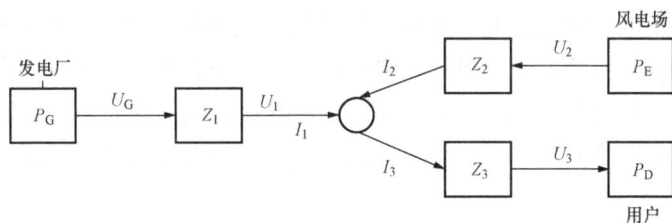

图 5 - 36 风力发电并网系统示意图

因为系统中的能量要时刻保持平衡，所以有

$$P_G + P_E = P_D + P_L \tag{5 - 30}$$

式（5 - 30）说明，电力系统中电力需求的任何变化必须同时由系统中其他电源进行功率平衡。当风力发电出力多而负荷不变时，就要相应的减小传统发电厂的出力，而当风力发电出力减小或退出运行时，又必须能快速增加传统发电厂的出力。这样的情况就要求总有一定容量的传统发电厂在系统中充当热备用，这反而造成了能源的浪费，并未体现出风力发电并网的优势。所以最好的解决办法：第一是能使风力发电的输出不会随着风速的变化而变化，保持相对平稳的输出量；第二是风力发电机组不要出现大规模集群式的突然投入或退出。

5.6.1　对负荷电压的影响

如图 5-36 所示，当风力发电 P_E 发生变化，电流 I_2 将随之变化，会引起 Z_1 电压降。U_1 将发生变化，用户连接处的电压 U_3 也可能发生变化。风力发电变化对电压 U_3 变化的影响程度主要取决于阻抗 Z_1。如果 Z_1 很大（弱电网），风力发电变化对电压 U_3 变化影响就会很大。反之，如果 Z_1 很小（强电网），电压 U_3 受风力发电影响就会很小。实际上，离风电场越近的用户受到风力发电的影响较明显，由此可以看出，风力发电变化对配电网的影响更大。

5.6.2　对备用容量的影响

风力发电的波动性导致了传统发电厂的预先功率输出安排和电网间输电容量使用的变化。风力发电并网对系统有利也有弊，风力发电的波动性是很难预测的，即使能预测也不能保证其完全的正确。但根据稳定性的要求，当系统中风力发电按比例增加时，波动不能按比例增加。风力发电并网前后，整个系统的可靠性应基本保持不变。

系统的备用用于抑制干扰和满足负荷需要。如果风力发电渗透率很大以至于其波动导致了系统的不稳定时，风力发电变化就会影响到用于调频的备用。

5.6.3　对系统参数的影响

1. 对电网短路电流水平的影响

目前国内广泛使用的机型是变速恒频的双馈异步发电机，其转子侧和电网侧双 PWM 变频器的快速控制能力能够抑制电网故障时风力发电机组提供的短路电流的幅值，使其幅值的周期分量初始值小于普通的异步发电机提供的短路电流周期分量的初始值。风力发电机组短路电流在几个周期内降低至一个稳态的短路电流值，若变频器能够一直提供励磁电流，那么双馈异步发电机可以提供稳定的短路电流。

2. 对电网电能质量的影响

双馈异步风力发电系统电力电子变频器装置的开关频率如果没有躲开产生谐波的范围，则会产生大量的各种频次的谐波，风力发电机组配置的用于无功功率补偿和滤波等作用的并联电容器可能会和线路的电抗发生谐振，风电场对其接入电网电能质量的影响除风力机自身的特性外，与接入电网的电压等级、接线方式等系统结构有较大关系，还与所并入系统的电网强弱有较大关系。

3. 风力发电接入电网对电网稳定性的影响

在风力发电穿透功率较大的电网中，风力发电并入系统除了会影响系统电压的稳定性外，还会改变电网的潮流分布、线路传输功率和整个系统的惯量。因此风力发电接入电网的暂态稳定性和频率稳定性都会发生变化。

由于风力发电接入系统后势必代替部分传统的同步发电机组的出力，对于双馈异步变速恒频风力发电机组来说，其控制系统的控制作用使其发电机转速与电网频率完全解耦控制，导致电网频率变化时无法对电网提供频率响应，因此会带来整个电网惯量的降低，在电网中发生高功率缺额时，电网频率降低的变化率越高，频率跌落的幅度越大，不利于电网的频率稳定。

思考题与习题

5-1　独立运行的风力发电控制系统所需部件及其作用是什么？

5-2　风力机功率调节的方式有哪些？其中桨距角控制实现过程是什么？

5-3　转子侧变频器为什么能够实现有功功率和无功功率的解耦控制？网侧变频器实现无功功率交换的原因是什么？

5-4　永磁同步发电机输出为什么是全功率输出？

5-5　在不同风速下下双馈风力发电机组、永磁同步发电机组和笼型异步发电机组实现并网的过程是什么？

5-6　阐述大型风电场综合模型的一般关系。

5-7　三种发电机的潮流计算模型是什么？

5-8　风力发电并网对电力系统的影响有哪些？

第6章　生物质能发电与控制

6.1　概　　述

地球上能量的终极来源，除地球形成之初聚集的核能与地热之外，与人们关系最密切的是来自太阳的辐射。在绿色植物出现之前，辐射能都散失于大气，而绿色植物可利用日光将吸收的二氧化碳和水合成为碳水化合物，将光能转化为化学能并储存下来。因此，绿色植物成为地球上最重要的光能转换器和能量之源。碳水化合物是光能储藏库，生物质是光能循环转化的载体。此外，煤炭、石油和天然气也是远古时代的绿色植物在地质作用影响下转化而成的。

6.1.1　生物质和生物质能

生物质是通过太阳的光合作用而形成的各种有机体的总称，包括所有动植物和微生物。而所谓生物质能（Biomass Energy），就是太阳能以化学能形式储存于生物质中的能量形式，即以生物质为载体的能量。它直接或间接地来源于绿色植物的光合作用，可转化为常规的固态、液态和气态燃料，取之不尽、用之不竭，是一种可再生能源，同时也是唯一一种可再生的碳源。生物质能的原始能量来源于太阳，所以从广义上讲，生物质能是太阳能的一种表现形式。

生物质种类和蕴藏量极其丰富，据估计，地球上蕴藏的生物质达 18 000 亿 t，而植物每年经光合作用合成的生物质总量有 1440 亿～1800 亿 t（干重），其中，海洋年生产 500 亿 t 生物质。生物质能源的年产量远超过全世界总能源需求量，大约相当于现在世界能源消费总和的 10 倍。

世界上生物质资源不仅数量庞大，而且种类繁多，形式多样。它包括所有的陆生、水生植物，人类和动物的排泄物及工业有机废物等。依据来源不同，可将生物质分为林业资源、农业资源、生活污水和工业有机废水、城市固体废物及畜禽粪便五大类。

生物质能以实物形式存在，具有可存储、可运输、资源分布广、环境影响小及可以永续利用的特点，受到很多国家的青睐。世界上利用生物质能发电起源于 20 世纪 70 年代，当时世界性的石油危机爆发后，丹麦开始积极地开发可再生能源，大力推行秸秆等生物质发电。到 2007 年，丹麦已建立了 15 家大型生物质直燃发电厂，年消耗农林废弃物约 150 万 t，提供丹麦全国 5％的电力。生物质发电在欧美发达国家已是成熟产业，以生物质为燃料的热电联产已成为某些国家重要的发电和供热方式。目前，国外的生物质能技术和装置多已达到商业化应用程度，实现了规模化产业经营。以美国、瑞典和奥地利三国为例，生物质转化为高品位能源利用已具有相当可观的规模，占三国一次能源消耗量的 4％、16％和 10％。

6.1.2　生物质能转化利用技术

生物质能的利用方式与常规石化燃料相似，因此常规能源的利用技术无需作大的变动，就可以应用于生物质能。但是生物质的种类各异，分别具有不同的特点和属性，利用技术远比化石燃料复杂与多样，除了和常规能源的利用技术以外，还有其独特的利用技术。

　　生物质能的转化利用途径主要包括物理转化、热化学转化、化学转化和生化转化等，转化为多种形式的二次能源。图 6-1 所示为目前生物质能的主要转化利用途径。生物质的物理转化是指生物质的压缩成型，生物质成型是生物质能利用的一个重要方面。生物质成型是指将各类生物质粉碎至一定的平均颗粒，不添加黏结剂，在一定压力作用下（加热或不加热），使原来松散、细碎、无定形的生物质原料压缩成密度较大的棒状、粒状、块状等各种成型燃料。生物质的物理转化解决了生物质形状各异、能量密度小、采集和储存使用不方便等问题，加工后的生物质成型燃料，粒度均匀，密度和强度增加，运输和储存方便。虽然其热值并没有明显增加，但其燃烧特性却大为改善，可替代薪柴和煤作为生活及生产用能源，尤其是成型燃料经碳化变为机制木炭后，更具有良好的商品价值和市场。

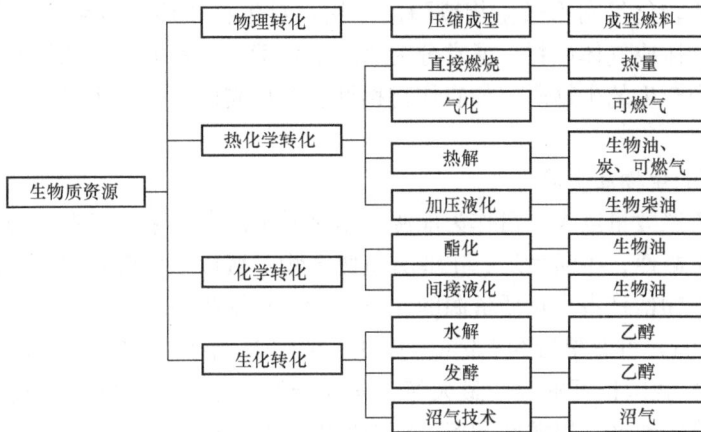

```
物理转化 ──── 压缩成型 ──── 成型燃料

           ┌── 直接燃烧 ──── 热量
           ├── 气化 ──── 可燃气
热化学转化 ─┼── 热解 ──── 生物油、炭、可燃气
           └── 加压液化 ──── 生物柴油
生物质资源
           ┌── 酯化 ──── 生物油
化学转化 ──┴── 间接液化 ──── 生物油

           ┌── 水解 ──── 乙醇
生化转化 ──┼── 发酵 ──── 乙醇
           └── 沼气技术 ──── 沼气
```

图 6-1　生物质能的主要转化利用途径

　　生物质的热化学转化包括直接燃烧、气化、热解和加压液化技术，除了能够直接提供热能外，还能以连续的工艺和工厂化的生产方式，将低品位的生物质转化为高品质的易储存、易运输、能量密度高的固态、液态及气态燃料，最终生成热能、电能等能源产品。

　　生物质的直接燃烧是最普通的生物质能转化技术，直接燃烧是指燃料中的可燃成分和氧化剂（一般为空气中的氧气）进行化合的化学反应过程，在反应过程中放出强烈的热量，并使燃烧产物的温度升高。直接燃烧的主要目的就是取得热量。

　　生物质的气化是以氧气、水蒸气或氢气作为气化剂，在高温下通过热化学反应将生物质的可燃部分转化为可燃气。通过气化，原先的固态生物质被转化为更便于使用的气态燃料，可用来供热、加热水蒸气或者直接供给燃气轮机以产生电能，其能量转换效率比固态生物质的直接燃烧有较大提高。气化技术是目前生物质利用技术研究的重要方向之一。

　　生物质的热解是指生物质在完全没有氧或缺氧条件下热降解，最终生成生物油、木炭和可燃气的过程。三种产物的比例取决于热裂解工艺和反应条件。一般来说，低温慢速热解，产物以木炭为主；高温闪速热解，产物以可燃气体为主；中温快速热解，产物以生物油为主。近年来国际上开发的快速热解制取生物油技术，可获得原生物质 80%～85% 的能量，生物油产率可达 70% 以上。

　　生物质的加压液化是在较高压力下的热化学转化过程，温度一般低于快速热解。与热解相比，加压液化可以生产出物理稳定性和化学稳定性都较好的产品。生物质加压液化技术因为成本高，目前还难以商业化。生物质的间接液化是将由生物质气化得到的合成气（CO＋H₂），经催化合成为液体燃料（甲醇或二甲醚）。生产合成气的原料包括煤炭、石油、天然气、泥炭、木材、农作物秸秆及城市固体废物等。生物质间接液化主要有两个技术路线，一个是合成气→甲醇→汽油的莫拜尔（Mobil）工艺，另一个是合成气的费托（Fischer-Tropsch）合成工艺。

生物质的酯化是将植物油与甲醇或乙醇等短链醇在催化剂或者无催化剂超临界甲醇状态下进行酯化反应，生成生物柴油，并获得副产品甘油。生物柴油可单独使用以替代柴油，又可以按一定比例（2%～30%）和柴油混合使用。除了为公共汽车、卡车等柴油机车提供替代燃料外，又可以为海洋运输业、采矿业、发电厂等行业提供燃料。

生物质的生化转化是利用微生物或酶的作用，对生物质能进行生物转化，生产出如乙醇、氢、甲烷等液体或气体燃料，通常分为水解、发酵生产乙醇和沼气技术，主要针对农业生产和加工过程中产生的生物质，如农作物秸秆、畜禽粪便、生活污水、工业有机废水和其他农业废弃物等。

6.1.3　我国的生物质资源

我国生物质资源数量巨大，可作为能源的生物质资源主要来自于农作物秸秆、林业废弃物及薪炭林、畜禽粪便、生活垃圾、工业有机废弃物、城市固体废弃物和能源作物。作为一个农业大国，农作物秸秆占生物质资源的比重很大。根据我国农产品产量测算，每年的秸秆资源总量约6.8亿t，可获得量约5亿t。预计，到2015年我国农作物秸秆产量将达到9亿t。值得指出的是，我国秸秆资源的最大特点是既分散又集中，特别是一些粮食产区几乎都是秸秆资源最富裕的地区。黑龙江和黄淮海地区的河北、山东、河南，东南地区的江苏、安徽，西南地区的四川、云南、广西，以及广东等省区，其秸秆资源量几乎占全国总量的一半。考虑还田、饲料和工业原料用途消耗等其他用途消耗量，当前可用作能源用途的秸秆资源量估计约为2.9亿t，折合1.4亿t标准煤。

占据我国生物质资源第二位的是各种森林废弃物及薪炭林。第6次国家森林资源调查显示，我国共有森林面积1.75亿hm²，森林覆盖率18.21%，一年可用做能源使用的森林废弃物及薪炭林资源总量为1.61亿t，折合9200万t标准煤。此外，我国拥有荒山荒地5400多万hm²，边际性土地近1亿hm²，发展能源作物潜力巨大。目前，我国可转换为能源用途的作物和植物品种有200多种，适宜开发用于生产燃料乙醇的农作物主要有甘蔗、甜高粱、木薯、甘薯等，用于生产生物柴油的农作物主要有油菜等。我国畜禽养殖业每年产生约30亿t粪便，2010年和预计到2015年，我国适宜发展沼气农户分别为1.30亿户和1.39亿户，沼气产量分别可达到502亿m³和539亿m³，分别相当于替代7880万t和8460万t标准煤。

我国城市生活垃圾产生量随人口和城市化进程而快速增加，到2015年全国城市垃圾生成量可能会超过2.6亿t。垃圾无害化处理的比例仍然很小，例如一些地区无害化处理量仅占垃圾生成量的54%。城市生活垃圾中含有大量有机物，可以作为一种能源资源，我国城市生活垃圾的热值为900～1500kJ/kg。若全国每年总的垃圾生成量按15亿t计，则垃圾资源量可折合2357万t标准煤。

我国生物质资源主要集中在农村，开发利用农村丰富的生物质资源，可以缓解农村及边远地区的用能问题，显著改进农村的用能方式，改善农村生活条件，提高农民收入，增加农民就业机会，开辟农业经济和县域经济新的领域。

我国生物质能源产业刚刚起步，但势头很好。根据我国生物质资源的特点和技术潜在优势，可以将燃料乙醇、生物柴油、生物塑料，以及沼气发电和固化成型燃烧作为主产品。如果能利用全国每年 50％的作物秸秆、40％的畜禽粪便、30％的林业废弃物，开发 5％的边际性土地种植能源植物，建设约 1000 个生物质转化工厂，那么其年生产能力可相当于 5000 万 t 石油。每增加 1000 万 hm^2 能源植物的种植与加工，就相当于增加 4500 万 t 石油的年生产能力。

发展生物质发电技术，是构筑稳定、经济、清洁、安全能源供应体系，突破经济社会发展资源环境制约的重要途径。我国生物质能资源非常丰富，全国生物质能的理论资源总量接近 15 亿 t 标准煤。如果到 2020 年，生物质能开发利用量达到 5 亿 t 煤，就相当于增加 15％以上的供应，并且生物质能含硫量极低，仅为 3％，不到煤炭含硫量的 1/4。发展生物质发电，实施煤炭替代，可显著减少二氧化碳和二氧化硫排放，产生巨大的环境效益。

6.2　生物质燃烧发电与控制技术

生物质燃烧作为能源转化的形式具有相当古老的历史，人类对能源的最初利用就是从木材燃烧开始的。所谓燃烧就是燃料中的可燃成分与氧发生激烈的氧化反应，在反应过程中释放出大量热量，并使燃烧产物的温度升高。由燃料获取热能在技术上是可以被利用的，在经济上是合理的。生物质固体燃料，包括农作物秸秆、稻壳、锯末、果壳、果核、木屑、薪材和木炭等。

生物质燃烧过程可以分为四个阶段：预热和干燥阶段，挥发分析出及木炭形成阶段，挥发分燃烧阶段，固定碳燃烧阶段。生物质燃料与化石燃料相比存在明显的差异，由于生物质组成成分中含碳量少，含氢、氧量多，含硫量低，因此，生物质在燃烧过程中表现出不同于化石燃料的燃烧特性。主要表现为：生物质燃料热值低，但易于燃烧和燃尽，燃烧时可相对减少供给空气量；燃烧初期析出量较大，在空气和温度不足的情况下易产生镶黑边的火焰；灰烬中残留的碳量比煤炭少；不必设置气体脱硫装置，降低了成本并有利于环境保护。

6.2.1　生物质燃烧技术

生物质直接燃烧主要分为炉灶燃烧和锅炉燃烧。炉灶燃烧投资小、操作简便，但燃烧效率较低，造成生物质资源的浪费。当生物质燃烧系统的功率大于 100kW 时，一般采用现代化的锅炉燃烧技术，适合生物质大规模利用。生物质现代燃烧技术主要分为层燃、悬浮燃烧和流化床三种形式。

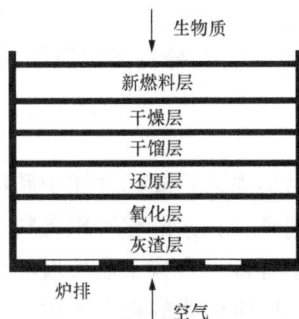

图 6-2　层燃过程

1. 层燃技术

在层燃方式中，生物质平铺在炉排上形成一定厚度的燃料层，进行干燥、干馏、燃烧及还原过程。层燃过程分为灰渣层、氧化层、还原层、干馏层、干燥层和新燃料层等区域，如图 6-2 所示。冷空气首先通过炉排和灰渣层而被预热，在氧化层预热的空气与炽热的木炭相遇发生剧烈的氧化反应，大量消耗氧气并生成二氧化碳和一氧化碳，在氧化层末端气体的温度将达到最高；在还原层，气流中二氧化碳与碳起还原反应，温度越高，速度越快；生物质投入炉中形成的新燃料层被加热干燥、干馏，将水蒸气、挥发分等带离燃料层进入炉膛空间，挥发分及一氧化碳着火燃烧，形成木炭。

层燃技术的种类较多，主要包括固定炉排、滚动炉排、振动炉排、往复推动炉排等。层燃方式的主要特点是生物质无需严格的预处理，滚动炉排和往复推动炉排的拨火作用强，比较适用于低热值、高灰分生物质的焚烧。炉排系统可以采用水冷的方式，以减轻结渣现象的出现，延长使用寿命。

2. 流化床技术

流化床是基于气固流态化的一项技术，即当气流流过一个固体颗粒的床层时，若其流速达到使气流流阻压降等于固体颗粒层的重力时，固体床料被流态化。其适应范围广，能够使用一般燃烧方式无法燃烧的石煤等劣质燃料、含水率较高的生物质及混合燃料等。此外，流化床燃烧技术还可以降低尾气中氮与硫的氧化物等有害气体含量，保护环境，是一种清洁燃烧技术。

流化床的下部装有布风板，空气从风室通过布风板向上进入流化床，当气流速度发生变化时，流化床上的固体燃料层将先后出现固定床、流化床和气流输送三种不同的状态。当气流速度较低时，燃料颗粒的重力大于气流的向上浮力，燃料颗粒处于静止状态，称为固定床。当气流速度逐渐增加到某一临界值时，颗粒出现松动，颗粒间空隙增大，床层体积出现膨胀。如果再进一步提高气流速度，燃料颗粒由气流托起上下翻腾，呈现不规则运动，燃料层表现出流体特性，称为流化床。随着气流速度的提高，颗粒的运动愈加剧烈，床层的膨胀也随之增大。当气流速度进一步增加，超过携带速度时，燃料颗粒将被气流携带离开燃烧室，燃料颗粒的流化状态遭到破坏，称为气流输送。对于流化床燃烧技术，气流速度要把床层控制在流态化状态。根据流化风速的不同，流化床可以分为鼓泡流化床和循环流化床。

为了保证流化床内稳定的燃烧，流化床内常加入大量的惰性床料来储存热量，占总床料的 90％～98％，惰性床料有石英砂、石灰石和高铝矾土等。炽热的床料具有很大的热容量，仅占床料 5％左右的新燃料进入流化床后，燃料颗粒与气流的强烈混合，不仅使燃料颗粒迅速升温和着火燃烧，而且可以在较低的过量空气系数下保证燃料充分燃烧。流化床床温一般控制在 800～900℃，属于低温燃烧，可显著减少 NO 的排放，同时也可以防止炉温过高导致的料层结渣，破坏正常流化。

鼓泡流化床燃烧存在一些问题，如飞灰可燃物大、埋管受热面磨损严重、大型化困难、石灰石脱硫时钙的利用率较低等，制约了其进一步发展。为了解决上述问题，20 世纪 80 年代循环流化床锅炉应运而生。循环流化床主要优点之一是燃料适应性广，几乎可以燃用所有的固体燃料，燃烧效率也更高，能达到 95％～99％。它的这一优点对于充分利用劣质燃料、开发和节约能源具有重要的意义。

3. 悬浮燃烧技术

悬浮燃烧是首先将燃料磨成细粉，然后用空气流经燃烧器将燃料喷入炉膛，并在炉膛内进行燃烧。其特点是将燃料投入连续、缓慢转动的筒体内焚烧直到燃尽，故能够实现燃料与空气的良好接触和均匀充分的燃烧。西方国家多将该类焚烧炉用于有毒、有害工业垃圾的处理。悬浮燃烧时虽气流与燃料颗粒间的相对速度最小，但由于燃烧反应面积的极大增加，使得反应速度极快，燃烧强度和燃烧效率都很高。

6.2.2 生物质燃烧热发电技术

生物质发电技术主要是利用农业、林业和工业废弃物为原料，也可以将城市废弃物作为

原料，采取直接燃烧或气化的发电方式。生物质燃烧发电的技术线路主要有生物质直接燃烧
发电、生物质与煤混合燃烧发电、城市废弃物焚烧发电。这些方式都与传统的燃烧煤加热水
蒸气推动汽轮机的原理一致，所以技术可移植性强。

1. 生物质直接燃烧发电

利用生物质原料生产热能的传统办法是直接燃烧。生物质直接燃烧发电技术类似于传统
的燃煤技术，现在已经基本达到成熟阶段。在发达国家，目前生物质燃烧发电方式占可再生
能源（不含水电）发电量的 70% 左右。丹麦的 BME 公司率先研究开发了秸秆燃烧发电技
术，其秸秆焚烧炉采用水冷式振动炉排，迄今在这一领域仍保持着世界最高水平。除了丹
麦，瑞典、芬兰、西班牙、德国和意大利等多个欧洲国家都建成了多家秸秆发电厂。自
2004 年以来，秸秆发电技术开始在我国推广和普及。目前，在我国江苏、山东、河北等地
建有多个生物质秸秆发电厂。

生物质直接燃烧发电原理是：生物质燃料与过量空气在锅炉中燃烧，产生的热烟气和锅
炉的热交换部件换热，产生的高温高压蒸汽在蒸汽轮机中膨胀做功，带动发电机发电。在原
理上，生物质直接燃烧发电和燃煤锅炉火力发电没有什么区别。锅炉燃用生物质发电与煤发
电相比，在生产规模上受到一定限制。目前，纯生物质燃烧发电技术基本用于小型生物质发
电厂，由于燃料的来源、运输和储存等问题，单台机组一般不超过 35MW，表 6 - 1 为
6MW/25MW 生物质直接燃烧发电的相关技术指标。

表 6 - 1　　　　　　　　　　6MW/25MW 生物质直接燃烧发电技术指标

指　　标	6MW	25MW
蒸汽参数（MPa/℃）	3.43/435	8.83/535
长期运行负荷（%）	95	95
年运行时间（h/a）	7500	7500
锅炉燃烧效率（%）	22.9	28.5
系统发电效率（%）	19.5	25.6
厂自用电率（%）	10	10
燃料用量（干）/（kg/kWh）	1.48	1.04

由表 6 - 1 可知，对于直接燃烧的生物质发电，容量越大，效率越高。但随之带来原料
需要大规模集中而增加运营成本。

生物质直接燃烧发电系统主要由上料系统、生物质锅炉、汽轮发电机组和烟气除尘系统
及其辅助设备组成，如图 6 - 3 所示。

上料系统是指燃料从进电厂卸料至进入炉前料仓为止的整个系统。上料系统是生物质直
接燃烧电厂区别于常规燃煤电厂的重要部分。根据燃料的不同，需要设置不同形式的上料系
统，主要是秸秆上料系统和本质燃料上料系统两种。

生物质锅炉是生物质直接燃烧发电厂的关键设备，功能上类似于常规燃煤电厂锅炉，但
是其结构和材质上要适合农林生物质燃料的特点，应具有抗腐蚀等功能。汽轮发电机组与常
规燃煤电厂所采用的机组相同。烟气除尘装置是去除并回收燃烧烟气中的飞灰，是生物质直
接燃烧发电厂重要的环境保护装置。由于生物质直接燃烧发电厂的燃料与常规燃煤电厂不
同，草木灰与常规电厂的粉煤灰的性质不同，通常采用布袋除尘方式。

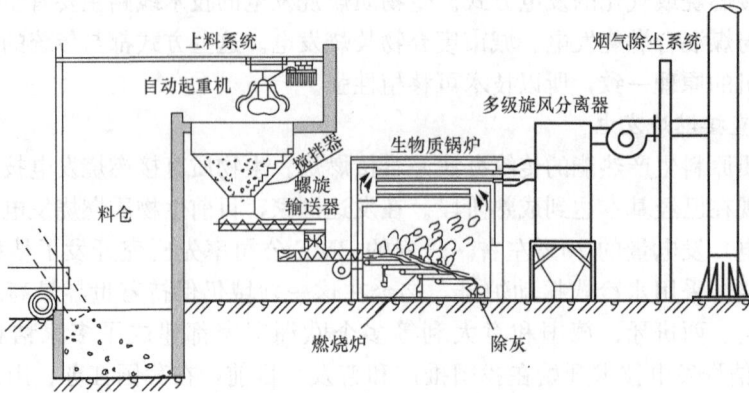

图 6-3 生物质直接燃烧发电系统

2. 生物质与煤混合燃烧发电

可再生生物质能源应用的低效率、高成本及高风险，使其在能源市场的竞争中处于不利地位。生物质与煤的混合燃烧技术，则充分利用了现有技术和设备，在现阶段是一种低成本、低风险可再生能源利用方式，并可实现燃料燃烧特性的互补，使得混合燃料容易着火燃烧。混合燃烧常见的掺烧比例在 1%～200%。这一技术在北欧和北美地区使用相当普遍，可替代常规能源，减少 CO_2、NO_x 和 SO_2 的排放，同时建立生物质燃料市场，促进当地经济的发展，提供大量的就业机会。

混合燃烧存在以下缺点：生物质含水量高，产生的烟气体积大，影响现有锅炉热交换系统正常运行；生物质燃料的不稳定性使锅炉的稳定燃烧复杂化；生物质灰的熔点低，容易产生结渣问题；生物质如秸秆、稻草等含有氯化物，当热交换器表面温度超过 400℃时，会产生高温腐蚀；生物质燃烧生成的碱，会使燃煤电厂中脱硝催化剂失活。

生物质与煤混合燃烧技术大致可以分为生物质与煤直接混合燃烧和生物质与煤间接混合燃烧两类。直接混合燃烧是指经前期处理的生物质直接输入燃煤锅炉中使用，根据混合燃烧给料方式的不同，直接混合燃烧可以分为煤与生物质使用同一加料设备及燃烧器、煤与生物质使用不同的加料设备及相同的燃烧器、煤与生物质使用不同的预处理装置及不同的燃烧器三种形式。间接混合燃烧是指生物质在气化炉中气化之后，将产生的生物质燃气输送至锅炉燃烧。这相当于用气化器替代粉碎设备，即将气化作为生物质燃料的一种前期处理方式。

在传统火力发电厂中进行混合燃烧，遵从生物质发电的工艺路线，既不需要气体净化和冷却设备，也不需要投资额外的小型生物质发电系统，即可从大型传统火力发电厂中直接获利。生物质混合燃烧发电方式的比较见表 6-2。

表 6-2 生物质混合燃烧发电方式的比较

发电方式	直接混合燃烧	间接混合燃烧
技术特点	生物质与煤直接混合后在锅炉中燃烧	生物质气化后与煤在锅炉中一起燃烧
主要优点	技术简单、使用方便；不改造设备情况下投资最省	通用性好、对原燃煤系统影响很小；经济效益明显
主要缺点	生物质处理要求较严、对原系统有些影响	增加气化设备、管理较复杂。有一定金属腐蚀问题
应用条件	木材类原料、特种锅炉	要求处理大量生物质的发电系统

3. 城市废弃物焚烧发电与控制

城市废弃物焚烧发电是利用焚烧炉对城市废弃物中可燃物质进行焚烧处理，通过高温焚烧后消除城市废弃物中大量的有害物质，达到无害化、减量化的目的，同时利用回收到的热能进行供热、供电，达到资源化利用。城市废弃物的处理方法与其成分有很大关系，城市废弃物的成分则与燃料结构、消费水平、收集方式、地域和季节等多种因素有关。随着我国城市建设的发展和社会进步，城市废弃物的构成已发生了质的变化，有机物含量开始高于无机物含量。废弃物组成正由多灰、多水、低热值向较少灰、较高热值的方向发展，给我国城市废弃物的焚烧处理奠定了基础。

城市废弃物焚烧发电的典型工艺流程如图 6-4 所示。焚烧发电对城市废弃物的发热值有一定的要求，当垃圾中低位发热值为 3344kJ/kg 时，焚烧需要掺煤或投油助燃；垃圾低位发热值大于 5000kJ/kg 时燃烧效果较好。城市废弃物低位发热值一般在 3344～8360kJ/kg 范围内。焚烧炉根据其燃烧方式可分为炉排炉、转炉和流化床三种类型，国内外应用较多的是炉排炉和转炉。

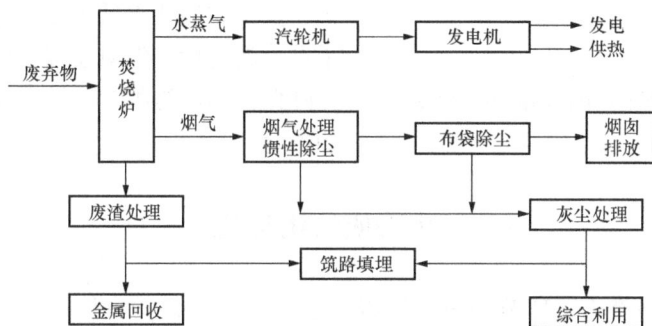

图 6-4　城市废弃物焚烧发电的典型工艺流程

垃圾焚烧发电是"资源化，无害化，减量化"最好的措施之一，国外已普遍采用这种垃圾处理方式。我国在东南沿海、经济实力较强的城市，已先后建立了几座垃圾焚烧发电厂，随着城市燃气率的提高，特别是"西气东输"工程的建设，垃圾热值的增加，城市经济实力的加强，垃圾焚烧发电的条件会日趋成熟。从长远看，垃圾焚烧发电技术在我国具有广阔的应用前景。

垃圾焚烧发电的控制包括电厂的自动控制及发电后的电能变换控制。根据垃圾焚烧电厂控制系统的规模及要达到的控制水平，目前技术水平先进的垃圾焚烧发电厂（站）普遍采用基于以太网、具有远程通信和监控能力的现场总线构筑分布式控制系统，底层采用 DCS（分布式控制系统）、SCP 或 PLC（可编程控制器）、多种化学成分检测传感器（气体、液体、固体）及电力电子变换器（变频器）、并网配电箱，同时对垃圾焚烧炉的燃烧进行有效的控制，对尾气进行检测、处理、控制，对锅炉烟气在线监控，以及对发电机组的发电状态、电能变换与无扰并网等进行实时控制。

图 6-5 是垃圾焚烧发电控制的系统框图。控制系统中总协调控制器需要对垃圾焚烧全过程进行控制，包括控制方式的确定，并将逆变控制的方式下达给逆变控制器，将燃烧状态和要求下达给燃烧控制器，以起到整体的协调作用。逆变控制器采集公共电网的电压和相位等信号，并控制三相 SPWM 逆变器，实现同步并网，将发电机所发出的交流电能变换成与

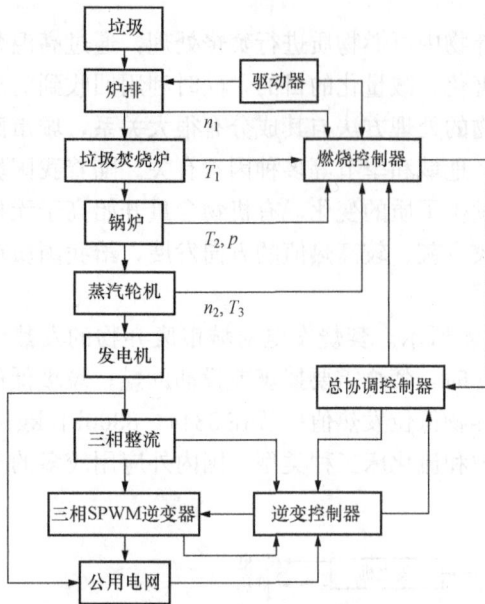

图 6-5　垃圾焚烧发电控制的系统框图

电网同频率、同相位的交流电后，通过逆变匹配变压器输送到公共供电网络。而燃烧控制器则是采集焚烧炉温度 T_1、锅炉温度 T_2 与压力 p、蒸汽轮机的转速 n_2 及温度 T_3 等工作状态数据，并控制焚烧炉排的进给速度 n_1，最终保持焚烧系统的稳定。

蒸汽轮机带动发电机就可以实现电能的产生，并且在适当条件下可以直接并入公共电网。但这种直接并网要求发电机输出的电压、频率、相位及三相平衡度等参数必须与公共电网一致，这就要求焚烧系统必须具备良好的功率调节性能。若采用三相逆变器变换后再进行并网，并网的控制全部由逆变器完成，对发电机及焚烧炉的要求低得多，这种方式虽然提高了系统的造价，但对垃圾焚烧的控制要求却大为降低，因而这种方式适用于垃圾热值不稳定的场合。

6.3　生物质气化发电技术

生物质直接燃烧简化了环节和设备，减少了投资。生物质直接燃烧发电技术已基本成熟，它已进入推广应用阶段。这种技术大规模下效率较高，单位投资也较合理，但它要求生物质集中，数量巨大，适于现代化大农场或大型加工厂的废物处理，对生物质较分散的发展中国家并不适合。生物质气化发电是更洁净的利用方式，它几乎不排放任何有害气体，生物质气化技术能够在一定程度上缓解我国对气体燃料的需求，生物质被气化后利用的途径也得到了扩展，提高了利用效率。

生物质气化技术已有一百多年的历史，早期的生物质气化技术主要是将木炭气化后用作内燃机燃料，在 20 世纪 20 年代大规模开发使用石油以前，气化器与内燃机的结合一直是人们获取动力的有效方法。第二次世界大战后，中东地区油田的大规模开发使世界经济的发展获得了廉价优质的能源，几乎所有发达国家的能源结构都转向了以石油为主，生物质气化技术在较长时期内陷于停顿状态。20 世纪 70 年代以来，作为一种重要的新能源技术，世界各国对生物质气化的研究重新活跃起来，各学科技术的渗透使这一技术发展到新的高度。例如，德国鲁奇公司正在进行 100MW 生物质燃气联合循环（IGCC 的示范工程）；美国可再生能源实验室（NREL）和夏威夷大学也在进行 IGCC 的蔗渣发电系统的研究；荷兰特温特（Twente）大学进行流化床气化器和焦油催化裂解装置的研究，推出了近于实用的无焦油气化系统。

6.3.1　生物质的气化技术

1. 生物质气化的基本原理

生物质气化是以生物质为原料，以氧气（空气或者富氧、纯氧）、水蒸气或氢气等作为气化剂，在高温条件下通过热化学反应将生物质中可燃的部分转化为可燃气的过程。生物质气化时产生的气体，主要有效成分为 CO、H_2 和 CH_4 等，称为生物质燃气。

生物质气化的过程随反应器类型、反应条件和原料性质而变化，对于单个生物质颗粒而言，其主要经历如下反应过程：

（1）干燥。生物质进入反应器后受热干燥，此过程一般发生在 $100\sim300℃$ 范围内。

（2）热解。干燥后的生物质继续受热，温度达到 $300℃$ 以上时，开始发生裂解，大部分挥发分从固体中析出，主要产物为木炭、焦油、水蒸气和挥发分气体（CO_2、CO、H_2、CH_4、C_2H_4、C_2H_6）。

（3）焦油二次裂解。热解产生的焦油在超过 $600℃$ 的高温下发生二次裂解，主要生成木炭和小分子气体，如 CO、H_2、CH_4、C_2H_4、C_2H_6 等。

（4）木炭、气态产物的氧化反应。木炭在氧气充足的情况下发生氧化反应，燃烧生成 CO_2，同时释放出大量热量，以保证各区域的反应能正常进行，气态产物燃烧后进一步降解。

（5）木炭、气态产物的还原反应。上述氧化反应已经耗尽供给的氧气，CO_2 及水蒸气与木炭会在反应器内继续发生还原反应，生成 CO、H_2O、CH_4 等可燃气体，它们是生物质燃气的主要可燃部分。还原反应发生在反应器的还原区，这些反应都需要在高温下进行并吸收热量，所需热量由氧化反应提供。

2. 生物质气化的工艺

根据所处气体的环境，生物质气化可分为空气气化、富氧气化、水蒸气气化和热解气化。

（1）空气气化。空气气化技术直接以空气为气化剂，气化效率较高，是目前应用最广，也是所有气化技术中最简单、最经济的一种。由于大量氮气（占总体积的 $50\%\sim55\%$）的存在，稀释了燃气中可燃气体的含量，燃气热值较低，通常为 $5\sim6MJ/m^3$。

（2）富氧气化。富氧气化使用富氧气体作气化剂，在与空气气化相同的当量比下，反应温度提高，反应速率加快，可得到焦油含量低的中热值燃气。燃气发热值一般在 $10\sim18MJ/m^3$，与城市煤气相当。富氧气化需要增加制氧设备，电耗和成本增加，但在一定场合下，生产的总成本降低，具有显著的效益。富氧气化可用于大型整体气化联合循环系统、城市固体废弃物气化发电等。

（3）水蒸气气化。水蒸气气化是指在高湿下水蒸气同生物质发生反应，涉及水蒸气和碳的还原反应、CO 与水蒸气的变换反应等甲烷化反应及生物质在气化炉内的热分解反应。燃气质量好，H_2 含量高（$30\%\sim60\%$），热值在 $10\sim16MJ/m^3$。由于系统需要水蒸气发生器和过热设备，一般需要外供热源，系统独立性差，技术较复杂。

（4）热解气化。热解气化不使用气化介质，又称干馏气化。产生固定碳、焦油和可燃气，热值在 $10\sim13MJ/m^3$。

3. 生物质气化反应设备

气化炉是气化反应的主要设备。针对气化炉运行方式的不同，可将气化炉分为固定床气化炉和流化床气化炉两种，而固定床气化炉和流化床气化炉又分别具有多种不同的形式。

（1）固定床气化炉。固定床气化炉中，生物质原料发生气化反应是在相对静止的床层中进行，其结构紧凑，易于操作并具有较高热效率。固定床气化炉具有一个容纳原料的炉膛和承托反应料层的炉栅。应用较广泛的是下吸式气化炉和上吸式气化炉，工作原理分别如图 6-6 和图 6-7 所示。下吸式气化炉中，原料由上部加入，依靠重力下落，经过干燥区后水分蒸发，进入温度较高的热分解区生成炭、裂解气、焦油等，继续下落经过氧化还原区将炭和焦油等转化为 CO、CO_2、CH_4 和 H_2 等气体。炉内运行温度在 $400\sim1200℃$，燃气从反应层下部吸出，灰渣从底部排出。下吸式气化炉工作稳定，气化产生的焦油在通过下部高温区时，一部分可被裂解为永久性小分子气体，使气体热值提高，并降低了出炉燃气中焦油含量。上吸式气化炉中，原料移动方向与气流方向相反，气化剂由炉体底部进气口进入炉内，产生的燃气自下而上流动，由燃气口排出。上吸式气化炉的氧化区在还原区的下面，位于四个反应区的最底部，其反应温度最高。还原区产生的生物质燃气向上经过热解区和干燥区，其携带的热量传递给原料并使原料干燥和发生热解，降低了燃气的温度，气化炉热效率较高。同时热解区和干燥区的原料对燃气有一定的过滤作用，使出炉燃气灰分少，但存在燃气焦油含量高的缺点。

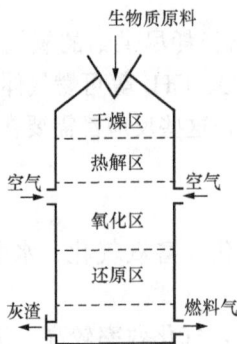

图 6-6　下吸式固定床气化炉
的工作原理

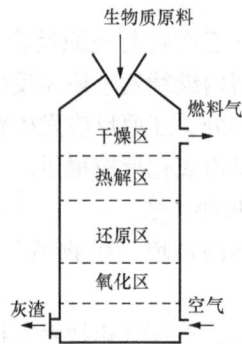

图 6-7　上吸式固定床气化炉
的工作原理

　　(2) 流化床气化炉。流化床气化炉在吹入的气化剂作用下，原料颗粒、惰性床料、气化剂充分接触，受热均匀，在炉内呈"沸腾"状态，气化反应速度快，产气率高。按气化炉结构和气化过程，可将流化床分为鼓泡流化床、循环流化床和双循环流化床。

　　鼓泡流化床气化炉是最简单的流化床，其工作原理如图 6-8 所示。在鼓泡流化床气化炉中，气化剂从位于气化炉底部的气体分布板吹入，在流化床上同生物质原料进行气化反应，生成的燃料气直接由气化炉出口送入气体净化系统，气化炉的反应温度一般为 $8000℃$ 左右。鼓泡流化床气化炉的流化速度比较小，比较适合于颗粒较大的生物质原料，同时需要向反应床内加入热载体，即惰性床料（如石英砂）。总的来说，鼓泡流化床气化炉由于存在着飞灰和夹带炭颗粒严重、运行费用较大等问题，不适合小型气化系统，只适合于大中型气化系统。

　　循环流化床气化炉的工作原理如图 6-9 所示。与鼓泡流化床气化炉的主要区别是，在气化炉的出口处设有旋风分离器或袋式分离器。循环流化床的流化速度较大，致使燃料气中含有大量的固体颗粒，燃料气经过旋风分离器或袋式分离器后，通过回料腿将这些固体颗粒返回到流化床中，再重新进行气化反应，这样大大地提高了碳的转化率。循环流化床气化炉的反应温度一般控制在 $700\sim900℃$。它适用于较小的生物质颗粒，在一般情况下，它不需要加流化床热载体，所以运行简单，有良好的混合特性和较高的气固反应速率。循环流化床气化炉适合水分含量大、热值低、着火困难的生物质燃料。

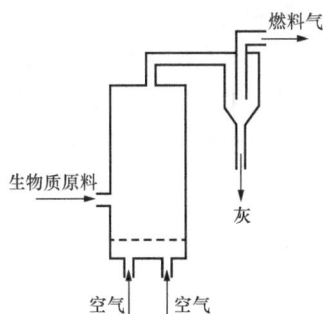

图 6 - 8　鼓泡流化床气化炉的工作原理　　　　图 6 - 9　循环流化床气化炉的工作原理

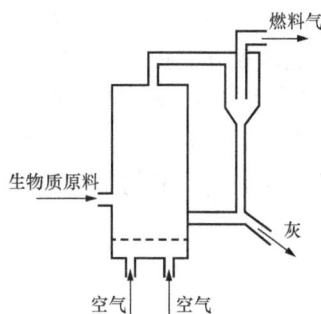

（3）固定床气化炉与流化床气化炉适用范围。固定床气化炉对原料适应性强，原料不用预处理，而且设备结构简单紧凑，反应区温度较高，有利于焦油的裂解，出炉灰分相对较少，净化可以采用简单的过滤方式。但固定床气化强度不高，难以实现工业化，发电成本一般较高。固定床气化炉比较适合于小型、间歇性运行的气化发电系统。

流化床气化炉运行稳定，气化温度更均匀，气化强度更高，而且连续可调，便于放大，适于生物质气化发电系统的工业应用。但其缺点是原料一般需进行预处理，以满足流化床与加料的要求；流化床床层温度相对较低，焦油裂解受到抑制，产出气中焦油含量较高，用于发电需要复杂的净化系统。

（4）生物质气体净化。在气化炉反应过程中，燃气中带有一部分杂质，包括灰分和焦油，必须从中分离出来，避免堵塞输气管道和阀门，影响系统的正常运行。可燃气的除尘与生物质燃烧过程中的除尘技术相同，不同点是气化产物可燃气体在较高温度下进行净化，应考虑和解决高温下除尘器材料的寿命问题。

焦油的处理较复杂。焦油的成分十分复杂，主要为苯的衍生物和多环芳香烃，它们在高温下呈气态，在温度低于 200℃ 时凝结为液体。一般而言，焦油的含量与反应温度、加热速率和气化过程的滞留时间有关。焦油所含能量一般占可燃气体总能量的 5%～15%，这部分能量在低温时难与可燃气体一起被利用，大大降低了气化效率。目前适用生物质气化焦油的去除方法主要包括普通法和催化裂解法，普通法除焦油可分为湿法和干法两种。

湿法去除焦油是生物质气化燃气净化技术中最为普通的方法，它利用水洗燃气，使之快速降温从而达到焦油冷凝并从燃气中分离的目的。中小型气化发电或集中供气系统出于成本方面的考虑，大多采用湿法。湿法的优点是同时有除焦、除尘和降温三方面的效果；其缺点是产生的洗焦废水会造成一定的二次污染。

干法去除焦油是将吸附性强的物质（如炭粒、玉米芯等）装在容器中，当燃气穿过吸附材料和过滤器时，把其中的焦油过滤出来。

催化裂解法是在一定温度下，使用白云石（$MgCO_3$-$CaCO_3$）和镍基等原料把焦油分解成永久性小分子气体，裂解后的产物与燃气成分相似。催化裂解的技术相当复杂，多用于大中型生物质气化系统。

6.3.2　生物质气化发电技术

生物质气化发电的基本原理是把生物质原料在气化炉气化生成可燃气体并净化，再利用可燃气体推动燃气发电设备进行发电。这是一种最有效和最洁净的现代化生物质能发电方式；设备紧凑，污染少，可以克服生物质燃料的能量密度低和资源分散的缺点。目前，国际上有很多发达国家开展提高生物质发电效率方面的研究，如美国 Battelle（63MW）项目及英国（8MW）和芬兰（6MW）的示范工程。大规模生物质气化发电系统适合于生物质的大规模利用，发电效率高，已经进入示范和研究阶段，是今后生物质气化发电的主要发展方向。生物质气化发电一般的工艺流程见图 6-10。

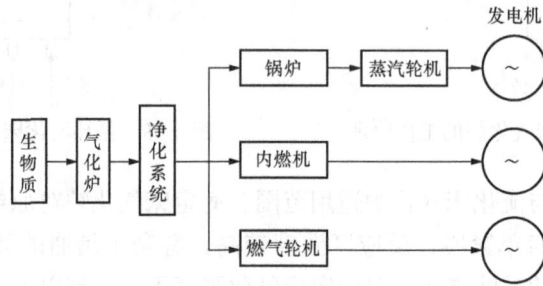

图 6-10   生物质气化发电的一般工艺流程

生物质气化发电技术按燃气发电方式可分为内燃机发电系统、燃气轮机发电系统及燃气-蒸汽联合循环发电系统。表 6-3 给出了不同规模生物质气化发电技术的比较，可见不同规模和技术对发电效率有较大影响。由于固定床气化工艺发电效率较低，一般在 11%～14%，而且规模难以放大，主要用于小规模生物质气化发电。中小规模气化发电一般采用简单的气化-内燃机发电工艺，规模一般小于 3MW。发电效率低于 20%。大规模生物质气化发电引入了先进的生物质燃气。蒸汽联合循环（BIGCC）发电技术，增加了余热回收和发电系统，气化发电系统的总效率可达到 40%左右。典型的生物质燃气-蒸汽联合循环发电工艺流程如图 6-11 所示。

表 6-3   不同规模生物质气化发电技术的比较

性能参数	小规模	中等规模	大规模
装机容量（kW）	<200	500～3000	>5000
气化技术	固定床	循环流化床	循环流化床
发电技术	内燃机、微型燃气轮机	内燃机	整体燃气-蒸汽联合循环
系统发电效率（%）	11～14	15～20	35～45
主要用途	适用于生物质丰富的缺电地区	适用于山区、农场、林场的照明或工业用电	电厂、热电联产

由于生物质燃气热值低，锅炉出口气体温度较高（800℃以上），要使生物质燃气-蒸汽联合循环发电达到较高效率，需具备两个条件：①燃气进入燃气轮机之前不能降温；②燃气必须是高压的。这就要求系统必须采用生物质高压气化和燃气高温净化两种技术才能使生物质燃气-蒸汽联合循环发电的总体效率较高（40%以上）。目前欧美一些国家正开展这方面研究。

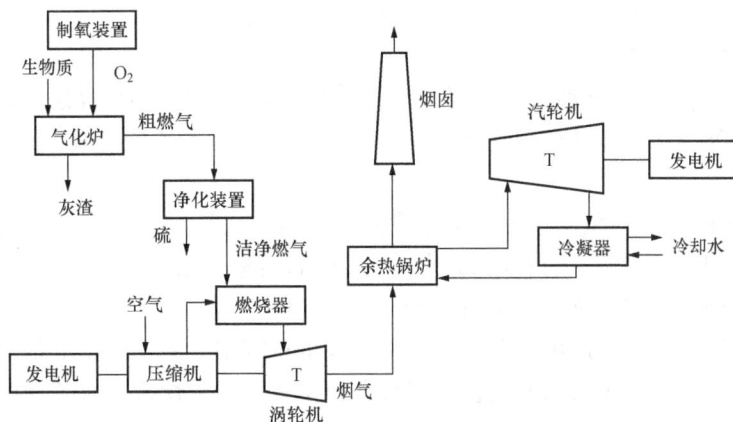

图 6-11　生物质燃气-蒸汽联合循环发电工艺流程

6.4　生物质生物转化发电技术

6.4.1　沼气发电

沼气是一种微生物在厌氧条件下分解有机物产生的可燃性气体，它的主要成分是甲烷、二氧化碳和少量的硫化氢、氨、氢、一氧化碳、氮、氧等气体。其中甲烷占 50%～70%（体积分数），二氧化碳占 30%～40%，其他成分含量极少，约占总体积的 5%。通过厌氧发酵将人畜禽粪便、秸秆、农业有机废弃物、农副产品加工的有机废水、工业废水、城市污水和垃圾、水生植物和藻类等有机物质转化为沼气，是一种利用生物质制取清洁能源的有效途径，同时又能使废料得到有效处理，有利于农业生态建设和环境保护。沼气除直接燃烧用于发电、炊事、供暖、照明等外，还可作内燃机的燃料及生产甲醇、福尔马林、四氯化碳等化工原料。经沼气装置发酵后排出的料液和沉渣，含有较丰富的营养物质，可用作肥料和饲料。

1. 沼气发酵原理

发酵是复杂的生物化学变化，有许多微生物参与。根据三阶段理论，沼气发酵可以分为下面三个阶段：

（1）沼气发酵过程的液化阶段。用作沼气发酵原料的有机物种类繁多，如禽畜粪便、作物秸秆、食品加工废物和废水、酒精废料等，主要化学成分为多糖、蛋白质和脂类。其中，多糖类物质是发酵原料的主要成分，它包括淀粉、纤维素、半纤维素、果胶质等。这些复杂有机物大多数在水中不能溶解，必须首先被发酵性细菌所分泌的胞外酶水解为可溶性糖、肽、氨基酸和脂肪酸后，才能被微生物所吸收利用。发酵性细菌将上述可溶性物质吸收进入细胞后，经过发酵作用将它们转化为乙酸、丙酸、丁酸等脂肪酸和醇类及一定量的氢、二氧化碳。蛋白质类物质被发酵性细菌分解为氨基酸，可被细菌合成细胞物质而加以利用，多余时也可以进一步被分解生成脂肪酸、氨和硫化氢等。蛋白质含量的多少，直接影响沼气中氨及硫化氢的含量，而氨基酸分解时所生成的有机酸类，则可继续转化而生成甲烷、二氧化碳和水。脂类物质在细菌脂肪酶的作用下，首先水解生成甘油和脂肪酸，甘油可进一步按糖代谢途径被分解，脂肪酸则进一步被微生物分解为多个乙酸。

（2）沼气发酵过程的产酸阶段。

1）产氢产乙酸菌。发酵性细菌将复杂有机物分解，发酵所产生的有机酸和醇类，除甲酸、乙酸和甲醇外，均不能被产甲烷菌所利用，必须由产氢产乙酸菌将其分解转化为乙酸、氢和二氧化碳。

2）耗氢产乙酸菌。耗氢产乙酸菌也称同型乙酸菌，这是一类既能自养生活也能异养生活的混合营养型细菌。它们既能利用 H_2 与 CO_2 生成乙酸，也能代谢产生乙酸。通过上述微生物的活动，各种复杂有机物可生成有机酸和 H_2 与 CO_2 等。

（3）沼气发酵过程中的产甲烷阶段。在沼气发酵过程中，甲烷的形成是由一群生理上高度专业化的古细菌产甲烷菌所引起的。产甲烷菌包括食氢产甲烷菌和食乙酸产甲烷菌，它们是厌氧消化过程食物链中的最后一组成员，尽管它们具有各种各样的形态，但它们在食物链中的地位使它们具有共同的生理特性。它们在厌氧条件下将前三群细菌代谢终产物，在没有外源受氢体的情况下把乙酸、H_2 和 CO_2 转化为气体产生 CH_4 和 CO_2，使有机物在厌氧条件下的分解作用以顺利完成。

要正常地产生沼气，必须为微生物创造良好的条件，使它能生存、繁殖。沼气池必须符合多种条件。首先，沼气池要密闭。有机物质发酵成沼气，是多种厌氧菌活动的结果，因此要造成一个厌氧菌活动的缺氧环境，在建造沼气池时要注意隔绝空气，不透气、不渗水。其次，沼气池里要维持适宜温度（20~40℃），因为通常在此温度下产气率最高。第三，沼气池要有充足的养分。微生物要生存、繁殖，必须从发酵物质中吸取养分。投入沼气池的原料比例，只要按照碳氮比等于 20：1~25：1。在沼气池的发酵原料中，人畜粪便能提供氮元素，农作物的秸秆等纤维素能提供碳元素。第四，发酵原料要含适量水，一般要求沼气池的发酵原料中含水 80% 左右，过多或过少都对产气不利。第五，沼气池的 pH 值一般控制在 7~8.5。

2. 沼气工程工艺流程

一个完整的沼气发酵工程，无论其规模大小，都包括原料（废水）收集、预处理、消化器（沼气池）、出料后处理、沼气净化、储存和输配及利用等工艺流程。沼气发酵基本工艺流程如图 6-12 所示。

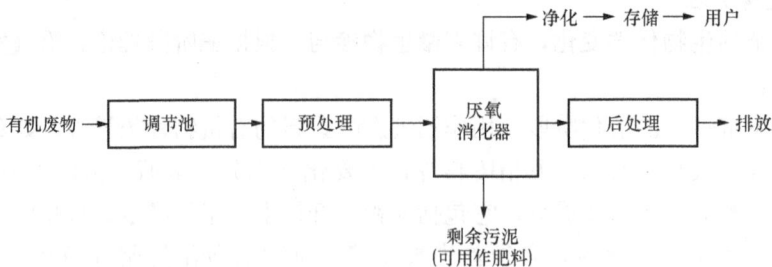

图 6-12 沼气发酵基本工艺流程

（1）原料的收集。充足而稳定的原料供应是沼气发酵工程的基础，不少沼气工程因原料来源的变化被迫停止运转甚至报废。原料的收集方式又直接影响原料的质量，例如采用自动化冲洗的养猪场其原料浓度一般只有 1.5%~3.5%，若采用刮粪板刮出，则原料浓度可达 5%~6%，如手工清运则浓度可达 20% 左右。因此，在畜禽养殖场或工厂设计时就应根据当地条件合理安排废物的收集方式和集中地点，以便就近进行沼气发酵处理。

收集的原料一般要进入调节池储存，因为原料收集的时间往往比较集中，而消化器的进料常需要在一天内均匀分配，所以调节池的大小一般要能储存 24h 废水量。在温暖季节，调节池常可兼有酸化作用，可改善原料性能和加速厌氧消化。

（2）原料的预处理。原料中常混有各种杂质，如牛粪中的杂草，鸡粪中的鸡毛和沙石等。为了便于用泵输送及防止发酵过程中出现故障，或为了减少原料中悬浮固体含量，因而要对原料进行预处理，有的在进入消化器前还要进行升温或降温等。有条件时还可采用固液分离机将固体残渣分离出来用作饲料，有较好经济效益。

（3）消化器。要正常产生沼气，必须为微生物创造良好的条件，使它能生存、繁殖。消化器是各种有机质在微生物作用下，进行厌氧发酵制取沼气的密闭装置。它是沼气发酵的核心设备，又称沼气池。微生物的生长繁殖、有机物的分解转化、沼气的生产都是在消化器里进行的，因此，消化器的结构和运行是沼气工程设计的重点。根据消化器水力滞留期、固体滞留期和微生物滞留期的不同，可将消化器分为常规型、污泥滞留型、附着膜型消化器三种类型。

常规型消化器的特征为水力滞留期、固体滞留期和微生物滞留期相等，即液体、固体和微生物混合在一起，在出料时同时被淘汰，消化器内没有足够的微生物，并且固体物质由于滞留期较短而得不到充分消化，因而效率较低。

污泥滞留型消化器的特征为通过各种固液分离方式，将水、固体、微生物加以分离，从而在较短的水力滞留期情况下获得较长的固体和微生物滞留时间，即在发酵液排出时，微生物和固体物质所构成的污泥得到保留。

附着膜型消化器是在消化器内安放有惰性支持物供微生物附着，使微生物呈膜状固着于支持物表面，从而在进料中的液体和固体穿流而过的情况下固着滞留微生物于反应器内，从而使消化器有较高的效率。

（4）出料后处理。出料后处理为大型沼气工程所不可缺少的组成部分，如沼气工程缺少出料的后处理，不仅会造成出料的二次污染，而且白白浪费了本可作为生态农业建设生产用的优质肥料资源。

出料后处理的方式多种多样，最简便而有效的方法是直接用作肥料施入土壤或鱼塘。但农业施肥具有季节性，不能保证连续的后处理。可靠的方法是将出料进行沉淀，再将沉淀进行固液分离，获得的固体残渣用作肥料或配合适量化肥做成适用于农作物的复合肥料。清液部分可经曝气池、氧化塘等处理后排放，出水可用于灌溉或再回用为生产用水。

（5）沼气的净化、储存和输配。沼气发酵时会有水分蒸发进入沼气，而水的冷凝会造成管路堵塞。另外，由于微生物对蛋白质的分解或硫酸盐的还原作用也会有一定量硫化氢（H_2S）气体生成并进入沼气，H_2S 是一种腐蚀性很强的气体，会引起管道及仪表的快速腐蚀，H_2S 本身以及燃烧时生成的 SO_2。对人也有毒害作用。因此，大中型沼气工程，特别是用来进行集中供气的工程必须设法脱除沼气中的水和 H_2S。脱水通常采用脱水装置进行，H_2S 的脱除通常采用脱硫塔，内装脱硫剂进行脱硫。因脱硫剂使用一定时间后需要再生或更换，所以脱硫塔最少需要有两个轮流使用。

沼气的储存通常用浮罩式储气柜，以调节产气和用气的时间差别，储气柜的大小一般为日产沼气量的 $1/3 \sim 1/2$，以便稳定供应用气。

　　沼气的输配是指将沼气输送分配至各用户，输送距离可达数千米。输送管道通常采用金属管，近年来已开始使用高压聚乙烯塑料管。用塑料管输气不仅避免了金属管的锈蚀，并且造价较低。气体输送所需的压力通常依靠沼气产生所提供的压力即可满足，远距离输送可采用增压措施。

　　3. 沼气燃烧发电技术

　　沼气燃烧发电是随着大型沼气池建设和沼气综合利用的不断发展而出现的一项沼气利用技术，它利用工业、农业或城镇生活中的大量有机废弃物，经厌氧发酵处理产生的沼气，驱动沼气发电机组发电，并可充分将发电机组的余热用于沼气生产或回收。沼气发电具有高效、节能、安全和环保等特点，是一种分布广泛且价廉的分布式能源。沼气发电在发达国家已受到广泛重视和积极推广。沼气发电热电联产项目的热效率，视发电设备的不同而有较大的区别，如使用燃气内燃机，其热效率为 70%～75%，而如使用燃气轮机和余热锅炉，在补燃的情况下，热效率可以达到 90% 以上。图 6-13 给出了几种利用沼气发电的方式。

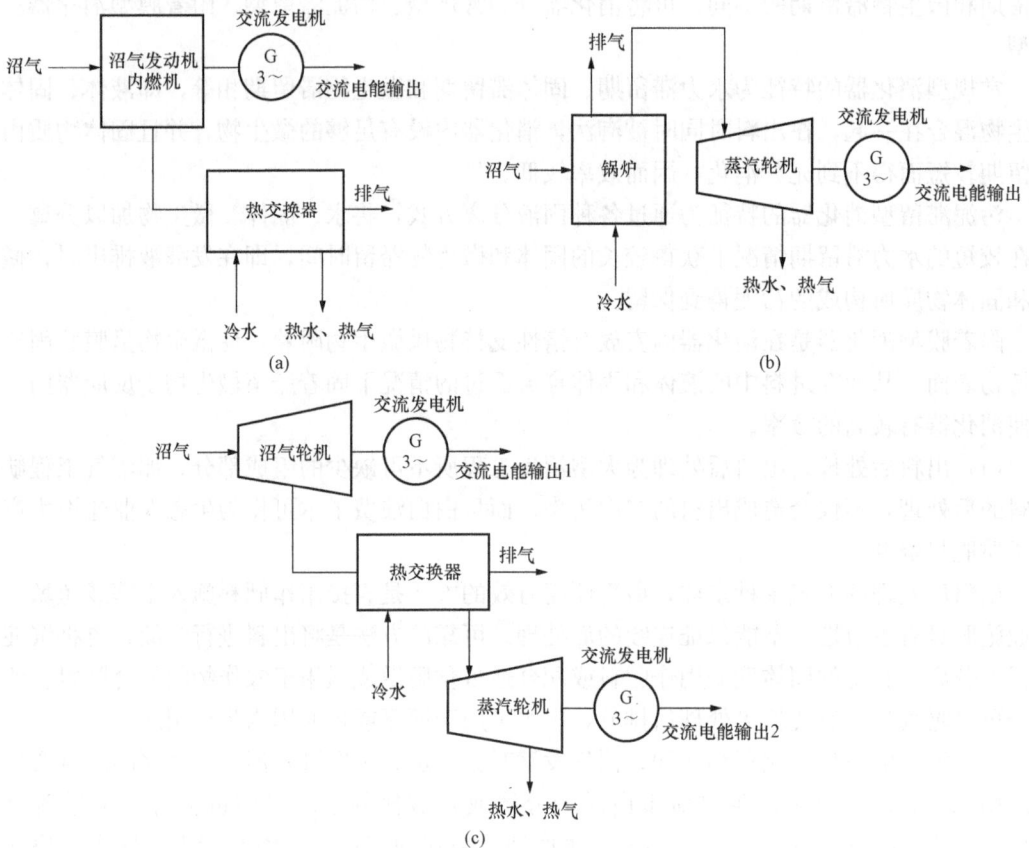

图 6-13　采用沼气发动机、燃气轮机和蒸汽轮机发电的结构示意图
(a) 沼气发动机发电结构；(b) 燃气轮机发电结构；(c) 蒸汽轮机发电结构

　　沼气燃烧发电技术本身提供的是清洁能源，不仅解决了沼气工程中的环境问题、消耗了大量废弃物、保护了环境、减少了温室气体的排放，而且变废为宝，产生了大量的热能和电能，符合能源再循环利用的环保理念，同时也带来巨大的经济效益。

我国广大农村生物质资源非常丰富，解决农村电气化，沼气燃烧发电是一个很重要的途径。但是，大中型沼气工程与沼气发电工程的一次性投资费用都相当大，而沼气工程投资费用是沼气发电工程的 4 倍左右。只有在推广沼气工程应用的同时，不断进行研究提高沼池产气率，并积极推广应用沼气发电工程，才能在社会效益尽量保持不变的前提下，使经济效益不断提高，也才能使整个工程总的一次性投资回报率大大提高。

目前，我国沼气发电工程数量较少，装机规模较小，发展速度比较缓慢。原因是多方面的，但最主要的原因是现有机制严重制约沼气发电的发展。首先，我国尚未建立严格的环境污染处罚体系，禽畜粪便和工业有机废水超标排放的企业不需要为自身造成的环境污染等支付相应的成本，致使企业缺乏投资沼气工程治理污染的积极性；其次，目前沼气发电工程建设规模一般较小，潜在的电站数量较大，电网运行管理成本较高，属于典型的分布式发电。我国目前尚缺乏大规模分布式电站运行管理的经验，致使沼气发电的并网和售电遇到许多困难。

4. 沼气燃料电池发电技术

沼气燃料电池系统一般由三个单元组成：燃料处理单元、发电单元和电流转换单元。燃料处理单元的主要部件是改质器，它以镍为催化剂，将甲烷转化为氢气。发电单元的基本部件由两个电极和电解质组成，氢气和氧化剂（氧气）在两个电极上进行电化学反应，电解质则构成电池的内回路，其工作原理如图 6-14 所示。

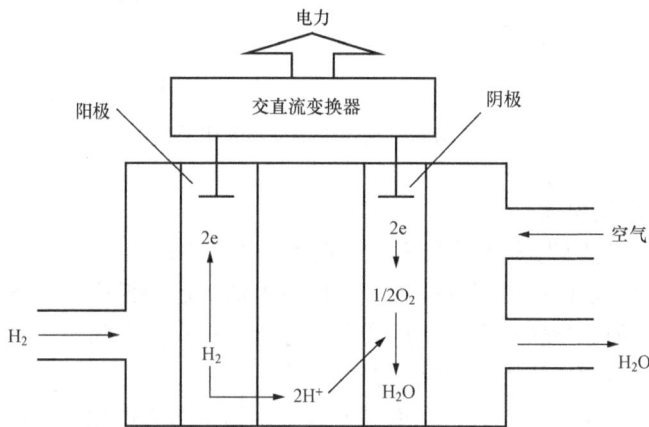

图 6-14　沼气燃料电池（磷酸型燃料电池）的工作原理简图

电子通过导线构成回路时，形成直流电。燃料电池由数百对这样的发电单元组成。电流转换单元的主要任务是把直流电转换为交流电，供交流负载使用还可以实现并网供电。

燃料电池产生的水蒸气、热量可供消化池加热或采暖用。排出废气的热量也可用于加热消化池。沼气中的有用成分是 CH_4，燃料电池要求 CH_4 的浓度（体积分数）在 90% 以上，其他成分如 CO_2、H_2S 等对燃料电池有不利影响，必须对沼气先进行提纯后才能作为燃料电池的燃料。

沼气燃料电池发电系统的工作方式与内燃机相似，必须连续不断地向电池内部输入燃料气体与氧化剂才能确保其连续稳定地输出电能。同时还必须连续不断地排除相应的反应产物，如生成的水及热量等。沼气在进入燃料电池之前必须经过重整改质，转化成富氢气体并去除对阳极氧化过程有毒的杂质。

目前，一般燃料电池的电能转化效率为 40%～60%，而剩余部分大多数以热能形式存在，因而为保持电池的工作温度不致过高，必须将这些热量排出电池本体或者加以循环利用。

一套完整的沼气燃料电池发电系统除了具备沼气燃料电池组、沼气供气系统、沼气净化及提纯系统、DC－DC 变换器、DC－AC 逆变器及热能管理与余热回收系统之外，最重要的是燃料电池控制器，这样才能对系统中的气、水、电、热等进行综合管理，形成能够自动运行的发电系统。沼气燃料电池的交流发电系统框图如图 6－15 所示。

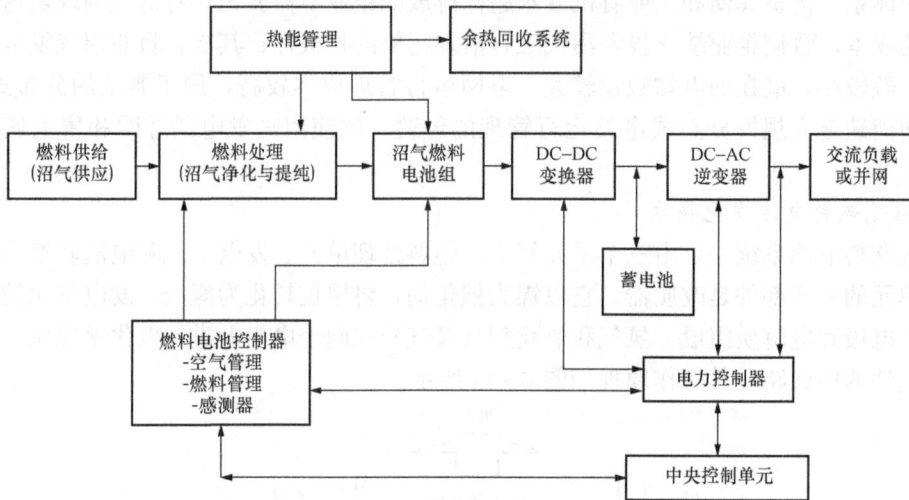

图 6-15　沼气燃料电池的交流发电系统框图

6.4.2　生物质燃料电池

早在 19 世纪初，英国化学家戴雏就提出了燃料电池的设想，1839 年英国人格拉夫发明了最早的氢燃料电池。可以说发展到今天，氢燃料电池已成为最成熟的燃料电池，但在氢气的制造、输送、电池的能量转化率、使用安全性等方面存在许多问题，陷入了尴尬的发展处境。生物燃料电池的出现又让人们充满了新的期待。

生物燃料电池（Biofuel Cell）是利用酶或者微生物组织为催化剂，将燃料化学能转化为电能。生物燃料电池的发展可追溯到 20 世纪初，1910 年英国杜汉姆大学植物学教授 Michael Cresse Potter 用酵母和大肠杆菌进行试验时，发现了微生物也可以产生电流，从而拉开了生物燃料电池研究的序幕。20 世纪 60 年代，为了将长途太空飞行中的有机废物转化成电能，美国航空航天管理局投入了大量的人力和物力进行研究，真正掀起了生物燃料电池研究的高潮。后来尽管由于技术原因，生物燃料电池曾一度陷入停滞状态，但 70～80 年代出现的石油危机又让电池家族的新成员成为人们瞩目的中心，自此之后迎来了更加广阔的发展前景。目前，生物燃料电池尚处于试验阶段，已可提供稳定的电流，但工业化应用尚未成熟。根据使用的催化剂种类，可将生物燃料电池分为微生物燃料电池和酶燃料电池两种类型。

1. 微生物燃料电池

典型的微生物燃料电池如图 6－16 所示，它由阳极室和阴极室组成，质子交换膜将两室分隔开。它的基本工作原理可分为四步来描述：

（1）在微生物的作用下，燃料发生氧化反应，同时释放出电子。

（2）介体捕获电子并将其运送至阳极。

（3）电子经外电路抵达阴极，质子通过质子交换膜由阳极室进入阴极室。

（4）氧气在阴极接收电子，发生还原反应。

2. 酶燃料电池

典型酶燃料电池如图 6-17 所示。葡萄糖在葡萄糖氧化酶（GO）和辅酶的

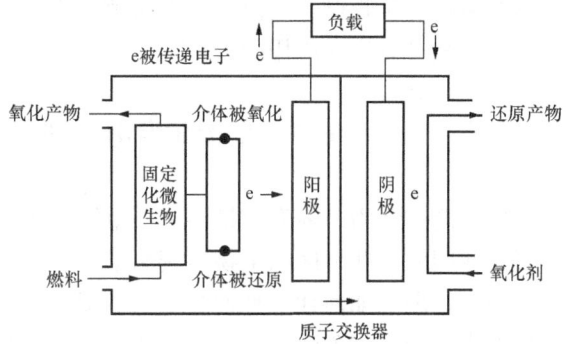

图 6-16　微生物燃料电池

作用下失去电子被氧化成葡萄糖酸，电子由介体运送至阳极，再经外电路到阴极。双氧水得到电子，并在微过氧化酶的作用下还原成水。

3. 介体的作用

由于微生物细胞膜含有肽键或类聚糖等不导电物质，电子难以穿道，因此在生物燃料电池的设计中一个最大的技术瓶颈就是如何有效地将电子从底物运送至电池的阳极。科学家设想在阳极室加入一种或几种化学物质，作为运输电子的介体。介体的作用如图 6-18 所示。

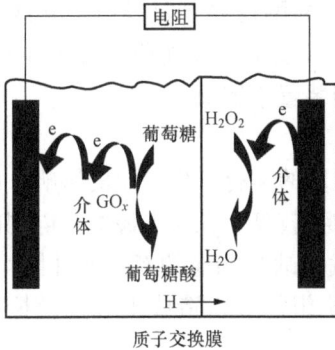

图 6-17　酶燃料电弛

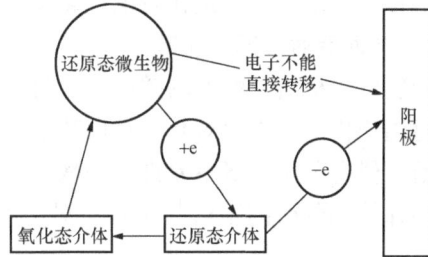

图 6-18　介体的作用

一些有机物和金属有机物可以用作生物燃料电池的介体，其中较为典型的有硫堇、ED-TA-Fe（Ⅲ）、亚甲基蓝和中性红等。介体大多有毒且易分解，这在很大程度上阻碍了生物燃料电池的商业化进程。近年来，人们陆续发现几种特殊的细菌，这类细菌可以在无介体存在的情况下，将电子传递给阳极产生电流。这种无需介体参与的微生物燃料电池又被称作直接微生物燃料电池，目前直接微生物燃料电池需要把广泛有机物作为电子供体的高活性微生物，发现和选择这种高活性微生物对发展直接微生物燃料电池起到关键作用。

与传统的化学电池技术相比，生物燃料电池具有操作上和功能上的优势。首先，它将底物直接转化为电能，保证了具有高的能量转化效率；其次，不同于现有的生物能处理，生物燃料电池在常温、常压甚至是低温的环境条件下都能够有效运作，电池维护成本低、安全性强；第三，生物燃料电池不需要进行废气处理，因为它所产生的废气的主要成分是二氧化碳，不会产生污染环境的副产物；第四，生物燃料电池具有生物相容性，利用人体内的葡萄

糖和氧为原料的生物燃料电池可以直接植入人体；第五，在缺乏电力基础设施的局部地区，生物燃料电池具有广泛应用的潜力。

6.5　生物质发电并网技术及对电网的影响

生物质能被认为是最有前景的可再生能源之一，而生物质发电已成为生物质能利用的重要途径。我国的一些地区的生物质资源丰富，发电有富余，这些多余的电力可以提供给附近的地区使用。那么如何让这些小电源并网成了大问题。国外对于小电源并网研究开展得较早，同时也得到了相关政府部门的支持，所以并网问题在国外已基本解决。在我国，生物质发电技术起步晚，在并入电力系统网络时正处于实验过程。

6.5.1　生物质发电并网的原因及要求

在我国某些地区具有丰富的稻壳与秸秆资源，利用这些资源进行生物质发电可以减少环境污染并促进当地经济发展。一些厂如大米加工厂，用产生的稻壳来发电，其发出的电量在满足自身需要的同时，多余的发电量可以上网，供给附近用户使用。而一些小容量的生物质发电厂在独立运行时，也面临着运行稳定性差、供电可靠性低的问题。与大电网并网运行后，由大电网调频调压，使有功功率、无功功率随时得到平衡。这有助于机组的稳定运行，提高供电可靠性与电能质量，并可随时保证用户的正常用电，也降低了网络损失。

对于广泛使用的生物质直燃发电，生物质发电机组并网需要满足发电机并网的三个要求：电压相等、频率相等、相序相同。满足这三个要求，发电机才能稳定安全地并网运行。目前，这些技术要求可以通过在发电厂装设自动准同期装置来解决。

6.5.2　并网后对公网的影响

当生物质发电机组与配电网并网运行时，会对配电网的运行产生一定的影响。由于配电网是直接对用户供电，因此对其可靠性和电能质量要求都较高。在小电源对配电网的不利影响消除之前，供电公司一般不允许其并网运行。目前我国缺少相应的新能源并网运行规程，缺乏相应的计算和分析的手段与工具，对生物质发电机组的接入造成困难或延长并网接入时间。

（1）电能质量问题。由于一些生物质发电是由用户自己来控制，因此根据其自身的需要开机或停机，这可能会加大配电网的电压波动，影响其他用户的供电质量。发电机的启动还会改变线路的潮流分布，使原来单一的放射性配电网变为多个电源接入的复杂电网，从而加大了电力部门调压的难度，调节不及时或调节失误会使电压超标。目前通常采用由公共电网调压，而生物质发电机组励磁调节不动作来规避这一问题；也可以让生物质发电机多发有功功率，少发无功功率，系统缺额的无功功率由其他无功功率补偿设备米补偿，这样就保证了其对公网电压的影响在一个很小的范围内。

（2）继电保护问题。当生物质发电机组有功率注入电网时，减小了继电器的保护区，从而影响继电保护装置的正常工作。由于配电网中大量的继电保护装置已经安装和整定完毕，在生物质发电机组与系统并网时，继电保护装置的参数整定与原来单一供电系统的不同。因为分布式电源目前大多为后启动设备，这就需要对配电网的继电保护装置进行改造。

相关研究指出如果配电网的继电保护装置具有重合闸功能，在电网故障时，生物质发电机组的切除时间必须早于重合闸时间，否则会引起电弧的重燃，使重合闸不成功。如原配电网继电器不具备方向敏感性能，则当其他并联分支故障时，会引起有生物质发电机组并入的分支上的继电保护误动作，造成无故障分支失去主电源。可在系统发生故障时先把生物质发电机组从系统切除，使系统回复到原来的结构，然后按照系统原有的保护策略来进行。

（3）短路电流问题。当配电系统发生故障时，生物质发电的电流在短路瞬间会注入到配电网中，从而增加了配电网的短路电流，存在使配电网短路电流增大而使电网开关短路电流超标的问题。

（4）可靠性问题。目前存在的生物质发电机组在启动时常常要利用公共电网的电源。在机组启动后切换到自身电源给辅机供电，有些机组则在运行时一直使用公共电网电源供给辅机用来保证机组运行稳定。当大系统停电时，生物质发电机组有时无法启动，或供给辅机的电源失去，发电机组会同时停运。因此难以提高供电系统和生物质发电的可靠性。

近年来随着我国经济的发展，某些电网输配电网络或多或少存在负荷过载的情况，生物质电源接入到配电网中，可有效缓解此类问题。同时相关研究指出：在合理的布置接入点、合适的电压调节方式下生物质发电的接入可缓解电压的骤降，提高系统对电压的调节性能，从而保证用电质量。

6.5.3 并网应注意的事项

在生物质发电机组并入公共电网前，应该考虑如下一些问题。

（1）接入容量。合理确定接入电网的机组容量，可以保证生物质发电的可靠性和经济性的统一。当接入机组容量较大时，机组本体投资提高，由于电网对大容量机组的运行有较高的要求，且其发电小时数也必然受到限制，机组利用效率反而下降。另外，机组容量较大时，接入系统的投资也相应提高，由于需要接入较高的电压等级，送电线路更长且导线截面更大，这些还可能引起短路电流容量超标的问题，导致接入系统的费用进一步升高。例如，在美国德州的小电源并网规定中，为了减小机组起停机时的冲击和保证其他用户的安全用电，限制机组的总容量不能超过最大负荷的 25%。

（2）接入电压等级。接入系统的电压等级一般根据其实际送入系统的容量来确定，容量越大要求接入的电压等级越高。生物质发电项目最终都要与电网连接，大的容量一般与较高的接入电压等级相对应，如 35、110kV 甚至更高。而较小容量的机组一般与当地配电网相连，如 35、10kV 和 380、220V。当容量越大的机组接入系统后，它对电力系统的影响也将越大。从就地平衡电力考虑，一般以地方负荷最小、生物质最大发电容量的运行工况进行校核。要求满足电网变电站母线上连接的负荷大于接入的生物质电源的发电容量，从而使功率不反向流过变压器。因此，确定待建生物质发电厂的容量时还需要进一步了解当地变电站的实际负荷情况。对于发电容量相对较大的机组，其接入系统相对比较简单，基本与小型发电机组接入系统相似。但对于那些容量较小的生物质发电机组的联网，为保证电网对所有用户的安全可靠供电，接入系统的电压等级有一定要求，200kW 以下的机组一般要求接入 400V 电网，200~6000kW 以下的机组一般要求以 10kV 电压等级接入电网。如果地区电网比较薄弱，或经过接入系统的有关计算发现，接入系统的机组将对附近其他用户的电能质量产生较大影响，应接入更高一级的电网，这也意味着机组接入系统的投资将大大增加。

（3）接入方式。根据各个地区的实际情况，建立生物质发电厂后所发电能首先要满足自身需要，多余的电量再上网。根据发电机组和接入电压的要求，需要把从发电机出来的一部分电能供给自身企业使用，这一部分电能可以直接利用。上网部分电能则需要通过升压变压器接入变电站低压侧 10kV 或 35kV 侧母线。

（4）接入距离。生物质发电厂与接入变电站的距离也需要考虑，因为距离每增加 1km 则线路网络损失增大约 1%，这个问题需要结合电厂选址来综合考虑。

（5）需要建设专用通信线路。并网一般需要专门建立一条与当地电力公司的通信专线来接受当地调度部门的调度，这将增加投资成本。

思考题与习题

6-1　什么是生物质和生物质能？

6-2　根据生物质的来源，可以把生物质分为哪些类别？

6-3　生物质现代化燃烧技术有几种形式？不同的燃烧技术有什么区别？

6-4　什么是生物质气化技术？生物质气化的原理是什么？

6-5　生物质燃气有何特性？为什么生物质燃气需要净化？

6-6　什么是沼气？沼气的主要成分有哪些？

6-7　简述沼气发电的几种形式，以及各自的特点。

第7章 海洋能发电与控制

7.1 概　　述

海洋能（Ocean Energy）是指依附在海水中的可再生能源，海洋能主要以潮汐、波浪、海流、温度差、盐度差等形式存在于海洋之中。潮汐能和海流能源自月球、太阳和其他星球引力，其他海洋能均源自太阳辐射。海水温差能是一种热能。低纬度的海面水温较高，与深层水形成温度差，可产生热交换，其能量与温差的大小和热交换水量成正比。潮汐能、海流能、波浪能都是机械能。潮汐的能量与潮差大小和潮量成正比。波浪的能量与波高的二次方和波动水域面积成正比。在河口水域还存在海水盐差能（又称海水化学能）。入海径流的淡水与海洋盐水有盐度差，若隔以半透膜，淡水向海水一侧渗透，可产生渗透压力，其能量与压力差和渗透能量成正比。目前发电是开发利用海洋能的主要方式。

地球表面积约为 $5.1 \times 10^8 \text{km}^2$，其中海洋面积为 $3.61 \times 10^8 \text{km}^2$，约占地球表面积的 70%；以海平面计，海洋的平均深度为 3800m，整个海水的容积多达 $1.37 \times 10^9 \text{km}^2$。一望无际的大海，不仅为人类提供航运、水源和丰富的矿藏，而且还蕴藏着巨大的能量，它将太阳能及派生的风能等以热能、机械能形式储存在海水里，不像在陆地和空中那样容易散失。

海洋能具有如下特点：

（1）在海洋总水体中的蕴藏量巨大，但单位体积、单位面积、单位长度所拥有的能量较小，可用效率不高，经济性差。

（2）具有可再生性。海洋能来源于太阳辐射能与天体间的万有引力，只要太阳、月球等天体与地球共存，这种能源就会再生，就会取之不尽，用之不竭。

（3）能量多变，具有不稳定性。潮汐能与海流能不稳定，但其变化有一定规律，人们可根据潮汐和海流变化规律，编制出各地逐日逐时的潮汐与海流预报，潮汐电站与海流电站可根据预报表安排发电运行。波浪能是既不稳定又无变化规律可循的能源，而海水温差能、盐差能和海流能变化较为缓慢。

（4）属于一种洁净能源，海洋能被开发后，其本身对环境污染影响很小。

7.1.1 海洋能的分类

根据呈现形式不同，海洋能一般分为潮汐能、波浪能、海流能、海水温差能、盐差能等几种。

（1）潮汐能。潮汐能是因月球、太阳引力的变化引起潮汐现象，潮汐导致海水平面周期地升降，因海水涨落及潮水流动所形成的水的势能即为潮汐能。潮汐能利用的原理与水力发电的原理类似，而且潮汐能的能量与潮量和潮差成正比。

（2）波浪能。波浪能是指海洋表面波浪所具有的动能和势能，是一种在风的作用下产生的，并以势能和动能的形式由短周期波储存的机械能。波浪的能量与波高的二次方、波浪的运动周期及迎波面的宽度成正比。波浪能是海洋能源中能量最不稳定的一种能源。波浪发电是波浪能利用的主要方式，此外，波浪能还可以用于抽水、供热、海水淡化及制氢等。

（3）海流能。海流能是指海水流动的动能，主要是指海底水道和海峡中较为稳定的流动，以及由于潮汐导致的有规律的海水流动所产生的能量，是另一种以动能形态出现的海洋能。海流能的利用方式主要是发电，其原理和风力发电相似。全世界海流能的理论估算值约为 10^8kW 量级。我国沿海海流能的年平均功率理论值约为 $1.4\times10^7\text{kW}$，属于世界上功率密度最大的地区之一，其中辽宁省、山东省、浙江省、福建省和台湾省沿海的海流能较为丰富，不少水道的能量密度 $15\sim30\text{kW/m}^2$。具有良好的开发价值。

（4）海水温差能。海水温差能是指海洋表层海水和深层海水之间温差的热能，是海洋能的一种重要形式。低纬度的海面水温较高，与深层冷水存在的温差，蕴藏着丰富的热能资源，其能量与温差的大小和水量成正比。世界海洋的温差能达 $5\times10^7\text{MW}$，而可能转换为电能的海水温差能仅为 $2\times10^6\text{MW}$。我国南海地处热带、亚热带，可利用的海水温差能有 $1.5\times10^5\text{MW}$。海水温差利用的最大困难是温差太小，能量密度低，建设费用高，目前各国仍在积极探索中。

（5）盐差能。盐差能是指海水和淡水之间或两种含盐浓度不同的海水之间的化学电位差能，是以化学能形态出现的海洋能，主要存在于河海交接处。世界海洋可利用盐差能约为 $2.6\times10^6\text{MW}$，我国的盐差能蕴藏量约为 $1.1\times10^5\text{MW}$。但总体上，对盐差能这种新能源的研究还处于实验阶段，离示范应用还有较长的距离。

7.1.2 海洋能的开发

人类开发海洋能的历史和水能利用差不多。1930 年在法国首次试验成功海水温差发电。现在，许多国家都在进行海水温差发电研究。利用海水的温差来进行发电还兼有海水淡化的功能。另外，由于电站抽取的深层冷海水中富含营养盐类，所以在海水温差发电站的周围，正是浮游生物及鱼类栖息的理想场所，这将有利于提高鱼类的近海捕捞量。

早在 12 世纪，人类就开始利用潮汐能。当时法国沿海就建起了"潮磨"，利用潮汐能代替人力推磨。随着科学技术的进步，人们开始筑坝拦水，建起潮汐电站。目前世界上最大的潮汐电站是法国的朗斯潮汐电站。我国浙江省的江厦潮汐电站为国内最大。潮汐发电有许多优点，例如，潮水来去有规律，不受洪水或枯水的影响；以河口或海湾为天然水库，不会淹没大量土地，也不污染环境，而且不消耗任何燃料等。但潮汐电站的缺点也很明显，工程艰巨、造价高、海水对水下设备有腐蚀作用等。但综合经济结果比较，潮汐发电成本低于火力发电。

各种海洋能的蕴藏量非常巨大，很多海洋能至今没被利用的原因主要有两方面：①经济效益差，成本高；以法国的朗斯潮汐电站为例，其单位千瓦装机投资合 1500 美元（1980 年价格），高出常规火力发电站；②仍有一些技术问题没有过关。尽管如此，沿海各国，特别是美国、俄罗斯、日本、法国等都非常重视海洋能的开发。从各国的情况看，潮汐发电技术比较成熟，利用波浪能、盐度差能、海水温差能等海洋能进行发电还不成熟，目前仍处于研究试验阶段。不少国家一方面在组织研究解决海洋能开发面临的问题，另一方面在制定宏伟的海洋能利用计划。从发展趋势来看，海洋能必将成为沿海国家，特别是那些发达沿海国家的重要能源之一。

海洋能开发作为未来的海洋产业，将给海洋经济的发展带来新的活力。海洋资源的综合利用，要把海洋能发电技术与各种海洋能系统副产品的开发结合起来，例如潮汐能发电可与海水养殖业、滨海旅游业相结合，海水温差发电、波浪能发电可与海水淡化、渔业和养殖业相结合。目前，如果把发电以外的海洋能综合利用收益加在一起，开发利用海洋能的综合成本已具有与常规能源相竞争的能力，而且还没有使用常规能源而造成的环境污染及治理所付出的代价。这些特点为海洋能的开发利用提供了坚实的基础和广阔的产业市场，海洋能发电将会成为 21 世纪实用的新能源之一。

7.1.3 我国海洋能资源及开发利用概况

我国从北向南分布着四个内海和近海，分别是渤海、黄海、东海和南海。渤海三面环陆，在辽宁、河北、山东、天津三省一市之间。辽东半岛南端老铁山与山东半岛北岸蓬莱遥遥相对，像一双巨臂把渤海紧紧地抱在怀里，把渤海隔成如葫芦一般的形状。渤海通过渤海海峡与黄海相通，渤海海峡由南长山岛、砣矶岛、钦岛和隍城岛等 30 多个岛屿构成的 8 条宽窄不等的水道组成，扼守渤海的咽喉，是京津地区的海上门户。渤海的面积较小，约为 9 万 km^2，平均水深为 2.5m，总容量不过 $1.73 \times 10^{12} m^3$。辽东半岛南端老铁山角与山东半岛北岸蓬莱角的连线是渤海与黄海的分界线。黄海西临山东半岛和苏北平原，东边是朝鲜半岛，北端是辽东半岛。黄海面积约为 40 万 km^2，最深处在黄海东南部，约为 140m。东海北连黄海，东到琉球群岛，西接中国大陆，南临南海，南北长约为 1300km，东西宽约为 740km。东海海域面积约为 70 多万 km^2，平均水深 350m 左右，最大水深为 2719m。东海海域比较开阔，海岸线曲折，港湾众多，岛屿星罗棋布，我国一半以上的岛屿分布在这里。我国流入东海的河流多达 40 余条，其中长江、钱塘江、瓯江、闽江四大水系是注入东海的主要江河。因而，东海形成一支巨大的低盐水系，成为我国近海营养盐比较丰富的水域，其盐度在 3.4% 以上。东海位于亚热带，因此年平均水温为 20～24℃，年温差为 7～9℃。与渤海和黄海相比，东海有较高的水温和较大的盐度，潮差为 6～8m。同时又因为东海属于亚热带和温带气候，有利于浮游生物的生长和繁殖，是各种鱼虾繁殖和栖息的良好场所，也是我国海洋生产力最高的海域，我国著名的舟山渔场就在这里。从东海往南穿过狭长的中国台湾海峡，就进入了南海。南海是我国最深、最大的海，也是仅次于珊瑚海和阿拉伯海的世界第三大陆缘海。南海位于中国大陆的南方，北边是我国广东、广西、福建和台湾，东南边至菲律宾群岛，西南边至越南和马来半岛，最南边的曾母暗沙靠近加里曼丹岛。浩瀚的南海面积最广，约有 356 万 km^2，其中我国管辖海域约为 200 万 km^2。南海也是邻接我国最深的海区，平均水深约为 1212m，中部深海平原中最深处达 5567m，超过了大陆上西藏高原的高度。南海四周大部分是半岛和岛屿，陆地面积与海洋面积相比显得很小。注入南海的河流主要分布于北部，包括珠江、红河、湄公河等。由于这些河流的含砂量很小，所以海阔水深的南海清澈度较高，总是呈现碧绿色或深蓝色。南海地处低纬度地域，是我国海区中气候最暖和的热带深海。

我国分别于 1985 年完成《中国沿海潮汐能资源普查》和 1989 年完成《中国沿海农村海洋能资源区划》。总体上看，我国沿海岸可开发潮汐能资源较丰富，有很多能量密度高、自然环境条件优越的坝址，可供近期开发利用。据 1985 年普查结果估计，我国长达 18000km 的海岸线，至少有 2×10^4 MW 潮汐电力资源，潜在的年发电量在 600 亿 kWh 以上。其中，仅长江口北支就能建 700MW 潮汐电站，年发电量为 22.8 亿 kWh，接近新安江和富春江水电站的发电总量；杭州湾的"钱塘潮"的潮差达 9m，钱塘江口可建 5000MW 潮汐电站，年发电量约为 160 多亿 kWh，约相当于 10 个新安江水电站的发电能力。我国潮汐能资源具有以下特点：

(1) 资源分布极不均匀。全国潮汐能资源主要集中在东海沿岸，又以福建、浙江两省最多。值得指出的是，潮汐能资源最丰富的东南沿海地区正是我国经济发达，能耗量大，常规能源十分缺乏的地区，如能开发沪浙闽的潮汐能资源，则可为缓解东南沿海地区的能源供求矛盾作出贡献。

(2) 资源开发条件不同。从潮差（能量密度）和海岸类型（地质条件）看，以福建、浙江沿岸最好，其次是辽东半岛南岸东侧、山东半岛南岸东侧和广西东部岸段。这些地区潮差较大，为基岩港湾海岸，海岸曲折多海湾，具有很好的潮汐电站建站条件。

(3) 能量密度较低。我国沿岸潮差较大的地区，浙江的三门湾至福建的海坛岛沿岸平均潮差为 4～5m，最大潮差为 7～8.5m，仅相当于世界最大潮差的一半，在世界上处于中等水平，这是我国潮汐电站单位装机容量造价高的原因之一。

资料显示，我国从 20 世纪 80 年代开始，在沿海各地区陆续兴建了一批中小型潮汐发电站并投入运行发电。其中最大的潮汐电站是 1980 年 5 月建成的浙江省温岭市江厦潮汐电站，它也是世界上已建成的较大双向潮汐电站之一。总库容为 $4.9 \times 10^6 \mathrm{m}^3$，发电有效库容为 $2.7 \times 10^6 \mathrm{m}^3$。该电站装有 6 台 500kW 水轮发电机组，总装机容量为 3000kW，拦潮坝全长 670m。江厦潮汐电站的单位造价为 2500 元/kW，与小水电站的造价相当。

除潮汐能外，波浪能和海水温差能也较为丰富。统计显示，我国沿岸波浪能的蕴藏量约为 $1.5 \times 10^5 \mathrm{MWh}$，可开发利用量为 $3 \times 10^4 \sim 3.5 \times 10^4 \mathrm{MW}$。这些资源在沿岸的分布很不均匀，以台湾省沿岸为最多，占全国总量的 1/3，其次是浙江省、广东省、福建省和山东省沿岸也较多，约占全国总量的 55%，其他省市沿岸则很少。目前，一些发达国家已经开始建造小型的波浪发电站。我国也是世界上主要的波浪能研究开发国家之一，波浪发电技术研究始于 20 世纪 70 年代，从 80 年代初开始主要对固定式和漂浮式振荡水柱波能装置及摆式波能装置等进行研究，且获得较快发展，微型波浪发电技术已经成熟，小型岸式波浪发电技术已进入世界先进行列。而海水温差能使海面上的海水被太阳晒热后，在真空泵中减压，使海水变为蒸汽，然后推动蒸汽轮机而发电。同时，蒸汽冷却后回收为淡水。这项技术我国正在研究和开发中。

海流发电研究国际上开始于 20 世纪 70 年代中期，主要有美国、日本和英国等进行海流发电试验研究，至今尚未见有关发电实体装置的报道。我国海流发电研究始于 20 世纪 70 年代末，首先在舟山海域进行了 8kW 海流发电机组原理性试验。80 年代一直进行立轴自调直叶水轮机海流发电装置试验研究，目前正在采用此原理进行 70kW 海流试验电站的研究工作，在舟山海域的站址已经选定。我国已经开始研建实体电站，在国际上居领先地位，但尚有一系列技术问题有待解决。

在我国海洋能的开发利用中，潮汐发电技术已基本成熟，波浪能开发中的浮式和岸式波力发电技术已形成一定生产能力，并有产品出口。但从总体上说，我国海洋能产业仍处在初始发展阶段。要加快我国海洋能开发利用技术的发展，必须在现有基础上，抓好海洋能技术科技攻关，同时要通过市场机制，大力促进海洋能技术的产业化。

7.2　海洋能发电技术

7.2.1　潮汐发电

潮汐是海洋的基本特征。与波浪在海面上不同，潮汐现象主要表现在海岸边。到了一定的时间，潮水低落了，沙滩慢慢露出了水面，人们在沙滩上捕捞贝壳，又过了一段时间，潮水又奔腾而来。这样，海水日复一日、年复一年地上涨、下降着，人们把白天海面的涨落现象称作"潮"，晚上海面的涨落称作"汐"，合起来就为"潮汐"。

潮汐是海水受太阳、月球和地球引力相互作用后所发生的周期性涨落现象。尽管太阳比月球大得多，但月球距离地球近，地球和月球的中心距离约为 38 万 km，而太阳离地球就比月球远多了。太阳和地球的中心距离大概是 1.5 亿 km，几乎是地球到月球距离的 390 倍之多。因此，对潮汐的影响月球充当了主要力量，而其他天体，如金星、木星等星球，在潮汐现象上影响不大，可以忽略不计。潮汐作为一种自然现象，为人类的航海、捕捞和晒盐提供了方便，同时它还可以转变为电能，给人类带来光明和动力。

潮汐振动以潮波的形式从大洋外海向浅海和岸边传播，进入大陆架海岸边时，由于受到所处地球上位置、海底地形、海岸形态的影响，在各地发生上升、收聚和共振等不同变化，从而形成了各地不同的潮汐现象。潮波周期和潮汐周期一致，主要为 12.4h（半日潮）和 24.8h（全日潮）。潮波是一种典型的长波，波长在大洋上可达 100km 以上，传至浅海后波长大幅度减小。潮波高在大洋上很小，只有几厘米，传至岸边后在地形、海岸形态的影响下变大，可达几米，甚至十几米。潮波波峰到达某地时，表现为高潮位，波谷到达时，表现为低潮位。图 7-1 所示为表示潮汐涨落的过程曲线，它表现为海面相对于某一基准面的垂直高度。从低潮到高潮，海面上涨过程称为涨潮。海水起初涨得较慢，接着越涨越快，到低潮和高潮中间时刻涨得最快，随后涨速开始下降，直至发生高潮为止。这时海面在短时间内处于不涨不落的平衡状态，称为平潮。把平潮的中间时刻定为高潮时。从高潮到低潮，海面的下落过程

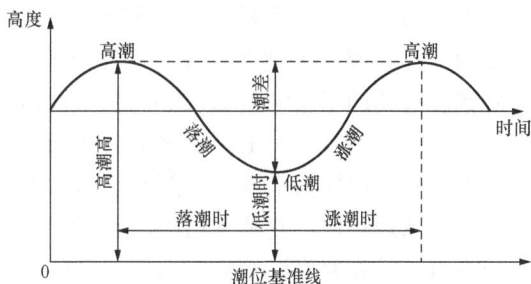

图 7-1　潮汐涨落的过程曲线

称为落潮。当海面下落到最低位置时，海面也有一个短时间处于不涨不落的平衡状态，称为停潮。把停潮的中间时刻定为低潮时。

在潮汐涨落过程中，海面上涨到最高位置时的高度称为高潮高，下降到最低位置时的高度称为低潮高，相邻的高潮高与低潮高之差称为潮差日。高潮高或低潮高相对于平均潮高的高度称为潮幅 $H/2$。

从低潮到高潮的潮位差称为涨潮潮差，从高潮到低潮的潮位差称落潮潮差，两者的平均值即为这个潮汐循环的潮差。从低潮时到高潮时的时间间隔，称为涨潮时，从高潮时到低潮时的时间间隔，称为落潮时，两者之和为潮汐周期。

一般而言，大洋、外海潮差较小，越接近海岸潮差越大，尤其是在伸入陆地的海湾，潮差从湾口向湾顶递增，海湾两岸呈对称分布。潮汐不仅有地域的差别，在同一地点还随时间

明显变化。由于运动着的地球、月球和太阳的相对位置存在着多种周期性变化，因此由月球和太阳引潮力产生的潮汐也存在多种周期组合在一起的复杂周期性变化，从而产生了潮汐各种周期性的不等现象，如日不等现象、半月不等现象、月不等现象和年不等现象等。根据潮汐涨落周期和相邻潮差的不同，可以把潮汐现象分为以下三种类型：

（1）正规半日潮。一个地点在一个太阴日（24h50min）内，发生两次高潮和两次低潮，两次高潮和低潮的潮高近似相等，涨潮时和落潮时也近似相等，这种类型的潮汐称为正规半日潮。

（2）混合潮。一般可分为不正规半日潮和不正规日潮两种情况。不正规半日潮是在一个太阴日内有两次高潮和两次低潮，但两次高潮和低潮的潮高均不相等，涨潮时和落潮时也不相等；不正规日潮是在半个月内，大多数天数为不正规半日潮，少数天数在一个太阴日内会出现一次高潮和一次低潮的日潮现象，但日潮的天数不超过 7 天。

（3）全日潮。在半个月内，有连续 1/2 以上天数，在一个太阴日内出现一次高潮和一次低潮，而少数天数为半日潮，这种类型的潮汐，称为全日潮。

由于潮汐电站的建筑物及机组的运行会对潮汐过程产生反作用，以致影响潮波结构并产生一定变化，估算一个具体潮汐电站从自然潮汐过程中获得的能量是极其困难的。因此，为了估算潮汐电站的发电量，除了要了解潮汐电站的技术特性外，还必须预测潮汐过程可能发生的变化，这就需要进行大量的复杂模拟计算。但是，在初步设计阶段，可以在一些假定的条件下，利用一些简化近似公式来估算潮汐电站的功率。根据国际上常用的伯恩斯坦潮汐能估算公式，正规半日潮海域的潮汐能日平均理论功率 P（kW）可以表示为

$$P = 225AH^2 \tag{7-1}$$

式中：A 为海湾内储水面积；H 为潮差。

因为 P 表示的是日平均功率，并不能直接用来确定潮汐电站的装机容量，但是可以用于确定潮汐电站的年发电量 E（kWh），即将式（7-1）乘以 365d 和 24h 可得

$$E = 24 \times 365 \times 225AH^2 = 1.97 \times 10^6 AH^2 \tag{7-2}$$

大海的潮汐能极为丰富，涨潮和落潮的水位差越大，所具有的能量就越大。潮汐发电与水力发电的原理相似，它是利用潮水涨落产生的水位差所具有的势能来发电的。为了利用潮汐进行发电，首先要将海水蓄存起来，这样便可以利用海水出现的落差产生的能量来带动发电机发电。因此潮汐发电站一般建立在潮差比较大的海湾或河口，在海湾或有潮汐的河口建一个拦水大坝，将海湾或河口与海洋隔开，构成水库，再在坝内或者坝房安装水轮发电机组，就可利用潮汐涨落时海水水位的升降，使海水通过水轮机推动发电机发电，如图 7-2 所示。当海水上涨时，闸门外的海面升高，打开闸门，海水向库内流动，水流带动水轮机并拖动发电机发电；当海水下降时，把先前的闸门关闭，把另外的闸门打开，海水从库内向外流动，又能推动水轮机拖动发电机继续发电。

1. 潮汐电站分类

潮汐电站通常由七部分组成：潮汐水库，闸门和泄洪建筑，堤坝，输电、交通和控制设施，发电机组和厂房，航道、鱼道等。按照运行方式及设备要求的不同，潮汐电站分单库和双库两种。

（1）单库单向型潮汐电站。如图 7-3 所示，单库单向型潮汐电站一般只有一个水库，水轮机采用单向式。这种电站只需建设一个水库，在水库大坝上分别建一个进水闸门和排水

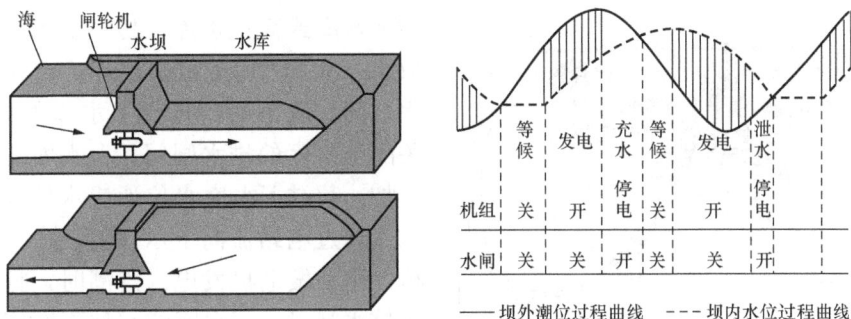

图 7-2　潮汐发电

闸门，发电站的厂房建在排水闸处。当涨潮时，打开进水闸门，关闭排水闸门，这样就可以
在涨潮时使水库蓄满海水。当落潮时，打开排水闸门，关闭进水闸门，水库内外形成一定的
水位差，水从排水闸门流出时，带动水轮机转动并拖动发电机发电。由于落潮时水库容量和
水位差较大，因此通常选择在落潮时发电。在整个潮汐周期内，电站共存在充水、等候、发
电和等候四个工况。单库单向型潮汐电站只要求水轮机组满足单方向的水流发电，只需安装
常规贯流式水轮机即可，所以机组结构和水工建筑物简单，投资较少。由于只能在落潮时发
电，而每天两次潮汐涨落的时候，一般仅有 10～20h 发电时间，所以潮汐能未被充分利用。

图 7-3　单库单向型潮汐电站

（2）单库双向型潮汐电站。单库双向型潮汐电站采用一个单库和双向水轮机，涨潮和落
潮时都可以进行发电。这种电站的特点是水轮机和发电机组的结构较复杂，能满足正、反双
向运转的要求。单库双向型潮汐电站有等待、涨潮发电、充水、等待、落潮发电和泄水六个
工况。在海一库水位接近相等的时间内，机组无法发电，一般每天能发电 16～20h。单库双
向型潮汐电站如图 7-4 所示。

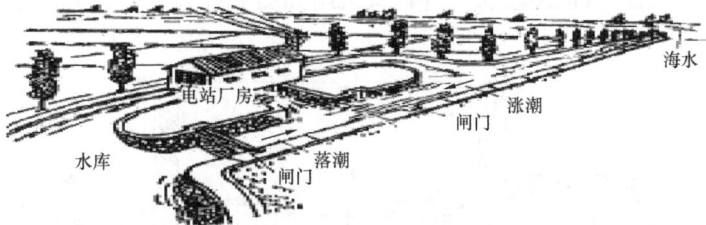

图 7-4　单库双向型潮汐电站

（3）双库单向型潮汐电站。为了提高潮汐能的利用率，在有条件的地方可建立双库单向
型潮汐电站，如图 7-5 所示。电站需要建立两个相邻的水库，一个水库仅在涨潮时进水，

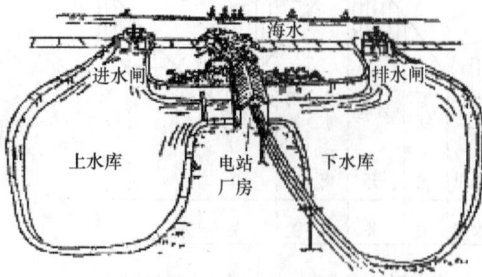

图 7-5　双库单向型潮汐电站

称上水库或高位水库。另一个水库在退潮时放水，称下水库或低位水库。电站建在两水库之间。涨潮时，打开上水库的进水闸门，关闭下水库的排水闸门，上水库的水位不断增加，超过下水库水位形成水位差，水从上水库通过电站流向下水库时，水流带动水轮机并拖动发电机发电。落潮时，打开下水库的排水闸门，下水库的水位不断降低，与上水库仍保持水位差。水轮发电机可全日发电，提高了潮汐能的利用率。但由于需建造两个水库，一次性投资较大。

2. 潮汐电站的水轮发电机组

水轮发电机组是潮汐电站的关键设备，要求水轮发电机组主要具有以下特点：应满足潮汐低水头、大流量的水力特性；机组一般在水下运行，因而对水轮发电机组的防腐、防污、密封和对发电机的防潮、绝缘、通风、冷却、维护等要求高；水轮发电机组随潮汐涨落发电，开、停机运行频繁，双向发电机组需要满足正、反向旋转，因而要选用适应频繁启动和停止的开关设备。潮汐电站的水轮发电机组主要有以下几种基本结构形式。

(1) 竖轴式机组。竖轴式机组将轴流式水轮机和发电机的轴竖向连接在一起，垂直于水面，如图 7-6 所示。这种布置结构简单，运行可靠。由于竖轴式机组将水轮机置于较大的混凝土蜗壳内，发电机置于厂房的上部，所需厂房面积较大，工程投资偏高。而且潮汐电站水头很低，竖轴水轮机只适用于小型潮汐电站机组。

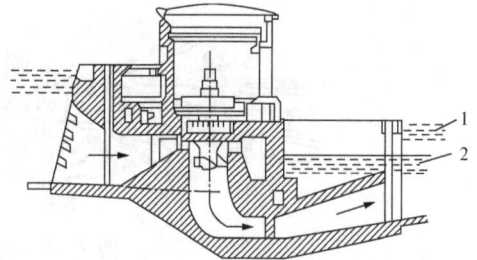

图 7-6　竖轴式机组
1—最高水位；2—最低水位

(2) 卧轴式机组。卧轴式机组将水轮发电机组的轴卧置，水轮机置于流道中，发电机置于陆地上，其间用长轴传动或采用齿轮增速器使发电机增速，具有可以合理选择发电机转速、检修方便、效率较高等特点。这种形式的机组进水管较短，并且进水管和尾水管的弯度均大大减小，因而厂房的结构简单，水流能量损失也较少，性能比竖轴式机组优越。由于需要很长的尾水管，所需厂房仍然较长。卧轴式机组如图 7-7 所示，适用于潮差 5m 以下的中小型机组。

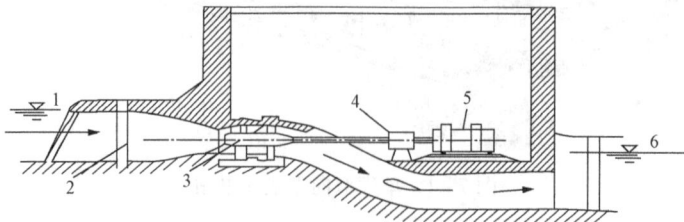

图 7-7　卧轴式机组
1—上游水位；2—闸门槽；3—水轮机；4—调速器；5—发电机；6—下游水位

（3）灯泡贯流式机组。贯流式机组是为了提高机组的发电效率、缩小输水管的长度及厂房面积，而在卧轴式机组的基础上发展起来的一种新型机组。灯泡贯流式机组是两种贯流式机组的一种，灯泡贯流式机组将水轮机、齿轮箱、发电机全部放在一个用混凝土做成的密封灯泡体内，只将水轮机的桨叶露在外面，整个灯泡体设置于发电机厂房的水流道内，如图 7-8 所示。与竖轴式机组相比，灯泡贯流式机组具有流道顺直、水

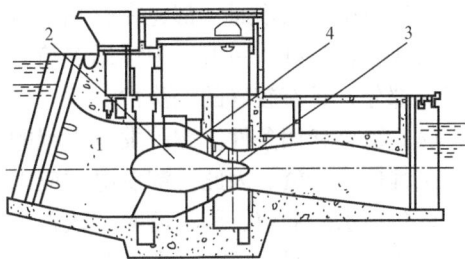

图 7-8 灯泡贯流式机组
1—流道；2—发电机；3—水轮机；4—灯泡体

头损失小、单位流量大、效率较高、体积较小及厂房空间较小等优点，适合用作低水头的大中型潮汐电站机组。目前，世界上运行和在建的潮汐电站机组多采用灯泡贯流式机组。灯泡贯流式机组的缺点是安装操作不便、占用水道太多。

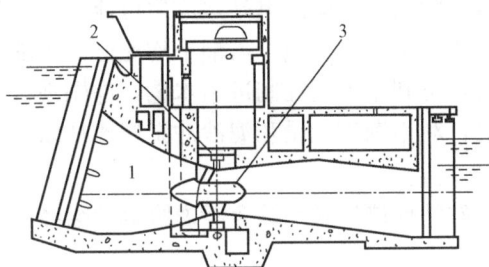

图 7-9 全贯流式机组
1—流道；2—发电机；3—水轮机

（4）全贯流式机组。全贯流式机组将水轮机和发电机的转子装在水流通道中的一个密封体内，水轮机转子的外轮缘同时构成发电机转子的磁轭，而发电机定子同心地布置在发电机转子外面，并固定在水流道的周壁基础上，因而在水流道中所占的体积比灯泡贯流式机组小、操作运行方便。全贯流式机组如图 7-9 所示。全贯流式机组具有外形小、质量轻，发电机布置方便、机组紧凑、经济性较好等优点，

厂房的面积可以大为缩小，进水管道和尾水管道短而直，因而水流能量损失小、发电效率高。全贯流式机组的发电机转子和定子之间为动密封结构，技术难度大，使得设备的加工难度加大。

3. 潮汐电站的站址选择

潮汐电站的站址选择应当综合考虑如下条件：

（1）潮汐条件。潮汐条件是选择潮汐电站站址的最主要因素。潮汐电站的可利用水头与发电水量主要取决于潮汐情况，也与库区地形和大坝的位置有关。潮汐能的强度与潮差有关。潮差是反映潮汐能量密度的指标，通常取其多年平均值作为电站站址比较时的衡量指标。

（2）地貌条件。总体来说，应选择那些口门小而水库水域面积大，可以储备大量海水和修建土建工程的地域。有较大的海湾和适度的湾口，有良好的坝基和环境条件，当地较大的潮差与有利的地理环境相配合，往往构成优良的站址。由于潮汐电站所利用的水头较低，因而其单位电能建设成本比一般水电站为高，有开发价值的潮汐电站除选在潮差较大的地区以外，着重寻找有利的库区和坝址地形。从潮汐电站的位置看，主要有海湾、河口、湾中湾、泻湖和围塘等。其中，湾中湾最为理想，因其不直接受外海风浪作用，海区泥沙运动较弱，使电站淤积缓慢，厂房、堤坝和水闸等建筑也受到较好的掩护。浙江江厦潮汐电站便是例证，库内水色较清，电站运行十余年来，没有明显的淤积。而泻湖泥沙淤积较为严重。

（3）地质条件。基岩是电站厂房最理想的地基，因此基岩港湾海岸是最适合建设潮汐电

站的海岸类型。大坝通常都建在软黏土地基上，坝址尽可能选择软黏土层较薄而下面是不易压缩层或基岩为好。一般采用浮运沉箱法施工，把厂房建在河（海）床上，并作为挡水结构的组成部分，具有较好的经济性。

（4）综合利用条件。潮汐发电工程的综合利用，不仅会增加经济效益，而且还会大幅度降低工程单位投资。因此，潮汐电站应以水库、堤坝和岸滩为依托，提高除发电以外的综合效益，包括水产养殖、围垦海滩、改善交通及发展旅游等多方面。综合利用条件要好，距离负荷中心和电网尽量近，社会经济和生态条件较好；充分利用自身的水土资源优势，因地制宜地开展多种经营，方能具有生命力，并求得发展。在电站规划选址过程中，对不同坝址需把可能获得的综合利用效率和电站发电效益联系在一起加以综合比较。

（5）工程、水文条件。进行站址评价时还应该考虑潮汐挡水建筑物的总长度、厂房的位置及长度、地震情况、航道和鱼道设施的要求等工程条件，以及潮汐水库纵向规模、沿挡水建筑物轴线的平均水深、挡水建筑物对风和波浪的方位、潮流和截流的流速等水文条件。此外，影响潮汐电站正常运行的一个重要因素是泥沙淤积问题。潮汐电站建成后可能会促进泥沙落淤增多，导致电站不能充分发挥作用，但若潮汐电站选择适当，落潮平均流速大于涨潮平均流速，有利于泥沙的冲刷，且建造潮汐电站后，可利用水闸控制进出水量，冲刷现有河道淤沙。因此必须根据各地的水流、泥沙具体情况，利用潮汐能量和泥沙冲淤规律加以研究解决。

（6）社会经济条件。除以上各项之外，潮汐电站站址选择必须综合考虑腹地社会经济状况、电力供需条件及负荷输送距离等因素。

据海洋学家计算，世界上潮汐能发电的资源量在 $10^6\,MW$ 以上，世界上适于建设大型潮汐电站的地方都在研究、设计建设潮汐电站，其中包括美国的库克湾、加拿大芬地湾、英国赛文河口、阿根廷圣约瑟湾、澳大利亚达尔文范迪门湾、印度坎贝河口、俄罗斯远东鄂霍茨克海品仁湾、韩国仁川湾等地。随着技术进步，潮汐发电成本的不断降低，将会有大型现代潮汐电站建成使用。

4. 潮汐电站在我国及世界各地发展情况

表 7-1 是我国现运行发电的主要潮汐电站简况。

表 7-1　　　　　　　　　我国现运行发电的主要潮汐电站简况

站名	位置	形式	机组数量	装机容量（kW）		每年耗电量（万 kWh）		建站时间（年）	投产时间（年）
				设计	实际	设计	实际		
沙山	浙江温岭	单库单向	1	40×1	40	9.3	8.5	1958	1959
岳甫	浙江象山	单库单向	4	75×4	75×1	60	6.2	1970	1972
海山	浙江玉环	双库单向	2	75×2	150	31	5~7	1973	1975
江厦	浙江温岭	单库双向	6	500×6	500×1	1070	116	1972	1980
白沙口	山东乳山	单库单向	6	160×6	640	232	—	1970	1978
浏河	江苏太仓	双向双贯流式	2	75×2	150	25	6	1970	1978
筹东	福建长乐	卧轴轴伸式	1	40×1	40	—	—	1958	1959
果子山	广西龙门港	单库单向	1	40×1	40	—	—	1976	1977

　　20 世纪 50 年代，世界很多国家逐步开始重视潮汐发电技术的开发利用，但近代建造的潮汐站不多，法国的朗斯电站是最大的，装机容量为 240MW，是单库双向型电站，也是第一个商业化的电站。另外，还有加拿大的安娜波利斯电站，装机容量接近 20MW，单库单向工作；苏联的基斯洛湾试验潮汐电站，装机容量为 400kW，单库双向工作；我国的江厦潮汐电站，装机容量为 3200kW，单库双向工作。世界现有投入运行的潮汐电站具体数据见表 7 - 2。

表 7 - 2　　　　　　　　　　　世界现有投入运行的潮汐电站具体数据

地点	平均潮差 （m）	库区面积 （km²）	装机容量 （MW）	发电量 （GWh/年）	投入运行时间 （年）
朗斯（法国）	8.0	17	240.0	540	1966
基斯洛湾（苏联）	2.4	2	0.4	—	1968
江厦（中国）	7.1	2	3.2	11	1980
安娜波利斯（加拿大）	6.4	6	17.8	30	1984

　　单库单向工作方式与单库双向工作方式的比较：在单向工作方式中水头变化范围较小，平均工作水平稍高，这在一定程度上可使水轮机的数量减少，尺寸减小，从而减少潮汐发电的投资。单向工作水轮机的造价也比双向工作水轮机的造价稍低一些，但双向工作可以提高出力。通常需要在综合考虑潮差、海湾条件的情况下，选择单向还是双向工作方式。所以，对于在潮差小、海湾条件允许的电站，采用双向工作是比较有利的。

　　单库与多库方式的比较：多库方式可使电站连续发电，这是它最吸引人的优点，驱使人类不断地去研究和考虑这种方案，但它的缺点是潮汐能源利用率低。所以，总体潮汐发电多采用单库方案。

7.2.2　波浪发电

　　水在风和重力的作用下发生起伏运动称为波浪。江河海都有波浪现象，因为海洋的水面最广阔，水量巨大，更容易产生波浪，故海洋中的波浪起伏最大。波浪能是由风把能量传递给海洋而产生的，是海洋能源的一个主要种类。它主要是由海面上风吹动及大气压力变化而引起的海水有规则的周期性运动。根据波动理论，波浪能量与波高的二次方成比例。波浪功率不仅与波浪中的能量有关，而且与波浪达到某一给定位置的速度有关。一个严格简单正弦波单位波峰宽度的波浪功率为

$$P_w = \rho g^2 h^2 T / (32\pi) \tag{7-3}$$

式中：ρ 为海水密度（kg/m³）；g 为重力加速度，$g = 9.8 \text{m/s}^2$；h 为波高（m）；T 为波周期（s）。

　　习惯上把海浪分为风浪、涌浪和近岸浪三种。风浪是在风直接作用下生成的海水波动现象，风越大，浪就越高，波浪的高度基本与风速成正比，风浪瞬息万变，波面粗糙，周期较短。涌浪是在风停以后或风速风向突然变化，在原来的海区内剩余的波浪，还有从海区传来的风浪。涌浪的外形圆滑规则，排列整齐，周期比较长。风浪和涌浪传到海岸边的浅水地区变成近岸浪。在水深是波长的一半时，海浪发生触底，波谷展宽变平，波峰发生倒卷破碎。

　　为了表示海浪的大小，按照海浪征状和波高把海浪分成 10 级，见表 7 - 3。

表 7 - 3 海 浪 波 级

波级	波高范围（m）	波浪名称	波级	波高范围（m）	波浪名称
0	0	无浪	5	5.0>h≥3.0	大浪
1	0.1>h	微浪	6	7.5>h≥5.0	巨浪
2	0.5>h≥0.1	小浪	7	11.5>h≥7.5	狂浪
3	1.5>h≥0.5	轻浪	8	18>h≥11.5	狂浪
4	3.0>h≥1.5	中浪	9	h≥18	怒浪

1. 波能转换的基本原理

波能转换一般可分为两个阶段，首先通过波浪能采集系统捕获波能，将波能转换为机械能（有质量物体的动能），称为一次转换。通过涡轮发电机组将转化的机械能转换为电能，则是波能的二次转换。两次转换之间有些还有中间环节，其目的是传递能量，并用于提高一次转换所得能量载体的速度，如用收缩道对流体加速或者用齿轮对轴加速等。

波能的一次转换主要有以下几种方式。

（1）冲箱式。冲箱式波能吸收装置是指通过水面上可运动的浮子来吸收波能，如图 7 - 10（a）所示。例如，浮子在波上做垂直方向的升沉运动。为了提高波能吸能效果，浮子的形状设计极为关键。英国爱丁堡大学斯蒂芬·索尔特教授所设计的"点头鸭"用浮子绕轴心的纵摇代替升沉，其形状合理，吸波效率极高。另有一种筏式浮体利用纵摇运动吸收波能，不会向后方兴波，吸波效率也很高。这两种方案曾受到人们的长期重视。但是，由于其结构复杂，有不少活动部件暴露在海水中，在经受风浪袭击等方面稳定性稍差，实际的应用较少。

（2）摇板式。如图 7 - 10（b）所示，在摇板式波浪电站中，吸能装置是由水室与摆板组成的，水室的作用是聚波形成立波，增加波能密度，摆板则是与波浪直接接触的部分，波浪通过摆板做功，转化为机械能。该方式可以增加波能吸收的水深，但是由于摆板的双向摆动，因此会降低其吸收效率，增加后壁可对此加以改善。此外，在工艺上摆轴宜置于水面以上，这在理论上导致摆质点的线速度上小下大，而与波质点线速度上大下小相矛盾，因此效率更差。

（3）空气式。空气式又称振荡水柱式，如图 7 - 10（c）所示，目前已建成的振荡水柱波能装置都利用空气作为转换的介质。其一级能量转换机构为气室，二级能量转换机构为空气

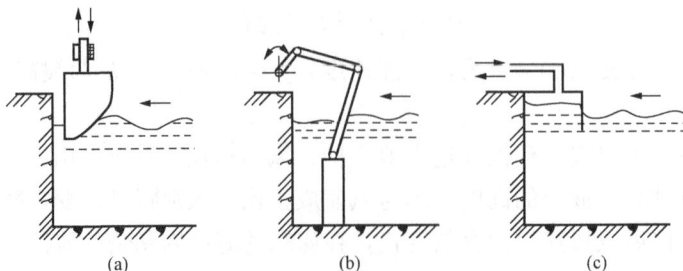

图 7 - 10 三种波浪能吸收方式
（a）冲箱式；（b）摇板式；（c）空气式

涡轮机。气室的下部开口在水下与海水连通,气室的上部与大气连通,在开口处形成喷嘴。在波浪力的作用下,气室下部的水柱在气室内做强迫振动,压缩气室的空气往复通过喷嘴,将波浪能转换成空气的压能和动能。空气涡轮机安装在喷嘴处并将涡轮机转轴与发电机相连,则可利用压缩气流驱动涡轮机旋转并带动发电机发电。空气式的优势主要在于两点:第一没有任何水下活动部件,结构安全,维护方便;第二将空气作为能量载体,传递方便,而且可以简单地通过一个收缩段而提高气流速度,从而与二次转换能很好地匹配。

空气式波浪发电装置可分为漂浮式和固定式两大类。

1) 漂浮式。一次转换装置由重物系泊漂浮于海上。漂浮式由于它本身的运动,难免会向后方兴波而影响吸收效率,但是利用能作多自由度运动的浮体,可以在一定程度上提高吸波效率。漂浮式的主要优点是其建造方便,投放点灵活,对潮位变化具有很强的适应性。由于波浪的表面性,希望吸收波能的装置要尽量接近水面,漂浮式则能在任何潮位下实现这一要求。相比之下,空气固定式的吸波开口无法适应潮位的改变,不能始终处于理想的工作状态。漂浮式的主要缺点在于系泊与输电较为困难。

2) 固定式 (也称岸式)。一般建在岸边迎浪侧,在岸上施工较为方便,且并网输电也更为简单,但是一般岸式波浪电站选址在风浪较大的区域,给电站施工带来不利,往往会使施工质量受到一定影响,电站建成后,由于波浪拍岸时会出现高度的非线性现象,其作用力很难估算,因此如何抵御风浪破坏是其面对的主要困境。

(4) 聚波储能式。与通过吸收波能进行能量转换不同,聚波储能波浪发电方式则舍弃波浪的动能,利用波浪在沿岸的爬升将波浪能转换成水的势能。它利用狭道将波能集中,使波高增高至 3～8m 而溢出蓄水池,然后像潮汐发电一样将蓄水池内的水推动水轮发电机,其二次转换实际上就是一般的水力发电,技术较为成熟。其不足之处是对于地形有一定的要求,如图 7-11 所示。

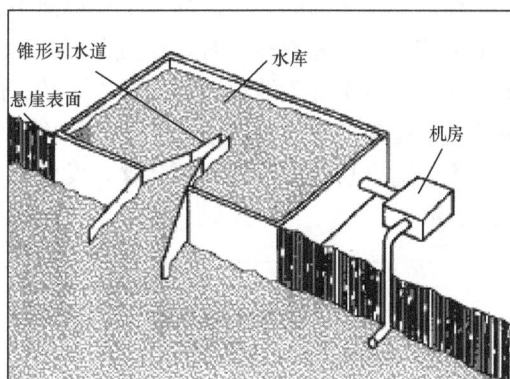

图 7-11　聚波储能式

(5) 其他。随着人们对波浪能利用技术研究的深入,一些新型的波能转换器也相继出现。世界上第一个商业海浪发电厂"海蛇"位于葡萄牙北部海岸,2008 年刚刚投入运转。"海蛇"设备由 Pelamis 波浪发电公司完成研制,由一串四个相连的管道组成,四部分之间铰链连接的三个能量模块对波浪能进行捕捉,如图 7-12 所示。能量模块中插有大型液压滑块,当长长的蛇体在波浪中扭曲翻转时,它们把滑块像活塞一样从模块中拖进拖出。滑块的巨大力量被加以利用,使得能量模块中的发电机发出电力并通过海底电缆送入电网中。

另一种名为"巨蟒"的海浪发电机由英国 Checkmate 海洋能源公司设计,是一种类似蟒蛇的大型发电设备,由橡胶而不是钢铁制成。"巨蟒"实际上是一根装满水的橡皮管,两头封闭。按照设计,此装置的一头停泊在即将来临的波浪中,当海浪在上方经过对其产生挤压时,内部可产生压力波,压力波向前行进,到达尾端时可带动发电机发电。

据悉,英国正在研制一种名为牡蛎 (Oyster) 的波浪发电机。在沿岸深 10～12m 的海

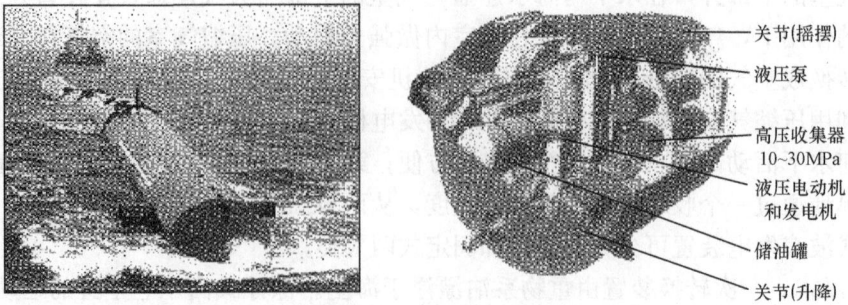

图 7 - 12　海蛇海浪发电机

面下有振荡波能转换器，它是安装在海底的一个巨大杠杆，可随海浪来回摇摆。这样的机器可以成群安放，在极端天气下也能正常工作。海浪的冲击力使阻力板前后摆动并推动活塞系统，造成高压的海流，经由管线将高压海水送往岸边，可用来推动岸边的水力发电机发电。

　　近年来，随着发电机技术的发展，一种简单的利用波浪能的方式——漂浮式，即利用漂浮物的移动带动直线发电机发电引起了人们越来越多的注意。据悉，英国 Trident Energy 公司设计了一种水翼艇状的漂浮物，可在海浪通过时产生上升力及推进力。Trident Energy 公司所设计的漂浮式波浪发电装置内部安装有一个直线永磁发电机。另外，阿基米德浮筒装置是又一种位于水下的漂浮物。阿基米德浮筒整体要潜入水下数米，上部可像活塞一样相对于下部上下移动。当海浪经过时，浮筒上下推动直线发电机发电。

　　上述的多种方案都为波浪能利用提供了较好的方法，但也存在一些问题，主要问题是由于波浪能的不稳定性造成了波浪能驱动效率比较低、输出功率比较小。采用的通用三相交流发电机并不太适合目前波浪能利用装置，发电效率比较低。常用的波浪发电电气系统框图如图 7 - 13 所示。

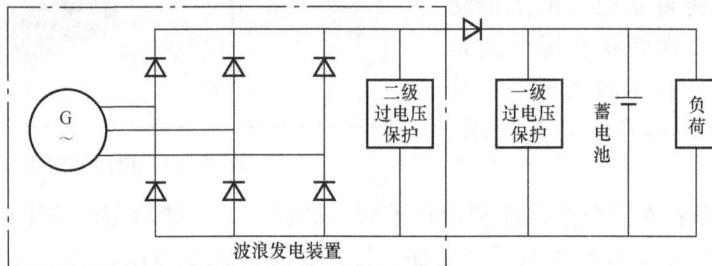

图 7 - 13　波浪发电电气系统框图

　　一般来讲，发电机的输出电压与转速成正比。当风浪很大时，波浪发电机的转速比较高，输出电压也较高；相反，当风浪很小时，发电机的转速低，输出电压也比较低。由图 7 - 13 可知：只有当整流输出的直流电压高于蓄电池电压时才能对蓄电池进行充电，而当输出直流电压低于蓄电池电压时就不能对蓄电池进行充电了。所以，在这里把波浪发电机输出电压低于蓄电池电压的状态称为波浪发电机的低输出状态。实际上，低输入状态时，波浪发电装置仍在输出电能，只不过没能利用。但随着现代电力电子技术的飞速发展。利用半导体开关电源技术，把低电压进行高效升压的技术已经成熟。采用升压电路，将波浪发电机低输出状态下的低电压进行有效的升压，可以使之达到对蓄电池进行充电的电压，实现对蓄电池充电，大大提高能源利用率。但同时需要注意的是半导体集成升压器件有损耗，效率一般是80%～90%。为了尽量提高能源利用率，一般波浪发电装置处于低输出状态时采用升压方法，而在波浪发电装置输出整流电压高于蓄电池电压，也即不经过升压给蓄电池充电，以此来避免升压时的损耗。具有比较电路、提高波浪发电装置能源利用率的电路框图如图7-14所示。由图7-14可知，比较电路输入的两个比较量分别是波浪发电机输出整流电压U_0和蓄电池电压U_B，当$U_0 > U_B$时，断开升压电路直接向蓄电池充电；

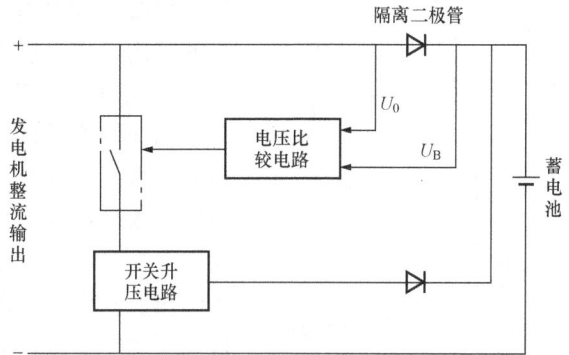

图7-14 提高波浪发电装置能源利用率的电路框图

当$U_0 < U_B$时，立即接通升压电路，发电机输出的低电压经过升压后向蓄电池充电。

2. 波浪发电技术的发展应用情况

波浪发电始于20世纪70年代，以日、美、英、挪威等国为代表，研究了各式集波装置，进行规模不同的波浪发电，其中有点头鸭式、波面筏式、环礁式、整流器式、海蚌式、软袋式、振荡水柱式、收缩水道式等。我国也是世界上主要的波浪能研究开发国家之一，波浪发电技术研究始于20世纪70年代，从80年代初开始主要对固定式和漂浮式振荡水柱波浪能装置及摆式波浪能装置等进行研究，且获得较快发展。但我国波浪能开发的规模远小于挪威和英国，小型波浪发电距实用化尚有一定的距离。

虽然世界上对波浪能发电装置的研究开发历史不短，也研制了不少试验发电装置，有的容量逐渐增大，但是它离商业化及广泛应用还有相当长的距离，在波浪能利用的研究方面还存在许多问题有待解决。由于波浪能是一种密度低、不稳定、无污染、可再生、储量大、分布广、利用难的能源，且波浪能的利用地点局限在海岸附近，还容易受到海洋灾害性气候的侵袭，因此波浪能开发成本高，投资回收期长，一个多世纪以来，束缚了波浪能的大规模商业化开发利用和发展。尽管如此，长期以来，世界各国还投入了很大的力量进行了不懈的探索和研究。近年来，世界各国都制定了开发海洋能源的规程。我国也制定了波浪发电以福建、广东、海南和山东沿岸为主的发展目标，着重研制建设100kW以上的岸式波力发电站。因此，波浪发电的前景十分广阔。

7.2.3 海洋温差发电

海洋热能主要来自于太阳能。太阳辐射到海面上的太阳能一部分被海面反射回大气，一部分进入海水。进入海水的太阳辐射能除很少部分再次返回大气，其余部分都被海水吸收，转化为海水的热能。被海水吸收的太阳能，约有60%被1m厚的表层海水所吸收，因此，海洋表层水温较高。图7-15所示为大洋平均水温典型垂直分布（低纬），可见，海洋水温在垂直方向上基本呈层化分布，随着海水深度增加水温大致呈不均匀递减，且水平差异逐渐缩小，至深层水温分布趋于均匀。由于海水的热导率较低，而海水垂直方向的运动比水平方向的运动要弱很多，因此表层的热量很难传导到深层去。故在表层形成一个温度较高、垂直梯度很小、几近均匀的上均匀层。在上均匀层下方是温度垂直梯度较大的水层，在不太厚的深

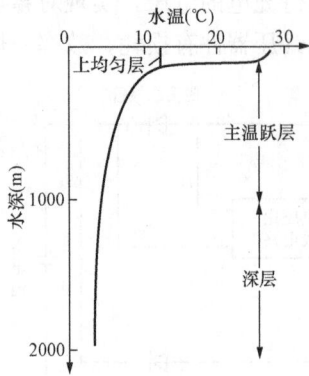

图 7-15 大洋平均水温
典型垂直分布（低纬）

度（500～1000m），水温迅速递减，被称为主温跃层。在赤道附近的低纬度海域，以主温跃层为界，终年存在着表层和深层温差，其中蕴藏着数量巨大的海洋热能。因此，海洋热能的利用，主要集中在地球低纬度海域。

1. 海洋热能转换原理

海洋热能转换是将海洋热能转换为机械能，再把机械能转换为电能。在第一步热能转换中，以海洋受太阳能加热的表层海水（25～28℃）作高温热源，而以 500～1000m 深处的海水（4～7℃）作低温热源，用热机构成一种热力循环。从高温热源到低温热源，可获得总温差为 15～20℃ 的有效能量。根据所用工质及流程的不同，系统一般可分为开式循环、闭式循环和混合式循环。

(1) 开式循环系统。开式循环系统主要由真空泵、冷海水泵、温海水泵、冷凝器、闪蒸器、汽轮机、发电机等组成，如图 7-16 所示。当系统工作时，真空泵将系统内抽到一定真空，启动温海水泵把表层的温海水抽入闪蒸器，由于系统内保持有一定的真空度，因此温海水就在闪蒸器内沸腾蒸发，变为蒸汽。蒸汽经管道由喷嘴喷出推动汽轮机运转，带动发电机发电。从汽轮机排出的废汽进入冷凝器，被由冷海水泵从深层海水中抽上的冷海水所冷却，重新凝结为水，并排入海中。在该系统中作为工质的海水，由泵吸入蒸发器蒸发到最后排回大海，并未循环利用，故该工作系统称为开式循环系统。开式循环系统不仅能够发电，而且能得到大量淡水副产品，但因以海水作为工作流体和介质，闪蒸器与冷凝器之间的压力非常小，因此必须充分降低管道等的压力损耗。为了获得预期的输出功率，必须使用极大的涡轮机，其大小可以和风力涡轮机相比。

(2) 闭式循环系统。闭式循环系统如图 7-17 所示，该系统不以海水而采用一些低沸点的物质（如丙烷、异丁烷、氟利昂、氨等）作为工作流体，在闭合回路中反复进行蒸发、膨胀、冷凝。因为系统使用低沸点工作流体，所以蒸汽的压力得到提高。

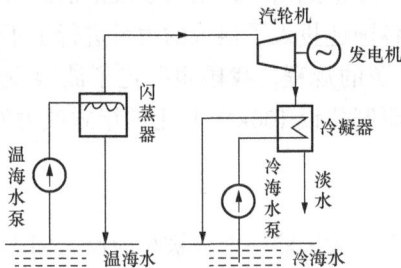

图 7-16 开式循环系统

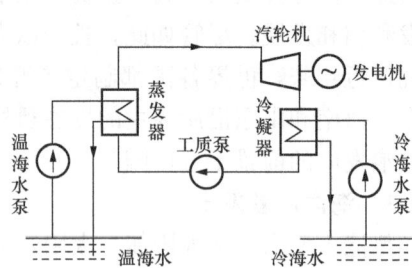

图 7-17 闭式循环系统

系统工作时，温海水泵把表层温海水抽上送往蒸发器，通过蒸发器内的盘管把热量传递给低沸点的工作流体，例如氨水，氨水从温海水中得到足够的热量后开始沸腾并成为氨气，氨气膨胀做功并推动汽轮机、发电机发电。汽轮机排出的氨气进入冷凝器，被冷海水泵抽上的深层冷海水冷却后重新变为液态氨，通过工质泵把冷凝器中的液态氨重新打入蒸发器，以供循环使用。

闭式循环系统的优点是：

1）采用低沸点工质可以提高压力差和压力水平，同样温度下氨气压力比水蒸气高得多，如氨在 25℃时，饱和压力是 1005.1kPa，是同温下水的饱和压力的 34.6 倍，因此，可以极大地缩小汽轮机尺寸，实现装置的小型化。

2）海水不用脱气，免除了这一部分动力需求。其缺点是：因为蒸发器和冷凝器采用表面式换热器，导致这一部分体积巨大，金属消耗量大，维护困难。另外，海水与工质之间需要二次换热，减小了可利用温差。

3）混合式循环系统。混合式循环系统是在闭式循环的基础上结合开式循环改造而成的。该系统基本与闭式循环相同，但用温海水闪蒸出来的低压蒸汽来加热低沸点工质。这样做的好处在于减少了蒸发器的体积，可节省材料，便于维护。混合式循环系统如图 7 - 18 所示。图 7 - 18（a）所示是温海水先闪蒸，闪蒸出来的蒸汽在蒸发器内加热工质的同时被冷凝成水。优点是：蒸发器内工质采用蒸汽加热，换热系数较高，可使换热面积减小，蒸发设备体积减小，且淡水产量较高；缺点是：闪蒸系统需要脱气，且存在着二次换热，闭路系统有效利用温差降低。图 7 - 18（b）所示系统是温海水通过蒸发器加热工质，然后在闪蒸器内闪蒸，闪蒸出来的蒸汽用从冷凝器出来的冷海水冷凝。优点是：没有影响发电系统的有效温差，所以系统效率较高，而且可以根据需要调节进入闪蒸器的海水流量，从而控制淡水产率；缺点是：系统布置比较复杂，需配备淡水冷凝器，系统的初始投资更大。

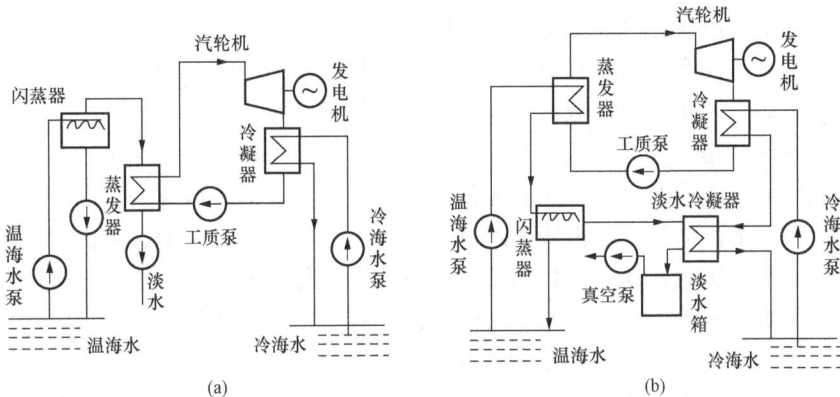

图 7 - 18　混合式循环系统

（a）温海水先闪蒸后加热工质；（b）温海水先加热工质后闪蒸

2. 海洋温差发电装置

从海洋温差发电装置的设置形式来看，大致分成陆上型和海上型两类。陆上型是把发电机设置在海岸，而把取水泵延伸到 500～1000m 或更深的深海处。1981 年，日本东京电力事业公司在太平洋赤道地区的瑙鲁共和国建起了世界上第一座功率为 100kW 的岸式海洋温差发电装置，即采用一条外径为 0.75m、长 1250m 的聚乙烯管深入 580m 的海底设置取水口。接着 1990 年又在鹿儿岛建起了一座兆瓦级同类电站。日本这两座温差发电装置都是岸式电站，鹿儿岛取用 370m 深处的海水为 15℃，再利用柴油发电的余热将表面海水加温到 40℃，使温差达到具有利用价值的 25℃。海上型又可分成三类，即浮体式（包括表面浮体式、半潜式、潜水式）、着底式和海上移动式，图 7 - 19 所示为浮体式海洋温差发电装置。1979 年在美国夏威夷建成的"mini　OTEC"海洋温差发电装置，即安装在一艘 268t 的海军驳船

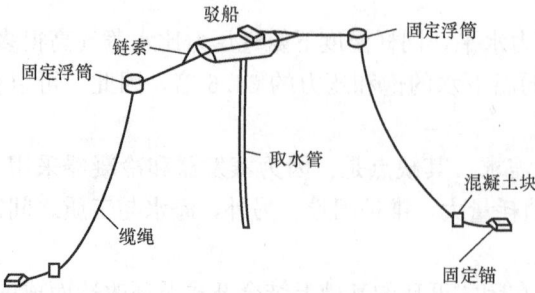

图 7-19　浮体式海洋温差发电装置

上，利用一根直径为 0.6m、长为 670m 的聚乙烯冷水管垂直伸向海底吸取冷水，表面海水温度为 28℃，冷水温度为 7℃。该温差发电装置采用液氨为工质，以闭式循环方式，完成了海洋温差发电，设计功率为 50kW，实际发电为 53.6kW，减去水泵等自耗电 35.1kW，实现净输出功率 18.5kW。所发出的电可用来供给岛上的车站、码头和部分企业照明。总的来说，各国对海洋温差能的利用都还处于试验阶段。

沿海海域南北纬在 20℃ 以内的地区，包括古巴、巴西、安哥拉、西非、阿拉伯地区、斯里兰卡、印尼、菲律宾及澳大利亚北部等热带海洋都适合发展温差发电。我国南海地处北回归线以南，太阳辐射强烈。表层海水温度全年在 25℃ 以上，500m 以下的深层海水水温在 5℃ 以下，可利用温差达 20～24℃，其间蕴藏着丰富的海洋热能资源。

7.2.4　海流发电

海（潮）流主要是指海水大规模相对稳定的流动及由于潮汐导致的有规律的海水流动。海流的流向是固定的，因此也被称为定海流，潮流的流速、流向则有周期性变化。海流的能量来源于太阳辐射。海洋和海洋上空的大气吸收太阳辐射，因海水和空气受热不均匀而形成温度、密度梯度，从而产生海水和空气的流动，并形成大洋环流。在世界大洋中，最大的海流有数百千米宽，上万千米长，数百米深，它们的规模非常巨大。

大洋中的海流多是受大气环流影响而产生的。由于赤道和低纬度地区的气温高，空气受热膨胀，形成热风从赤道升入高空向两极流动，冷风从两极沿着地球表面向赤道流动，这就构成一个连续不断的流动气环。由于受地球自转等因素的影响，使地球表面形成了风带，在广阔的大洋海面上，风吹水动，某处的海水被风吹走，邻近的海水马上补充进来，这样连续不断，便形成了海水流动。在南北半球海洋上都存在一个与副热带高压相对应的巨大的反气旋式大环流，北半球为顺时针方向流动，南半球为逆时针方向流动，在它们之间为赤道逆流。由于地球自旋偏向力的作用，形成了大洋环流的西部强化现象。大西洋和太平洋北半球的西边界流，如大西洋的墨西哥湾流、太平洋的黑潮都非常强。而南半球的西边界流，如大西洋的巴西洋流、太平洋的东澳大利亚洋流、印度洋的莫桑比克海流则相对较弱。另外，印度洋西侧还有跨越赤道的索马里—厄加勒斯海流，北太平洋和北大西洋沿洋西侧有来自北方的寒流。在全球大洋环流中的强海流，尤其是位于墨西哥湾属于湾流系统的佛罗里达海流和黑潮，流速强，流量大，最为引人注目，将有可能成为首先被人类所利用的海洋流资源。其他很多海流可能因流速较低，或者是由于远离大陆，近期很难开发利用。

海流能是指海水流动所储存的动能，其能量与流速的二次方和流量成正比，海流能功率 P 可以表示为

$$P = 1/2\rho q v^3 \tag{7-4}$$

式中：ρ 为海水密度（kg/m^3）；q 为海水流量（m^3/s）；v 为海水流速（m/s）。

海流发电是利用海流的冲击力使水轮机旋转，从而驱动发电机发电。海流发电系统由水轮机、传动装置、控制装置等组成，其中水轮机的设计是海流发电技术的关键，其性能优劣

直接决定着发电系统效率的高低。与传统的建有水库的水轮机通过水压力差来推动叶片旋转不同，海流发电的水轮机直接将水流的动能转化为机械能，从而带动发电机发电。因此，海流发电的水轮机是一种无压降低水头的水轮机，发电机组的输出电能主要取决于海流的速度。一般来说，海流速度在 2m/s 的海区，其海流能具有实际开发的价值。

海流发电的原理和风力发电相似，几乎任何一个风力发电装置都可以改造成为海流能发电装置。由于海水的密度约为空气的 1000 倍，尽管海流速度要比风速低很多，但是产生相同功率的水轮机叶轮直径却是风力机风轮直径的 1/2，因此海流能发电机组台与台之间的间距可小于 50m，使安装紧凑，既可节省电缆又可节约安装费用。此外，海流能要比风力发电稳定性好，而且机组出力可以事先比较准确地计算出来，便于制定电网供电计划。但是，海流发电装置需要放置于水下，故海流发电存在着一系列的关键技术问题，包括安装维护、电力输送、防腐、海洋环境中的荷载与安全性能等。

海流发电的水轮机可分为水平轴和垂直轴两类。水平轴水轮机的旋转轴与水流方向平行，其获取功率与海流流向有关，因此一般需要加装偏航调节机构根据水流方向控制水轮机旋转轴方向。垂直轴水轮机的旋转轴与水流方向垂直，根据旋转轴与水平面所成夹角不同又可分为横轴和竖轴两种。横轴水轮机的旋转轴与水平面平行，叶片获得的能量大小与来流方向有关，因此也需要有偏航调节系统；竖轴水轮机的旋转轴与水平面垂直，叶片获得的能量大小不受水流方向的影响，不需要安装偏航调节系统，而且竖轴式水轮机还便于和发电机连接实现扭矩输出，因此竖轴式水轮机比横轴式水轮机获得更为广泛的应用。

如今，人们已经提出了多种海流能发电的设计方案，其中有采用水轮机进行能量转换的，也有采用其他结构形式进行能量转换的。下面作一简要介绍。

(1) 水下风车式。水下风车海流发电装置由于其结构、工作原理与现代风力机基本相似。机组通过水平轴水轮机的叶轮捕获海流能，当海水流经桨叶时，产生垂直于水流方向的升力并使叶轮旋转，通过机械传动机构带动发电机发电。2004 年，英国 MCT 有限公司制造了第一台额定容量为 300kW 的并网型水下风车式海流发电机组，2005 年又开发了 1MW 的机组。同年，美国 Verdant Power 公司于纽约东海岸建成 6 台 35kW 的机组，水下风车式海流发电将逐步成为大规模利用海流能的有效途径之一。

(2) 螺旋水轮机式。螺旋式水轮机也称为戈洛夫 (Gorlov) 水轮机，是 20 世纪 90 年代中期由波士顿的东北大学研制的，专用于在低水头、高水流条件下的发电。它是由著名的垂直轴 Darrieus 风力机演变而来，采用了螺旋式叶片并由多个叶片缠绕成圆筒状。由于其特殊的叶片结构，不需要额外的偏航调节系统，海水中任何方向的水流产生的阻力和升力都能产生对转动轴的有效力矩，从而提高了海流能的获取效率，最高可以达到 35%。

(3) 贯流水轮机式。与传统水轮机组相比，海流发电水轮机的效率很低，为了提高效率，水轮机可以采用一种辅助结构的导流罩。导流罩不仅可以提高效率，还可以减少海草等海生物对发电设备的影响。与低水头水库贯流水轮机相类似，贯流水轮机式海流发电装置采用水平轴水轮机，导流罩使海流的进口流道呈喇叭形，对水流具有好的增速作用，可以提高水轮机的效率。贯流水轮机式海流发电装置是放在海面之下，发电机是密封的，发出的电通过海底电缆输送到陆上的变电站。

(4) 花环式。有一种浮在海面上的海流发电站看上去像花环，被称为花环式海流发电站。这种发电站是由一串螺旋桨组成的，它的两端固定在浮筒上，浮筒里装有发电机。整个电站迎着海流的方向漂浮在海面上，就像献给客人的花环一样。这种发电站之所以用一串螺旋桨组成，主要是因为海流的速度小，单位体积内所具有的能量小的缘故。它的发电能力通常较小，一般只能为灯塔和灯船提供电力，至多不过为潜水艇上的蓄电池充电而已。

（5）驳船式。驳船式海流发电站是由美国设计的，这种发电站实际上是一艘船，所以叫发电船更合适些。船舷两侧装着巨大的水轮，在海流推动下不断地转动，进而带动发电机发电。这种发电船的发电量约为 50MW，发出的电力通过海底电缆送到岸上。当有狂风巨浪袭击时，它可以驶到附近港口避风，以保证发电设备的安全。

（6）降落伞式。

20 世纪 70 年代末期，一种设计新颖的伞式海流发电站诞生了。这种电站也是建在船上的。这是将 50 个降落伞串联在一根长 154m 的绳子上，用来集聚海流能量。绳子的两端相连，形成一环形，然后，将绳子套在锚泊于海流中的船尾两个轮子上。置于海流中串联起来的 50 个降落伞由强大的海流推动着。在环形绳子的一侧，海流就像大风那样把伞吹胀撑开，顺着海流方向运动。在环形绳子的另一侧，绳子牵引着伞顶向船运动，伞不张开。于是，拴着降落伞的绳子在海流的作用下周而复始地运动，带动船上两个轮子旋转，连接着轮子的发电机也就跟着转动的轮子发出电来，如图 7-20 所示。

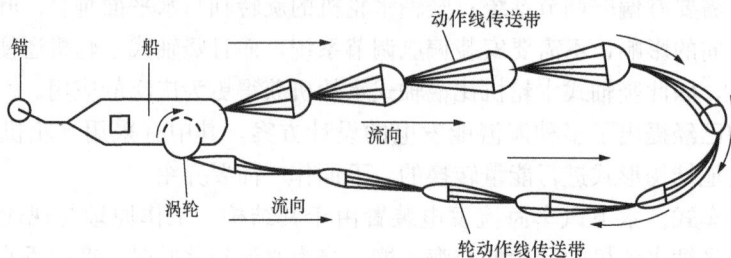

图 7-20　降落伞式海流发电装置

（7）科里欧利斯式。美国于 1973 年提出采用顺流悬在海水中的伞式巨型水轮机组科里欧利斯（Coriolis）发电装置利用佛罗里达海流能的方案。科里欧利斯发电装置是拥有一套外径为 171m、长为 110m、重为 6×10^3t 的大型管道的大规模海流发电系统。该系统可在海流流速为 2～3m/s 的条件下输出 83MW 功率。其原理是在一个大型轮缘罩中装有若干个发电装置，中心大型叶片的轮缘在海流能的作用下缓慢转动，轮缘通过摩擦力带动发电机驱动部分运动，经过增速传动装置后，驱动发电机旋转，以此将大型叶片的转动能变换为电能。

（8）超导磁体。今天，超导技术得到了迅速发展，超导磁体已得到实际应用，人工形成强大的磁场已不再是梦想。因此，有的专家提出，只要用一个 31 000Cs 的超导磁体放入海流中。海流在通过强磁场时能切割磁力线，就会发出 1500kW 的电力。

由于海流发电装置在海水下运行，因此在实际运行时会遇到很多风力发电不会存在的问题，目前相关技术还不成熟，不但建设电厂的经费无法估算，一些未知因素和可能造成的危险尚待克服。例如，海底运转的水轮机叶轮有可能让鱼类和其他海洋生物致死，转速较快时还会产生严重的空蚀现象，影响水轮机叶片的使用寿命，因此要对海流发电水轮机的转速进行限制，目前一般取为 10～30r/min。密封问题一直是水力机械方面的关键技术难点。另外，置于海水中的海流发电装置在防腐降噪、减少海洋的生态破坏和周围环境污染等方面还遇到很多困难，需要进一步解决。

7.2.5 海洋盐差发电

在海洋咸水和江河淡水交汇处，蕴含着一种盐差能。盐差能是两种浓度不同的溶液间以物理化学形态储存的能量，这种能量有渗透压、稀释热、吸收热、浓淡电位差及机械化学能等多种表现形式。盐差能的利用主要是发电，其基本方式是将不同盐浓度的海水之间化学电位差能转换成水的势能，再利用水轮机发电，具体主要有渗透压式、蒸汽压式和机械—化学式等，其中渗透压式方案最受重视。将一层半透膜放在海水和淡水之间，通过这个膜会产生一个压力梯度，迫使淡水通过半透膜向海水侧渗透，从而使海水侧的水面升高，当海水和淡水水位差达到一定高度时，淡水停止向海水侧的渗透。此时海水和淡水水位差所产生的压强差即为两种溶液浓度差所对应的渗透压。盐差能的大小取决于渗透压和向海水渗透的淡水的数量，也即盐差能与入海的淡水量和当地海水盐度有关。

渗透压有多大呢？以世界大洋海水的平均盐度为 35 计，即平均每千克海水中约有 35g盐，在水温为 20℃时，这种盐分浓度的渗透压为 $2418 \times 10^5 Pa$。因此从理论上讲，在河海交界处，海水和河水之间相当于有约 240m 高的水头差。而在死海和红海的个别地点，在近海底的盐度达 270，流入死海的约旦河口的渗透压为 500atm（大气压），这个压强相当于约5000m 高坝的水头。

海洋盐差能发电的设想是 1939 年由美国人首先提出的。从 20 世纪 70 年代以来，世界上如美国、瑞典、日本等沿海的发达工业国家开展了许多调查研究，以寻求提取盐差能的方法。1973 年，以色列科学家洛布（Loeb）在死海与约旦河交汇的地方进行了盐差能发电，利用渗透压原理设计而成的压力延滞渗透能转换装置取得了令人满意的成果。这以后，美国、瑞典、日本等国相继开始了这方面的研究，已经提出多种盐差能发电方案，可分为渗透压法、渗析电池法和蒸汽压法。

1. 渗透压法

在河海交界处只要采用半透膜将海水和淡水隔开，淡水就会通过半透膜向海水侧渗透并由此产生渗透压，目前使用的渗透压式盐差能转换方法主要有强力渗压系统、水压塔渗压系统和压力延滞渗透系统三种。渗透式盐差能发电系统的关键技术是半透膜技术和膜与海水界面间的流体交换技术，技术难点在于如何制造有足够强度、性能优良、成本适宜的半透膜。

（1）强力渗压系统。美国科学家研制出了一种基于渗透原理的强力渗压盐差能发电系统，如图 7-21 所示。该系统由前坝、后坝、水轮机、深水池、渗流器等部分组成，其中渗流器是由半透膜构成。前后大坝是建在水深为 228m 以上的海床上，河流的淡水从管道输送到发电机组并流入深水池。系统的工作流程如下：后坝和渗流器隔开了位于外海的海水和深水池的淡水，由于渗流器和海水、淡水之间渗透压的存在，深水池中

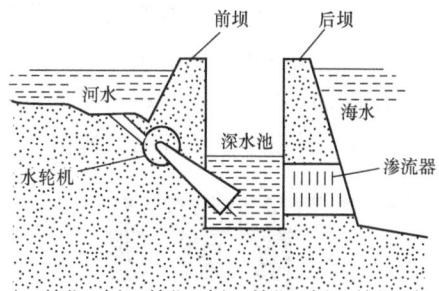

图 7-21 强力渗压系统

的淡水会通过渗流器不断向海水侧迁移。由于理论上海水相对于河水是无穷多的，深水池淡水向海水的渗透基本不会改变海平面的高度，而深水池中的淡水是有限的，这样深水池中水位将下降很多，最终可形成一个低于海平面约 200m 的水库，所以，深水池的水位与河水的

水位在前坝形成一个较大的落差。这个水位落差就可以让河水流经水轮机带动发电机发电，然后排入深水池，盐度差产生的渗透压保持深水池与海平面的高度差。

从理论上讲，由渗透压产生的水头差可达 240m，但是实际工作中这个压力要略小才可保证淡水顺利通过半透膜排入海中。这是由于渗流器隔开的淡水和海水，随着淡水经半透膜渗入海水，会使薄膜表面附近的盐水被稀释，海水侧盐浓度下降，即浓度极化现象。使用中必须用大量海水不断地冲洗渗透膜海水侧以将渗透过薄膜特别是薄膜附近的淡水带走，以保证海水理论上相对淡水无限多，淡水向海水的渗透不改变海水盐浓度的假设。

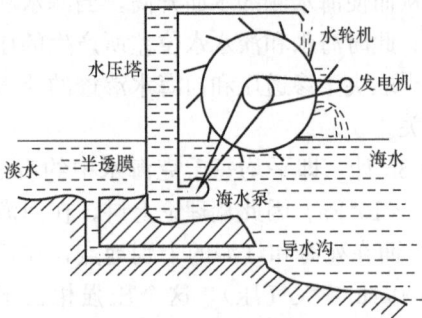

图 7-22　水压塔渗压系统

（2）水压塔渗压系统。水压塔渗压系统如图 7-22 所示，主要由水压塔、水轮机、海水泵、半透膜、发电机等组成。水压塔的淡水侧水位下一部分由半透膜组成，向水压塔内充入海水，由于盐差产生渗透压，在此作用下，淡水通过半透膜向水压塔内渗透，水压塔内的水位逐渐升高，当塔内水位上升到水压塔最高端时，水从海水导出管喷射出来，冲击水轮机叶片旋转并带动发电机发电。为了防止产生和强力渗压系统类似的浓度极化现象，在发电过程中要使水压塔内的海水保持稳定的盐浓度，因此采用海水泵不断向水压塔内注入海水。根据试验结果，扣除各种动力消耗后该装置的总效率约为 20%。

（3）压力延滞渗透系统。压力延滞渗透系统如图 7-23 所示。运行前压力泵先把海水压入压力室，使压力室的海水压力不超过海水和淡水的渗透压差，运行时在渗透压的作用下，淡水通过半透膜渗透到压力室同海水混合，混合淡水后的海水将具有更高的压力，由此驱动安装在压力室海水出口处的水轮机发电。

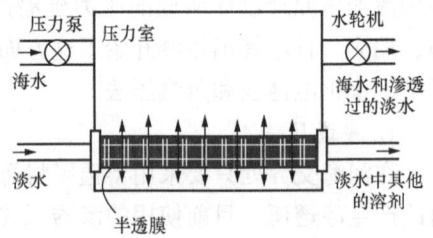

图 7-23　压力延滞渗透系统

2. 渗析电池法

渗析电池法也称浓差电池法。这种电池利用由带电薄膜分隔的盐浓度不同的溶液间形成的电位差，直接将化学能转化为电能。在浓度为 0.085%（质量分数）的淡水和海水作为膜两侧溶液的情况下，可在界面产生约为 80mV 的电位差，如果把多个这类电池串联起来，可以形成较高的电压。这种电池采用了两种渗透膜，即阴离子渗透膜和阳离子渗透膜。阳离子渗透膜允许阳离子（主要是 Na^+ 离子）通过，阴离子渗透膜允许阴离子（主要是 Cl^- 离子）通过。阳离子渗透膜和阴离子渗透膜交替放置，中间的间隔交替充以淡水和盐水，这样，就可以得到串联电池，如图 7-24 所示，该系统需要采用面积大而且昂贵的渗透膜，因此发电成本很高。不过这种离子渗透膜的使用寿命很长，而且即使渗透膜破裂了也不会给整个电池带来严重影响。

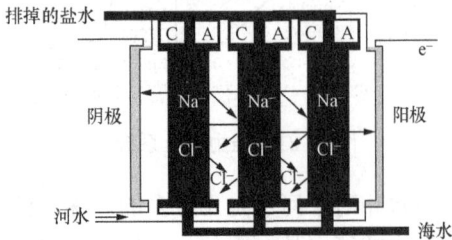

图 7-24　浓差电池

例如，1000 只串联电池组成的电池组电压为 80V，如果有一个膜损坏，输出电压仅损失 0.1%。另外，这种电池在发电过程中电极上会产生有用的副产品 Cl_2 和 H_2，产生额外的经济效益。

3. 蒸汽压法

蒸汽压法是根据淡水和海水具有不同蒸汽压力的原理研究出来的。蒸汽压发电装置为一个桶状物，它由树脂玻璃、PVC 管、热交换器（薄铜片）、汽轮机组成，如图 7 - 25 所示。

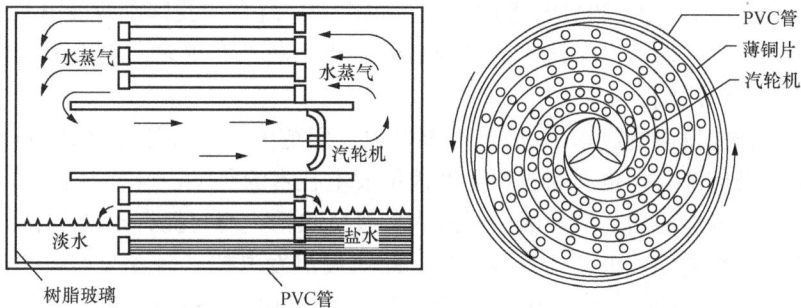

图 7 - 25　蒸汽压发电装置

由于在同样的温度下淡水比海水蒸发得快，所以淡水侧的气压要比海水侧的气压高得多。于是，在空室内，水蒸气会很快从淡水上方流向海水上方，装上汽轮机，就可以利用盐差能产生的水蒸气气流使汽轮机转动。这种方法的产生源自 20 世纪初法国工程师克劳德建造的一台利用深海冷水和表海热水之间的蒸汽压差发电装置，后来研究人员发现如果用海水和淡水之间的蒸汽压差来发电，这种装置更具有发展前景。

由于水汽化时要吸收大量的热量，汽化过程导致的热量转移会使系统工作过程减慢并最终停止，采用旋转栖状物的目的就是使海水和淡水溶液分别提高热交换器表面，用于海水向淡水传递水汽化所要吸收的潜热，这样蒸汽就会不断地从淡水侧向海水侧流动以驱动汽轮机。有关试验表明，蒸汽压盐差发电装置的热交换器表面积的功率密度可达 $10W/m^2$，是渗析电池法的 10 倍，而且蒸汽压法不需要使用半透膜，在成本方面占有一定优势，也不存在与半透膜有关的诸如膜性能退化、水的预处理等有关问题。

7.3　海洋能发电的未来展望

海洋被认为是地球上最后的资源宝库，21 世纪，海洋将在为人类提供生存空间、食品、矿物、能源及水资源等方面发挥重要作用，而海洋能源也将扮演重要角色。海洋能源都具有可再生性和不污染环境等优点，是亟待开发利用并具有战略意义的新能源。随着新能源成为人们关注的热点，海洋能发电技术以其独特优势和战略地位吸引了人们的注意，世界各主要海洋国家目前普遍重视对海洋的开发利用。我国有 18 000km 的海岸线、300 多万 km^2 的管辖海域，海洋能源十分丰富，利用价值极高。同时，我国又是世界能源消费大国，大力发展海洋新能源，对于优化我国能源消费结构，支撑经济社会可持续发展意义重大。

从技术及经济上的可行性、可持续发展的能源资源及地球环境的生态平衡等方面分析，海洋能中的潮汐能作为成熟的技术将得到更大规模的利用；波浪能将逐步发展成为独立行业，近期主要是岸式波浪能发电站，但大规模利用要发展漂浮式波浪能发电站；可作为战略能源的海洋温差能将得到更进一步的发展，并将与海洋开发综合实施，建立海上独立生存空间和工业基地；海流能也将在局部地区得到规模化应用。

经过多年研究试点，潮汐发电行业在技术上日趋成熟，在降低成本、提高经济效益方面也取得了较大进展。近年来，我国潮汐能开发进程加速，潮汐电站建设掀起新高潮，已经建成一批性能良好、效益显著的潮汐电站。例如 2008 年，福建八尺门潮汐能发电项目正式启动；2009 年 5 月，浙江三门 20MW 潮汐电站工程启动。现在，我国潮汐发电量仅次于法国、加拿大，位居世界第三位。专家认为，我国沿海必将不断地有更多、更大的潮汐电站建成，潮汐能发电技术前景广阔。

尽管目前海洋能发电的成本 10 倍于传统电力，但英国、西班牙等欧洲国家仍提供政府补贴，风险资本及能源公司也不断投资于波浪能发电技术的研发，这有力地推动了欧洲波浪发电产业化。波浪发电的增长潜力吸引了巨大的投资热情，而与拥有丰富水下装备经验的传统企业合作则能帮助波浪发电公司克服困难，缩短波浪发电技术研发与产业化之间的距离。预测，2020 年前，欧洲将拥有 2000～5000MW 的波浪和潮汐发电的装机容量，相当于 4～10 个燃煤电厂。预计，在不断增长的资本推动下，海洋能将在 2020 年前占到欧洲可再生能源的 20%。

我国在波浪能技术方面与世界先进水平差距不大。考虑世界上波浪能丰富地区的资源是我国的 5～10 倍，以及我国在制造成本上的优势，因此发展外向型的波浪能利用行业大有可为，并且已在小型航标灯用波浪发电装置方面有良好的开端。因此，当前应加强百千瓦级机组的商业化工作，经小批量推广后，再根据欧洲的波浪能资源，设计制造出口型的装置。

近年来，100kW 漂浮式波浪能电站关键技术得到了国家"十一五"科技支撑计划的重点支持，2009 年 3 月，我国第一座漂浮式海浪能发电站在浙江温州的海边开始建设，建成后年发电量可达 10 亿 kWh、年收入达到 5 亿元。这意味着我国实现了漂浮式海浪发电的技术突破。

从 21 世纪的观点和需求看，温差能利用应放到相当重要的位置，与能源利用、海洋高技术和国防科技综合考虑。海洋温差能的利用可以提供可持续发展的能源、淡水、生存空间，并可以和海洋采矿与海洋养殖业共同发展，解决人类生存和发展的资源问题。

我国是世界上海流能量资源密度最高的国家之一，发展海流能有良好的资源优势。海流能也应先建设百千瓦级的示范装置，解决机组的水下安装、维护和海洋环境中的生存问题。海流能和风能一样，可以发展"机群"，以一定的单机容量发展标准化设备，从而达到工业化生产以降低成本的目的。

据估计，世界各河口区的盐差能达 30TW，其中可供利用的大约有 2.6TW。我国的盐差能估计为 1.1×10^5 MW，主要集中在各大江河的出海处，同时，青海省等地还有不少内陆盐湖可以利用。人类要大规模地利用盐差能发电还有一个相当长的过程。从全球情况来看，盐差能发电的研究都还处于不成熟的小规模实验室研究阶段。目前世界上只有以色列建了一座 1.5kW 的盐差能发电的实验装置，实用性盐差能发电站还未问世，但现在已经具备建立 30MW 级发电站的能力。随着对能源越来越迫切的需求和各国政府及科研力量的重视，盐差能发电技术研究必将有新的突破。

海洋能发电技术是多种学科技术的综合，涵盖了动力学、结构学、化学、材料学等各方面的内容，只要其中一项技术达不到国际水平，如防腐材料技术欠缺，就会导致最终的技术水平差距。另外，装备制造的发展水平不够，对于海洋能发电技术提高的制约也是显而易见的。由于缺乏行业标准，以及尚未到大规模应用阶段等原因，我国目前与海洋能发电技术相关的装备制造业尚未形成，除了小型的海洋能装置，基本没有批量生产的海洋能发电装置。因此，加工水平、精细程度等实验室不可控的因素在很大程度上制约了我国海洋能发电技术的进步。

思考题与习题

7-1　什么是海洋能？开发海洋能具有什么重要意义？

7-2　海洋能具有什么特点？

7-3　海洋能可分为哪些种类？

7-4　常见的波浪能发电装置有哪些类型？各自具有什么特点？

7-5　潮汐能发电站有哪些种类？它们有何运行特点？

7-6　简述海洋温差发电闭式循环系统的原理和优缺点。

7-7　什么是海洋流？海流能如何发电？

7-8　什么是盐差能？有哪些盐差发电的方案？

第8章 地热能发电与应用技术

8.1 概 述

地热能是来自地球深处的热能，它源于地球的熔融岩浆和放射性物质的衰变。地下水深处的循环和来自极深处的岩浆侵入到地壳后，把热量从地下深处带至近表层。在有些地方，热能随自然涌出的蒸汽和水到达地面。地热能不但是无污染的清洁能源，而且如果热量提取速度不超过补充的速度，那么热能还是可再生的。

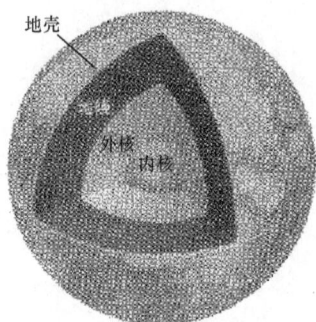

图 8-1 地球的构造

地球是一个平均直径为 12742.2km 的巨大实心椭圆球体，其构造好像是一只半熟的鸡蛋，主要分为三层，如图 8-1 所示。地球最外面一层是地壳，平均厚度约为 30km，主要成分是硅铝和硅镁盐；地壳下面是地幔，厚度约为 2900km，主要由铁、镍和镁硅酸盐构成，大部分是熔融状态的岩浆，温度在 1000℃ 以上；地幔以下是液态铁—镍物质构成的地核，其内还有一个呈固态的内核，地核的温度在 2000～5000℃ 之间，外核深 2900～5100km，内核深 5100km 以下至地心。

地球物质中放射性元素衰变产生的热量是地热的主要来源，包括放射性元素铀 238、铀 235、钍 232 和钾 40 等。放射性物质的原子核，无需外力的作用，就能自发地放出电子和氦核、光子等高速粒子并形成射线。在地球内部，这些粒子和射线的动能及辐射能，在同地球物质的碰撞过程中便转变成了热能。地壳中的地热主要靠传导传输，但地壳岩石的平均热流密度低，一般无法开发利用，只有通过某种集热作用，才能开发利用。大盆地中深埋的含水层可大量集热，每当钻探到这种含水层，就会流出大量的高温热水，这是天然集热的常见形式。岩浆侵入地壳浅处，是地壳内最强的热传导形式。侵入的岩浆体形成局部高强度热源，为开发地热能提供了有利条件。地壳表层的温度为 0～50℃，地壳下层的温度为 500～1000℃。

地热资源是指地壳表层以下 5000m 深度内、15℃ 以上岩石和热流体所含的总热量。全世界的地热资源达 1.26×10^{27} J，相当于 4.6×10^{16} t 标准煤，超过了当今世界技术和经济水平可采煤储量含热量的 70000 倍。地球内部所蕴藏的巨大热能，通过大地的热传导、火山喷发、地震、深层水循环、温泉等途径不断地向地表层散发，平均年流失热量达到 1×10^{21} kJ。但是，由于目前经济上可行的钻探深度仅在 3000m 以内，再加上热储空间地质条件的限制，因而只有热能转移并在浅层局部地区富集时，才能形成可供开发利用的地热田。

地热能在很久以前就被人类所利用。1904 年，意大利在拉德瑞罗地热田首次试验成功地热发电装置，新西兰、菲律宾、美国、日本等国都先后投入到地热发电的大潮中，其中美国地热发电的装机容量居世界首位。与此同时，地热能的直接利用，技术要求较低，所需设备也较为简易，也获得了众多国家的重视。地热能直接利用于烹饪、沐浴及暖房，已有悠久的历史。至今，天然温泉与人工开采的地下热水，仍被人类广泛使用。

8.1.1　地热资源的分类

储存于地球内部的热能，是一种巨大的自然能源，它通过火山爆发、温泉、间隙喷泉及岩石的热传导等形式不断地向地表传送和散失热量。地热资源是指在某一未来时间内能被经济而合理地取出来的那部分地下热能，可见地热资源只是地热能中很小的一部分。

按照地热资源的温度不同，通常把热储温度大于 150℃ 的称为高温地热资源，小于150℃ 而大于 90℃ 的称为中温地热资源，小于 90℃ 的称为低温地热资源。中低温地热资源分布较为广泛，我国已发现的地热田大多属于这种类型。高温地热资源位于地质活动带内，常表现为地震、活火山、热泉、喷泉和喷气等现象。地热带的分布与地球大构造板块或地壳板块的边缘有关，主要位于新的活火山区或地壳已经变薄的地区。

地质学上常把地热资源分为蒸汽型、热水型、地压型、干热岩型和岩浆型五类，见表 8-1。

表 8-1　　　　　　　　　　　　　地 热 资 源 分 类

热储类型	简介	蕴藏深度 (km)	热储状态	开发技术状况
蒸汽型	是理想的地热资源，是指以温度较高的饱和蒸汽或过热蒸汽形式存在的地下储热	3	200~240℃干蒸汽（含少量其他气体）	开发良好（分布区很少）
热水型	以热水形式存在的地热田	3	高温级≥150℃，中温级为 90~150℃，低温级<90℃	开发中，量大面广，是当前重点研究对象
地压型	以高压高盐分热水的形式储存于地表以下	3~10	深层沉积地压水，溶解大量碳氢化合物，可同时得到压力能、热能、化学能，温度>150℃	初级热储实验
干热岩型	地层深处普遍存在的没有水或蒸汽的热岩石，其温度范围广	3~10	150~600℃干热岩体	应用研究阶段
岩浆型	蕴藏在地层更深处，处于动弹性状态或完全熔融状态的高温熔岩	10	600~1500℃熔岩	应用研究阶段

蒸汽型和热水型统称为水热型，是现在开发利用的主要地热资源。干热岩型和地压型两大类尚处于试验阶段，目前开发利用很少。由于干热岩型的储量十分丰富，目前大多数国家把这种资源作为地热开发的重点研究目标。地压型是目前尚未被人们充分认识的一种地热资源，它一般储存于地表以下 2~3km 的含油盆地深部，并被不透水的页岩所封闭，甚至可以形成长 1000km、宽几百千米的巨大的热水体。而且除热能外，地压水中还有甲烷等碳氢化合物的化学能及高压所具有的机械能。

8.1.2　我国的地热资源

从世界范围内来说，地热资源的分布是不平衡的。地热异常区主要分布在板块生长、开裂—大洋扩张脊和板块碰撞、衰亡—大洋削减带部位。环球性的地热带主要有环太平洋地热带、地中海—喜马拉雅地热带、大西洋中脊地热带和红海—亚丁湾—东非裂谷地热带四个。

我国地热资源的分布主要与各种构造体系及地震活动、火山活动密切相关。其中用于发电的高温地热资源主要分布在西藏、滇西和台湾省地区，其他省区均为中低温地热资源。由于中低温地热资源温度不高（小于150℃），适合直接供热。据初步估算，全国主要沉积盆地距地表2000m以内储藏的地热能，相当于2500亿t标准煤的热量，主要分布在松辽盆地、华北盆地、江汉盆地、渭河盆地、太原盆地、临汾盆地、运城盆地等众多的山间盆地，以及东南沿海的福建、广东、赣南、湘南等地。从分布情况看，中低温资源由东向西减弱，东部地热田位于经济发展快、人口集中、经济相对发达的地区。

根据地热资源的成因，可将我国地热资源划分为现（近）代火山型、岩浆型、断裂型和断陷—凹陷盆地型四种类型。现（近）代火山型地热资源主要分布在中国台湾省北部大屯火山区和云南省西部腾冲火山区，在台湾省已探到293℃高温地热流体，并在靖水已建有3MW地热试验电站。沿雅鲁藏布江丹布的西藏南部的高温地热田，是岩浆型地热资源的代表，其中西藏羊八井地热田在井深1500～2000m处，探获329.8℃的高温地热流体。断裂型地热带主要分布在板块内侧基岩隆起区或远离板块边界由断裂所形成的断层谷地、山间盆地，如辽宁、山东、山西以及福建、广东等地，热储温度以中温为主，单个地热田面积较小、热能潜力不大，但这类资源分布点多、面广，整体储量大。断裂—凹陷盆地型地热资源主要分布在板块内部巨型断裂、凹陷盆地之内，如华北盆地、松辽盆地、江汉盆地等，单个地热场的面积较大，达几十甚至几百平方千米，其地热资源潜力大，有很高的开发利用价值。

地热资源温度的高低是影响其开发利用价值的最重要因素，我国地热资源的等级分类见表8-2。

表8-2 我国地热资源的等级分类

温度等级		温度界限（℃）	主要用途
高温		$t \geqslant 150$	发电、烘干
中温		$90 \leqslant t < 150$	工业利用、烘干、发电、制冷
低温	热水	$60 \leqslant t < 90$	采暖、工业流程
	温热水	$40 \leqslant t < 60$	医疗、洗浴、温室
	温水	$25 \leqslant t < 40$	农业灌溉、养殖、土壤加温

8.1.3 国内外地热资源开发利用的现状与前景

地热发电至今已有近百年的历史了。其中，美国地热发电的装机容量居世界首位。1913年，第一座装机容量为0.25MW的电站在意大利建成并运行，标志着商业性地热发电的开端。目前，世界最大的地热电站是美国的盖瑟尔斯地热电站，其第一台地热发电机组（11MW）于1960年启动，20世纪70年代，共投产9台机组，80年代以后，又相继投产一大批机组，至1985年电站装机容量已达到1361MW。除此之外，许多发展中国家也在积极利用地热发电以补能源的不足，如萨尔瓦多、肯尼亚、尼加拉瓜、哥斯达黎加等国的国家电网有10%以上的电力是来自地热发电。

地热发电在我国也有了较大的发展。1970年，我国在广东丰顺建成第一座地热电站，机组功率为0.1MW。随后，河北怀来、西藏羊八井等地也建了地热电站。到目前为止，西藏羊八井地热电站是我国最大、运行最久的地热电站，至今仍在安全、稳定发电。羊八井地热电站装机容量已达到9台共25.18MW。机组最大单机容量为3MW等级。目前，国内可以独立建造 30MW 以上规模的地热电站，单机可以达到 10MW，截止到 2007 年，我国地热发电装机容量为 32MW。目前，羊八井电站还具有很大的开发潜力，在羊八井地热田西南45km 处的羊易地热田，也是一个亟待开发的高温地热田。另外，云南省地热资源十分丰富，如腾冲地区是中国大陆有名的高温地热区，也是中国大陆独一无二的火山热区，地质普查显示，全区有 27 个高温地热田，在此建设万千瓦级地热电站已列入国家计划。

据 2010 年世界地热大会的统计，世界上已有 27 个国家建设了地热发电站，世界地热发电总装机容量达到 10 751MW，年发电利用 67 246GWh。

传统上的地热直接利用一直是小型的单项利用。随着利用技术的不断发展，在一些工业化国家已建成大规模工程数据统计，2009 年世界地热直接利用的总设备容量为 50 583MW，比 2005 年世界地热大会的统计数据（截至 2004 年）增长了 78.9%，5 年的平均年增长率是12.33%。地热直接利用总设备容量的最大份额是地源热泵，占 69.7%，其次是洗浴游泳，占 13.2%，再次是常规地热供暖，占 10.7%，其余温室、水产、工业、融雪等所占比例较小。

相对于太阳能和风能的不稳定性，地热能是较为可靠的可再生能源。另外，地热能是较为理想的清洁能源，能源蕴藏丰富并且在使用过程中不会产生温室气体，地热能可以作为煤炭、天然气和核能的最佳替代能源。专家指出，倘若给予地热能源相应的关注和支持，在未来几年内，地热能很有可能成为与太阳能、风能等量齐观的新能源。

我国地热资源以中低温为主，适用于工业加热、建筑采暖、保健疗养和种植养殖等，但适用于发电的高温地热资源较少，主要分布在藏南、川西、滇西地区，可装机潜力约为6000MW。而当地水能资源丰富，地热发电竞争力不强，近期难以大规模发展。

近年来，地热能的直接利用发展较快，主要是热水供应及供暖、水源热泵和地源热泵供热、制冷等。我国目前年利用地热能水资源约 4.45 亿 m³，居世界第一位，而且每年以近10% 的速度增长。随着地下水资源保护的不断加强，地热水的直接利用将受到更多的限制，地源热泵将是未来产业化的主要发展方向。

与其他可再生能源起步阶段一样，地热能形成产业的过程中面临的最大问题来自于技术和资金。地热产业属于资本密集型行业，从投资到收益的过程较为漫长，一般来说较难吸引到商业投资。可再生能源的发展一般能够得到政府优惠政策的支持，例如，税收减免、政府补贴以及获得优先贷款的权力。在相关优惠政策的指引下，投资者们将更有兴趣对地热项目进行投资建设。

8.2　地热发电的方式

地热发电是利用地下热水和蒸汽为动力源的一种新型发电技术，其基本原理和火力发电类似，都是利用蒸汽的热能推动汽轮发电机组发电。地热发电实际上就是把地下的热能转变为机械能，然后将机械能转变为电能的能量转变过程。与传统火力发电不同，地热发电不需要消耗燃料，没有庞大的锅炉设备，没有灰渣和烟气对环境的污染，是比较清洁的能源。

针对可利用温度不同的地热资源，地热发电可分为地热蒸汽发电、地下热水发电、全流地热发电和地下热岩发电四种方式。

8.2.1 地热蒸汽发电

地热蒸汽发电主要适用于高温蒸汽地热田，是把蒸汽田中的蒸汽直接引入汽轮发电机组发电，在引入发电机组前需对蒸汽进行净化，去除其中的岩屑和水滴。这种发电方式最为简单，但是高温蒸汽地热资源十分有限，且多存于较深的地层，开采难度较大，故发展受到限制。地热蒸汽发电主要有背压式汽轮机发电和凝汽式汽轮机发电两种。

1. 背压式汽轮机发电

背压式汽轮机发电系统是最简单的地热蒸汽发电方式，如图 8-2 所示。工作原理是，把干蒸汽从蒸汽井中引出，净化后送入汽轮机做功，由蒸汽推动汽轮发电机组发电。蒸汽做功后可直接摊空，或者送热用户用于工农业生产。这种系统大多用于地热蒸汽中不凝结气体含量很高的场合，或者综合利用排汽于工农业生产和生活用水。

2. 凝汽式汽轮机发电

为了提高地热电站的机组输出功率和发电效率，凝汽式汽轮机发电系统将做功后的蒸汽排入混合式凝汽器，冷却后再排出，如图 8-3 所示。在该系统中，蒸汽在汽轮机中能膨胀到很低的压力，所以能做出更多的功。为了保证冷凝器中具有很低的冷凝压力（接近真空状态），设有抽气器来抽气，把由地热蒸汽带来的各种不凝结气体和外界漏入系统中的空气从凝汽器中抽走。

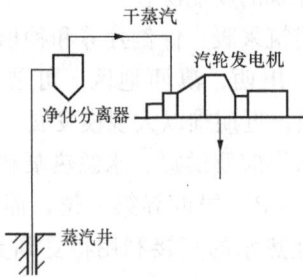

图 8-2 背压式汽轮机发电系统   图 8-3 凝汽式汽轮机发电系统

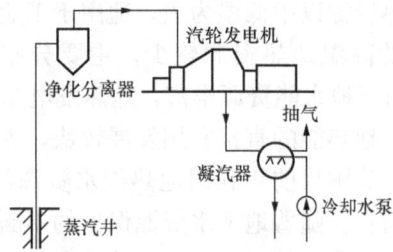

8.2.2 地下热水发电

地下热水发也是地热发电的主要方式，目前地下热水发电系统有两种方式：闪蒸地热发电和中间介质法地热发电。

（1）闪蒸地热发电。闪蒸地热发电基于扩容降压的原理从地热水中产生蒸汽。水的汽化温度与压力有关，在 1 个绝对大气压下水的汽化温度是 100℃，如果在 0.3 个绝对大气压下水的汽化温度是 68.7℃。通过降低压力而使热水沸腾变为蒸汽，以推动汽轮发电机转动而发电。由于热水降压蒸发的速度很快，是一种闪急蒸发过程，同时，热水蒸发产生蒸汽时体积要迅速扩大，因此这个容器就叫做闪蒸器或扩容器。用这种方法来产生的蒸汽发电系统，叫做闪蒸地热发电系统或减压扩容法地热发电系统。它又可以分为单级闪蒸发电系统和两级闪蒸发电系统。

单级闪蒸发电系统简单，投资省，但热效率较低，厂用电率较高，适用于中温（90～160℃）的地热田发电。单级闪蒸发电系统如图 8-4 所示。

为了增加每吨地热水的发电量，可以采用两级闪蒸发电系统，即将闪蒸器中降压闪蒸后剩下的水不直接排空，而是引入第二级低压闪蒸分离器中。分离出低压蒸汽引入汽轮机的中部某一级膨胀做功。两级闪蒸发电系统热效率较高；一般可以使每吨地热水的发电量增加20％左右，但蒸汽量增加的同时冷却水量也有较大的增长，这会抵消部分采用两级扩容后增加的发电量。两级闪蒸发电系统如图 8-5 所示。

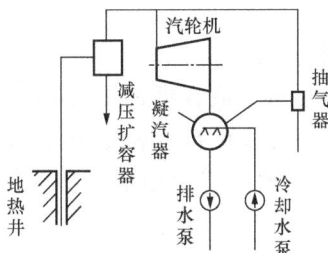

图 8-4　单级闪蒸发电系统　　　　　图 8-5　两级闪蒸发电系统

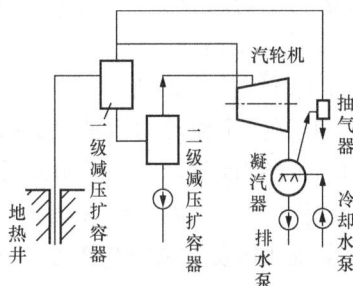

采用闪蒸法的地热电站，若热水温度低于 100℃，全热力系统处于负压状态。这种电站的缺点是，设备尺寸大，容易腐蚀结垢，热效率较低；由于系统直接以地下热水蒸气为工质，因而对于地下热水的温度、矿化度及不凝气体含量等有较高的要求。

（2）中间介质法地热发电。中间介质法采用双循环系统，即利用地下热水间接加热某些低沸点物质来推动汽轮机做功的发电方式。例如，在常压下水的沸点为 100℃，而有些物质如氯乙烷和氟里昂在常压下的沸点温度分别为 12.4℃ 及 −29.8℃，这些物质被称为低沸点物质，根据这些物质在低温下沸腾的特性，可将它们作为中间介质进行地下热水发电。利用中间介质发电方法，既可以用 100℃ 以上的地下热水（汽），也可以用 100℃ 以下的地下热水。对于温度较低的地下热水来说，采用降压扩容法效率较低，而且在技术上存在一定困难，利用中间介质法则较为合适。

中间介质法地热发电系统中采用两种流体：一种是采用地热流体作热源，它在蒸汽发生器中被冷却后排入环境或打入地下；另一种是采用低沸点介质流体作为一种工质（如氟里昂、异丁烷、正丁烷、氯丁烷等），这种工质在蒸汽发生器内由于吸收了地热水放出的热量而汽化，产生的低沸点工质蒸汽送入汽轮机发电机组发电。做完功的蒸汽，由汽轮机排除，并在冷凝器中冷凝器成液体，然后经循环泵打回蒸汽发生器再循环工作。该方式分单级中间介质法系统和双级（或多级）中间介质法系统。图 8-6 所示为单级中间介质法地热发电系统。

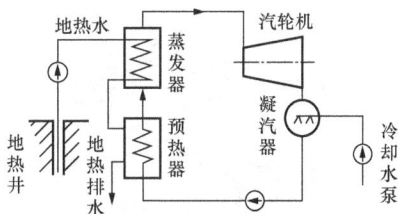

图 8-6　单级中间介质法地热发电系统

单级中间介质法地热发电系统的优点是，能够更充分地利用低温度地下热水的热量，降低发电的热水消耗率，设备紧凑，汽轮机尺寸小，易于适应化学成分比较复杂的地下热水。缺点是设备较复杂，大部分低沸点工质传热性都比水差，采用此方式需有相当大的金属换热面积，增加了投资和适行的复杂性；而且有些低沸点工质还有易燃、易爆、有毒、不稳定、对金属有腐蚀等特性，安全性较差，如果发电系统的封闭稍有泄漏，工质逸出后容易引发事故。

单级中间介质法地热发电系统发电后的热排水还有很高的温度，可达 $50\sim60℃$，因此，可采用两级中间介质法地热发电方式以充分利用排水中的热量再次发电。采用两级利用方案，各级蒸发器中的蒸发压力要综合考虑，选择最佳数值。如果选择合理，那么可使两级中间介质法比单级中间介质法的发电能力提高 20% 左右。

8.2.3　全流地热发电

全流地热发电系统是把地热井口的全部流体，包括蒸汽、热水、不凝气体及化学物质等，不经处理直接送进全流动力机械中膨胀做功，而后排放或收集到凝气器中，这样可以充分利用地热流体的全部能量。该系统由螺杆膨胀器、汽轮发电机组和冷凝器等部分组成。它的单位净输出功率可比单级闪蒸法和两级闪蒸法发电系统的单位净输出功率分别提高 60% 和 30% 左右。全流地热发电系统如图 8-7 所示。

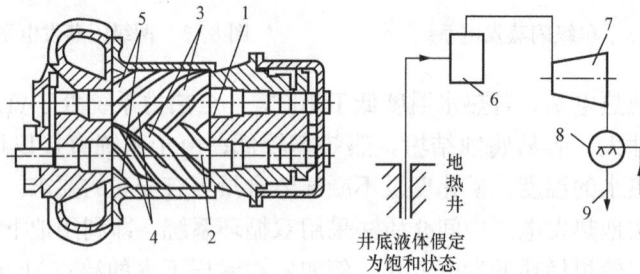

图 8-7　全流地热发电系统
1—高压气室；2、3、4—啮合螺旋转子；5—排出口；6—全流膨胀器；
7—汽轮发电机组；8—冷凝器；9—热水排放

8.2.4　干热岩发电

干热岩指地下不存在热水和蒸汽的热储岩体。干热岩地热资源专指埋藏较浅、温度较高且具有较大经济开发价值的热储岩体，它是比蒸汽热水和地压热资源更为巨大的资源。要取出干热岩体中的热能，无法通过地下自然的热水和蒸汽作为媒介。

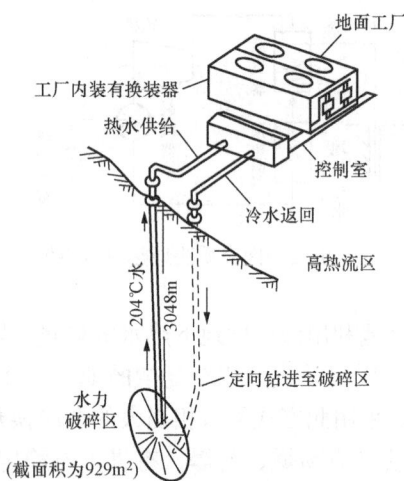

图 8-8　干热岩发电系统

从干热岩取热的原理十分简单。首先钻一口回灌深井至地下 $4\sim6km$ 深处的干热岩层，将水用压力泵通过注水井压入高温岩体中，在此处岩石层的温度大约在 $200℃$，用水力破碎热岩石。然后另钻一口生产井，使之与破碎岩石形成的人工热储相交。这样从回灌井压入的水经地下人工热储吸取破碎热岩石中的热量，变成热水或过热水，再从生产井流出至地面。在地面，通过热交换器和汽轮发电机将热能转化成电能。而推动汽轮机工作的热水冷却后再通过注水井回灌到地下供循环使用。干热岩发电系统如图 8-8 所示。

在特定地区内，干热岩资源的开发很大程度上取决于在经济合理的深度内获取岩石高温的方法。寻找高品位的干热岩资源的难度和成本比开发水热资源和矿物燃料小，这是因为开发水热资源或石油、天然气时，勘探者必须弄清岩石的渗透率、孔隙率、裂隙和填充物。而勘探干热岩时，只要找到干热岩就可以钻进和完成任意数量的井。

干热岩发电在许多方面比天然蒸汽或热水发电优越。首先干热岩热量的储量比较大，可以较稳定地供给发电系统热量，且使用寿命较长；再则从地表注入地下的清洁水被干热岩加热后，热水的温度高，并且由于热水在地下停留的时间短，来不及溶解岩石中大量的矿物质，因此热水所夹带的杂质较少。

8.3　地热能利用的制约因素和环境保护

8.3.1　常见的制约因素

目前，有三个重大技术难题阻碍了地热发电的发展，这三个技术难题是地热田的回灌、腐蚀和结垢。

1. 地热田的回灌

地热水中含有大量的有害矿物质，例如我国羊八井的地热水中含有硫、汞、砷、氟等多种元素，将地热发电后大量的热排水直接排放，不仅会影响环境的保护，而且对合理利用地热资源十分不利。地热回灌是把经过利用的地热流体或其他水源通过地热回灌井重新注回热储层段，回灌可以很好地解决地热废水问题，还可以改善或恢复热储的产热能力，保持热储的流体压力，维持地热田的开采条件。同时，回灌又能通过维持热储压力来防止地面沉降。但回灌技术要求复杂，且成本高，至今未能大范围推广使用，如果不能有效解决回灌问题，将会影响地热电站的立项和发展，所以地热回灌是亟需解决的关键问题。

回灌存在的问题与水质和井的渗透率有关，当未被充分加热又含有很多杂质的废水灌入后，水中含有的过饱和矿物质会沉淀在热储的岩石缝隙中，从而阻塞水路，减少流体的产量。此外，回灌也涉及热储的裂隙状况，有时回灌会快速迁移，引起生产井温度下降。因此，在设计回灌系统时，回灌井位的选择要考虑维持热储的压力和回灌井和生产井间的走行路径和流动时间实现最大化，防止生产层水发生快速冷却。由于回灌地下的地热排水不像地表排放可以跟踪观察，其运移效果很难预测，为了选取合适的回灌井址和回灌层位，就必须知道有关热储的水温和渗透率的空间变化。但是，大多数地热田这方面的资料掌握甚少，这给建立热储模型并进行数值模拟带来了困难。

如果地热载体是在开放系统里利用，则废水在回灌之前一般要先在水塘或水箱之中沉降以除去悬浮状固体物质，有时也可采用过滤装置达到这一目的。为了减少腐蚀性，废水可能还需要进行化学法或物理法脱气，最后才通过回灌井注进并形成地热储。因为较凉、密度较大的地热废水具有较高的重力压头，一般回灌仅靠重力即可实现。对于以液态水为主的地热资源，则流体可以在分离器（闪蒸器）压力下回灌，或者在一次换热器（双工质系统）地热流体压力下回灌。

热储地质对回灌的适应能力问题必须进行仔细研究。热储必须要有一个能够阻止废水向上流动并污染地下水含水层的比较不透水的盖岩层。如果岩层存在破碎带或者断裂，回灌废水就会向上运动并最终导致污染。

影响回灌系统投资费用的因素是：井孔与管道的直径、井孔深度、井孔数目及回灌区的水文地质情况。在地质构造既定的情况下，回灌井的钻井成本随其深度的延伸而增加。回灌还需要增加管网的投资和土地的征用费，回灌泵及配套回灌设施的投资及增加的泵送电耗也都要增加费用支出。

2. 地热田的腐蚀

地热流体中普遍含有多种化学物质，这些具有明显腐蚀作用的化学物质包括溶解氧（O_2）、H^+、Cl^-、SO_4^{2-}、H_2S、CO_2 和 NH_3，在与空气接触后更加剧对金属的腐蚀，再加上流体的温度、流速、压力等因素的影响，地热流体对各种金属表面都会产生不同程度的影响，使金属设备和管道的使用寿命缩短，维修工作量增加，严重影响地热系统正常运行和经济性。

金属在地热利用系统中的腐蚀均属于电化学腐蚀，其腐蚀机理与电极电位和腐蚀原电池有关。电极电位可用来衡量金属溶解变成金属离子转入溶液的趋势。负电性越强的金属，它的离子转入溶液的趋势越大，也就越容易受腐蚀。相反，正电性越强的金属，其离子越不容易转入溶液，它的稳定性也越好。金属与电解质溶液接触一定时间后，可获得一个稳定的电位值，它与溶液的成分、浓度、温度、流速等因素有关。不同金属在同一电解质溶液中或同一金属的不同部位所接触的介质浓度不同，其腐蚀电位值也可能不同，按腐蚀电位由低到高排序，就可以得到各种金属在某种溶液中的腐蚀电位序。由于腐蚀电位序的存在，在地热系统中就会产生原电池作用，使金属产生电化学腐蚀。深入研究金属的腐蚀电位序，包括金属表面存在的电化学不均匀性引起的微观原电池效应，对预测腐蚀，采取防腐措施提供了科学的理论依据。

3. 地热田的结垢

结垢是影响地热系统正常运行的重要问题之一。地热水资源中一般都含有比较高的矿物质，随着地热水被抽到地面进行开发利用，温度和压力均会发生很大的变化，影响到各种矿物质的溶解度，必然导致矿物质从水中析出并产生沉淀结垢。若在地热流体输送管道表面结垢，会影响地热流体的采量，使管道内的流动阻力加大进而增加泵的能耗，严重时甚至堵塞管道，造成系统停运。若换热设备传热面结垢，换热器的表面传热系数就要下降，换热能力削弱，使系统达不到原先设计的热负荷。

地热水结垢的化学组成有多种形式，如碳酸钙垢、硫酸钙垢、硅酸盐垢和氧化铁垢，一般高温热田常见的是硅酸盐垢和碳酸钙垢。国内大量存在的中低温地热田，最普遍存在的是碳酸钙结垢。常用的防止或清除结垢的措施如下：

（1）用 HCl 和 HF 等溶液溶解水垢，为了防止酸液对管材的腐蚀必须加入缓蚀剂。

（2）采用间接利用地热水的方式，在生产井的出水与机组的循环水之间加一个钛板换热器，可以有效防止做功部件腐蚀和结垢，但造价很高。

（3）采用深水泵或潜水泵输送井中地热流体，使其在系统中保持足够的压力，从而使流体的饱和温度高于实际的流体温度，这样，流体在井内始终处于未饱和状态，因而流体在上升过程和输送过程中不会发生汽化现象，防止了碳酸钙的沉积。

（4）选择合适的材料涂衬在管壁内，防止管壁上的结垢。

此外，还可以采用诸如磁法阻垢、高频电子阻垢、静电除垢等方法。

为了有效地解决地热利用系统的防腐、防垢问题，使设备得以长期地使用，现代地热工程都十分重视防腐工作的设计。要求地热工程规划设计前，必须掌握确切的水质分析资料，进行必要的调查研究，确定防腐、防垢的必要性，然后正确选材，选取包括回灌在内的各种有效措施，加强地热技术人员与管理人员的培训，以期最大限度地解决由地热系统腐蚀和结垢带来的问题。

8.3.2　对环境的影响

地热流体温度高低不一，成分也不完全相同，有些还含有多种不凝气体，如 H_2S、CO_2、CH_4、NH_3 等，在水蒸气中还往往带有水雾状的有毒元素，如硼、砷、汞和氡等，这些元素都可能在周围土壤和水体中富集，对动植物和人体健康造成危害。地热开发利用涉及的环境因素主要有水污染、热污染、空气污染、土壤污染、地面沉降、诱发地震、噪声污染、地热水可用性、固体废弃物、土地利用、对植物和野生动物的影响、经济和文化因素等。表 8-3 概括了地热利用中产生的各种环境污染的可能性和严重性。

表 8-3　　　　　　　　　　地热利用中产生的各种环境污染的可能性和严重性

影响	遇到的可能性	结果的严重性	影响的持续性
化学污染或热污染	中	中至高	短期至长期
空气污染	低	中	小
水污染	低	中	长期
土壤污染	中	低至中	短期至长期
地面沉降和诱发地震	低	低至中	长期
噪声污染	高	中至高	短期
与文化和考古的冲突	低至中	中至高	短期至长期
社会经济问题	低	低	短期
固态废弃物的处理	中	中至高	短期

一般来说，高温地热的开发对环境造成的影响要比中低温地热要大，所以建造一座利用高温地热资源的地热电站，首先要对其造成的环境污染或环境影响进行严格的可行性论证。对于中低温地热的开发利用，虽然所产生的环境问题要比高温地热要少一些，但仍然要十分重视，因为能否有效地控制和防止地热开发利用中的环境污染，最终也将成为地热资源能否真正为人类造福、让社会走可持续发展道路的关键。

思考题与习题

8-1　简述地热能的概念和来源。

8-2　地热资源是如何分类的？

8-3　简述我国地热资源分布情况。

8-4　简述地热发电的类型。

8-5　影响地热能利用的因素有哪些？

第9章 储 能 技 术

储能技术已被视为电网运行过程中"采—发—输—配—用—储"六大环节中的重要组成部分。系统中引入储能环节后，可以有效地实现需求侧管理，消除昼夜间峰谷差，平滑负荷，不仅可以更有效地利用电力设备，降低供电成本，还可以促进可再生能源的应用，也可作为提高系统运行稳定性、调整频率、补偿负荷波动的一种手段。储能技术的应用必将在传统的电力系统设计、规划、调度、控制等方面带来重大变革。

近几十年来，储能技术的研究和发展一直受到各国能源、交通、电力、电信等部门的重视。电能可以转换为化学能、势能、动能、电磁能等形态存储，按照其具体方式可分为物理、电磁、电化学和相变储能四大类型。在分布式发电中被广泛利用的储能技术有飞轮储能、超导磁储能、超级电容器储能及蓄电池储能。

9.1 飞 轮 储 能

飞轮储能是一种新型的机械储能技术，是将电能、转动能、制动能，或者诸如风能、太阳能等自然能转化成飞轮的旋转动能加以储存。近年来，与飞轮储能技术密切相关的三项技术取得了重要突破：①磁悬浮技术的研究进展很快，磁悬浮配合真空技术，可把轴系的摩擦损耗和风阻损耗降低到人们所期望的限度；②高强度碳素纤维和玻璃纤维的出现，允许飞轮边缘速度达到 1000m/s 以上，大大增加了单位质量的动能储存量；③现代电力电子技术的发展给飞轮电机与配电网系统之间的能量交换提供了灵活的桥梁。这三项技术的新进展，使飞轮储能技术取得了突破性的进展，并在许多领域中获得成功应用，其潜在价值和优越性逐渐体现出来。

9.1.1 飞轮储能装置的构成和工作原理

飞轮储能装置结构如图 9-1 所示，主要包括 5 个基本组成部分：①采用高强度玻璃纤维（或碳纤维）复合材料的飞轮本体；②悬浮飞轮的电磁轴承及机械保护轴承；③电动/发电互逆式电机；④电机控制与电力转换器；⑤高真空及安全保护罩。

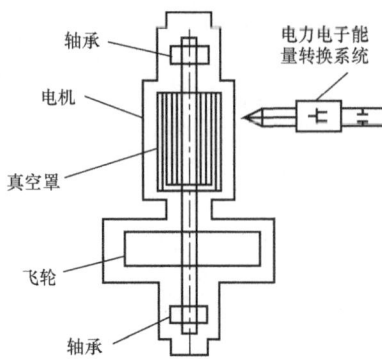

图 9-1 飞轮储能装置结构图

现代飞轮储能系统一般都是由一个圆柱形旋转质量块和磁悬浮轴承支撑机构组成。采用磁悬浮轴承的目的是消除摩擦损耗，提高系统的寿命。为了保证足够高的储能效率，减少风阻损耗，飞轮储能系统应该运行于真空度较高的环境中。飞轮与电机同轴相连，通过电力电子能量转换装置，可进行飞轮转速的调节，实现储能装置与电网之间的能量交换。

飞轮储能系统是一种机电能量转换与储存装置，其工作原理为：系统储能时，电机作为电动机运行，由工频电网提供的电能经功率电子变换器驱动电机加速，电机拖动飞轮加速储能，能量以动能形式储存在高速旋转的飞轮体中；当飞轮达到设定的最大转速以后，系统处于能量保持状态，直到接收到一个释放能量的控制信号，系统释放能量，高速旋转的飞轮利用其惯性作用拖动电机减速发电，经功率变换器输出适用于负载要求的电能，从而完成动能到电能的转换。由此，整个飞轮储能系统实现了电能的输入、储存和输出控制。

9.1.2 飞轮电机的选择

飞轮储能系统的运行特点及对飞轮电机的要求主要有：

（1）飞轮电机应具有可逆性，能运行于电动和发电两种工作状态；

（2）飞轮需要高速旋转，要求电机易于高速运行；

（3）储能和释能工作方式的转换要求电机能够适应大范围的速度变化；

（4）长时间的不间断运行需要电机有较长的稳定使用寿命；

（5）长时间的储能运行要求电机的空载损耗不能太大；

（6）要求电机有较大的输出转矩和输出功率；

（7）要求电机运行效率高、调速性能好；

（8）要求电机具有结构简单、运行可靠、易于维护等优点。

根据以上的运行特点和要求，有三类电机可供选择：感应电机、磁阻电机、永磁电机。磁阻电机结构复杂，花费高，且功率因数低，而感应电机转换效率偏低，要做到超高转速很困难，且控制复杂，因此永磁电机是目前飞轮储能应用最多的电机类型。永磁电机按类型可分为两类，即反电动势为正弦波的永磁同步电动机（PMSM）和反电动势为方波的直流无刷电动机（BLDCM），国内外研究机构或单位一般采用直流无刷电动机。主要是因为与正弦波电动机相比，其出力大，并且驱动简单。

9.1.3 无刷直流电机基本结构及数学模型

无刷直流电机由电机本体、位置传感器、电子换向线路三部分组成，其基本结构原理图如图9-2所示。

无刷直流电机的反电动势为梯形波，因此在三相坐标系下分析比较方便，分析时做如下假设：

（1）电机磁路不饱和；

（2）不计涡流和磁滞损耗；

（3）三相绕组完全对称。

图9-2 无刷直流电机组成方框图

无刷直流电机较多采用磁钢表面安装转子结构，由于永磁体的磁导率与空气相近，可以认为电机的等效气隙长度为常数，因此可以认为定子三相绕组的自感为常数，三相绕组间的互感也为常数，两者都与转子位置无关。

由此可得无刷直流电机的电路拓扑结构如图9-3所示。

9.1.4 飞轮储能系统工作模式分析

飞轮储能系统工作过程可划分为三种工作模式：充电模式、放电模式、保持模式。下面结合充放电主电路拓扑模型对以上三种模式进行分析。

1. 充电工作模式

在充电工作模式下，飞轮储能系统消耗外部电能，通过电力变换实现电机驱动，带动飞

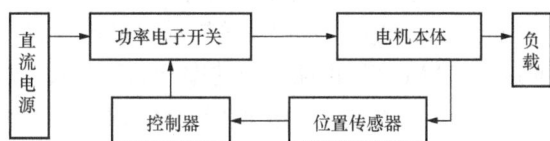

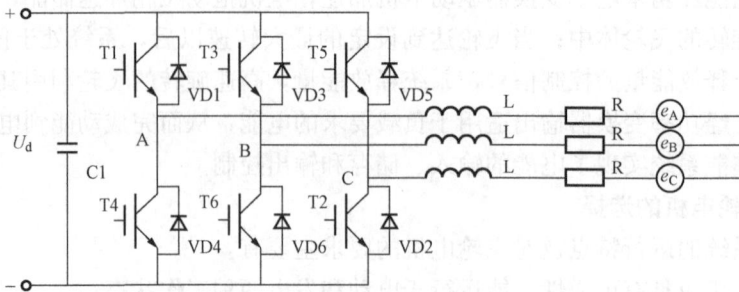

图 9-3 无刷直流电机电路拓扑

轮加速旋转，这样电能转换为机械能存储在飞轮中。如图 9-4 所示，电路拓扑主要有四个部分：整流电路、PAM 电路、逆变电路、泵升电路。

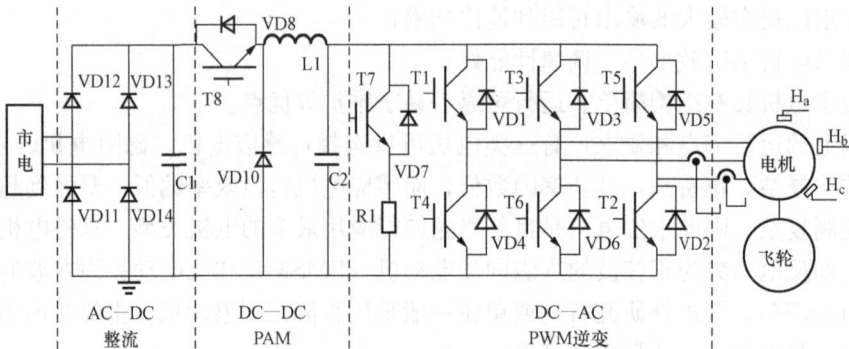

图 9-4 充电主电路拓扑

（1）整流电路。主要将家用 220V 单相交流电通过整流二极管 VD11、VD12、VD13、VD14 进行全桥整流，并经滤波电容 C1 滤除整流电压中的波纹，达到恒定直流电压约为 314V。

（2）PAM 电路。考虑飞轮转动惯量比较大、启动过程的稳定性及控制的精度，因此本文加进了 PAM 调制电路。由功率开关管 T8、续流二极管 D9 和电感 L1 构成，完成直流降压斩波变换，以配合三相桥逆变电路的 PWM 调制，完成电机升速、飞轮出能过程。

（3）PWM 逆变电路。三相逆变桥由功率开关管 T1～T6 组成，控制电路产生 PWM_ON 调制信号来驱动功率开关管通断，达到控制电机运行的目的，由于电机是感性负载，电流不能突变，当功率开关管由导通变为截止时，由续流二极管 D1～D6 提供电流通道。

（4）泵升电路。由功率管 T7 和泄放电阻 R1 组成，若母线电压值超过额定值，开关管 T7 将动作，将多于能量经泄放电阻消耗。

在该种工作模式下，无刷直流电机作为电动机运行，消耗输入功率，能量正向流动。驱动系统是一个电流速度双闭环系统，外环是转速环，内环是电流环。电机位置信号由安装在电机上的开关霍尔传感器产生，送入控制器，一方面得到解码信号，另一方面经计算处理后得到反馈速度，与外部速度给定做差，再经速度调节器得到电流给定；电流环以两相电流 i_a、i_b 为反馈量，与电流给定做差后经电流调节器，输出信号与载波信号比较输出 PWM 信号。PWM 信号再与解码得到的信号进行逻辑运算得到六路 PWM 控制信号，以实现高性能的电机控制，带动飞轮完成储能过程。

2. 放电工作模式

飞轮放电工作模式与充电模式正好相反，主要表现在两个方面：①能量的流向与储能工作模式相反，由飞轮流向负载；②电机的运行状态与储能工作模式相反，飞轮电机作为发电机运行，消耗机械功率，获得电能输出，完成机械能向电能转化。

在放电工作模式下，无刷直流电机运行在发电机状态。在放电模式中，由于动能不断地减小，飞轮的转速也会不断下降，母线端电压也不断下降，因此必须经电力变换实现输出稳定电压，并且变换成用户可直接使用的工频电。放电主电路拓扑简图如图 9 - 5 所示，其主要由三个部分组成：整流电路、BOOST 升压电路、逆变及滤波电路。

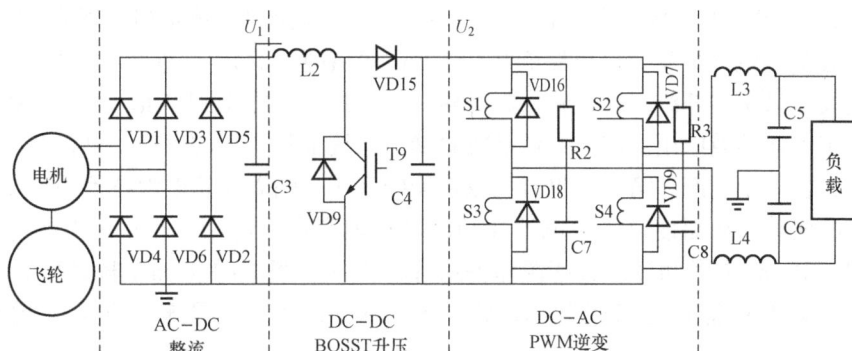

图 9 - 5　放电主电路拓扑简图

（1）整流电路。由充电主电路中逆变部分的六个续流二极管 VD1～VD6 和电容 C3 构成，将无刷直流电机产生的三相梯形波交流电压，经三相不可控全波整流和滤波电容变成直流电。

（2）Boost 升压电路。考虑整流之后的电压是随着飞轮转速的下降而不断下降的，为得到恒定电压，这就需要 Boost 升压电路进行电压提升。Boost 升压电路由功率管 T9、电感 L2 和二极管 VD15 构成，是放电模式的关键所在。

（3）逆变及滤波电路。飞轮储能系统产生的能量最终要由用户使用，因此必须满足用户的基本要求，即交流工频 50Hz、220V 恒定，谐波要少，并可以与现有电网兼容。逆变及滤波电路由 Mosfet 管 S1～S4、电感 L3、L4 和电容 C5、C6 组成，由控制器产生 SPWM 信号对 S1～S4 开通关断进行调制，再经过 L3、L4、C5、C6 构成的 LC 低通滤波电路进行滤波，最终输出 50Hz、220V 的交流电。

在该模式下，无刷直流电机作为发电机运行，产生输出功率，能量反向流动。这个模式下的关键就是将经过 Boost 升压电路输出的母线电压稳定在 310V。因此用反馈采样电压 U_2 与给定做差，再经过电压调节器，输出与相应的三角载波比较，产生控制 T9 开断的控制信号，以达到控制母线电压的目的。最后经过逆变及滤波电路输出工频 50Hz、220V 的交流电。

3. 保持工作模式

保持工作模式既没有能量的正向流动，也没有能量的反向流动，飞轮处于空闲运转状态，整个飞轮储能系统以最小的损耗运行，能量基本保持恒定。此外，也可以考虑在保持工作模式采用低压模式，这样可以使飞轮长时间存储额定能量。在这种工作模式下电网直接为负载提供能量。

9.1.5　飞轮储能的应用

随着飞轮储能技术的发展和性价比的提高，飞轮储能系统性能参数都达到了可以接受的水平，而且其应用领域也越来越广泛，目前有一些公司生产的飞轮已经投入使用，主要应用到以下行业。

(1) 电力系统中的应用。目前主要是用抽水储能进行调峰，而飞轮储能系统充放电快、占地面积小、不污染环境，因此用飞轮储能系统来进行电力调峰也是一个热点研究。美国马里兰大学在 1991 年提出 24kWh 磁轴承支承飞轮储能系统用于电力系统的调峰，具有稳恒110V/240V、20kWh 的释放能力，总效率为 81%。德国物理高技术研究所在 1997 提出了5MWh/100MW 的电站模型，单机储能 0.5MWh，功率为 10MW，重 30t；每个飞轮模块由四个飞轮组成，采用碳纤维复合材料、超导磁轴承，最大储能 125kWh，系统效率为 96%。

(2) 汽车工业领域应用。汽车工业是飞轮储能系统最早应用的领域。早在 20 世纪 50 年代，瑞士一家公司就生产了第一辆仅有飞轮功能的客车。随着飞轮电池技术的进步和发展及其控制技术的成熟，从而使得飞轮电池在纯电动车辆和混合电动车辆中都有很好的应用前景。在美国，Texas 大学和 Texas 能源储备局等机构联合组成的 Texas 电动汽车计划小组，已经研究出可以存储能量为 2kWh、功率可达 100～150kW 的飞轮电池，主要用于电动汽车。

(3) 风力发电中的应用。风能是新型可再生的洁净能源，有广泛的应用前景。但由于风速因季节、时刻、能量随时变化，而且变化频率快，变化幅度大，通常是随机的。这给风力发电用户在使用上带来困难。为充分发挥飞轮系统响应速度快的优点，国外有许多科研机构将飞轮电池应用到风力发电系统中。当风力发电机组输出功率大于负荷功率时，多余的功率供给飞轮转子，此时飞轮储能系统中的电动/发电机处于电动机运行状态，电能转化为动能；当风力发电机输出功率大于或等于零但小于负荷功率时，此时飞轮储能系统中的电动/发电机处于发电机运行状态，动能释放并转化为电能。

(4) 其他领域的应用。除了上述应用领域外，飞轮电池还可以作为医疗设备、军事设备、安全设备、通信设备、电信中基站、核聚变实验装置、计算机站等场所的不间断供电备用电源（UPS）。

9.2　超 导 磁 储 能

超导磁储能系统（Superconducting Magnetic Energy Storage System，SMES）是超导应用研究的热点。超导磁储能利用超导磁体的低损耗和快速响应来储存能量，通过现代电力电子型变流器与电力系统接口，组成既能储存电能（整流方式）又能释放电能（逆变方式）的快速响应器件，从而达到大容量储存电能、改善供电质量、提高系统容量和稳定性等诸多目的。

9.2.1　SMES 的工作原理与系统组成

SMES 系统预先在超导线圈内储存一定的能量（最大储存电能的 25%～75%），再通过控制变流器的触发脉冲来实现 SMES 与系统的有功功率、无功功率交换，从而完成 SMES的多种功能。按功能模块划分，一般 SMES 的基本结构如图 9-6 所示。它主要由超导线圈、失超保护、冷却系统、变流器和控制器等组成。

1. 超导线圈

超导线圈的形状通常是环形和螺管形。小型及数十兆瓦时的中型 SMES 适合采用漏磁场小的环形线圈。螺管形线圈漏磁场较大，但其结构简单，适用于大型 SMES 及需要现场绕制的 SMES。

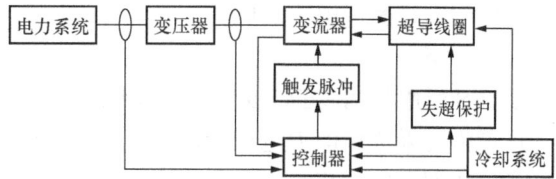

图 9-6　SMES 结构图

目前，绕制超导磁体线圈的材料主要是 NbTi 和金属化合物 Nb_3Sn。NbTi 的机械加工性能好，而 Nb_3Sn 的临界电流、临界磁场、临界温度都优于 NbTi，只是机械加工较难。这两种导体均为低温超导线材，需在液氦（4K）温区工作。

虽然目前低温超导线材已基本达到了可以在小型 SMES 上使用的水平，但必须在液氦温区下才能维持超导状态。这使超导的经济优越性受到了限制。在高温超导线材方面，美国、日本等发达国家已制造出长 50～1000m 的 Bi 系超导线材，并具有制造 $J_c > 20 kA/cm^2$、交流损耗小于 $3W/(kA \cdot m)$、线长大于 1km 的 Bi 系超导线材的能力。现在，高温超导线材虽已接近或达到可用于超导电力装置的水平，但与低温超导线材相比，仍有一段差距，尤其是在交流损耗上差距更大。为此，各国均在致力于开发交流高温超导线材，以期使高温超导线材达到实际应用水平。

2. 失超保护

对于超导磁体，失超时可能出现 3 种情况：①过热；②高压放电；③应力过载。后两种状况发生时，在一定范围内是可以自动修复的；而对于过热，其后果常常是致命的（对磁体而言）。因此，更多的磁体保护是针对过热。防止过热，也就是要在失超时将超导磁体中的电流转移至外部消化，防止焦耳热释放在超导线上。根据不同的磁体结构，可有分段电阻保护、并联电阻保护、谐振电路保护和变压器保护等方法。各种方法有各自的优缺点。

实现超导线圈失超保护，必须要有高速、准确的失超检测器，同时还应具备除去交直流变换器等器件上产生的电磁干扰技术。直流断路器的作用是当失超保护动作时把超导线圈和交直流变换器分开，将线圈电流转移到保护电阻上，同时防止保护电阻产生的电压加到变换器上去。由于通电电流很大，因此需考虑采用多触点形式，同时还必须在反向电流回路叠加的高频电流中形成零点。

此外，与通常的暂态超导磁体不同，保护电阻不能总是并联在 SMES 系统中。因此，必须开发能保证保护电阻高速、准确地投入使用的断路器。为防止投入时的过电压，应当尽量减少保护电阻的电感。

3. 冷却系统

低温冷却装置由不锈钢制冷器、低温液体的分配系统、一对自动的氦液化器 3 部分组成。分配系统的主要组成是：制冷器顶部的电气连接；控制氦流的低温阀箱；制冷器之间、阀箱和液化器之间的低温管；真空装置；压力过高时的安全阀；备用氦罐和冷却箱（热交换器、Joule Thomson 阀和涡轮膨胀器）。这种装置通常每年只能使用 6000h。必须提高到每年使用 8000h，以满足电力运行的技术要求。

超导线圈的冷却方式有 2 种：一种是将线圈浸泡在液氦之中的浸泡冷却方式；另一种是在导体内部强制通过超临界氦流的强制冷却方式。浸泡冷却下超导稳定性好，但交流损耗大，而且耐压水平低；强制冷却的机械强度、耐压、交流损耗等方面都具有优点，但提高超导热稳定性则是其应解决的问题。

4. 变流器

SMES 所用的 AC/DC 变流器应能独立控制 SMES 与电力系统的有功功率和无功功率交换，这就需要采用由电力电子器件组成的开关电路。从电路拓扑结构来看，常用的变流器有两种：电压型和电流型变流器。

电压型变流器电路的结构比电流型变流器复杂，线圈的充放电需考虑电压型 AC/DC 变流和从支撑电容到超导电感线圈的斩波 2 个部分协同控制。从目前变流器应用来看，电压型比电流型更为成熟，大容量的 SMES 大多采用电压型变流器与电网相连。多年来的研究表明，电流型变流器结构简单，控制策略设计也易于实现。对于中小型 SMES 而言，这种结构更为合理。

由于基本的 6 脉冲电流型或电压型变流器会产生谐波（$6K \pm 1$ 次，K 为整数），因此需要在 SMES 交流侧滤波。目前，谐波抑制的方法主要有脉宽调制（PWM）技术和多重化技术。

5. 控制系统

控制器的性能必须和电网的动态过程匹配，一般由外环控制和内环控制两部分组成。外环控制器作为主控制器用于提供内环控制所需要的有功功率和无功功率参考值，是由 SMES 本身特性和系统要求决定的；内环控制器则是根据外环控制器提供的参考值产生变流器的触发信号。

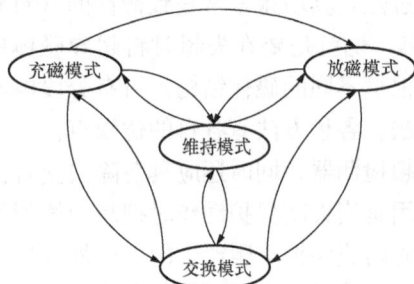

图 9-7　超导磁储能系统模式转换图

9.2.2　超导磁储能装置控制模式

超导磁储能系统工作模式可以分成四种：充磁模式、放磁模式、维持模式和交换模式。图 9-7 给出了该系统的模式转换图。

1. 充磁模式

在超导储能系统启动时，必须先对超导线圈充磁。若超导线圈最大储能量为 E_{max}，可以定义系统的额定储能量为 $E_n = 0.6 E_{max}$，正常工作时系统的最小储能量为 $E_{min} = 0.1 E_{max}$。初始时可将超导线圈能量充到额定储能量后进入能量维持模式进行待命，这样可随时接受正负功率指令。在储能系统与电网进行功率交换时，一旦储能量低于最小储能量时，系统将进入充磁模式。这时，系统控制变流器直流侧电压恒定，按一定的速率对超导线圈进行充磁。若超导线圈能量充到额定储能量后则进入维持模式进行待命。

2. 维持模式

在系统处于待命状态不与电网发生功率交换时，由于储能设备的超导线圈电流引线等非超导部件的存在，储能设备会产生一些损耗，导致超导线圈电流将以非常缓慢的速度减小。为了维持超导线圈的电流为恒定值，需要电网通过 PCS 按涓流充电方式对超导线圈充磁。

3. 放磁模式

放磁模式可以分成两种情况：①正常放磁；②故障保护。正常放磁有两种状况：一种情况是当储能系统与电网进行功率交换时，若超导线圈的储能量超过其最大储能量 E_{max} 时，应对线圈电流进行限制，使系统进入放磁模式；另一种情况是储能系统正常停机，需要先将超导线圈电流释放到 0。这时通过控制超导线圈上的电压，使得储能设备通过 PCS 将能量回馈到电网。故障保护时，需要将超导线圈中的能量快速释放，这时应将 PCS 与电网断开，放磁电阻上的固态开关开通，这样超导线圈电流就能快速衰减，能量损耗在电阻上。

4. 功率交换模式

储能系统与电网发生有功功率和无功功率交换，储能系统通过控制 PCS 实现调节电网参数，改善电能质量和提高电网稳定性。这时应保证系统储能量处于超导线圈设定的储能量范围内（即 $E_{min} \sim E_{max}$）。若低于 E_{min}，则应转换到充磁模式；若高于 E_{max}，则应转换到放磁模式。

9.2.3　控制策略及控制方法

从本质上说，SMES 也属于 FACTS 的范畴。目前，SMES 在高压电网中的应用研究主要集中在提高系统稳定性方面，所以 FACTS 装置用于系统稳定性控制的理论和方法均适用于 SMES，但 SMES 与传统电力装置或 FACTS 的动态行为不同，加上电阻减小而引起的弱阻尼特性又会使电力系统中的一些常规控制手段失效，故须专门研究 SMES 的控制方式。目前，有以下几种外环控制方法。

1. PID 控制

这是电力系统中的常用方式，其理论完善、调整方便、易于在工程上实现。它用比例、积分、微分等典型的控制模块，加上几种校正网络组成，能改善系统稳态、动态性能。

2. 反馈线性化

通过对系统非线性因素的精确补偿，将原系统转换为线性系统，即可用线性控制理论方法控制。反馈线性化分为微分几何法和直接分析法两类，近年来发展起来的逆系统方法属于后一类。

3. 鲁棒控制

可通过降低系统灵敏度来抵御外部扰动和系统参数的摄动，如 SMES 鲁棒分散控制系统用于系统的频率控制。

4. 自适应控制

用于解决互联系统间相互干扰及参数的不确定性问题。SMES 用反馈线性化方法结合自适应控制规律，在系统故障时可自适应地调节系统参数，将其接于单机无穷大系统发电机侧的仿真结果表明，它能有效地增强系统稳定性。

5. 模糊逻辑控制

模糊逻辑控制属智能控制范畴，对复杂的非线性、时变、不确定性系统，采用开闭环控制和定性与定量控制相结合的多模态控制方式可很好地解决非线性和不精确性问题，有望成为综合解决复杂电力系统控制面临的诸多问题的有效方法。

6. 人工神经网络（ANN）

用大量简单处理单元经广泛连接组成模拟大脑神经系统结构和功能的人工网络具有较强的鲁棒性和自学习能力，能很好地处理一些输入量与系统之间的非线性关系。对高压输电线路三相短路情况的仿真研究表明，采用 ANN 控制器的 SMES 增强系统的暂态稳定性效果比单纯 PID 控制器要好。

9.2.4 SMES 的应用

超导储能装置 SMES 是将能量以电磁能的形式储存在超导线圈中的一种快速、高效的储能装置。与其他储能装置相比，SMES 具有储能量大、转换效率高、响应迅速、对环境无污染、控制方便、使用灵活等优点，在电力系统中有着广泛的应用前景。

根据储能装置容量的不同，可分为大型和中小型 SMES，不同的储能容量在电网中所扮演的角色是不同的。

大型 SMES 主要适用于大功率远距离输变电系统。其主要功能有：①提高输电稳定性，可瞬时吸收过剩能量，避免系统解列，与现有大电网稳定装置（如电气制动等）相比，有响应速度快、过剩能量能回收等优点。②进行电压/无功支持，可使电压极为稳定，波动很小。③调节负荷，将负荷曲线调平。在改善电能质量时，超导储能系统储能容量不一定需要很大，但功率容量一般很大。大型 SMES 的功率容量一般在 100MVA 以上。

小型 SMES 的功率容量一般为 0.5～10MVA，其作用主要是改善电能质量和分布式发电系统的功率扰动平衡。小型 SMES 的主要功能有：①电压控制和功率因数调整；②闪变抑制；③电压跌落和瞬时断电保护；④支持可再生能源的发电系统。

目前，在实际电力系统中，也不乏储能装置应用的案例。

一些小的分布式 SMES 系统（称为 D-SMES）在美国 Wisconsin 州获得应用，该州电网配置了 6 台，容量是 3MW/3MJ，其主要作用是进行弱联络线的低频振荡控制。

在我国，SMES 的研究同样是储能领域的一个热点。在清华大学已研制出一个 15kVA、20kJ 的 SMES 系统，并已经过动模试验。清华大学 SMES 系统的试验表明，SMES 能够有效地进行电力系统稳定控制，提高电网输送能力。

SMES 储能装置技术的逐步成熟，使得其应用于电力系统的实际生产运行具有可行性。如何使得储能装置更好地发挥其提高电力系统稳定性的作用，是当前储能领域研究的一个热点。

9.3　超级电容器储能

超级电容器也称双电层电容器，是近年来出现的一种新型能源器件。之所以称为"超级"，是因为与常规电容器不同，其容量可达到法拉级甚至数千法拉。

超级电容器具有以下特点：

（1）电容量很大，1995 年报道了电容量达 2300F 的超级电容器。

（2）与普通电容器相比，具有很高的能量密度。是普通电容器的 10～100 倍，一般可达 20～70MJ/m^3。

（3）漏电流极小，具有电压记忆功能，电压保持时间长。

（4）充放电性能好，且无需限流和充放电控制回路，不受充电电流限制，可快速充电，通常几十秒。

（5）储存和使用寿命长，维修费用很小。

（6）使用温度范围广，可达 −40～＋85℃。而电池仅为 0～＋40℃。

（7）比蓄电池安全，如果短路，超级电容器不会爆炸。

9.3.1 超级电容器储能系统结构

1. 超级电容器储能系统主电路

超级电容器储能系统正常工作时，通过 IGBT 逆变器将直流侧电压转换成与电网同频率的交流电压。当仅考虑基波频率时，可以将超级电容器储能系统等效为幅值和相位均可控制的交流同期电压源。其主电路主要包括三部分：整流单元、储能单元和逆变单元。整流单元采用三相全桥整流器，给超级电容器充电及为逆变单元提供直流电能。逆变单元采用 IGBT 组成的三相电压型逆变器，通过变压器与电网相连。

2. 储能系统工作原理

超级电容器储能系统的单相等效电路如图 9-8 所示。

图 9-8 中 $\dot{U}_S$ 和 $\dot{U}_I$ 分别表示电网电压和逆变器的输出电压，X 表示逆变器与电网之间的连接电抗。从图 9-8 中可以看出，连接电抗上电压 $\dot{U}_L$ 为 $\dot{U}_S$ 和 $\dot{U}_I$ 的相量差。因此，改变逆变器的输出电压 $\dot{U}_I$ 的幅值及其相对于 $\dot{U}_S$ 的相位，就可以改变连接电抗器上的电压和电流。

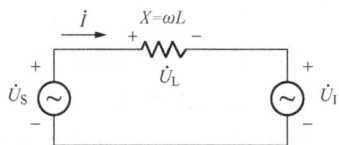

图 9-8 超级电容器储能系统的单相等效电路

图 9-9 表示电流 $\dot{I}$ 超前或滞后于 $\dot{U}_L$ 时各个电压、电流之间的相量关系。从图 9-9 中可以看出，$\dot{U}_I$ 和 $\dot{U}_S$ 同相，改变 $\dot{U}_I$ 的幅值大小可以控制逆变器是从电网吸收的电流是超前还是滞后 90°，并且能够控制该电流的大小。

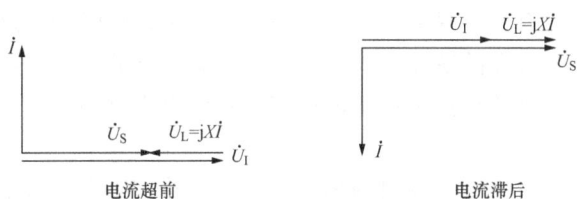

图 9-9 不考虑损耗的工作相量图

在上面的分析中，没有考虑系统中的损耗，如果将损耗等效为连接电抗器上的电阻，则工作相量图如图 9-10 所示。此时，由于损耗 R 的存在，$\dot{U}_I$、$\dot{U}_L$ 和 $\dot{U}_S$ 三者之间有了夹角，从而导致了逆变器与电网之间的无功功率传递。

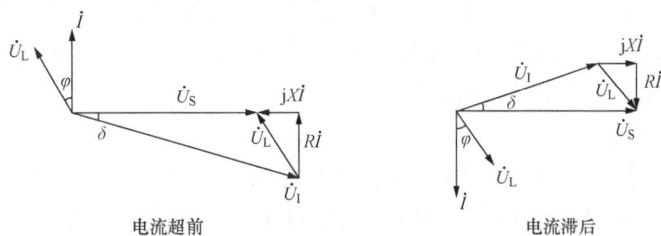

图 9-10 考虑损耗的工作相量图

9.3.2 逆变器控制方法

逆变器的数字控制是现在发展的趋势，逆变器的数字控制方法成为了当今变流研究领域的一个热点，出现了多种逆变器离散化控制方法，包括数字 PID 控制、状态反馈控制、无差拍控制、重复控制、滑模变结构控制、神经网络控制及模糊控制等。

1. 数字 PID 控制

在逆变器控制中，最常用的方法是 PID 控制，大约 95% 以上的工业过程控制都采用 PID 控制。具体实现方式包括电压瞬时值反馈控制和电压电流双闭环反馈控制。但是，数字 PID 控制方法也有其局限性：系统的采样量化误差降低了算法的分辨率，使得 PID 调节器的控制精度变差；采样和计算延时使得被控系统成为一个具有纯时间滞后系统，造成 PID 调节器的设计困难，稳定域减小。随着高速信号处理器 DSP 及高速 A/D 的出现，数字 PID 控制方法有了进一步发展的空间。

2. 状态反馈控制

利用状态反馈实现了逆变器系统极点的优化配置，逆变器工作在一种十分稳定的状态，输出具有良好的瞬态响应效果和较低的谐波畸变率。该方法对线性负载的响应很好，但对于非线性负载，如二极管整流负载，其控制效果就不是很好了。

3. 无差拍控制

无差拍控制是一种基于电路方程的控制方式，它利用状态反馈实现零点和极点的对消，并配置另一个极点于原点。在理想状态下，输出能够很好地跟踪给定，波形畸变率很小。因此，即使在很低的开关频率下，无差拍控制也能够保证输出波形的质量，这是其他控制方法所不能做到的。

当然，无差拍控制也有其自身的局限性：由于采样和计算时间的延迟，输出脉冲的占空比受到很大限制；对系统参数的变化反应灵敏，如电源电压波动、负载变动，系统的鲁棒性差。十几年来，对逆变器无差拍控制技术的研究也就侧重于这两方面问题的解决。

4. 重复控制

为了消除非线性负载对逆变器输出的影响，在逆变器控制中引入了重复控制技术。重复控制是一种基于内模原理的控制方法，它的突出特点是稳态特性好，控制鲁棒性强。但重复控制有一个致命的弱点，就是它的控制实时性差，动态响应速度慢。

5. 滑模变结构控制

滑模变结构控制理论起于 20 世纪 50 年代，它最显著的特点是对参数变动和外部扰动不敏感，因此非常适用于闭环反馈控制的电能变换器。滑模变结构控制实质上是一种非连续的开关控制方法，它强迫系统的跟踪误差及其导数运行于相平面的一条固定的滑模曲线上，与系统参数变动及外部扰动无关，因此系统有极强的鲁棒性。但是，就波形跟踪质量来说，滑模变结构控制不及重复控制和无差拍控制。

6. 神经网络控制

神经网络控制是近几年来兴起的一种智能控制方式，它模仿人的大脑实现对系统的控制。它的最大优点是不仅适用于线性系统，而且对非线性系统也适用，而大多数系统或多或少地都带有非线性因素。

神经网络学习所需的各种实例来自于实验和仿真得到的数据，包括线性负载条件和非线性负载条件。选择一种学习算法，应用所获实例，通过离线学习获得系统的最佳控制规律。然后，可以将这一控制规律应用到实际系统中去，实现在线控制。由于其控制规律的获得不依赖于系统模型，而且学习实例包含了各种情况，因此系统的鲁棒性特别强，适用于各种负载情况。

7. 模糊控制

模糊控制属于智能控制的范畴。与传统的控制方式相比,智能控制最大的好处是不依赖控制对象的数学模型;模糊控制从模仿人的思维外特性入手,模仿人的模糊信息处理能力,它对系统的控制是以人的经验为依据的,而人的经验正是反映了人的思维过程中的判断、推理、归纳。

9.3.3　超级电容器储能的应用

目前,超级电容器产品已经比较成熟,应用范围广泛。一些正处在研究和试用阶段,一些已经实现了商业化。总体来说,超级电容器主要应用如下:

1. 小功耗电子设备的电源/备用电源

在各式各样的消费类电子产品及一些功耗不大的电子设备,超级电容器可以作为电源,来取代目前应用最多的蓄电池、锂电池等,例如,众多的电动玩具及自动防故障的装置等。将超级电容器和电池混合使用,也非常适用于众多具有脉动性的设备和仪器,例如,生活中常用的手机、照相机的闪光灯、笔记本电脑和掌上电脑等。

2. 电动汽车及混合动力汽车

目前新能源概念汽车的动力源主要用的是电池。但也有一些公司采用单一的超级电容器可以作为电动汽车的唯一动力源。目前最认可的是超级电容器与可充电蓄电池或燃料电池等储能装置或发电设备混合使用来驱动汽车。由于超级电容器功率密度大,充放电速度快,能够在汽车启动、加速、爬坡等过程中提供所需的峰值功率,并且能够在刹车时将能量回馈,储存在超级电容器中。整个过程可以提高能量的利用效率,提高新型动力汽车的实用性和可行性。

3. 可再生能源发电系统/分布式电力系统

目前的风能和光伏发电系统中,其发电设备的输出功率不稳定。采用超级电容器装置来进行储能,可以充分发挥超级电容器功率密度大、储能效率高、循环寿命长、无需维护等优点;也可以和其他储能装置进行混合储能,有着良好的应用前景。超级电容器储能装置,应用在光伏发电、风力发电、生物质材料发电等分布式发电系统中,可以改善其电压输出的特性,并可以作为发电中断时的备用电源,可以提高供电的质量和稳定性。

4. 军事装备领域

目前,野战装备大多不使用公共电网供电,而是自己配置相应的发电设备和储能装置,并且要求储能装置轻便、可靠、隐蔽性强;因此,超级电容器良好的储能特性,可以解决坦克、军用运输车、装甲车等车辆低温启动困难的问题;可以为雷达、通信及电子对抗系统等提供大功率脉冲;还可以为制造脉动功率工作的新概念武器中提供新型的储能材料等。

5. 电网/配电网的电力调峰和电能质量改善

超级电容器是新型的电力储能装置,可以用于电网/配电网的电力调峰和电能质量改善。在负荷较小时将电能储存在超级电容器中,并在用电高峰期释放出来,以减小电网的峰谷差,提高容量利用率。基于超级电容器储能的动态电压补偿(DVR)系统,也可用于改善电能质量,对电网或者配电网进行无功补偿和谐波消除。超级电容器还可以成为重要负载的UPS,以保证电源的不间断。

9.4　电　动　汽　车

9.4.1　电动汽车的应用背景

汽车的能源消费占世界能源总消费的近 1/4。随着发展中国家经济水平的提高，汽车的保有数量在急剧增加，由此而引起的能源与环境问题就显得更加严重。因石油危机的影响，发达国家领先进行节能技术的开发，将产业部门的能源消费停留在 GNP 的一半水平。但是，以汽车为主的运输部门因其急速普及，能源的消费比其他部门大，占总能源消费的24%，预计从全世界汽车排出的二氧化碳为 64 亿 t 标准碳，由二氧化碳引起的大气污染及地球温暖化已对人类的生活环境产生深刻的影响。在当今世界面临能源与环境的双重危机之际，要求汽车工业提高汽车的能源使用效率，减少污染物质的排出量，但是仅通过改善现有内燃机车的性能来解决这一问题是很困难的。开发电动汽车是解决这一问题的有效途径之一。

9.4.2　电动汽车的特点

电动汽车与常规的内燃机车比较有以下特点：

(1) 效率高。现在的内燃机效率约为 38%，因汽车在市内行驶中有频繁的停车、低速行驶、待信号灯等，其最终效率不过 12%。而电动汽车无机器空转损失，电池的 80% 以上的能量可由电动机转为汽车的动力，即使考虑原油的发电效率、送配电效率、充放电效率等，其最终可得到 19% 左右的能量效率。另外，电动汽车在制动时有回收能量的特点。这个比较在计算时仅以汽车行驶能量为对象，实际上电能有多种来源方式，还需考虑制造所用能量等，但此结果与其他文献的结果基本相符。

(2) 环境污染低。电动汽车在行驶中无废气排出，即使以火力发电来估计，相对于常规汽车其废气排出量也会大幅度减少。

(3) 可使用多种能源。因电动汽车使用 2 次电力能源，其不受石油资源的限制，可利用核能、水力、太阳能等。

(4) 噪声低。汽车的噪声、振动大小取决于发动机本身和行驶条件。常规汽车和电动汽车比较，虽然因汽车行驶而引起的噪声、振动无显著差别，但由原动机引起的部分电动汽车占有绝对的优势。

9.4.3　电动汽车的现状和开发动向

电动汽车是由电池和电动机驱动。近年来，由于高性能电池的研究有了较大的进展，出现了能在一定程度上满足用户要求的电动汽车。然而，电动汽车在价格及技术上等还有很多亟待解决的课题，在性能上不如现有常规汽车，还未能普及。

(1) 驱动系统的技术动向。直流电动机适合于用作驱动电动机并且其控制系统比较简单，但是价格高，质量大，而且回转部分的惯性是相同容量交流电动机的 3～5 倍，因此对于需要频繁加减速的汽车来说，在加减速时回转部分的惯性将使能量消耗大，所以仅在部分轻型级电动汽车上被采用。作为电动汽车的驱动系统，交流电动机是最佳的选择，最高效率已达 96%，并且其与变速机的优化系统也已开发成功。

(2) 控制系统的技术动向。电动汽车的一个主要的优点是，电动机可以作为发动机在制动时把车辆的运动能再生为电能回收，通过这一制动再生可节省能量，并使电动汽车的一次充电行驶距离增加10%～20%。但是，因存在对满量电池的过充电及急速充电等问题，使电动机和蓄电池的工作条件变得很复杂，对控制系统也提出了很高的要求。为解决这些问题，现在的电动汽车多采用机械制动机（油压）和再生制动机（电）进行权衡性控制的方法，并取得了很好的效果。

（3）充电系统的技术动向。短时间高效率充电系统的也正在开发。现在的电动汽车均需装备专用充电器，所以，充电器的通用化、充电控制系的规范化、充电连接器的标准化等也是影响电动汽车普及的重要问题。为彻底消除用户触电的危险性，正在电磁诱导非接触式充电器。

9.4.4 电动汽车动力电池变流放电特性

从目前国内外纯电动和混合动力电动汽车（EV、HEV）的发展状况来看，制约其发展的关键因素之一是动力蓄电池不理想，电池的比能量、比功率和使用寿命都达不到期望的水平。在这种情况下，对电池的（能量）管理就成为一项关键性技术。电池性能的研究以往多以恒流放电为主，变流放电的研究较少。但是从电动汽车的运行工况来看，掌握变流放电情况下的电池特性是至关重要的，对电池管理、动力系统参数优化匹配、提高整车动力性、经济性、延长电池寿命有重要意义。目前，各类电池如铅酸、镍氢、锂离子蓄电池及燃料电池的技术都得到了迅猛发展。铅酸电池因其在性价比、技术成熟度等方面的优势，一段时间内仍将在电动汽车上大量实际采用。

1. 酸电池动态模型的建立

一般电池系统可以归纳为如图9-11所示的模型。

图9-11中，电池系统是一个"黑匣子"，放电电流 I 为输入，端电压 U 为输出，属于以输入电流和输出电压关系或外特性来描述的电池模型。这种简化的电池系统模型避免了研究电池内部的电极反应，因为

输入 I ——→ 电池系统 ——→ 输出 U

图9-11 电池系统模型示意图

电池内部的电极反应非常复杂，很难用一个或几个方程来描述。即使是建立在模糊逻辑和神经网络理论上的电池模型，本质上也没有直接考虑电池内部的电化学过程，主要依据大量实验数据和模拟人的思维判断进行模糊推理，实现对车用电池组荷电状态（SOC）的预测等功能。但建立这种模型的周期较长，需要各种条件下电池特性的大量实验数据，且间隔较长时间后，电池的各种参数可能发生变化，较难得到在任何时候都适用的精确模型。

2. 酸电池的放电特性分析

（1）放电容量随放电电流增加而降低。在电极活性物质数量一定时，电池的实际容量由活性物质的利用率决定。由多孔电极特性知，电流在极板上的分布是不均匀的，电化学反应中电流优先分布在离电解介质最近的表面上，容易导致在电极表面形成硫酸铅而堵塞孔口，电解介质扩散困难，难以充分供应多孔电极内部的需要。因而在大电流放电时，活性物质沿电极厚度方向作用深度有限，电流越大，作用深度就越浅，利用率越低，电池的容量也就越小。又由于极化内阻的存在，在大电流密度下电压降损失的增加使电池端电压迅速下降，也是使电池容量降低的原因。

（2）开路电压与SOC有较确定的简单关系。电池的开路电压和SOC的关系可由实验测定。大量实验证明，铅酸电池的SOC近似和开路电压呈线性或分段线性关系，由电池的开路电压即可估计电池的SOC。但是在测量电池开路电压时，须考虑电池的电化学和热力学

平衡。例如，在放电循环结束时，主体介质中的铅酸浓度与电极孔隙中的浓度未立即达到一致，需搁置一定的时间使之达到扩散平衡，测量结果才真实。

9.5 抽 水 储 能

抽水储能电站是当前唯一能大规模解决电力系统峰谷困难的途径。它需要高低2个水库，并需安装能双向运转的电动水泵机组，即水轮发电机组。电力系统处于谷值负荷时，电动机带动水泵将低水库的水通过管道抽到高水库以消耗一部分电能；当峰值负荷来临时，高水库的水通过管道使水泵和电动机逆向运转而变成水轮机和发电机发出电能供给用户，由此起到削峰填谷的作用。

9.5.1 抽水储能的优劣

该方案的优点是技术成熟可靠，容量可做得很大；运行方式较为灵活，系统开启时间较短，增减负荷速度快，运行成本低。缺点是建造受到地理条件的限制。初期投资较大，建设工期很长，建设工程量大，厂址一般远离负荷中心，有输电损耗，在抽水和发电两过程中都有相当数量的能量损失。

抽水储能是在电力系统中得到最为广泛应用的一种储能技术，其主要应用领域包括能量管理、频率控制及提供系统的备用容量。抽水蓄能电站比锂离子电池有更好的投资效益比。因为锂离子电池的价格现在仍然比较贵。从蓄能的观点看，抽水蓄能电池也许比锂离子蓄能电池在充放电过程中要多损失一些能量。锂离子电池的充放电效率可以做到90%、85%，抽水蓄能可能是80%，也可能是75%。但是抽水蓄能电站不仅可以吸收光伏发电加风力发电发出的电力，而且可以多接收自然降水增加发电能力。所以抽水储能的"蓄能"效益，实际上比锂离子电池还高。抽水蓄能电站和太阳能、风能相结合，专门保证高峰用电的供应，从电力的调配上最为合理。因为水能发电的最大优势，在于启动和关闭闸门都比较容易。目前，全世界共有超过90GW的抽水储能机组投入运行，约占全球总装机容量的3%，但抽水蓄能电站更广泛应用的重要制约因素是地理位置受限程度大，建设工期长，工程投资较大。

9.5.2 抽水储能的研究现状

我国抽水蓄能电站面临高速发展契机。目前，我国已建成抽水蓄能电站20余座，占全国总装机容量的1.73%。而一般工业国家抽水蓄能装机容量占比在5%～10%水平，其中日本2006年抽水蓄能装机容量占比即已经超过10%。我国抽水蓄能电站目前占比明显偏低，随着国内核能发电及大型火力发电机组的投建，近年来国内抽水蓄能电站建设明显加速。目前在建规模达到约1400万kW，拟建和可行性研究阶段的抽水蓄能电站规划规模分别达到1500万kW和2000万kW，如果以上项目顺利投产，2020年我国抽水蓄能电站总装机容量将达到约6000万kW。典型的抽水储能示范工程有惠州抽水储能电站、十三陵蓄能电厂等。惠州抽水储能电站是目前我国最大的抽水储能示范工程，装机容量为2400MW，年发电量为45.62亿kWh，抽水耗电量为60.03亿kWh。十三陵蓄能电厂是华北电网最大的抽水蓄能电厂，共装有4台200MW混流可逆式水轮发电机组，为华北电网提供可靠的调频、调峰、紧急事故备用电力。

9.6 压 缩 空 气 储 能

与抽水蓄能相似，压缩空气蓄能发电（CAES）就是利用电力系统（晚间）低谷负荷时过剩的发电能量把空气压缩存储在洞穴内，当电力的需求达到高峰（如白天）时即可放出电量。这样可使充当基本负荷的发电机组（如燃煤火力发电机组）在低谷负荷时不必减低负荷运行，维持高效率。

9.6.1 压缩空气储能的原理

电网电能驱动电动机，与电动机相连接的空气压缩机工作产生高压气体，压缩空气产生热能由冷却器吸收后并存储，这样将电网电能转换为压缩气体势能存储在洞穴内，少量被冷却器吸收作为热能存储。目前存储在洞穴内的压缩空气运用于发电中比较常用的是将压缩空气与天然气混合燃烧，燃烧方式与常规燃气轮机相同，该方法压缩空气损失能量较少，如图 9 - 12 所示，这种方式主要分为两个阶段：

（1）压缩空气能存储阶段，即利用电网系统低负荷时多余电能来驱动压缩机产生高压气体，然后存储在储能装置内，对电能进行存储。

图 9 - 12 CAES 工作原理图

在该阶段中，为了使空气压缩过程中温度降低，减少压缩功，采用中间冷却循环系统，如图 9 - 13 所示，对压缩空气存储分为低压压气和高压压气两个过程，在连续两个过程中增加冷却器，将中间过程的气体进行降温。该气体释放热能可以进行存储利用，经过中间冷却方式在进入高压压缩机时所消耗能量就会降低，整个系统耗能也会有减少，起到系统优化作用，将高压压缩机出来的高压气体做后续处理，即增加一个后冷却器，这样既可以将气体产生热能进行利用又可以方便高压气体存储。

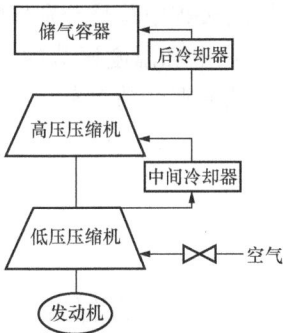

采用分级压缩后，提高蓄能系统的性能，但是系统中的总体设备变得更为庞大和复杂，而且增加的中间冷却器，是应用水作为冷却介质，来降低空气的温度，增加了能源消耗。另外，压缩空气经过中间冷却器之后，有一定的压力损失，因此每一阶段空气压缩机压缩比的乘积大于总的压缩比，才能在压缩过程完成后，空气的压力能保持在所需要的压力值，所以在实际应用中，中间冷循环措施不适合多次采用，通常只加一级中间冷却。

图 9 - 13 CAES 系统储能原理图

（2）压缩空气发电阶段，当电网负载增大，用电需要补充时，将存储的高压气体释放来发电，势能转换为电能。如图 9 - 14 所示，常规的压缩空气蓄能发电系统，是将释放出来的压缩空气与天然气混合燃烧，推动燃气轮机做功，输出电能。

在该阶段中，储气室出来的高压气体与燃料在燃烧室燃烧释放热量，通过空气透平膨胀

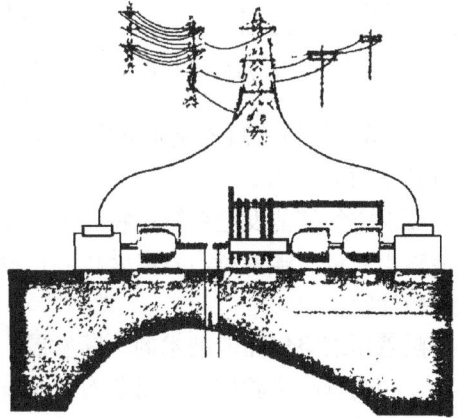

机做功带动发电机运转产生电能，透平出口空气通过向大气环境放热来完成。

9.6.2 压缩空气储能发电系统应用

目前，压缩空气储能发电运用主要是将多余电能储存利用，实现削峰填谷，例如，德国的压缩空气发电厂已有 30 年历史，世界上第一个电站是 1978 年的德国 Huntdorf CAE 电站，机组容量为 290MW，其冷态启动至满负荷仅需 6min，排放量仅是同容量燃气轮机组的 1/3。1991 年投入商业运行的美国 Mclntosh 压缩空气储能电站，压缩机组功率为 50MW，发电功率

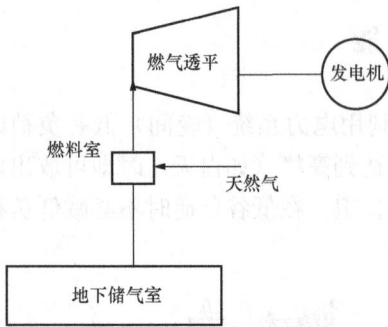

图 9-14 压缩空气发电

为 110MW。可以实现连续 41h 空气压缩和 26h 发电，机组从启动到满负荷约需 9min。实际运行效率约为 54%。

压缩空气储能发电系统还特别适合于解决风力发电和太阳能发电随机波动等问题，保证电能输出质量。随着风力发电装机容量逐渐升高，压缩空气蓄能方式将是风能大规模并网发电的新途径。

随着压缩空气储能技术的不断发展，应用领域不断扩展，特别是装置小型化，在日常生活中应用前景越来越广泛。目前有几个发展方向：①压缩空气储能装置可以作为楼宇应急电源。目前使用的传统应急电源通常是柴油发电机或者是蓄电池（如楼宇消防报警设备），这些方式中，柴油机系统设备容易老化损害、维护成本高，启动也需要一段响应时间，而蓄电池容量有限，只能短期维持。随着压缩空气蓄能技术发展，压缩空气储能系统的小型化，使之成为应急电源的新选择，它启动响应时间短、寿命长、方便维护，系统自动控制调节蓄能器压缩空气的压力和气量，实现动态平衡。②随着技术发展，单个压缩空气储能装置的容量进一步扩大，可将其作为分布式电源使用。由于空气在压缩与膨胀的过程中总是分别伴随着热量的释放与吸收，因此可以用一个压缩空气储能装置对建筑实现供电和温度调节的功能，实现零排放的绿色建筑。此外，美欧等西方国家开始研制压缩空气储能混合动力车。

9.7 氢 储 能

9.7.1 氢储能的原理及发展现状与技术优势

(1) 氢储能的原理。目前，国内外专家都提出了"制氢储能"，作为可应用在电力系统中的另一种储能技术。制氢技术的基本原理就是将水电解得到氢气和氧气。以风力发电制氢储能技术为例，其核心思想是当风力发电充足但无法上网、需要弃风时，利用风力发电将水电解制成氢气（和氧气），将氢气储存起来；当需要电能时，将储存的氢气通过不同方式（内燃机、燃料电池或其他方式）转换为电能输送上网，或者将氢气应用到其他工业、民用方面，最大限度地利用风能资源。电解出的氢气的用途有：建设氢气管道输送到汽车加氢站、制造氮肥等，使用内燃机或燃料电池等方式提供稳定的电能和热能，利用氢气罐车将其运送出去等。

(2) 储能的发展现状。基于氢气本身的优越性，近年来国内外对发展氢能的呼声越来越高，同时在制氢技术、储氢技术、储氢材料和氢能利用等方面开展了研究。

利比亚计划在撒哈拉沙漠建设一座 5MW 太阳能发电厂和一座 4MW 电解水制氢装置，广泛开展氢能利用；日本的新阳光计划中氢能是重要内容，计划在海上建设大浮筏，在其上建造太阳能光伏电站，用于电解水制氢。阿根廷南部人口少，但风力资源丰富，政府计划将风力发电所得的电能，用于电解水制氢。德国计划在东北部 Falkenhagen 开发一个储能示范项目，用电制氢，将氢气注入德国输气管道，于 2013 年开始运行，目前允许 5％的氢气注入天然气管道，并希望这个比例可以提高到 15％。

我国自主研发的第一台高效低排放氢内燃机在重庆长安汽车集团成功点火，标志着我国氢内燃机方面的研究获得了突破性进展。

（3）技术优势。制氢储能和其他储能技术相比，具有很多优势。与抽水蓄能相比，不需要较丰富的水源，地势可以较为平坦等；与蓄电池相比，使用寿命长，没有污染，能量密度高（粗略计算，高压储氢能量密度是铅酸电池的 4 倍，金属储氢是铅酸电池的 6 倍），不存在自放电问题等。与氧化还原电池（如全钒液流电池）相比，没有离子交换膜污染和管道、泵等堵塞问题；与飞轮储能和超级电容器储能相比，单位容量投资低、能量密度高等。

9.7.2 电解制氢过程

水电解制氢是实现工业化廉价制氢的重手段，可制得纯度为 99.9％的氢产品。每年我国在水电解制氢上的电能消耗达到 1.5×10^7 kWh 以上。电解制氢气的原理是当电流从电极间通过时，在阴极上产生氢气，在阳极上产生氧气，而水被电解掉。水电解制氢设备中的核心部分是电解槽，电极材料又是电解槽的关键所在。电极性能的好坏在很大程度上决定着水电解的槽电压高低及能耗大小，并直接影响成本。提供电能使水分解制得氢气的效率一般在 85％左右，其工艺过程简单无污染，但耗电量大，因此其应用受到一定的限制。

（1）碱性水电解。在制氢的过程中，目前通常使用的是在碱性水溶液中制备氢气的方法，这个是比较常用而且也是发展比较成熟的技术。该法对设备的要求不高，投资主要集中在设备，制得的氢纯度高，工艺过程也相对环保无污染，但是效率不是很高且消耗大量电能，因此受到一定的限制。

（2）储氢合金的储氢原理。储氢合金的吸氢过程分三步进行：

1）吸收少量氢后，形成含氢固溶体，合金的结构保持不变，其溶解度与固溶体平衡氢压的平方根成正比。

2）进一步吸氢，固溶相 MH_x 与氢反应，产生相变，生成金属氢化物。

3）增加氢气压力，生成含氢更多的金属氢化物。这个反应是一个可逆反应，吸氢时放热，吸热时则放出氢气。储氢合金吸氢，生成金属氢化物，或者是金属氢化物分解，释放氢气，受温度、压力与合金成分的控制。

9.7.3 氢燃料电池发电

（1）质子交换膜燃料电池（PEMFC）。质子交换膜燃料电池具有启动速度快、操作温度低、电流密度高及体积小等特点，特别适用于可移动电源和分散电站建设，作为一种新型高效环保的发电技术，具有很大的商用潜力。

氢-空质子交换膜燃料电池作为一种更简单更高效的燃料电池在这几年中取得了长足的发展，现已开始进入实用化阶段。小型氢-空质子交换膜燃料电池发电系统可靠性研究，一方面可以大大提高其工作寿命，减少故障发生率，延长其平均故障间隔时间，从而提高其经济可行性；另一方面可以提高系统的工作能力，使其更能适应于各种工况。现广泛应用于

PEMFC 发电系统。

（2）PEMFC 发电系统。氢-空质子交换膜燃料电池发电系统主要由电池堆本体、燃料供给系统、氧化剂供给系统、水/热管理系统、DC/DC 转换装置及控制系统组成。

（3）PEMFC 发电基本原理。PEMFC 在铂催化剂作用下，氢气分子阳极失去电子成为氢离子，同时氧气分子在阴极得到电子，并从离子交换膜中得到质子而生成水分子。

电极反应如下：

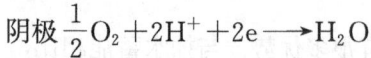

阳极 $H_2 \longrightarrow 2H^+ + 2e$

阴极 $\frac{1}{2}O_2 + 2H^+ + 2e \longrightarrow H_2O$

（4）PEMFC 发电系统结构。PEMFC 单体发电功率由其有效工作面积决定，一般电压为 1V 左右。实际使用时，往往根据负载对功率和电压的要求，需要将多个单电池串联组成电堆。只有在一定的工作条件下，PEMFC 电堆才会稳定可靠地产生直流电。一个完整的 PEMFC 发电系统除了需要电堆，还要有一定的外围辅助系统和控制系统来保证系统的正常工作。图 9-15 是一个典型的 PEMFC 发电系统结构图，系统主要包括电堆、氢气供给、空气供给、冷却水循环系统、控制单元和负载等。

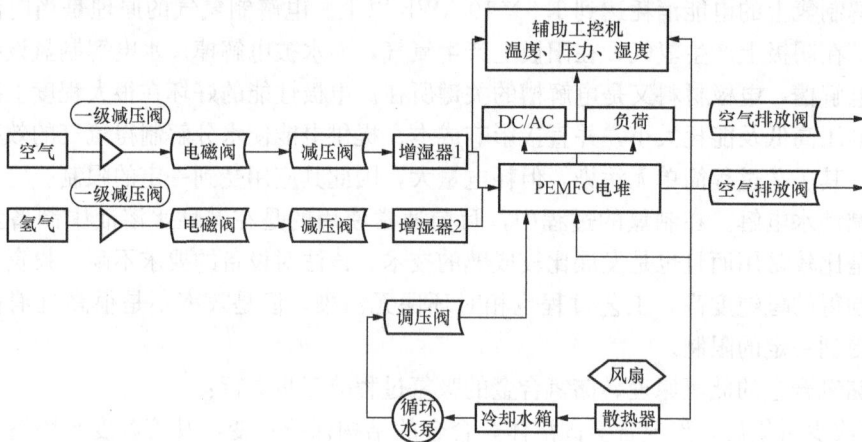

图 9-15　PEMFC 发电系统结构

电堆是 PEMFC 发电系统的核心部分，氢气供给和空气供给是向电堆提供燃料和氧化剂，气体依次经过减压阀、电磁阀、调压阀、压力传感器、流量计和加湿器，达到电堆所需要求后进入电堆反应。冷却水循环系统负责电堆内部温度和湿度的调节。控制单元则是根据燃料电池工作条件和负载对功率的要求，对系统进行控制与调节，是实现系统各子系统协调工作的保证。

9.8　虚 拟 储 能 技 术

9.8.1　需求侧管理对储能的影响

电力需求侧管理（Demand Side Management，DSM）是指通过采取有效的激励措施，引导电力用户改变用电方式，提高终端用电效率，优化资源配置，改善和保护环境，实现最小成本电力服务所进行的用电管理活动,是促进电力工业与国民经济、社会协调发展的一项系统工程。

电力需求侧管理与电力部门传统的用电管理相比有本质上的区别,其主要特点有:

(1) 在提高用电效率的基础上,需求侧管理更强调能够取得的经济效益。需求侧管理是一种运营活动,因此它既求效率,也要追求效益。采取的每一项节电管理措施,都应该能够给社会、电力公司和用户带来效益,使各方都有利可图。

(2) 需求侧管理更注重电力公司与用户之间的互动关系。改变以往用户对电能使用的被动接受的局面。

(3) 需求侧管理还非常强调基于用户利益基础上的能源服务。实施需求侧管理后,电力公司将更多地采用科学的管理方法和技术手段,促使用户主动改变消费行为和用电方式,在实现削峰填谷、节能降耗等功能的同时,取得更大的经济利益。

9.8.2 智能电网与需求侧管理

对目前电力系统来说,因为储能技术的不成熟,电能不能被大量储存,所以电网安全稳定运行的前提状况是供应和需求的实时平衡。在传统电网时代,电网结构简单,电力系统的实时平衡主要通过调节电能供应来匹配负荷的波动,所以效益低下。而随着能源危机的一触即发,包括生物质能、太阳能、风能、小水电、地热能及海洋能等在内的可再生能源,资源丰富,可以再生,清洁干净,是最有前景的替代能源,必将成为未来世界能源的基石。但是随着可再生能源的大规模开发和接入电网,负荷的供应也呈现出强烈的波动性。如何提高可再生能源接入后的能源使用效率,也成为需求侧管理的新课题。

随着智能电网的建设,使以上问题都将变得更加容易解决。在智能电网中,电力用户的所有负荷特别是弹性负荷不再是随机地投入电网,而是有组织、有计划地投入电网。这些能够被有组织、有计划调度的负荷就是智能需求。在所有的负荷里有 30%～40%的负荷是弹性负荷。如何充分利用好这些弹性负荷是需求侧管理需要解决的课题。

新能源的应用和智能电网的建设为需求侧管理的应用既带来了机遇,也带来了挑战。随着新能源发电和智能电网的发展,大量的波动性极强的清洁式能源接入电网,导致电源的供应波动性加大,电源供应与需求的偏离呈现出越来越难以调和的矛盾,这是带来的主要问题。新能源和智能电网的发展为需求侧管理带来的发展机遇则主要有以下几个方面:

(1) 随着智能电网的建设和新能源的利用,使储能装置在电网中得到了越来越多的应用,而储能装置的存在也使需求侧管理变得更加灵活多样。

(2) 高级量测体系正在全国范围内进行推广应用,这也必将使需求侧管理的内容更加精细化。

(3) 随着电力光纤的推广应用,通信网络正在变得更加完善,国家电网也正在积极寻求四网融合,这也将使需求侧管理的覆盖面更广。

在智能电网时代,需求侧管理的作用也将会变得越来越重要,其基本的 2 个目标就是:①采取推广节能设备和节能建筑的方式,来实现总能耗的降低。②通过分时电价等手段改变用户的用电方式,以此来实现对电力系统的负荷整形和削峰填谷。通过对这两个目标的对比分析可以发现,这两个目标有着各自的实施主体。显然,目标①需要通过行政手段推行节能设备和节能建筑,并且需要对其实施情况进行监督,显然这一目标需要政府完成。例如,北京市在 2008 年推广的"一元节能灯"计划,由于白炽灯具有很高的能耗,造成了大量电力资源的浪费，因此北京市政府以补贴的形式向全社会推广节能灯，而与白炽灯对比，节能灯可以节省大约 15％的电能。由此可见，实施需求侧管理能够实现很大的经济和社会效益。而对于目标②来说，涉及与用户用电方式之间的互动，电力企业作为与用户之间直接的交易关系，能够更好地完成这一目标。

我国在智能电网的建设过程中，需求侧管理也有了新的内容，作为电力企业来说，需要重新认识在智能电网条件下的用电需求。按照不同的应用标准，智能电网中的用电需求分为三种情况：

1）环保型。随着地球环境污染的日趋严重，人们的环保意识也随之逐渐提高，低碳、环保的生活成为未来生活方式的潮流，而随着风力发电、光伏发电等新能源的广泛利用，这也使满足人们低碳生活的要求成为可能。人们对环保型的用电需求主要源自生活中的一些弹性负荷，在不影响正常生活的前提下，尽可能地使用清洁能源，例如为家庭内洗衣机等弹性用电设备定制风力发电、光伏发电等清洁的电力供应。

2）经济型。需求侧管理的初衷即是通过价格杠杆等手段实现对用电方式的合理引导，使电力公司和用户实现收益的最大化。目前在智能电网建设中，高级量测体系已经得到了很大的推广，而智能电能表的更换也在稳步快速进行，根据国家电网公司的规划，在未来五年的时间里，国家电网将会为用户更换 1.8 亿只智能电能表，因此，只要配合实施合理的电价策略，需求侧管理便能够极大地满足用户经济型的用电需求。

3）应急型。与传统电网中的应急型用电需求相同，在智能电网中，只在紧急情况下才会发生响应。

9.8.3 基于需求侧管理的虚拟储能的实现

随着智能电网的建设，特别是智能电能表和智能终端的大量应用也使调度部门对电网末端的负荷预测成为可能。在传统电网中，传统电子电能表只能够采集基本电量信息，而无法提供更多客户消费信息，使电网公司无法实现在客户端的负荷预测。与普通多功能电子电能表相比，智能电能表是双向通信功能，即电网不仅能从电能表收集用电信息，更能将电网信息（如实时电价等）及控制命令下达给电能表，电能表接收并做出"智能"响应。双向通信还包括与智能家电、其他表计的信息传递与控制命令。智能电能表的双通道、双向计量功能可以精确记录"买电"与"售电"的时段、电量及对电网的影响，并通过对历史数据的深入分析，提高负荷预测的准确性。

在智能配电网中，每个客户端都会有一个智能终端，称为"智能代理"，智能代理一侧与大电网连接，另一侧与智能电能表、储能装置、分布式发电装置等客户端连接，它既可以实现可再生能源发电的"即插即用"，又是客户与电网连接的节点。通过对智能代理的编程设置，可以输入客户的电能消费模式，预测客户端负荷的能源需求，合理安排客户端的电能消费。另外，能源互联网根据每日不同时段用电量的不同，采取分时定价的弹性价格机制。因此，在智能配电网中，通过智能代理依据客户电能消费模式对负荷的提前预测，可以使分布式发电端按照客户端的消费需求，采取动态的发电模式，能够有效地减少分布式发电端产生的剩余电能，从而可以大大减少对能源的浪费，缓解了储能装置的存储压力，降低了分布式发电对储能装置容量的要求，实现了虚拟储能的功能。

思考题与习题

9-1 按照具体方式可以将储技术分为几大类？分别举出一种具体技术。

9-2 简述超导磁储能装置的四种工作模式及相互转换关系。

9-3 简述铅酸蓄电池的基本原理。

9-4 超级电容"超级"在哪？

参 考 文 献

[1] 周大地. 中国能源问题 [M]. 北京：新世界出版社，2006.

[2] 张兴，曹仁贤. 太阳能光伏并网发电及其逆变控制 [M]. 北京：机械工业出版社，2011.

[3] 杨金焕，于化丛，葛亮. 太阳能光伏发电应用技术 [M]. 北京：电子工业出版社，2009.

[4] 李国勇. 神经模糊控制理论及应用 [M]. 北京：电子工业出版社，2009.

[5] 葛哲学，孙志强. 神经网络理论与 MATLAB2007 实现 [M]. 北京：电子工业出版社，2007.

[6] 李俊峰. 中国光伏发展报告 2007 [M]. 北京：中国环境科学出版社，2007.

[7] 赵争鸣，刘建政，孙晓瑛，等. 太阳能光伏发电及其应用 [M]. 北京：科学出版社，2005.

[8] 张雄伟，陈亮，徐光辉. DSP 芯片的原理与开发应用 [M]. 3 版. 北京：电子工业出版社，2005.

[9] 王聪，赵金. 现代电力电子学与交流传动 [M]. 北京：机械工业出版社，2005.

[10] 王立新. 模糊系统与模糊控制教程 [M]. 北京：清华大学出版社，2003.

[11] Bose B K. Modern power electronics and AC drives [M]. Prentice Hall PTR，2002.

[12] Li J，Wang H. Maximum power point tracking of photovoltaic generation based on the optimal gradient method [C]. APPEEC 2009，2009，1-4.

[13] Liu Chun-xia，Liu Li-qun. An improved perturbation and observation MPPT method of photovoltaic generate system [C]. Industrial Electronics and Applications，4th IEEE conference，2009，2966-2970.

[14] Menniti D，Burgio A，Sorrentino N，et al. An incremental conductance method with variable step size for MPPT：design and implementation [C]. Electrical power quality and utilization，International Conference，2009，1-5.

[15] Xiao B L，Ke D，Hao W. Study on the intelligent fuzzy control method for MPPT in photovoltaic voltage grid system [C]. Industrial Electronics and Applications，3th IEEE Conference，2008，708-711.

[16] Samangkool K，Premrud S. Maximum power point tracking using neural networks for grid-connected photovoltaic system [C]. Internationnal Conference on Future power systems，2005，1-4.

[17] Wu L，Zhao Z，Liu J，et al. Modified MPPT strategy applied in single-stage grid-connected photovoltaic system [C]. Electrical Machines and systems，Proceedings of the 8th International Conference，2005，1027-1030.

[18] Khaehintung N，Sirisuk P. Implementation of maximum power point tracking using fuzzy logic controller for solar-powered light-flasher applications [C]. Circuit and Systems，MWSCAS' 04，The 2004 47th Midwest symposium，171-174.

[19] Brambilla A，Gambarara M，Garutti A，et al. New approach to photovoltaic arrays maximum power point tracking [C]. Power Electronics Specialists conference，30th Annual IEEE，1999，632-637.

[20] 杜海玲，邢德山，孙楠. 固定式和跟踪式太阳能接收器能量接受状况的比较 [J]. 科技信息，2010 (1)：335-336.

[21] 周诗悦，朱凯，刘爽. 光伏电池自动跟踪系统 [J]. 控制工程，2009 (4)：17-19.

[22] 何龙，程树英. 基于遗传算法和扰动观察法的 MPPT 算法 [J]. 现代电子技术，2009 (24)：199-202.

[23] 陈则韶，莫松平，江守利，等. 几种太阳能光伏发电方案的热力分析与比较 [J]. 工程热物理学报，2009 (5)：725-728.

[24] 王飞，赵慧. 基于滑模变结构理论太阳能最大功率跟踪研究 [J]. 电测与仪表，2009 (6)：43 - 46.

[25] 冯博，赵争鸣，张颖超，等. 基于滑模控制的 LED 恒流电源研究 [J]. 电工电能新技术，2008，27 (4)：9 - 13.

[26] 徐永锋，李明，王六玲，等. 槽式聚光太阳能系统太阳电池阵列 [J]. 半导体学报，2008 (12)：2421 - 2426.

[27] 张海燕，张崇巍，王建平. 获得最大日照度的协调控制方法的研究-多面镜聚光型太阳能光伏系统 [J]. 太阳能学报，2008 (11)：1338 - 1343.

[28] 李敏，刘京诚，刘俊，等. 一种新型的太阳能自动跟踪装置 [J]. 电子器件，2008 (5)：1700 - 1703.

[29] 梁勇，梁维铭. 光伏电池的方位跟踪方案比较与设计 [J]. 能源研究与利用，2008 (2)：4 - 7.

[30] 翁政军，杨洪海. 应用聚光型光伏电池的几种冷却技术 [J]. 能源技术，2008 (1)：16 - 18.

[31] 周林，武剑，栗秋华. 光伏电池最大功率点跟踪控制方法综述 [J]. 高电压技术，2008，34 (6)：1145 - 1154.

[32] 赵晶，赵争鸣，周德佳. 太阳能光伏发电技术现状及其发展 [J]. 电气应用，2007 (10)：6 - 10.

[33] 张鹏，王兴君，王松林. 光线自动跟踪在太阳能光伏系统中的应用 [J]. 现代电子技术，2007 (14)：189 - 191.

[34] Femia N, Petrone G, Spagnuolo G, et al. Predictive and adaptive MPPT perturb and observe method [J]. IEEE Transactions on Aerospace and Electronic systems, 2007, 43 (3)：934 - 950.

[35] 徐鹏威，刘飞，刘邦银，等. 几种光伏系统 MPPT 方法的分析比较及改进 [J]. 电力电子技术，2007 (5)：3 - 5.

[36] 李晶，窦伟，徐正国，等. 光伏发电系统中最大功率点跟踪算法的研究 [J]. 太阳能学报，2007 (3)：268 - 273.

[37] 龙腾飞，丁宣浩，蔡如华. 太阳电池最大功率点跟踪的三点比较法理论分析 [J]. 节能，2007 (8)：14 - 17.

[38] Kottas T L, Boutalis Y S, Karlis A D. New maximum power point tracker for PV arrays using fuzzy controller in close cooperation with fuzzy cognitive networks [J]. IEEE Transactions on Energy conversion, 2006, 21 (3)：793 - 803.

[39] 叶满园，官二勇，宋平岗. 以电导增量法实现 MPPT 的单级光伏并网逆变器 [J]. 电力电子技术，2006，40 (2)：30 - 32.

[40] 官二勇，宋平岗，叶满园. 基于最优梯度法 MPPT 的三相光伏并网逆变器 [J]. 电力电子技术，2006，40 (2)：33 - 34.

[41] Salas V, Olias E, Barrdo A. Review of the maximum power point tracking algorithms for stand-alone photovoltaic systems [J]. Solar Energy Materials and Solar cells, 2006, 90 (11)：1555 - 1578.

[42] 刘树，刘建政，赵争鸣，等. 基于改进 MPPT 算法的单级式光伏并网系统 [J]. 清华大学学报（自然科学版），2005 (7)：873 - 876.

[43] 张森，吴捷. 滑模技术在 PV 最大功率追踪系统中的应用 [J]. 电工技术学报，2005，25 (3)：90 - 93.

[44] Femia N, Petrone G, Spagnuolo G, et al. Optimization of perturb and observe maximum power point tracking method [J]. IEEE Transactions on Power Electronics, 2005, 20 (4)：963 - 973.

[45] Liu X, Lopes L A. An improved perturbation and observation maximum power point tracking algorithm for PV array [C]. Power Electronics Specialists Conference, 2004 (3)：2005 - 2010.

[46] 吴玉庭，朱宏晔，任建勋，等. 聚光条件下太阳电池的热电特性分析 [J]. 太阳能学报，2004 (3)：337 - 340.

［47］ Sim M A，Hooman D. Theoretical and experimental analyses of photovoltaic systems with voltage and current-based macimum power point tracking ［J］. IEEE Transactiond on Energy Conversion，2002，17 （4）：514 - 522.

［48］ Tsai-Fu W，CHien Hsuan C，Yu Hai C. A fuzzy logic controlled single-stage converter for PV-Powered lighting system applications ［J］. IEEE Transactions on Industrial Electronics，2000，47 （2）：287 - 296.

［49］ 邓夷. 适用于复杂电路的 IGBT 模型及大面积光伏电池建模研究 ［D］. 北京：清华大学，2010.

［50］ 田琦. 不同类型光伏组件建模及其组合特性 ［D］. 北京：清华大学，2010.

［51］ 陈剑. 太阳能光伏系统最大功率点跟踪技术的研究 ［D］. 北京：清华大学，2009.

［52］ 冯博. 太阳能供电下的 LED 照明控制系统研究 ［D］. 北京：清华大学，2008.

［53］ 周德佳. 单级式三相光伏并网控制系统理论与应用研究 ［D］. 北京：清华大学，2008.

［54］ 赵晶. 光伏并网系统控制电路的硬件设计与实现 ［D］. 北京：清华大学，2007.

［55］ 董密. 太阳能光伏并网发电系统的优化设计与控制策略研究 ［D］. 长沙：中南大学，2007.

［56］ 王岩. 光伏发电系统 MPPT 控制方法研究 ［D］. 保定：华北电力大学，2007.

［57］ 吴理博. 光伏并网逆变系统综合控制策略研究及实现 ［D］. 北京：清华大学，2006

［58］ 张超. 光伏并网发电系统 MPPT 及孤岛检测新技术的研究 ［D］. 杭州：浙江大学，2006.

［59］ 曹倩茹. 光伏发电的最大功率跟踪研究 ［D］. 西安：西安科技大学，2006.

［60］ 闵江威. 光伏发电系统的最大功率点跟踪控制技术研究 ［D］. 武汉：华中科技大学，2006.

［61］ 王健. 三相光伏并网系统设计及其控制算法研究 ［D］. 北京：清华大学，2005.

［62］ 朱腾. 基于 MPPT 的光伏电池电力应用系统的研究与设计 ［D］. 上海：华东大学，2005.

［63］ 赵为. 太阳能光伏并网发电系统的研究 ［D］. 合肥：合肥工业大学，2003.

［64］ 赵争鸣，陈剑，孙晓瑛. 太阳能光伏发电最大功率点跟踪技术 ［M］. 北京：电子工业出版社，2012.

［65］ 杨金焕. 太阳能光伏发电应用技术 ［M］. 北京：电子工业出版社，2009.

［66］ 周志敏，纪爱华. 太阳能光伏发电系统设计与应用实例 ［M］. 北京：电子工业出版社，2010.

［67］ 谢建，马永刚. 太阳能光伏发电工程实用技术 ［M］. 北京：化学工业出版社，2010.

［68］ 李钟实. 太阳能光伏发电系统设计施工与维护 ［M］. 北京：人民邮电出版社，2010.

［69］ 沈辉，曾祖勤. 太阳能光伏发电技术 ［M］. 北京：化学工业出版社，2004.

［70］ 王长贵，王斯成. 太阳能光伏发电实用技术 ［M］. 北京：化学工业出版社，2010.

［71］ 黄汉云. 太阳能光伏发电应用原理 ［M］. 北京：化学工业出版社，2009.

［72］ 刘树民，宏伟译. 太阳能光伏发电系统的设计与施工 ［M］. 北京：科学出版社，2009.

［73］ 何道清，何涛，丁宏林. 太阳能光伏发电系统原理与应用技术 ［M］. 北京：化学工业出版社，2012.

［74］ 王志新. 现代风力发电技术及工程应用 ［M］. 北京：电子工业出版社，2010.

［75］ 朱莉，潘文霞，霍志红，等. 风电场并网技术 ［M］. 北京：中国电力出版社，2011.

［76］ 周双喜，鲁宗相. 风力发电与电力系统 ［M］. 北京：中国电力出版社，2011.

［77］ Manfred Stiebler. 风力发电系统 ［M］. 北京：机械工业出版社，2010.

［78］ 王承煦，张源. 风力发电 ［M］. 北京：中国电力出版社，2003.

［79］ 姜天游. 大规模风电并网对电压稳定的影响及对策研究 ［D］. 北京：华北电力大学，2011.

［80］ 周双喜，朱凌志，郭喜玖，等. 电力系统电压稳定性及其控制 ［M］. 北京：中国电力出版社，2004.

［81］ 汤涌. 电力系统电压稳定性分析 ［M］. 北京：科学出版社，2011.

［82］ 张新燕，王维庆，何山. 风电并网运行与维护 ［M］. 北京：机械工业出版社，2011.

［83］ 刘艳妮. 风电场并网运行电压稳定性研究 ［D］. 北京：北京交通大学，2007.

［84］ Achermann T. Wind power in power systems ［M］. British. John Wiley & Sons，Ltd. 2005.

［85］ 刘春晓. 大型风电场对静态电压稳定性的影响研究 ［D］. 天津：天津大学，2009：9 - 10.

[86] Brendan Fox, 等. 风电并网：联网与系统运行 [M]. 北京：机械工业出版社, 2011.

[87] Kunder P. Power System Stability and Control. New York, NY, USA: McGraw-Hill, 1994.

[88] 申洪. 变速恒频风电机组并网运行模型研究及其应用 [D]. 北京：中国电力科学研究院, 2003: 5 - 20.

[89] 张琦玮. 变速恒频双馈风力发电双 PWM 协调控制研究 [D]. 上海：上海交通大学, 2007.

[90] 丁明, 李宾宾, 韩平平. 双馈风电机组运行方式对系统电压稳定性的影响 [J]. 电网技术, 2010, 34 (10): 26 - 31.

[91] 许珊珊, 汤放奇, 周任军, 等. 不同风电系统动态电压稳定的分岔分析 [J]. 电网技术, 2010, 34 (5): 67 - 71.

[92] 李作红, 李建华, 李常信, 等. 风电场静态电压稳定研究 [J]. 电网与水力发电进展, 2008, 24 (3): 45 - 50.

[93] Kgs. Lyngby. Analysis of Dynamic Behavior of Electric Power Systems with Large Amount of Wind Power [D]. Electric Power Engineering, Rsted-DTU Technical University of Denmark, April 2003.

[94] Thierry Van Custsem, Costas Vournas. 电力系统电压稳定性 [M]. 王奔, 译. 北京：电子工业出版社, 2008.

[95] 倪以信, 陈寿孙, 张宝霖. 动态电力系统的理论和分析 [M]. 北京：清华大学出版社, 2002.

[96] 张新燕, 王维庆, 何山. 风电并网运行与维护 [M]. 北京：机械工业出版社, 2011.

[97] Thomas Ackermann, 等. 风力发电系统 [M]. 谢桦, 王健强, 姜久春, 译. 北京：中国水利水电出版社, 2010.

[98] 姚兴佳, 宋俊. 风力发电机组原理与应用 [M]. 北京：机械工业出版社, 2011.

[99] 于群, 曹娜. MATLAB/Simulink 电力系统建模与仿真 [M]. 北京：机械工业出版社, 2011.

[100] Vladislav Akhmatov 著. 风力发电用感应发电机 [M]. 北京：中国电力出版社, 2009.

[101] 李发海, 朱东起. 电机学 [M]. 北京：科学出版社, 2007.

[102] 徐宏. 城市垃圾焚烧发电的控制策略 [J]. 能源工程, 2005 (5): 38 - 41.

[103] 刘荣厚, 牛卫生, 张大雷. 生物质热化学转换技术 [M]. 北京：化学工业出版社, 2005.

[104] 黄镇江, 刘凤君. 燃料电池及其应用 [M]. 北京：电子工业出版社, 2005.

[105] Whitney Colella. 燃料电池基础 [M]. 北京：电子工业出版社, 2007.

[106] 邓隐北, 熊雯. 海洋能的开发与利用 [J]. 可再生能源, 2004 (3): 70 - 72.

[107] 朱永强. 新能源与分布式发电技术 [M]. 北京：北京大学出版社, 2010.

[108] Alireza Khaligh, Omer C. Onar, 闫怀志, 卢道英, 闫振民译. 环境能源发电：太阳能、风能和海洋能 [M]. 北京：机械工业出版社, 2013.

[109] 杨秀. 分布式发电及储能技术基础 [M]. 北京：中国水利水电出版社, 2012.

[110] 苏伟, 刘世念, 钟国彬. 化学储能技术及其在电力系统中的应用 [M]. 北京：机械工业出版社, 2013.